통합 마케팅

유동근 · 서승원 저

All-in-one Principles
Integrated
Marketing

法文社

머리말

마케팅이라는 새로운 개념과 원리가 국내 경영학 분야에 소개된 지도 이미 50년이 되어가며 최근에는 제조업뿐만 아니라 온라인산업, 관광레저산업, 유통산업, 의료산업, 법무나 회계 등 서비스 분야와 각종 비기업 조직들의 생산성 향상과 성과제고를 위한 효과적인 도구로 인식되고 있다.

더욱이 마케팅의 대상도 현대 산업사회의 다양한 특성을 반영하여 단순한 상품으로부터 서비스, 정치 후보와 같은 사람, 휴양지나 쇼핑센터와 같은 장소, 정당이나 동호회 등의 조직, 사회개발 캠페인 등의 아이디어, 자원봉사와 같은 다양한 활동 등을 포괄하도록 확대되어 왔다. 또한 최근 들어 마케팅은 상품과 서비스의 대량생산과 대량유통, 대량소비를 달성하기 위한 양적인 팽창을 벗어나 생활의 질을 향상시키기 위한 경영철학으로 발전하고 있다.

그러나 이와 같은 마케팅의 적용범위와 개념의 확장에 비해 마케팅이 조직의 목표나 개인의 욕구를 해결하기 위해 어떻게 활용되어야 하는지에 관한 이해는 아직 미흡한 실정에 머물고 있다. 이는 우리 사회의 자원을 보다 효율적으로 통합하고 전체적인 만족과 생활수준을 향상시키려는 노력에 커다란 장애가 될 뿐만 아니라 시장경쟁에 있어서 차별적 우위의 상실을 의미한다.

따라서 이제야말로 마케팅의 본질을 정확하게 이해하고 고객지향적 사고를 체질화하여 개인과 조직의 문제해결능력을 강화해야 할 때이다. 연구와 강의를 본업으로 하는 교수로서 본인은 그간 1982년 마케팅 관리론 초판을 저술한 후, 1985년, 1987년, 1993년, 2000년, 2010년 통합마케팅 6판에 이르기까지 여러 마케팅 저서에도 불구하고 마케팅의 본질과 기본원리를 정확하게 전달하여 마케팅 콘셉트를 확산시키고 고객지향적인 사고의 틀을 충분히 제시해주지 못했음을 매우 유감스럽게 생각한다.

이에 본인은 다양한 분야에 통용될 수 있는 한 가지의 기본원리로서 마케팅을 이해시킬 교재의 필요성을 인식하고 다양한 산업분야에서 실시한 강의원고와 사례를 보완하여 기존교재인 통합마케팅을 2017년 7판으로 대폭 개정하고자 하였다. 또한 저술목표도 기본적인 개념과 전문용어에 대한 정확한 이해에 초점을 두었으며, 전략적인 마케팅 계획의 수립·실행·통제에 있어서 기본적인 마케팅 원리들이 어떻게 활용될 수 있는지에 관한 통찰을 제공하려고 노력하였다.

특히 다양한 학습자료들을 마케팅스쿨의 인터넷 홈페이지(www.marketingschool.com)에 지속적으로 개편·추가하고 있으므로 본서만 충분히 이해하면 마케팅에 관련된 기본적인 지식과 자료들을 늘 활용할 수 있도록 하였다.

현재 어떠한 산업에 종사하든 또 어떠한 새로운 사업을 준비하든 대학이나 실무계에서 처음으로 마케팅을 접하는 분들께 많은 도움이 되길 바라며, 보다 깊고 상세한 내용은 분야별 각론을 통해 만날 수 있기를 기대한다.

2017. 1.
지은이 씀

차 례

제5장 소비자 의사결정과 영향요인

제6장 새로운 마케팅의 등장

제14장 경로의사결정과 마케팅 전략

제15장 커뮤니케이션과 촉진관리

제16장　촉진의사결정과 마케팅 전략

마케팅이란 무엇인가?

제 1 장 마케팅이란 무엇인가?

우리는 여러 가지 상품을 이용함으로써 일상생활의 욕구와 필요를 충족시키는데, 마케팅이란 우리가 그러한 상품들을 쉽게 이용할 수 있도록 도와주는 일과 밀접하게 관련된다. 예를 들어, 우리는 어떤 상표의 자명종 시계에 맞추어 기상하며 어느 가전회사의 TV를 통해 뉴스와 일기예보를 시청한다. 또한 어느 신문의 기사를 읽기도 한다. 어느 기업이 생산한 칫솔과 치약으로 양치질을 하고 또 다른 기업이 생산한 면도기로 면도하며, 여러 기업이 생산한 화장품을 바른다.

그 다음 어느 의류회사의 와이셔츠와 넥타이, 외출복을 차려 입고 식탁에 가면 어느 기업이 생산한 우유와 여러 가지 음식으로 식사한다. 식사를 끝내고 출근할 때에는 지하철을 이용한다. 출근하면 어느 가구사의 사무용 책상과 의자에서 업무를 시작한다. 그 후에도 우리의 하루 일과는 다양한 상품과 서비스들을 이용하면서 진행되는데, 이와 같이 편리한 일은 우리 선조들이 감히 꿈도 꾸지 못했던 것들이다.

그렇다고 해서 **이러한 상품들을 모두 우리가 직접 생산하지는 않는다. 우리는 인생을 좀더 안락하고 행복하게 살아가기 위해 여러 가지 자원(상품과 서비스)들을 필요로 하는데, 우리 선조들은 주로 자급자족에 의존하여(물론 구걸이나 강요도 가능) 그러한 자원을 획득하고 소비하였다.**

그런데 산업사회에 들어서면서 이러한 자원 획득방법이 거의 불가능하거나 매우 비효율적임을 인식하게 되어, 새로운 자원 획득방법을 찾기 시작하였다. 그 결과 인간은 자기가 필요한 자원을 스스로 생산하는 것이 아니라 자신이 갖고 있는 자원(생산물이나 화폐, 노동력 등)을 다른 사람의 생산물과 교환함으로써 획득하는 방법이 매우 효과적임을 알게 되었다.

즉 **전문화와 대량생산을 특징으로 하는 현대 산업사회에서 우리는 다른 사람들이 생산한 것을 '교환'을 통해 획득하고 이용할 뿐이며, 그러한 교환이 원활하게 일어나도록 하는 일이 마케팅의 핵심적 활동**인 것이다. 따라서 오늘날의 개인이나 기업, 정부는 대체로 자신의 소비를 위해서가 아니라 자신이 필요한 것과 시장에서 교환할 목적으로 생산활동에 참여하며, 그들의 생존과 번영은 이러한 교환이 바람직한 방향으로 또 효율적으로 일어나도록 유도할 수 있는 능력에 달려있다.

오늘날 성공적인 마케팅 조직(기업은 물론 비기업 조직을 포함)들은 예외없이 '마케팅 원리'를 경영 철학의 초점으로 채택하고 있다. **과거와 같이 일방적인 판매가 아니라 '고객만족을 통한 교환의 촉진'**이 기업성공의 원동력인 마당에 고객들이 무엇을 원하는지 정확하게 알아내고 그에 따라 적합한 상품특성, 가격수준, 유통경로, 촉진방법들을 생각하고 실천하려는 조직들의 성공은 당연한 것이 아닌가?

1절 마케팅이란 무엇인가

마케팅은 시장에서 상대방의 문제를 해결해 주기 위한 새로운 기회를 모색하고 그러한 기회를 활용하려는 사람들에게 성장과 번영의 근거를 제공해 줄 수 있다. 따라서 마케팅이 보편화·확산되는 현상에 편승하여 자신의 목표를 달성하려는 사람은 누구나 마케팅의 본질을 정확하게 이해하고 자신의 사고방식을 보다 '고객지향적(customer-oriented)' 또는 '시장지향적(market-oriented)', '마케팅지향적(marketing-oriented)', '외부지향적(outer-oriented)'으로 전환해야 한다.

이점은 마케팅을 교육·학습하는 기본적인 목적을 암시하는데, 마케팅이란 마치 종교적 신념(religious beliefs)과 같아서 단순히 이론과 지식을 습득하는 일은 의미가 없고 생각하고 행동하는 방식의 변화가 있어야 비로소 마케팅을 제대로 배웠다고 할 수 있다. 이는 바로 우리가 역사를 공부하는 목적이 높은 점수를 얻기 위함이 아니라 과거 역사로부터 생각과 행동의 지혜를 얻기 위함인 것과 같다.

1. 마케팅에 대한 일반적인 오해

아직도 많은 사람들이 마케팅을 과거에 흔히 보고 경험해 왔던 판매(selling)나 광고(advertising)에 대한 새로운 이름 정도로만 생각하는데, 그러한 오해는 진취적이어야 고객지향적 사고와 활동을 크게 제한하며 결국 좋은 성과를 얻기 어렵게 만든다.

마케팅을 어원적으로 본다면 'market'이라는 동사(시장에서 팔거나 사다)의 동명사형이며, 팔고 사는 행위 자체를 의미하였다. 즉 마케팅의 본래 의미는 단순히 'give and take'이라는 거래행위 자체를 의미하였지만, 점차 의미가 변하여 오늘날에는 **시장에서 거래(교환)가 바람직하고 효율적으로 일어나도록 누군가에 의해 주도되는 의식적인 활동**을 의미하게 되었다.

일대일(1:1)의 관계에서 나타나는 각각의 'give and take'를 흔히 거래(transaction)라고 하며, 교환(exchange)은 그러한 거래를 통해 이루어지는 것들을 의미하지만, 거래와 교환이라는 용어는 혼용되기도 한다. 그리고 '누군가'란 바로 기업을 비롯하여 개인, 조직, 국가 등이다.

그렇다면 교환이 원활하게 일어나도록 추진하는 활동이 무엇인지 살펴보자. 동일한 목재를 갖고 A, B, C 세 사람이 각각 땔감, 나무의자, 목각인형을 만들어 시장에 내다

마케팅1

시장에서 거래(교환)가 바람직하고 효율적으로 일어나도록 누군가에 의해 주도되는 의식적인 활동

판다고 가정할 때 그들의 수익은 당연히 다를 것인데, 이러한 차이는 바로 시장의 욕구와 관련하여 각 상품이 갖는 가치(value)를 반영하는 것이다.

아마도 땔감은 요즈음 사람들에게 가치를 별로 갖지 않기 때문에 시장에서 많은 돈을 받기는커녕 관심조차 끌지 못할 것이다. 그러나 의자나 인형은 어떤 사람들의 관심을 끌고 땔감보다는 훨씬 더 좋은 가격으로 쉽게 판매될 수 있다.

따라서 시장에서 자신의 생산물이 충분하게 교환되도록 하기 위해서는 일단 자의적으로 상품을 만들어낸 후 그것을 처분하려고 노력하는 행위(판매) 이상의 것이 필요함을 알 수 있다.

즉 생산에 앞서서 무엇을 만드는 것이 좋을지를 우선 생각해야 하며 그러한 사고의 초점은 시장에서 상대방의 욕구와 필요(needs and wants)임은 말할 것도 없다. 만일 상대방이 원하는 바를 제대로 충족시켜줄 상품(marketable product)을 생산한다면 실제로 판매행위는 그리 힘든 일이 아니라 부차적인 일에 불과하며, 상품은 저절로 판매되고 교환이 매우 원활하게 일어날 것이다(P.F. Drucker).

그러나 자신의 구매결과에 대해 만족하지 못한 구매자는 다시 구매할 가능성이 낮으므로 구매자를 제대로 만족시키지 못한 생산자는 다음 번 교환에서 어려움을 겪게 된다. 따라서 생산자는 교환과정에서 충분한 가치를 제공해야 할 뿐만 아니라 구매자가 지속적으로 가치를 향유하고 충분히 만족할 수 있도록 도와줘야 하는데, 이를 사후관리 또는 고객 서비스(customer service)라고 부른다.

마케팅은 교환이 원활하게 일어나도록 하기 위해 '무엇을 생산할 것인가?'를 생각하는 **생산이전 활동으로부터 판매 후 활동까지 포괄하여 매우 광범위**하며, 판매(상품을 넘겨주고 수금하는 행위)는 마케팅이라는 빙산의 극히 일부분에 불과함을 명심해야 한다.

한편 광고는 상대방에게 상품에 관한 정보를 제공하고, 바람직한 행동(구매나 다른 사람에게 추천)을 취하도록 설득하기 위한 기본 도구로서, 역시 교환이 잘 일어나도록 하기 위한 활동 중 한 부분이다.

예를 들어, 아무리 광고가 훌륭하여 설득적이라고 할지라도 상품이 고객이 원하는 바에 부합되지 않거나 가격이 지나치게 비싸고 유통방식이 고객들의 편의성을 무시한다면 고객들과의 교환은 쉽게 일어나지 않을 것이다. 따라서 마케팅을 그 일부에 불과한 판매나 광고의 동의어로 간주하는 일은 **범위적 오류**를 범하는 것이며, 마케팅의 본질을 오도할 위험이 있다.

마케팅활동의 범위
교환이 원활하게 일어나도록 하기 위해 '무엇을 생산할 것인가?'를 생각하는 생산이전 활동으로부터 판매 후 활동까지 포괄하는 매우 광범위한 활동

2. 마케팅의 원리와 교환

마케팅이란 무엇인가? 마케팅에 관한 정의는 경제여건과 학자의 견해에 따라 매우 다양하게 제시되고 있지만, 본질적으로는 **고객과의 교환이 바람직하고 효율적으로 일어나도록 하기 위한 제반 활동**이라고 정의하는 것이 간결하면서도 이해하기 쉽다.

마케팅 원리를 제대로 이해하기 위해 우선 '교환'의 개념을 좀 더 상세하게 살펴볼 필요가 있다. 우선 그림 1-1에서와 같이 어느 가정의 자녀가 인라인 스케이트를 몹시 갖고 싶어 한다고 가정하자. 그 자녀가 인라인 스케이트를 갖고 싶어 하는 열망은 별로 신기한 일이 아니며, 우리는 모두 자신의 인생을 좀 더 편리하고 즐겁게 영위하기 위한 도구로서 다양한 상품과 서비스를 열망한다.

그런데 여기서 자녀가 당면한 문제는 자신이 갖고 싶은 인라인 스케이트를 어떻게 획득할 것인가에 관련된다. 인간이 스스로 갖고 싶은 다양한 상품과 서비스를 획득하는 방법은 우선 ① 자급자족, ② 구걸, ③ 강제 등으로 생각해볼 수 있으나, 이러한 방법들은 한 인간의 열망이 다양하고 복잡함을 고려할 때 거의 불가능하거나 비효율적이라는 사실을 쉽게 알 수 있다.

그래서 우리는 자신이 필요로 하는 상품과 서비스를 제4의 방법인 교환을 통해서 얻고자 하는데, 교환은 다른 세 가지 방법에 비해 자신이 필요한 것을 빨리, 많이, 그리고 가장 쉽게 얻는 방법이 될 수 있다.

그림 1-1로 돌아가서 자녀가 인라인 스케이트를 앞의 세 가지 방법이 아니라 교환을 통해 획득하기로 결심했다면 두 가지 중요한 과업을 수행해야 한다. 바로 이러한 두 가지 과업은 표적시장의 선정(selection of target market)과 마케팅 믹스의 개발(development of marketing mix)이며, 이를 마케팅 전략의 양대 지주라고 한다.

아무튼 그 자녀는 우선 자신이 열망하는 인라인 스케이트를 자신에게 제공해줄 가능성이 가장 큰 사람을 생각해내야 하는데, 여기서는 그 사람이 아빠라고 가정하자(잠재고객의 정의). 그러나 자녀가 이러한 생각을 하자마자 느닷없이 아빠가 인라인 스케이트를 알아서 제공할 가능성은 희박하다.

그래서 자녀는 두 번째 과업으로 아빠에게 어떻게 해야 자신이 갖고 싶은 인라인 스

마케팅2

고객과의 교환이 바람직하고 효율적으로 일어나도록 하기 위한 제반 활동

www.marketingschool.com
마케팅에 대한 대표적인 다른 정의들과 각 정의의 특징에 관한 설명은 **마케팅스쿨의 홈페이지**를 참고하기 바랍니다.

마케팅 전략의 양대 지주

표적시장(주고객)의 선정 + 마케팅 믹스의 개발

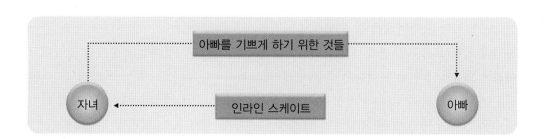

그림 1-1

기본적인 교환의 개념

▲ 자녀는 아빠가 원하시는 것을 제공해 기쁘게 해드리고 그 대신 자신이 필요로 하는 것을 획득하게 되는데, 이 과정이 바로 거래(transaction)이다.

케이트를 얻어낼 수 있는지를 생각하게 되는데, 그러한 생각의 결과는 바로 '아빠가 원하시는 것을 충족시키고 기쁘게 해드리기 위한 요소들의 조합'인 것이다. 만일 아빠가 자신의 좋은 성적을 원할 것이라고 판단한다면 열심히 공부하여 아빠를 기쁘게 해드릴 것이고, 그 결과로서 아빠는 제반 여건이 허용하는 한 자녀가 열망하는 것을 기꺼이 제공하려고 들 것이다.

이와 같이 자녀는 아빠가 원하시는 것을 제공해 기쁘게 해드리고 그 대신 자신이 필요로 하는 인라인 스케이트를 획득하게 되는데, 이 과정이 바로 거래(transaction)이다. 즉 자녀는 아빠와의 거래에 성공함으로써 자신이 원하는 것을 얻는 것이다. 그리고 자녀는 용돈을 얻기 위해 엄마를 상대로 엄마가 원하시는 바를 충족시켜 엄마를 기쁘게 해드리고 용돈을 얻어내는 거래에서도 성공할 수 있다. 이와 같이 **우리는 사업상황에서 또는 일상생활에서 다양한 사람들과 끊임없는 거래를 통해 상대방이 원하는 바(문제)를 해결해주면서 자신이 필요한 것들을 획득하고 있다.**

그림 1-1에서 자녀가 열망하는 것을 제공해줄 가능성이 가장 큰 사람을 잠재고객(prospect, prospective customer, potential customer)이라고 부르며, 일단 첫 번째 거래가 이루어지고 나면 '잠재'를 빼고 그냥 고객(customer)이라고 지칭한다. 마케팅에서 이러한 거래의 상대방을 찾아내 규정하는 일을 시장 또는 고객을 정의(defining)한다고 하는데, 이러한 작업이 정교할수록 거래에 성공할 가능성은 높을 것이다.

따라서 (잠재)고객이란 ① 내가 해결해 줄 수 있는 문제나 내가 충족해 줄 수 있는 '원하는 바'를 갖고 있으며 ② 문제해결의 대가로 내가 필요한 것을 제공해 줄 수 있고 ③ 남이 아닌 바로 내가 그 문제를 해결해 주길 바라는 상대방이라고 할 수 있다. 그러나 **내가 열망하는 것을 제공해줄 수 있거나 제공해주는 측(상대방)**이라고 간단하게 정의할 수 있으며, 흔히 '시장'과 혼용해서 사용되기도 한다.

물론 나의 정성스런 노력을 집중 받고 있다는 점을 강조하여 고객이나 시장이라는 단어 앞에 표적(target)이라는 수식어를 붙여 표적고객 또는 표적시장이라고 지칭하기도 한다.

그리고 자녀가 이 거래에서 필요한 것을 얻어내기 위해 — 그냥은 얻지 못하니까 — 상대방인 아빠나 엄마에게 잘 보이려고 노력(즉 거래를 성사시키려고 노력)하는데, 이와 같이 **자신의 목표나 욕구를 충족시키기 위해 필요한 것을 얻고자 상대방의 문제를 찾아내고 해결에 도움을 주려고 노력하는 측**을 마케터(marketer=동사 의미의 market+er)라고 한다. 물론 마케팅 활동의 주체로서 마케터를 생각할 때 우리는 주로 기업을 떠올리겠지만 비영리 조직, 국가, 개인 등을 포함하며 남에게 의존해서 살지 않는 로빈슨 크루소(무인도에 표착하여 자급자족의 생활을 함)를 제외한 모두가 마케터의 역할을 수행한다.

이점에서 마케팅은 원래 기업이 사업을 영위하기 위해 필요한 투입요소들을 시장에서 획득하기 위한 방안으로 출발하여 경영학의 한 부분으로 인식되었지만, 지금은 전공이나 직업에 관계없이 남과 협동하여 행복하게 살아가는 지혜로서 모두에게 필요한 것이다(Marketing is Everybody's Business! Marketing is Everyday's Business!).

또한 마케터가 **고객이 원하는 바를 충족시키기 위해 제공하려는 요소들의 독특한 조합**을 마케팅 믹스(marketing mix)라고 하는데, 내용상으로는 고객들에게 제공되는 여러 가지 효익과 비용의 다발(bundle of benefits and costs)이며 마치 시중에서 판매되는 '종합 선물세트'와 유사한 개념이다.

한편 가정 내에서 자녀는 아빠가 원하시는 것이 무엇인지 쉽게 알 수 있지만, 사업 상황에서는 대체로 고객들이 원하는 바나 그들의 행동특성을 정확하게 파악하기가 어렵기 때문에 마케팅 조사(marketing research)라는 별도의 작업이 필요하다.

www.marketingschool.com
교환이 일어나기 위한 전제조건은 **마케팅스쿨의 홈페이지**를 참고하기 바랍니다.

마케팅 믹스
고객이 원하는 바를 충족시키기 위해 제공하려는 요소들의 독특한 조합

마케팅 조사
환경의 현황과 변화추세를 포착하고 고객들이 원하는 바나 행동특성을 정확하게 파악하기 위한 작업

3. 마케팅의 기능

모든 마케팅 조직 내에서 마케팅이라는 활동이 담당하는 기능(역할)은 그림 1-2에서와 같이 **수요를 조절하는 기능**(regulating demand)과 그러한 **수요를 충족시키는 기능**

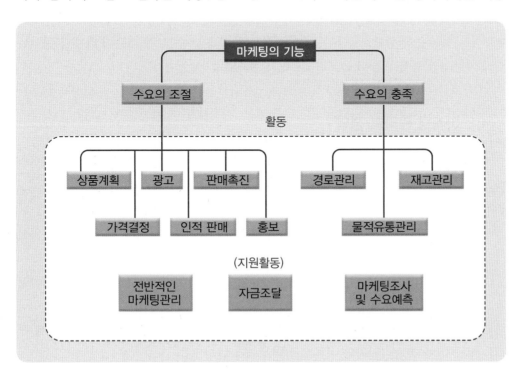

그림 1-2

마케팅 기능과 활동

(serving demand)으로 나눌 수 있다. 간혹 수요를 조절하는 기능 대신에 수요를 확대하는 기능이 제시되기도 하는데, 마케팅 관리과업 중에서 디 마케팅(demarketing)의 여건을 고려한다면 수요의 조절이 타당하다.

그리고 이러한 두 가지 기능을 효과적으로 수행하기 위한 **구체적인 마케팅 활동들**은 수요를 조절하는 기능에 관련된 상품계획, 가격결정, 광고, 인적 판매(영업), 판매촉진, 홍보 등의 활동과 수요를 충족시키는 기능에 관련된 경로관리, 물적 유통관리(물류관리), 재고관리 등의 활동으로 구성되는데 이들은 모두 교환이 바람직하고 효율적으로 이루어지기 위해 필요한 활동들이다. 또한 교환 자체와는 직접 관련되지 않지만 자금조달이나 마케팅 조사 및 수요예측 등의 **지원활동**이 마케팅의 기능을 위해 수행된다.

물론 상품과 시장의 성격, 마케팅 관리 철학, 자금력, 인적 자원의 가용성 등이 마케팅 기능을 수행하는 구체적인 방법에 영향을 미칠 것이므로 각 조직의 마케팅 활동은 차이를 보일 것이다.

4. 마케팅 관리

경영관리란 대체로 P(plan 계획), D(do 실행), S(see 통제)나 P(planning 계획수립), O(organization 조직화), C(controlling 통제) 또는 P(planning 계획수립), O(organizing 조직화), S(staffing 인원배치), D(directing 지휘), Co(coordinating 조정), R(reporting 보고), B(budgeting 예산편성)라는 활동을 핵심요소로 하는 순환과정으로 설명할 수 있기 때문에 마케팅 관리란 결국 마케팅 활동을 PDS나 POC 또는 POSDCoRB하는 일이다.

4.1 마케팅 관리의 정의

마케팅의 주체
개인
기업과 비기업조직
국가

마케팅을 실행하는 주체는 크게 세 가지 수준으로 나눌 수 있다. 즉 개인은 자신의 행복을 위해 욕구나 필요를 충족시켜줄 상품을 구매할 뿐만 아니라 간혹 판매활동(중고품의 판매나 서비스의 판매)을 수행하기도 한다. 예를 들어, 일정한 예산 내에서 혼숫감을 탐색하는 예비신부는 구매자로서 마케팅을 수행하지만, 새 차를 구입하기 위해 갖고 있던 차를 팔려고 한다면 판매자로서 마케팅을 수행하는 것이다.

또한 기업을 포함하여 다양한 조직들은 시장으로부터 수요되고 있는 것을 생산하여 자신의 목표달성에 필요한 자원(투입요소)들과 교환한다. 국가도 역시 국민이나 다른 국가와 교환관계를 계획하고 관리한다. 그러나 본서에서는 주로 기업의 마케팅 활동에 관심을 두면서 마케팅의 원리와 이론을 살펴보고자 한다.

이상의 관점에서 본다면 마케팅 관리란 적어도 교환의 한 당사자(마케터)가 상대방(고객)으로부터 바람직한 반응(구매 또는 추천)을 얻어내려는 목표와 이를 달성하기 위한 수단을 고려함으로써 나타난다. 즉 기업이든 비영리 단체든 조직에서 마케팅이란 **조직의 목표**(이윤, 매출액, 시장점유율, 시민의 지지도)**를 효과적으로 달성하기 위해 상대방**(주고객 시장의 구성원들)**과의 호혜적인 교환관계를 개발하고**(attracting customer) **유지하기**(keeping customer) **위한 프로그램을 계획·실행·통제하는 경영관리 활동**으로 정의할 수 있다.

마케팅3
조직의 목표를 효과적으로 달성하기 위해 상대방과의 호혜적인 교환관계를 개발하고 유지하기 위한 프로그램을 계획·실행·통제하는 경영관리 활동

4.2 마케팅 관리의 목표

마케팅은 우리 일상생활에 많은 영향을 미치며, 그러한 영향을 받지 않는 사람은 — 절해고도에서 혼자 살고 있는 사람을 제외하면 — 거의 없을 것이다. '교환'은 자신이 필요한 것을 가장 효과적으로, 가장 빨리, 가장 많이 획득할 수 있는 방법이 될 수 있는데, 그러한 교환이 바람직하고 효율적으로 일어나도록 하는 일을 '마케팅'이라고 할 때 우리는 누구나 마케팅 활동을 관리하는 마케터인 셈이다. 또한 다른 사람으로부터 거래를 제안받을 때에는 고객이 되기도 하므로 우리는 모두 마케터나 고객의 역할을 수행하면서 다양한 교환에 참여한다.

비록 많은 논란이 있지만, 마케팅 관리의 목표는 크게 세 가지 수준으로 구분된다. 즉 가장 일반적인 관점에서 마케팅 관리의 목표는 마케터가 무엇을 생산하여 시장에 공급하든 간에 **상대방의 욕구와 필요를 충분히 고려하지 않은 채 일방적으로 상대방의 수용**(구매)**을 극대화**하는 것이다.

마케팅 관리의 목표
매출극대화
장기적 이윤 극대화
생활수준의 향상

예를 들어, 일부 기업은 고객들이 '원하는 바'에 관계없이 자신이 자의적으로 선택한 상품을 생산하고 그 매출을 극대화하려고 노력한다. 그들은 마케팅 활동의 핵심적인 목표가 일방적일지라도 매출극대화라고 생각하는데, 이러한 관점에서 보면 마케팅의 성공은 상대방이 원하는 바에 관계없이 보다 많은 상품을 판매하는 것이 된다.

▲ 환경 보호 주의적인 차원에서 사회 환경 개선에 기업이 책임감을 가지고 마케팅 활동을 관리하는 것을 환경마케팅(green marketing)이라고 한다.

이러한 일방적인 매출극대화보다 다소 발전된 목표는 **고객만족을 통한 장기적 이윤의 극대화**이다. 즉 시장에서 교환이 반복적으로 원활하게 일어나도록 하기 위해서는 결국 상품구매의 결과가 고객에게 충분한 만족을 제공해야 하므로 마케팅 관리의 목표는 단순히 일방적인 매출극대화가 아니라 고객만족의 결과로서 얻어지는 장기적 이윤의 극대화가 된다. 따라서 이러한 목표 하에

서 마케터는 고객이 원하는 바를 정확하게 파악하고 적절한 욕구충족 수단을 제공하여 고객만족을 창출함으로써 그 대가로 장기적 이윤을 극대화할 수 있는 것이다.

그러나 고객만족의 크기는 객관적으로 측정하기가 곤란하고 심리적 만족의 많은 부분이 상품의 희귀성과 관련되므로 개별적인 마케팅 조직이 고객들에게 얼마나 많은 만족을 제공하는지는 평가하기 어렵다. 더욱이 고객들의 욕구를 충족시키기 위해 생산된 상품(goods)은 간혹 환경파괴나 공해와 같은 해악(bads 부의 재화)을 부산물로 산출하기 때문에 단순히 고객만족을 통한 장기적 이윤추구도 마케팅 관리의 이상적인 목표가 되기 어렵다.

따라서 마케팅 관리의 이상적인 목표는 **생활수준의 향상을 통한 장기적 이윤의 극대화**라고 말할 수 있으며, 여기서 생활수준이란 시장에 공급되고 있는 상품의 양과 그것이 갖는 욕구충족의 능력, 물리적 환경의 품질, 문화적 환경의 품질 등의 함수이다. 그러나 아직도 많은 마케터들이 상품의 양이나 욕구충족 능력만을 강조하고 물리적 및 문화적 환경의 품질을 외면하는 것은 매우 안타까운 현실이다. 따라서 앞으로는 물리적 환경과 문화적 환경의 품질을 강조하는 상품들의 가치가 매우 높이 평가되어, 새로운 마케팅 기회를 제공할 것이다(환경마케팅 green marketing).

2 절 　마케팅의 관점과 범위

마케팅은 개인의 욕구충족이나 조직의 목표달성에 관련되는 활동인데, 대체로 미시적 수준과 거시적 수준의 관점에서 검토될 수 있으며, 포괄범위도 몇 가지 기준에 따라 구분할 수 있다.

1. 마케팅의 관점

마케팅은 개인이나 조직이 상대방을 위한 가치를 창출하여 상대방과 교환함으로써 자신의 욕구나 목표를 충족시키는 관리적 또는 사회적 과정이라고 정의될 수 있는데, 이 중 관리적 과정으로 파악하는 관점을 미시 마케팅이라고 하며 사회적 과정으로 파악하는 관점을 거시 마케팅이라고 한다.

즉 미시 마케팅(micro-marketing)이란 **충족되지 않은 고객의 욕구를 발견해내고 그러한 욕구를 충족시켜줄 상품을 생산하여 고객에게 제공함으로써 조직의 목표를 효과적으로 달성하려는 개별조직의 활동**으로 정의된다. 결국 마케팅을 고객의 욕구를 충족시키기 위해 개별조직(기업)이 수행하는 활동으로 정의하고 평가하는 관점을 미시 마케팅이라고 한다.

이에 반해 거시 마케팅(macro-marketing)이란 **이질적인 공급능력을 이질적인 수요와 효과적으로 대응시키고, 사회의 장·단기 목표를 효과적으로 달성할 수 있도록 전체 경제시스템의 상품들이 생산자로부터 소비자들에게 원활하게 흐르도록 하는 사회경제적인 활동**으로 정의된다. 즉 거시 마케팅이란 가치를 교환하려는 전체 구성원들의 욕구를 효과적으로 해결하기 위해 한 사회 내에서 필연적으로 발전한 사회적 과정이다.

그렇다면 어떠한 관점이 옳은가? 마케팅이 개별조직의 활동인지 사회적 과정인지를 판단하기 위해 TV를 예시해 보자. 개별기업이 시장에서 성공하기 위해서는 TV 생산에 덧붙여 욕구충족과 관련된 여러 가지 마케팅 활동을 수행해야 하며, 이러한 사실은 미시 마케팅의 관점을 지지한다.

그러나 사람들은 TV만 갖고 살아갈 수 없으며 그들의 욕구를 충족시키기 위해서는 TV 이외에도 전기를 포함하여 다양한 상품들이 필요하다. 즉 인간의 욕구를 충족시키기 위해서는 여러 기업들의 노력을 조직화하는 마케팅 시스템이 필요한데, 이러한 사실은 거시 마케팅의 관점을 지지한다.

따라서 마케팅은 개별조직이 수행하는 활동이면서 동시에 사회적 과정이며, 마케팅에 관한 정의도 고객과 그들에게 봉사하는 개별조직에 초점을 둔 미시 마케팅(미시적 관점에서의 마케팅)에 대한 정의와 전체적인 생산-유통 시스템에 초점을 둔 거시 마케팅(거시적 관점에서의 마케팅)에 대한 정의로 나눌 수 있다. 그러나 본서에서는 마케터의 관점에서 파악한 미시 마케팅에 초점을 둔다.

마케팅의 관점은 또한 실증적 마케팅과 규범적 마케팅으로도 구분된다. 즉 실증적 마케팅(positive marketing)이란 **현재 실시되고 있는 마케팅 활동을 설명하고 예측하려는 접근방법**이며, 규범적 마케팅(normative marketing)이란 **마케팅 활동이 어떻게 수행되어야 할 것인지를 규명하려는 접근방법**이다.

▲ 다양한 애플리케이션 서비스를 담은 삼성 스마트 TV 광고

미시마케팅

충족되지 않은 고객의 욕구를 발견해내고 그러한 욕구를 충족시켜줄 상품을 생산하여 고객에게 제공함으로써 조직의 목표를 효과적으로 달성하려는 개별조직의 활동

거시마케팅

이질적인 공급능력을 이질적인 수요와 효과적으로 대응시키고, 사회의 장·단기 목표를 효과적으로 달성할 수 있도록 전체 경제시스템의 상품들이 생산자로부터 소비자들에게 원활하게 흐르도록 하는 사회경제적인 활동

실증적 마케팅

현재 실시되고 있는 마케팅 활동을 설명하고 예측하려는 접근방법

규범적 마케팅

마케팅 활동이 어떻게 수행되어야 할 것인지를 규명하려는 접근방법

2. 마케팅의 범위

한편 마케팅이 적용되는 분야에 따라서는 기업을 대표적인 예로 하는 영리 부문 (profit sector, private sector)의 마케팅과 정부, 박물관, 사회단체 등 비영리 부문(non-profit sector, public sector)의 마케팅으로 구분된다. 따라서 미시/거시, 실증적/규범적, 영리/비영리의 세 차원을 결합하면 모두 여덟 가지 형태의 마케팅 범위를 생각해볼 수 있다.

예를 들어, 개인의 구매행동에 관한 연구와 기업들이 욕구충족 수단을 어떻게 결정하여 소비자 수요를 충족시키고 있는지에 관한 사례연구는 영리부문의 마케팅에 있어서 실증적, 미시적 관점의 예가 되며, 비영리 관점에서 사회의 생산 및 유통활동이 어떻게 되어야 하는지에 관한 연구는 비영리 부문의 마케팅에 있어서 규범적, 거시적 관점에 해당한다.

그러나 사회가 다양화·복잡화되어감에 따라 이러한 구분은 점차 애매해지고 있다.

3절 마케팅 연구의 필요성과 비판

마케팅은 인간의 욕구와 필요를 효과적으로 충족시키고 마케팅 조직의 성장기회를 제공한다는 점에서 많은 관심을 끌고 있으며, 그에 대한 연구의 필요성이 강조된다.

1. 마케팅 연구의 필요성

현대를 살아가는 사람은 누구나 마케팅을 체계적으로 학습(연구)해야 하는데, 그러한 필요성은 대체로 시장수요, 마케팅 비용, 규모의 경제, 경제발전, 취업기회 등을 중심으로 검토할 수 있다.

1.1 수요자극과 수요에 대한 대응

풍요로운 경제에서는 거의 모든 상품에 대해 대체품이 존재하며, 소비자는 대체로 특정한 기업의 상품을 소비하지 않고도 자신의 욕구를 충족시킬 수 있다. 따라서 기업이 단순히 상품을 생산해 놓고 소비자의 선택을 기다리는 것만으로는 부족하여 수요를 적절하게 자극해야 하며, 또한 수요가 있다면 판매로 연결되도록 대응해야 한다.

이러한 사실은 "판매 없는 기업이 없다(Without sales, there can be no business)"나 "판매가 없다면 아무 것도 아니다(Nothing happens unless the cash register rings)"라는 지적처럼, 기업은 경쟁자에 비해 소비자의 욕구를 더 효과적으로 충족시켜줄 수단을 개발할 뿐만 아니라 그러한 수단에 관한 정보를 적극적으로 유포하고 소비자를 설득하여 판매를 실현해야 한다.

더욱이 소비자 수요의 다양성은 고도의 유통구조 등 기업에게는 여러 가지 마케팅 문제들을 일으키기도 하는데, 이러한 문제를 해결하기 위한 근거로서 마케팅에 대한 이해와 마케팅 기법의 습득이 필요하다.

1.2 마케팅 비용의 이해

마케팅 활동은 많은 인력과 비용을 소요하며 상품을 구매하기 위해 소비자가 지불하는 금액 중에서 상당한 부분은 기업의 마케팅 활동을 위해 지출되어 결국 소비자에게 전가된다. 그러므로 기업은 소비자의 욕구를 경쟁자보다 효과적으로 충족시키기 위해 일정 수준의 만족을 제공하면서도 마케팅 비용을 절감하기 위한 방안을 지속적으로 모색해야 하는데, 이것이 바로 마케팅에 대한 연구의 필요성을 강조하는 것이다.

다른 한편 소비자의 입장에서도 자신이 지불한 상품가격 중 어느 정도가 실제로 상품가치 또는 기업의 마케팅 활동과 관련되는지를 파악함으로써 보다 현명하게 상품을 구매할 수 있게 된다.

1.3 규모의 경제와 효과적인 마케팅 기능

대량생산은 규모의 경제(economy of scale)를 통해 단위당 생산원가를 하락시킨다. 물론 일부 노동집약적인 의료 서비스와 같이 예외적인 경우가 있지만, 규모의 경제는 대체로 많은 소비자들이 욕구와 필요를 충족시키기 위해 상품을 용이하게 획득할 수 있도록 허용한다.

그러나 많은 소비자들의 욕구와 필요를 충족시키는 일은 대량생산만으로 가능한 것이 아니며, 상품들을 적시에 올바른 장소에서 합당한 가격으로 가용하도록 하기 위해서는 효과적인 마케팅이 반드시 필요하다. 따라서 마케팅 기능이 수반되지 않는다면 어떠한 규모의 경제도 소비자 만족에 실질적으로 기여하지 못할 것이다.

"There are only two things in a business that make money-innovation and marketing, everything else is cost."

-Peter Drucker

▲ 혁신과 마케팅은 기업의 생존과 발전의 원동력이며, 또한 경제성장의 관건이기도 하다.

1.4 마케팅과 경제발전

마케터는 새로운 상품을 얻기 위해 기꺼이 돈을 지불하려는 소비자가 충분히 많을 경우에나 신상품 개발에 착수할 것이므로 마케팅은 수요창출을 통해 혁신을 자극한다. 일반적으로 시장경제가 조직적으로 잘 운용되는 곳에서는 충분한 규모의 수요가 창출되기 때문에 새로운 투자기회가 많으며, 기업활동이나 고용수준도 높다.

그러나 마케팅 활동이 낮은 수준에 머물고 있는 곳에서는 경제성장이 둔하며, 더욱이 효율적인 마케팅 시스템의 부재로 인해 '빈곤의 악순환(vicious circle of poverty)'이 나타난다.

빈곤의 악순환 과정에서는 상품에 대한 수요가 충분히 개발될 수 없기 때문에 어느 누구도 시장을 상대로 전문화된 대량생산을 하지 않으며, 모든 사람이 각자 필요한 상품만을 소규모로 직접 생산하기 때문에 산업혁명 초기의 모습으로 되돌아가는 양상이며 매우 비효율적이다.

이러한 점에서 마케팅은 수요창출을 통해 양질의 상품을 저가격에 공급할 수 있게 하고 소비자들로 하여금 스스로 생산하기보다 시장에서 교환을 통해 구매하고 다른 생산 활동에 참여하도록 유도하여 빈곤의 악순환을 타개하기 위한 활력소를 제공해준다.

즉 마케팅은 경제발전에 가장 중요한 승수(multiplier)이며, 무엇보다도 **마케팅의 발전은 한 경제가 이미 갖고 있는 자원과 생산능력을 효율적으로 통합하고 극대로 활용할 수 있도록 허용**한다는 점에서 마케팅이 경제성장의 관건임을 분명하다.

1.5 취업 및 창업의 기회

마케팅 분야는 흥미롭고 보수가 많은 취업기회를 제공하고 있으며, 더욱이 다른 분야에 비해 빨리 승진할 수 있는 기회가 풍부하다. 특히 우리나라의 기업들은 과거 자금 분야나 경리 분야 출신의 인사들이 빨리 승진하고 최고경영층에 오르는 경향을 보였지만, 경제가 발전하고 경쟁이 심화됨에 따라 기업존립에 직접 관련되는 마케팅 인력에 대한 관심과 대우가 크게 개선되고 있다.

또한 마케팅은 창업을 계획하는 사람들에게 필수적인 학습 분야이다. 새로운 아이디어나 기술로서 창업할 경우라도 시장의 규모나 특성 등이 불확실할 뿐만 아니라 시장변화에 따라 신속하게 적응해야 하는데, 마케팅에 대한 이해는 새로운 마케팅 기회를 포착하는 데 도움을 주거나 다양한 마케팅 의사결정의 오류를 줄여줄 수 있다.

▲ www.changupok.com

2. 마케팅에 대한 비판

우리 사회에서는 마케팅이 수행하는 역할을 설명할 때 고객만족이나 생활수준의 향상을 생각하여 긍정적인 측면에만 초점을 두는 경향이 있다. 그러나 마케팅은 다음과 같은 비판에 당면하기도 하므로 마케터는 이러한 비판을 이해하고 적절히 대응해나가야 한다.

- 광고는 소비자를 기만하며 낭비적이다.
- 마케팅은 인간을 너무 물질적으로 만든다. 즉 마케팅은 사람들로 하여금 사회적 목표보다 지나치게 개인적 욕구를 충족시키기 위한 물질을 추구하게 만든다.
- 편리한 신용의 제공은 과소비를 조장하며, 나중에 소비자가 대금을 감당할 수 없게 만든다.
- 포장이나 표찰이 정확하지 않고 혼돈을 준다.
- 중간상인들은 불필요하게 유통비용을 가중시킨다.
- 마케팅은 지나치게 많은 대체상품들을 제공하고 선택의 혼란을 일으킨다.
- 마케팅은 부유한 사람들에게 봉사하고 가난한 사람들을 착취한다.

이러한 비판들은 결국 많은 사람들이 우리 사회에서 수행되고 있는 마케팅 일부에 대해 불만족하고 있음을 보여주는 것이며, 소비자 운동도 따지고 보면 소비자가 왕이나 여왕처럼 대접받지 못하고 있음을 보여주는 것이다.

그러나 이상의 비판 중 일부는 사람들이 마케팅의 본질과 역할을 제대로 이해하지 못한 데서 기인한 것이며, 우리가 마케팅을 학습해 감에 따라 그러한 비판에 효과적으로 대응해 나갈 수 있을 것이다.

예를 들어, "기업들이 마케팅(광고)을 통해 소비자로 하여금 불필요한 상품을 구매하도록 만든다."는 지적이 늘 있어 왔는데, 여기서 불필요한 상품이란 무엇인가? 아마도 공장김치나 편의점에서 판매되는 도시락, 종이 기저귀 등을 예시하겠지만 사실 소비자는 자유의사에 따라 선택하며 이러한 상품들도 집에서 만든 김치, 집 도시락, 천 기저귀에 비하여 '고객이 원하는 바'를 추가로 충족시켜주는 부분이 있기 때문에 고객에게 환영받고 시장에서 살아남는 것이지 결코 기업의 마케팅이나 광고 때문에 시장에 존재할 수 있는 것은 아니다.

▲ 공장김치는 집김치에 비해 특별한 가치를 갖고 있다.

제 2 장

수요관리 과업과 마케팅 지향성

수요관리 과업과 마케팅 지향성

우리들은 대체로 마케터의 역할을 상품수요를 창출하거나 증대시키는 것으로 인식하고 있으나, 수요를 창출하거나 증대시키는 일은 마케터가 실제로 다루어야 하는 많은 마케팅 과업 중 일부에 불과하다.

즉 마케터는 자신의 목표를 효과적으로 달성할 수 있도록 시장에서 실제수요의 **크기(level), 타이밍(timing), 성격(character)**으로부터 기인하는 문제들을 해결하기 위한 여러 가지 과업들을 계획하여 실행하고 통제해야 한다. 따라서 마케팅 관리에 관련된 과업들은 결국 수요의 관리(demand management)라는 측면에서 파악될 수 있다.

예를 들어, 박물관은 시민에게 문화적 감상을 제공하려는 목적을 갖고 운영되는데, 이러한 목적을 효과적으로 달성하기 위한 마케팅 활동에서 박물관의 마케터는 수요(방문객의 수)가 지나치게 많기 때문에 일어나는 마케팅 문제에 당면하기도 한다.

즉 지나치게 방문객이 많다면 '문화적 감상의 제공'과 '방문객의 만족'이라는 목적을 제대로 달성하기가 곤란하므로 마케터는 오히려 방문객의 수를 적절한 수준으로 줄여야 할 것이다. 물론 이러한 현상은 박물관뿐만 아니라 휴가철의 호텔이나 레스토랑, 종합병원, 국립공원, 놀이공원 등의 마케터가 흔히 당면하고 해결해야 할 마케팅 문제이다.

그렇다면 수요관리라는 측면에서 마케팅 관리에 관련된 구체적인 과업들이란 어떠한 것들인가? 이러한 질문에 대한 해답을 구하기 위해 Philip Kotler는 **기업이 당면하는 수요의 상태를 여덟 가지로 나누고 각 수요상태에 대해 마케터가 수행해야 할 과업을 제안**하였는데, 본장에서는 그가 제안한 수요 관리의 과업들을 검토한다.

또한 한 사회의 경제가 발전해 감에 따라 시장의 수요공급 관계나 경쟁양상 등의 모습도 달라질 것이므로 교환이 바람직하게 일어나도록 하기 위해 마케터가 취해야 하는 입장도 변할 것이다. 이와 같은 정책적 입장을 마케팅 지향성(marketing orientation, marketing management philosophy)이라고 하는데, 본장에서는 마케팅 지향성들이 어떠한 과정을 거치면서 생산지향으로부터 판매지향을 거쳐 고객지향으로 옮겨 왔으며, 앞으로는 어떻게 전개되어 나갈 것인가에 관해서도 검토해본다.

1절 수요관리의 주요 과업

마케팅 조직은 자신의 실제 상품 공급능력(또는 바람직한 상품 공급능력)을 고려하면서 매출액이나 시장점유율 등으로 설정한 목표를 달성하기 위해 필요한 바람직한 수요의 크기를 결정할 수 있다. 그러나 시장에서 실제 수요의 크기(actual demand level)는 반드시 바람직한 수요의 크기(desired demand level)와 일치하지 않고, 크거나 작은 경우가 흔하다.

즉 마케터는 바람직한 수요에 비해 실제수요가 **부족한 상태**(부정적 수요, 무 수요, 잠재적 수요, 감퇴적 수요) 또는 **충분한 상태**(불규칙적 수요, 완전수요)나 **지나치게 많은 상태**(초과수요, 불건전한 수요) 등 세 가지에 당면할 수 있으며, 각 수요상태는 독특한 마케팅 문제를 일으킨다. 예를 들어, 수요가 부족한 상태에서 마케터가 해야 할 과업과 수요가 지나치게 많은 상태에서 마케터가 해야 과업은 당연히 다를 것이다.

물론 수요의 타이밍(불규칙적 수요)과 수요의 성격(불건전한 수요)도 역시 독특한 마케팅 문제를 일으키지만, 수요관리의 과업은 기본적으로 바람직한 수요의 크기와 실제수요의 크기 사이에서 일어나는 마케팅 문제에 관련된다.

이러한 모든 과업들은 모두 계획, 조직, 지휘, 통제, 조정 등으로 구성되는 관리적 접근방법(managerial approach)을 필요로 하며, 마케팅 전략을 개발하기 위한 두 가지 기본적인 절차인 '표적시장의 선정'과 '마케팅 믹스의 개발'을 활용한다.

1. 수요가 부족한 상태

실제 수요가 바람직한 수요에 비해 부족한 상태(underdemand state)에는 부정적 수요, 무 수요, 잠재적 수요, 감퇴적 수요 등의 네 가지가 있으며 각각 독특한 과업을 필요로 한다.

1.1 부정적 수요

일반적으로 우리는 상품을 획득하기 위해 돈을 지불하며, 돈을 기꺼이 지불하면서 그러한 상품을 획득하려는 것을 수요라고 한다. 따라서 수요란 '많다' 또는 '적다'고 말할 수 있고 최소한 '없다'고 말할 수 있을 뿐이다.

그러나 마케터가 당면할 수 있는 독특한 상황을 묘사하기 위해서는 이러한 수요의

▲ 웰빙 열풍이 불면서 패스트푸드가 비만의 주요인으로 지목되자 '정크 푸드'라는 부정적 이미지를 벗기 위해 안간힘을 쓰고 있다.

반대 개념이 필요한데, 그것이 바로 부정적 수요(negative demand)이다. 즉 (−)의 수요란 **잠재고객들이 상품을 싫어하며 오히려 그 상품을 회피하기 위해 기꺼이 돈을 지불하려는 상태**를 말한다.

잠재고객들이 무관심하여 수요가 없는 상태(무수요)에서는 그들이 상품에 대해 어떠한 느낌도 갖고 있지 않지만, 부정적 수요의 상태는 잠재고객들이 적극적으로 상품을 기피하는 상태이므로 마케터에게 더욱 불리하다.

그러나 이러한 부정적 수요는 우리의 주변에서 적지 않게 목격할 수 있는 현상이다. 예를 들어, 일부 사람들이 백신접종이나 치과진료, 군복무 등을 기피하기 위해서 다른 희생(질병, 친구에게 대신 접종받게 하고 선물 제공, 형벌 등)을 감수하며, 일부 백인은 유색인종들이 많이 투숙하는 호텔을 기피하려고 비싸거나 다른 불편한 위치의 호텔을 찾는다. 또 어떤 사람들은 육류 전문 식당을 적극적으로 기피하여 다른 식당이나 대체 음식을 찾기도 하며, 무슬림이 적극적으로 술이나 돼지고기를 먹지 않는다는 사실도 이러한 상품에 대한 부정적 수요를 보여주는 것이다.

부정적 수요에 당면한 마케터가 자신의 상품을 시장에 계속 공급하려면 **실제수요를 (−)로부터 (+)로 전환시켜 실제 수요를 바람직한 수요의 크기로 끌어올려야** 하는데, 이러한 목적을 위해 수행되는 과업들을 전환적 마케팅(conversional marketing)이라고 한다.

전환적 마케팅은 나중에 설명할 카운터 마케팅과 함께 마케터가 당면하게 되는 가장 어려운 과업인데, 그것은 잠재고객들이 상품을 명백하게 기피하므로 고객을 변화시켜 자신의 상품을 선택하도록 하는 일이 쉽지 않기 때문이다.

전환적 마케팅이라는 과업을 수행해야 하는 마케터는 **부정적 수요**(상품기피)**의 원인을 구체적으로 분석한 후, 적절한 대응책을 마련함으로써 (−)의 수요를 (+)의 수요로 전환**시킬 수 있다.

예를 들어, 상품기피의 원인이 상품에 대한 오해(항공여행은 위험하다)라면 적절한 커뮤니케이션 프로그램(항공여행이 안전함을 보여주는 자료의 제공)을 개발하여 적용해야 하며, 상품의 사용이나 소비가 잠재고객이 갖고 있는 개인적 가치(군복무는 전쟁을 위한 것이므로 나쁘다)와 상충된다면 잠재고객의 가치를 변화시키기 위한 프로그램(군복무는 자랑스러운 봉사라는 인식, 자기개발과 체력단련의 기회도 된다)을 개발하여 적용해야 할 것이다.

또한 상품이 문화에 적합하지 않거나(노출이 심한 옷) 잠재의식 속에서 부정적인 느낌과 연상된다면(빨간 색에 대한 전쟁세대의 연상) 문화이입(acculturation)이나 심리치료 등의 접근방법을 선택할 수 있다. 한편 상품의 비싼 가격은 무수요를 낳기도 하지만, 가치에 비해 지나치게 비싼 가격의 사치품이라면 개인적 지각의 변경(사치품은 그 만한 가치가 있다)이

부정적 수요

잠재고객들이 상품을 싫어하며 오히려 그 상품을 회피하기 위해 기꺼이 돈을 지불하려는 상태

나 가격인하를 모색할 수 있다.

1.2 무수요

잠재고객들이 상품에 대해 **무관심하여**(apathy) **어떠한 긍정적 또는 부정적 느낌도 갖고 있지 않은 상태**는 무수요(no demand)라고 하는데 예를 들어, 보수적인 농부들은 새로운 영농기계나 종자에 대해 무관심하며, 많은 청소년들은 체력관리를 위한 운동에 관심을 보이지 않는다.

무수요 상태에서 마케터는 **자사 상품에 대한 관심을 자극하여 무수요**(0)**를 (+)의 수요로 증대시키는 과업**을 수행해야 하는데, 이러한 목적을 위해 수행되는 과업들을 자극적 마케팅(stimulational marketing)이라고 한다. 즉 보수적인 농부들도 노동력의 절감이나 보다 많은 수확에 관심을 가질 것이며 청소년들도 사회에 나아가 열심히 일하고 100세 시대를 건강하게 지내고 싶은 바람이 있을 것이다.

자극적 마케팅의 가장 기본적인 과업은 **잠재고객들의 기본적인 욕구를 파악하고 자사 상품이 그것들을 어떻게 충족시켜줄 수 있는지 설득하기 위해 기본적인 욕구와 상품의 효익**(benefits) **사이에 연관성을 개발하고 설득**하는 일이다.

사실 무수요의 상태는 크게 세 가지 유형으로 나눌 수 있는데, 첫째는 앞의 예시처럼 잠재고객들이 **이미 상품에 관해 알고는 있으나, 그 가치를 인식하지 못하는 경우**이며 설명한 바와 같이 잠재고객들이 갖고 있는 욕구와 그러한 상품의 효익을 연관시키는 과업이 필요하다. 다른 예를 들면, 골동품의 마케터는 무엇인가 희귀품을 수집하려는 사람들에게 자신이 제공하려는 고가구(古家具)의 가치를 인식시킬 수 있으며, 건강진단이나 고급호텔 투숙, 해외여행 등의 마케터가 유사한 문제에 당면한다.

둘째는 잠재고객들이 상품에 관해 알고 있으며, 그 가치도 인정하지만 **다른 제약으로 인해 구매에 관심을 갖지 않는 경우**로서 그러한 구매제약을 해소시켜주어야 한다. 예를 들어, 산간 휴양호텔들을 위해 보트의 마케터는 인근지역에 인공호수를 개발하든가 가까운 호수까지 교통편을 개발할 수 있다. 또한 가격이 매우 비싼 내구재의 마케터가 할부판매 조건을 개발하는 일도 좋은 예가 된다.

셋째, 상품에 대한 무관심은 **잠재고객들이 상품을 전혀 모르는 경우**에도 나타날 수 있는데, 이때 마케터는 상품에 관한 정보와 견본을 널리 배포하기 위한 전략을 개발해야 한다.

무수요

잠재고객들이 상품에 대해 무관심하여(apathy) 어떠한 긍정적 또는 부정적 느낌도 갖고 있지 않은 상태

1.3 잠재적 수요

잠재적 수요

사람들이 상품에 대한 열망을 공유하고 있으나 실제로는 그러한 상품이 가용하지 않은 상태

많은 사람들은 니코틴이 전혀 없는 담배나 공해 없는 자동차 등을 원하지만 아직까지 그러한 상품이 존재하지 않는다. 이처럼 **사람들이 상품에 대한 열망을 공유하고 있으나 실제로는 그러한 상품이 가용하지 않은 상태**를 잠재적 수요(latent demand)라고 한다. 이때 마케터는 **잠재고객들이 공통적으로 '원하는 바'를 충족시키기 위해 신상품을 개발하는 과업**을 수행해야 하는데, 이를 개발적 마케팅(developmental marketing)이라고 한다.

물론 여기서 신상품이라는 용어는 개선된 호텔 서비스, 개선된 의료기술과 병원 서비스, 새로운 법무 서비스 등 넓은 범위의 욕구충족 수단을 포괄한다. 즉 우리가 현재 편리하게 사용하고 있는 퍼스널 컴퓨터를 비롯하여 각종 전자제품이나 세그웨이(segway), 드론(drone), 호버보드(hoverboard), 건강보험, 다이어트 식품들도 불과 얼마 전 잠재적 수요에 대응하여 마케터들이 개발적 마케팅을 수행한 결실인 것이다. 또 해외 유학중인 학생들이 고향의 맛을 갈망하고 있다면 소주와 김치찌개 안주 등 새롭게 메뉴를 추가하는 일조차도 간단하지만 개발적 마케팅의 좋은 예가 될 수 있다.

물론 개발적 마케팅을 잘 수행하고 있는 마케터들은 신상품을 개발한 대가로 자신의 목표를 효과적으로 달성하고 있으며, 우리는 교환을 통해 보다 다양하고 만족스러운 욕구충족 수단을 이용할 수 있게 되었다.

이러한 잠재적 수요의 상태는 간혹 마케팅 문제이기보다는 생산의 문제로 오해되기 쉽다. 그러나 이미 설명한 바와 같이 마케팅은 생산 이전에 시작되어 판매 후에도 지속되는 광범위한 활동이며, 교환이 바람직하게 이루어지기 위해서는 상품의 생산과 공급에 앞서서 잠재고객들이 '원하는 바'를 정확하게 인식해야 한다. 그 다음에야 마케터는 올바른 상품 · 올바른 가격 · 올바른 유통경로를 통합하고 설득적인 방법으로 정보를 배포하게 되므로 **잠재적 수요는 생산의 문제이면서도 동시에 마케팅의 문제**임이 명확하다.

1.4 감퇴적 수요

감퇴적 수요

상품에 대한 실제 수요가 이전보다 계속 줄어드는 상태

인간의 욕구를 충족시켜 주기 위한 모든 욕구충족 수단(상품)은 시장에 처음 등장하여 점차로 많은 사람들에게 알려져 감에 따라 매출액이 증가하다가 ① 잠재고객들의 기호가 변하든가, ② 경쟁자가 보다 효과적인 신상품을 개발하든가, ③ 여러 가지 마케팅 환경요인들이 불리하게 변화함에 따라 실제 수요가 줄어드는 쇠퇴기를 맞이한다.

즉 감퇴적 수요(faltering demand)란 **상품에 대한 실제 수요가 이전보다 계속 줄어드는 상태**를 말하는데, 그러한 현상의 원인은 대체로 잠재고객의 기호변화, 경쟁, 마케팅 환

경요인의 변화 등이다.

예를 들어, 자연섬유는 인공섬유의 등장과 활동성 및 편리함을 추구하는 소비자 기호의 변화로 수요가 감퇴하였으며 최근에는 자연적임을 강조하는 소비자 기호의 변화로 인해 오히려 인공섬유에 대한 수요가 줄어들고 있다. 또한 철도여행도 고속버스와 항공사와의 경쟁 때문에 수요가 감퇴하였으며, 출산율의 급격한 감소로 신생아용품이나 산부인과 진료에 대한 수요도 줄어들고 있다.

감퇴적 수요의 상태에서 마케터는 **실제 수요를 부활시키기 위해 표적시장을 변경하거나 상품의 새로운 용도를 개발하고 상품사용률을 높이는 등 마케팅 믹스의 여러 요소들 즉 상품특성, 가격수준, 유통경로, 촉진활동 등을 적절히 변경**하는 리 마케팅(remarketing)이라는 과업을 수행해야 한다.

간혹 마케터는 감퇴적 수요에 대응하기 위해서 단순히 공급을 줄일 수도 있지만, 감퇴적 수요가 어쩔 수 없는 환경적 추세 때문이 아니라 부적절한 마케팅에 기인한다면 리 마케팅이 훌륭한 성과를 보일 것이다.

▲ Arm & Hammer사는 자신의 베이킹 소다 상품에 대한 수요가 미흡하다고 판단하여 베이킹 소다의 새로운 용도를 12가지나 개발하여 수요를 개발하였다(리 마케팅).

2. 수요가 충분한 상태

수요가 충분한 상태(adequate demand state)란 실제 수요의 평균적 크기가 바람직한 수요의 평균적 크기와 유사한 상태를 말한다. 이러한 수요상태는 불규칙적 수요와 완전수요로 구분되며, 각각 독특한 과업을 필요로 한다.

2.1 불규칙적 수요─크기보다 타이밍의 문제

마케터는 간혹 **일정한 기간 동안의 실제 수요와 바람직한 수요**(결국 공급하려는 양)**의 평균 크기는 유사하지만, 그들의 수요와 공급의 시간적 패턴**(temporal pattern)**이 달라서 일어나는 마케팅 문제**에 당면하기도 한다.

특히 수요가 계절성을 보이는 과일이나 어패류, 호텔 등의 마케터는 비록 일정한 기간 동안(연간이나 월간 등)의 평균적 실제 수요에는 만족하지만 특정한 시점에서 볼 때 실제 수요가 바람직한 수요(공급)를 초과한다면 상품이나 서비스의 품질저하, 인건비의 상승 등이 초래될 것이고 또한 바람직한 수요(공급)에 못 미친다면 시설과 인력의 유휴상태 등이 일어난다. 즉 불규칙적 수요(irregular demand)란 **실제 수요의 시간적 패턴이 바람직한 수요**(공급)**의 시간적 패턴과 다른 상태**를 말한다.

예를 들어, 교통수단에 대한 실제 수요는 러시아워로 인해 초과수요의 상태를 일으

불규칙적 수요

일정한 기간 동안의 실제 수요와 바람직한 수요(결국 공급하려는 양)의 평균 크기는 유사하지만, 그들의 수요와 공급의 시간적 패턴(temporal pattern)이 다른 상태

▲ 비수기에는 수요증대를 위해 많은 혜택이 제공된다.

키며, 휴가시즌으로 인해 휴양지의 숙박시설들은 성수기와 비수기를 맞는다. 또한 박물관이나 스포츠시설들도 평일보다는 휴일에 많은 고객들이 몰려와 실제 수요와 바람직한 수요(공급)의 시간적 패턴을 다르게 하고 있다.

이와 같은 불규칙적 수요의 상태에서 마케터는 ① 공급의 수준을 실제 수요에 맞도록 조정하거나, ② 실제 수요를 공급의 수준에 맞도록 조정하거나, ③ 공급의 수준과 실제 수요를 모두 조정함으로써 양자의 시간적 패턴을 일치시켜야 하는데, 이러한 목적을 위해 수행되는 과업들을 신크로 마케팅(synchro marketing)이라고 한다.

신크로 마케팅의 기본 원리는 **공급을 조절하거나 실제 수요에 영향을 미쳐 수요와 공급의 시간적 패턴을 일치시키는 것**이다. 즉 불규칙적 수요의 상황에서 마케터는 상품의 가치를 개선하거나 새로운 용도의 개발, 점포(영업망)의 확대, 가격인하 등 실제 수요의 크기를 증대시키기 위한 활동과 가격을 인상하거나 서비스 축소, 촉진활동의 축소 등 실제수요의 크기를 줄이기 위한 활동을 시간적으로 조합할 수 있다.

2.2 완전 수요

평균적인 실제 수요와 바람직한 수요의 크기뿐만 아니라 시간적 패턴까지도 일치하는 수요의 상태를 완전 수요(full demand)라고 한다. 이러한 완전 수요의 상태는 모든 마케터들이 이상적이라고 생각하는 것이므로 그저 뒷짐만 지고 현재의 완전 수요를 즐기는 일에 만족하기 쉽다.

그러나 완전 수요는 경쟁자들에게도 바람직하므로 경쟁이 심화될 것이라는 점을 예상해야 하며, 잠재고객의 기호와 환경요인들이 끊임없이 변하기 때문에 완전 수요의 상태는 지속되기 어렵다.

완전 수요의 상태를 불안정하게 만드는 위협요인은 대체로 다음과 같이 세 가지로 구분할 수 있는데, 마케터는 현재 수행하고 있는 마케팅 활동의 효율성과 위협요인들의 변화추세에 끊임없이 관심을 갖고 대처함으로써 **완전 수요의 상태를 유지하는 일**과 관련된 유지적 마케팅(maintenance marketing)을 수행해야 한다.

첫 번째 완전 수요의 위협요인은 **잠재고객들이 '원하는 바'나 기호의 변화**인데, 이는 마케팅 활동의 초점이 바로 '고객이 원하는 바의 충족'이라는 점에서 가장 중요하다. 예를 들어, 옷이든 식품이든 한 때 유행하던 많은 것들이 소비자의 기호가 변함에 따라 잊혀졌다.

두 번째 완전 수요 위협요인은 경쟁인데, **경쟁자들은 새롭게 시장에 참여하든가 잠재고객들이 '원하는 바'를 충족시키기 위해 보다 효과적인 욕구충족 수단을 제공함**으로써 내가 현재 누리고 있는 완전 수요를 잠식할 수 있다.

끝으로, 기업을 둘러싸고 있는 **마케팅 환경요인들**(경제적, 법적, 정치적, 사회적, 문화적 등의 여건들)은 **끊임없이 변화**하면서 기존의 상품이나 기업을 파멸시킬 수 있다.

3. 수요가 초과하는 상태

실제 수요가 바람직한 수요를 초과하는 상태(overdemand state)는 초과 수요와 불건전한 수요인데, 각각 독특한 과업을 필요로 한다.

3.1 초과 수요

실제 수요가 마케터가 공급할 수 있거나 공급하려는 바람직한 수요를 초과하는 상태는 초과 수요(overfull demand)라고 하는데, 실제 수요가 부족한 상태에 못지않게 심각한 마케팅 문제를 일으킨다.

즉 초과 수요의 상태에서 마케터는 상품을 획득하려는 잠재고객들의 경쟁을 방관하기보다 **고객의 만족수준을 보장하고 장기적인 고객관계를 유지·개선하려는 과업들을 수행**해야 하는데, 이들을 디 마케팅(demarketing)이라고 한다.

초과수요에 당면한 마케터는 두 가지 과업을 수행해야 한다. 첫째는 수요를 증대시키려는 전통적인 마케팅 활동을 반대로 실행함으로써 수요를 저지하는 일이며, 둘째는 부족한 상품을 고객들에게 공정하다고 인식되면서도 마케팅 목표에 도움이 되는 방식으로 분배하는 일이다.

우선 디 마케팅에서 수요를 감축하기 위해 보편적으로 이용되는 방법은 ① 상품의 품질이나 내용을 축소하거나, ② 가격 및 거래조건을 고객보다 마케터에게 유리하게 변경하거나, ③ 구매에 소요되는 노력(직접 방문구매)과 심리적 비용(장시간 대기)을 증대시키거나, ④ 유통기관의 수를 축소하거나, ⑤ 촉진활동을 축소하거나, ⑥ 메시지의 초점을 상품 자체의 수요 증대보다는 기업 이미지의 개선으로 바꾸는 일 등이다.

또한 마케터에게 도움이 되는 상품분배의 방법은 ① 선착순 공급, ② 주문량의 일정 비율씩만 공급, ③ 마케터에게 유익한 고객 순으로 공급, ④ 고가입찰 순으로 공급 등이 널리 이용된다. 아무튼 디 마케팅의 원리는 **전체 또는 특정한 고객집단의 수요를 일시적이거나 영구히 저지하려는 전략을 개발하여 적용**하는 것이다.

그러나 그릇된 디 마케팅 활동은 단기적인 수요를 지나치게 감소시킬 위험이 있으며, 기존고객들을 소홀히 취급함으로써 장기적인 수요에 돌이킬 수 없는 해를 끼칠 수

초과수요

실제 수요가 마케터가 공급할 수 있거나 공급하려는 바람직한 수요를 초과하는 상태

있기 때문에 유의해야 한다.

디 마케팅의 형태는 대체로 네 가지로 구분된다.

(1) 일반적 디 마케팅

전체고객의 수요를 저지하기 위한 과업은 일반적 디 마케팅(general demarketing)이라고 하는데, 대체로 세 가지의 원인에 기인하는 초과수요의 상태에서 실시된다. 첫째, 마케터는 계획수립 단계에서 실제수요를 과소하게 추정하거나 공급능력을 과대 추정함으로써 초과수요에 당면할 수 있다.

둘째, 마케터는 자신의 상품이 잠재고객들로부터 과도한 인기를 끌게 되어 만성적인 초과수요에 당면할 수도 있는데, 이러한 경우라면 일시적으로는 디 마케팅에 의존하지만 결국 공급능력을 늘려야 할 것이다.

셋째, 새로운 모델을 출시하면서 구 모델의 생산을 중단하려면 구 모델에 대한 생산과 재고수준을 가급적 빨리 낮추면서 동시에 이에 대한 수요를 저지하는 활동이 필요한데, 기존고객들의 호의를 유지하기 위해 상품 생산중단의 이유를 이해시키고 구 모델의 기존고객들에게 적절한 보상을 실시하거나 최소한의 재고를 유지해야 한다. 그러나 이러한 유형의 디 마케팅은 뒤에 설명할 카운터 마케팅으로 마무리되어야 한다.

(2) 선택적 디 마케팅

초과 수요에 당면한 마케터는 간혹 **특정한 고객계층**(세분시장)**의 수요만을 저지**할 수 있는데, 이를 선택적 디 마케팅(selective demarketing)이라고 부른다. 선택적 디 마케팅은 특정한 고객계층이 다른 고객계층에 비해 상대적으로 수익성이 낮거나 다른 고객계층에게 좋지 않은 영향을 미치는 경우에 효과적이다(The 'cheaper' segment appears to drive the 'dearer' segment). 예를 들어, 초과 수요에 당면한 마케터는 학생들의 호텔투숙을 거부하거나 고급 승용차의 마케터가 특정 고객계층의 구매를 저지할 수 있다.

그러나 법률 또는 여론으로 인해 판매를 직접적으로 거부하거나 차별적인 가격을 부과하기 곤란하다면 우선 바람직하지 않은 고객계층을 선정한 후, 상품구매에 대한 희망을 꺾거나(무성의하게 응대하거나 호텔 룸의 예약을 보증하기 어렵다거나 승용차의 출고까지 오랜 시간이 소요된다고 말해 둔다), 판매원을 방문시키지 않거나, 서비스의 품질을 저하시키거나, 점포의 입지선정과 매체선정을 신중히 하여 상품의 가용성과 정보획득을 제한하는 일 등을 통해 그러한 고객계층의 수요를 저지할 수 있다.

이러한 선택적 디 마케팅은 마케터에게 유리한 고객만을 선별하여 집중적으로 고객관계를 개발하고 유지하려는 최근 마케팅 기법(고객관계 관리 CRM, customer relationship management)과 밀접하다.

(3) 외견상 디 마케팅

마케터는 간혹 수요가 너무 많아 더 이상의 수요를 받아들일 수 없다는 인상을 고객들에게 보임으로써 상품을 차지하려는 고객들의 초조함을 자극할 수 있는데, 이와 같이 **외견상으로는 수요를 저지하는 것처럼 보이지만 실제로는 수요를 증대시키기 위한 활동**을 외견상 디 마케팅(ostensible demarketing)이라고 부른다.

▲ 외견상으로는 타임 한정세일, 반짝 세일이라며 한시적으로만 세일을 시행하고 수요를 저지하는 것처럼 보이지만 실제로는 수요를 증대시키기 위한 활동이며, 외견상 디 마케팅이라고 한다.

외견상 디 마케팅은 사람들이 구하기 힘든 것을 더욱 갖고 싶어한다는 심리적 특성을 이용한 것이며, 심리적 만족이 중요한 상품들에서는 실제로 '희귀성'이 상품가치의 결정적 요인이 되기도 한다. 예를 들어, 성형외과 의사는 상담환자에게 고객이 너무 많아서 수술해주기 어렵다면서 자신을 과장하며, 입장권의 매진이 예상된다는 연극광고나 자신의 작품을 사려는 고객에게 괴팍하게 구는 예술가도 외견상 디 마케팅을 실시하는 것이다.

간혹 TV 홈쇼핑에서는 '전화 폭주, 한정 판매'라는 메시지를 통해 실제 예상한 수량의 몇 배까지 판매실적을 올리는 경우도 있다.

(4) 비고의적 디 마케팅

상품의 수요를 증대시키기 위해 **고객들에게 강압적인 방법으로 구매를 강요하거나 그들을 귀찮게 하는 일**은 본의 아니게 고객들을 쫓아버리기도 하는데, 이러한 일은 결국 디 마케팅과 같은 결과를 일으킨다.

일부 백화점에서도 볼 수 있는 현상이지만, 특히 재래시장에서 호객행위나 접객 판매원의 구매 강요는 상품품질이나 가격에 대한 의구심을 일으키며 적극적인 노력에도 불구하고 오히려 고객들을 쫓아낸다. 따라서 비고의적 디 마케팅(unintentional demarketing)을 원치 않는 마케터는 고객계층별로 어떤 관행이 이러한 효과를 일으키는지 검토하고 대응해야 한다.

3.2 불건전한 수요—크기보다 성격의 문제

마약이나 포르노 필름 등과 같이 상품에 대한 **수요 자체가 장기적인 소비자 및 사회복지의 관점에서 불건전하거나 수요의 존재가 마케터에게 유익하지 않은 경우**가 있는데, 여기에서는 실제 수요의 크기가 문제되는 초과 수요와는 달리 수요 자체의 성격이 문제가 된다.

즉 불건전한 수요(unwholesome demand)의 상태에서 마케터는 실제 수요의 크기나 시간적 패턴을 조정하는 것이 아니라 **약간의 수요라도 그것의 존재를 없애버리려는 과업**

불건전한 수요
수요 자체가 장기적인 소비자 및 사회 복지의 관점에서 불건전하거나 수요의 존재가 마케터에게 유익하지 않은 상태을 수행해야 하는데, 이를 카운터 마케팅(counter marketing)이라고 한다. 따라서 카운터 마케팅의 대상은 사회적으로 바람직하지 않은 상품이나 경쟁상품 또는 생산을 중단하려는 자신의 구 모델이 될 수 있다.

카운터 마케팅은 전형적으로 마약, 담배, 포르노 필름을 추방하려는 사회단체에 의해 **불매운동의 형식**으로 전개되어 왔다. 그러나 최근에는 **경쟁상표에 대한 수요를 파괴**하려는 마케터들의 계획적인 카운터 마케팅 활동을 흔히 볼 수 있는데 예를 들어, 소형차의 생산자는 대형차가 연료를 많이 소모하고 대기를 오염시킨다는 점에 착안하여, 에너지 절약과 환경보존 캠페인을 전개하면서 대형차에 대한 수요를 파괴하려고 노력한다.

▲ 자사 구모델에 대한 카운터 마케팅

또한 **자신의 상품**이라 할지라도 상품의 생산을 중단하거나 새로운 대체품을 개발했을 경우처럼 마케팅 목표에 비추어 볼 때, 차라리 수요가 없는 편이 낫다고 판단되면 마케터는 일시적으로 디 마케팅을 거쳐 결국 카운터 마케팅을 수행한다.

이상과 같이 마케터가 당면하는 수요의 상태를 여덟 가지로 구분하고 각 수요상태에 따른 수요관리의 과업을 요약하면 〈표 2-1〉과 같다. 그러나 각 수요의 상태가 반드시 특정한 상품과 연관되는 것은 아니며 **모든 상품이 상품 수명주기를 거쳐 가면서 다양한 수요의 상태**를 맞이하게 되며 그에 따라 수요관리의 과업이 달라진다는 데 유의해야 한다.

즉 마케터는 자신의 상품이 수명주기를 거쳐 감에 따라 이러한 모든 과업에 당면할 수 있음을 알아야 한다. 예를 들어, 수명주기가 시작되기 전에는 단지 잠재적 수요만이 있으므로 개발적 마케팅이 필요하며, 초기단계에서는 자극적(간혹 전환적) 마케팅이 필요할 것이다. 또 성장단계에서는 기업의 생산능력과 관련하여 초과수요의 상태가 되기도 하는데 이때에는 디 마케팅이 수행되어야 하며 생산능력이 확장되고 상품이 수명주기상의 성숙기에 도달하면, 마케팅 과업은 주로 유지적 마케팅이 된다.

한편 수요가 감퇴하기 시작하면 리 마케팅과 관련된 마케팅 문제에 당면하며, 상품이 궁극적으로 소비자나 기업의 입장에서 불건전한 수요로 규정되면 수요를 없애기 위

표 2-1

수요상태에 따른 기본적인 과업

수요적 상태	수요관리의 과업	과업의 명칭
① 부정적 수요	수요를 전환시킨다.	전환적 마케팅
② 무수요	수요를 창출한다.	자극적 마케팅
③ 잠재적 수요	수요를 개발한다.	개발적 마케팅
④ 감퇴적 수요	수요를 부활시킨다.	리 마케팅
⑤ 불규칙적 수요	수요를 동시화시킨다.	동시화 마케팅
⑥ 완전수요	수요를 유지한다.	유지적 마케팅
⑦ 초과수요	수요를 줄인다.	디 마케팅
⑧ 불건전한 수요	수요를 없앤다.	카운터 마케팅

한 카운터 마케팅을 수행해야 한다. 또한 상품에 따라서는 수명주기 어느 단계에서 동시화 마케팅이 필요하기도 하다.

2 절 마케팅 지향성

마케팅이란 이미 설명한 바와 같이, 본질적으로 **바람직하고 효율적인 가치의 교환**을 핵심 개념으로 하는데, 어떻게 해야 시장에서 교환이 바람직한 수준으로 원활하게 일어날 것인지에 관한 견해는 당연히 마케팅 이론의 발전과 경제여건의 변화에 따라 달라진다.

이와 같이 **마케팅 노력의 방향을 지침하는 견해**를 마케팅 지향성 또는 마케팅 관리 철학(marketing orientation, 또는 marketing management philosophy)이라고 하는데, 오늘날 마케팅 콘셉트라고 널리 인용되고 있는 견해도 마케팅 지향성 중의 하나로서 고객의 욕구를 중시하도록 마케팅 노력의 방향을 규정하는 것이다.

유랑생활을 영위해오던 인류의 선조들은 생존에 필요한 재화들을 능동적으로 생산하고 관리하는 것이 아니라 자연으로부터 주어진 재화를 찾아 생활의 근거지를 옮겨 다녔다. 그러나 정착농경사회로 넘어오면서(제1의 물결) 그들은 생존에 필요한 재화를 생산하고 관리하는 일에 보다 능동적으로 변했는데, 여전히 자연 생산물에 의존하여 생활을 영위하였으며 단순한 가공만이 존재하였을 뿐이다. 물론 그들의 생산 활동은 대체로 자신의 욕구를 충족시키기에 필요한 재화를 자급자족하는 데 불과했으므로 교환행위가 중요하지 않았고 따라서 마케팅에 대한 인식은 없었다.

그 후 1750년대 유럽(영국)에서는 생산방식과 소비방식의 일대혁명이라고 할 수 있는 산업혁명이 일어났는데(제2의 물결), 기계를 사용한 공업 생산품의 생산과 관리가 인간의 생존에서 큰 몫을 차지하기 시작하였다. 즉 산업혁명의 진행에 따라 가내 수공업 생산은 공장에서의 전문화 · 대량생산으로 바뀌고, 사람들은 공장에서 일하기 위해 도심지로 몰렸는데, 이러한 현상은 바로 **자신의 소비를 위한 생산으로부터 시장에서의 교환을 위한 생산으로 전환**되는 과정인 것이다.

그러나 대부분 상품에 있어서 시장의 수요는 공급 수준을 훨씬 초과하고 있었기 때문에 기업들은 판매보다는 여전히 생산 활동을 강조하였다. 이러한 시장여건을 판매자 시장(seller's market)이라고 부르며, **상품의 공급은 그 자체의 수요를 창출한다**(어떠한 상품이라도 만들어 내기만 하면 수요가 있게 마련이다)는 프랑스 경제학자 Jean B. Say의 주장(販路說

판매자 시장
시장의 수요가 공급 수준을 훨씬 초과하여 '만들면 팔리는 시장'

Say's law)이 적중하였다.

그러나 1930년대 이후 — 제2차 세계대전 기간만 제외하고는 — 대부분 상품분야에서 상대적인 과잉생산과 과소수요로 인해 시장여건은 점차로 구매자 시장(buyer's market)으로 바뀌었다. 구매자 시장이란 **공급수준이 수요를 초과하여 판매자의 마케팅 활동을 구매자가 통제하는 시장**(판매자가 마케터)을 의미한다.

더욱이 1950년대에 이르러 기업들은 고객의 욕구충족이 기업 성패에 매우 중요하다는 사실을 인식하고 마케팅 활동을 경영관리적 관점에서 파악하게되었는데, 이를 관리적 마케팅(managerial marketing) 또는 1950년대 이전의 전통적 마케팅(교환행위 자체를 의미하는 판매)과 구별하기 위해 현대적 마케팅(modern marketing)이나 새로운 마케팅(new marketing)이라고 부른다. 따라서 특별한 지적이 없이 마케팅이라고 하면 오늘날에는 현대적 마케팅을 지칭한다.

구매자 시장
공급수준이 수요를 초과하여 판매자의 마케팅 활동을 구매자가 통제하며, '팔릴 수 있는 것을 공급해야 하는 시장'

1. 생산 지향단계의 마케팅 지향성

기업의 마케팅 활동은 '교환'이라는 개념을 확산시킨 산업혁명(18세기 말~19세기 초)과 더불어 서서히 인식되기 시작하였으나 초기단계의 기업활동은 초과수요와 공급능력 부족으로 여전히 생산 지향적이었다. 따라서 기업의 목표와 계획은 생산부문의 관리자가 결정하였으며, 마케팅부문(실제로는 판매부문)의 기능은 단순히 생산담당자가 만들어낸 상품을, 재무담당자가 결정한 가격에 유통시키는 데 불과하였다.

이러한 생산 지향적 마케팅 활동은 오늘날의 일부 상품에서도 나타나지만, 시대적으로 볼 때 대체로 산업혁명으로부터 시작하여 1930년대 미국의 대공황이 시작될 무렵까지 보편적이었다.

1.1 초기의 생산 콘셉트

생산 지향단계 초기에 대부분 기업들이 채택한 마케팅 지향성은 생산 콘셉트라고 하는데, 생산 콘셉트(production concept)란 잠재고객들이 상품의 특성을 면밀하게 평가하기보다는 **쉽게 가용하며 자신이 감당할 수 있는 가격의 상품이라면 어느 것이든 선호할 것이라고 가정**하여 마케팅 노력의 초점을 **대량생산을 통한 가격인하와 유통 효율성의 개선**에 두는 마케팅 관리 철학이다.

즉 생산 콘셉트를 채택하는 마케터는 잠재고객들이 상품범주 내 상표들 사이의 비가격차이에 관심을 갖지 않고 단지 상품의 가용성과 저가격을 원하므로, 대량생산과 대

생산 콘셉트
대량생산을 통한 가격인하와 유통 효율성의 개선을 강조하는 마케팅 관리 철학

량유통만이 시장에서 교환이 원활하게 일어나도록 하기 위한 관건이라고 간주한다. 이러한 생산 콘셉트는 물론 산업혁명 초기의 마케팅 관리 철학이었지만, 오늘날에도 상품 차별화가 되어 있지 않거나 불가능하고 공급 자체가 부족한 상품의 마케터가 채택하고 있다.

1.2 후기의 상품 콘셉트

생산 지향단계 후기에는 대부분의 기업들이 이미 생산 콘셉트 하에서 생산증대 활동을 추진해왔기 때문에 상품에 대한 심각한 과잉수요가 해소되면서 기업 간의 판매경쟁이 나타나기 시작하였다. 이러한 시장여건에서 마케터는 잠재고객들이 상품범주 내 상표들을 비교하여 **자신이 지불하는 가격에 대해 가장 훌륭한 품질의 상품을 선호한다고 가정**하고, 마케팅 노력의 초점을 상품의 품질개선에 두기 시작하였다. 이와 같이 '상품 자체의 품질개선'만이 시장에서 교환이 원활하게 일어나도록 하기 위한 관건이라고 간주하는 마케팅 관리 철학을 상품 콘셉트(product concept)라고 부른다.

상품 콘셉트
'상품 자체의 품질개선'을 강조하는 마케팅 관리 철학

이러한 상품 콘셉트는 Ralph W. Emerson의 충고("If a man … make a better mousetrap … the world will beat a path to his door!" 당신이 '보다 나은 쥐덫'을 만들기만 한다면 온 세상 사람들이 몰려와서 구매해줄 것이다)에 따라 경쟁자보다 나은 쥐덫을 생산하고 소비자의 방문을 기다리던 기업에서 잘 나타나는데, 그들은 좋은 품질의 상품을 생산할 수만 있다면 구매는 소비자에 의해 자동적으로 일어나며 기업이 번창할 것으로 믿었다. 이러한 믿음을 보다 나은 쥐덫의 가설(the better mousetrap hypothesis)이라고 한다.

물론 그 당시 상품 콘셉트를 채택한 마케터들은 단기적으로는 성공을 거두었다. 그러나 그들이 장기적으로 성공을 지속할 수 없었던 이유는 세 가지로 들 수 있다. 첫째, 고객들이 근본적으로 원하는 것은 **상품 자체(쥐덫)가 아니라 욕구충족이나 문제해결**(쥐를 없애기)이었으므로 보다 효과적인 욕구충족의 수단(쥐약이나 초음파 퇴치기 등)이 등장함에 따라 쥐덫이라는 상품 자체의 개선만으로는 더 이상 경쟁력을 가질 수 없었다.

이와 같이 마케팅의 초점을 고객의 욕구가 아니라 상품 자체에 두는 것을 Theodore Levitt는 마케팅 근시안(marketing myopia)이라고 지적했는데, 오늘날의 마케터들도 여성 고객이 구매하는 것이 화장품 자체가 아니라 '아름다움', 수리공이 구매하는 것이 드릴 자체가 아니라 '구멍'이라는 효익(benefits)임을 인식해서 그러한 효익을 효과적으로 제공하는 데 관심을 집중해야 한다.

▲ 쥐덫을 구매하는 소비자의 구매목적은 쥐덫 자체가 아니라 "쥐를 없애려는 문제를 해결하기" 위해 당시 가장 효과적인 수단을 선택할 뿐이다. 따라서 모든 상품은 개선되며 일관적인 수단에 불과하다.

둘째, 마케팅 성과를 높이기 위해서는 상품 이외에도 가격을 포함한 거래조건, 원활한 유통경로, 적절한 정보제공과 설득노력이 함께 수행되어야 했는데 이러한 요소에 대한 고려가 없었다. 셋째, 상품 자체의 품질개선이나 차별화라고 할지라도 그

방향은 마케터가 결정하는 것이 아니라 고객에게 물어서 그들이 원하는 방향의 개선과 차별화가 수행되어야 했다.

2. 판매 지향단계의 마케팅 지향성

판매 콘셉트
일방적일지라도 강력한 영업과 촉진활동을 동원하여 강요하는 마케팅 관리 철학

1930년대를 넘어서면서 마케터들은 기업성패를 결정짓는 중요한 문제가 결코 충분한 양의 생산이나 상품 자체의 품질개선이 아니라 생산된 상품을 효과적으로 판매하는 일임을 인식하기 시작했다. 즉 생산된 쥐덫의 품질이 경쟁자의 쥐덫보다 나을지라도 그것만으로는 기업의 번창을 보장받을 수 없었으며, 생산한 상품을 어떠한 방법으로든 팔아야 했기 때문에 마케터는 점차로 판매활동에 관심을 갖기 시작하였다.

따라서 마케터는 **잠재고객들의 관심을 자극하고 강력한 판매노력을 기울이지 않는 한 그들이 자발적으로 충분한 양의 상품을 구매하지 않을 것이라고 가정**하여 마케팅 노력의 초점을 **일방적일지라도 강력한 영업**(인적 판매)**과 촉진활동을 동원하여 구매를 자극하는 일**에 두었다.

이와 같이 잠재고객들이 필수품 이외의 대부분 상품에 대해 충분한 수요를 보이지 않기 때문에 강력한 판매노력만이 시장에서 교환이 원활하게 일어나도록 하는 관건이라고 간주하는 마케팅 관리 철학을 판매 콘셉트(sales concept, 또는 강매 콘셉트 hard sell concept)라고 한다.

판매 콘셉트는 **"상품은 판매원에 의해 팔리는 것이지 고객에 의해 구매되는 것이 아니다**(Goods are sold, not bought!)**"**라는 캐치프레이즈에 잘 나타나 있듯이 잠재고객의 욕구나 의지보다는 기업의 일방적인 판매노력을 강조하며 교환과정에서 고객의 수동적 입장을 고수한다. 물론 오늘날에도 소비자들이 일상생활에서 각별하게 구매노력을 보이지 않는 미탐색품(unsought goods, 보험이나 백과사전, 비석 등)의 마케터들은 판매 콘셉트를 채택하고 있다.

그러나 판매 콘셉트는 마케터로 하여금 소비자의 욕구를 충족시키기보다는 일방적인 매출 극대화를 위해 강매하도록 촉구하였으며, 오늘날까지도 판매라는 활동이 나쁜 이미지를 갖게 된 것도 바로 이러한 마케팅 관리 철학에 기인한 것이다.

3. 고객 지향단계의 마케팅 지향성

제2차 세계대전이 끝나고 많은 군수산업들이 평화산업으로 전환하자 시장에 공급되

는 상품의 양과 품질은 획기적으로 개선되고 기업 간의 경쟁도 심화되었으며, 판매 콘셉트를 신봉하던 기업들로부터 소홀히 취급받던 소비자들은 보다 신중한 소비자로 발전하여 많은 상품분야에서 그들의 구매저항이 높아지기 시작하였다.

이러한 시장여건에서 마케터는 고객에 대한 봉사의 중요성을 인식하고 관심의 초점을 **일방적인 판매로부터 고객만족을 통한 판매**로 바꾸었으며 마케팅 목표도 단기적인 매출 극대화보다는 고객의 문제 해결을 통한 고객만족과 기업의 장기적인 이윤을 강조하게 되었다.

즉 그들은 잠재고객들이 **자신의 문제해결에 관심을 갖고 있으며, 그러한 문제를 보다 효과적으로 해결해주는 욕구충족 수단을 선호한다고 가정**하여 마케팅 노력의 초점을 ① 잠재고객들의 충족되지 않은 욕구(상대방의 문제나 '원하는 바')를 발견해내고, ② 그것을 효과적이고 효율적으로 충족시켜줄 해결책(마케팅 믹스, 욕구충족수단)을 개발하여 제공함으로써, ③ 고객을 경쟁자보다 잘 만족시켜 장기적 이윤을 획득하려는 데 두기 시작하였다.

▲ 마케팅 콘셉트가 고객에 대한 충분한 이해를 근거로 한다는 Drucker의 지적과 동일한 맥락이다.

이와 같이 상품을 일방적으로 생산한 후, 그것을 처분하기 위한 방법을 모색하는 것(판매)이 아니라 먼저 잠재고객이 '원하는 바'를 발견하고 그들이 원하는 상품을 생산·공급하여 고객의 문제를 해결하고 고객만족을 창출함으로써 조직의 목표를 달성하려는 마케팅 관리 철학을 마케팅 콘셉트(marketing concept)라고 한다.

마케팅 콘셉트
고객의 문제해결과 고객만족을 강조하는 마케팅 관리 철학

여기서 우리는 마케팅의 개념(concept of marketing)이 마케팅에 대한 다양한 정의들을 지칭하는 데 반해 마케팅 콘셉트는 새롭게 등장한 마케팅 관리 철학(new way of thinking, new way of doing business)임을 구분해야 한다.

이러한 **마케팅 콘셉트는 기업 및 사회의 입장 모두에서 합리적**이다. 우선 기업은 일방적으로 생산된 상품에 맞도록 소비자의 욕구와 필요를 변경시키기보다는 그들의 원하는 바에 맞도록 상품을 생산·공급하는 편이 교환에 성공적이다. 또한 사회적으로도 마케팅 콘셉트는 자원의 분배와 그 사회에 공급되어야 하는 상품믹스(society's product mix)를 결정함으로써 소비자 주권(消費者 主權)을 확립시켜준다.

마케팅 콘셉트는 그것을 마케팅 관리 철학으로 채택한 조직에 따라 다양하게 표현되고 있는데, 〈표 2-2〉와 같은 예를 대표적으로 들 수 있으며 여러분들도 마케팅 콘셉트의 다양한 표현들을 찾아보기 바란다.

표 2-2
마케팅 콘셉트의 구체적인 표현 예시

- 한번 판 상품은 끝까지 책임집니다.
- 당신의 만족이 우리의 사업입니다(Your pleasure is our business).
- Find a need and fill it.
- We do it like you'd do it.
- We are not satisfied until you are.

한편 이러한 마케팅 콘셉트는 〈표 2-3〉에서와 같이 판매 콘셉트와 대비될 수 있다. 즉 판매 콘셉트가 이미 일방적으로 생산된 기존상품으로부터 출발하여 영업과 촉진활동을 통한 단기 매출액의 증대를 목표로 하는 철학으로서 상품판매를 기본적인 초점으로 하는데 반해, 마케팅 콘셉트는 충족되지 않은 고객의 욕구로부터 출발하여 통합적 마케팅을 통한 장기적 이윤의 추구를 목표로 하는 철학으로서 고객의 문제해결과 고객만족을 통한 조직의 목표달성을 초점으로 하고 있다.

〈표 2-3〉과 같은 차이에도 불구하고 아직도 많은 사람들은 양자를 혼돈하거나 심지어는 유사한 의미로 이해하는 경우가 있는데, 여러 가지 측면에서 양자는 〈표 2-4〉와 같이 뚜렷한 대조를 이룬다.

즉 판매가 상품을 현금으로 바꾸려는 마케터의 욕구를 실현하는 과정인데 반해 마케팅은 상품을 수단으로 하여 고객의 욕구를 충족시키려는 과정이며, 마케팅 콘셉트의 가장 기본적인 정신은 고객지향성(customer's needs and wants orientation)이다.

물론 마케팅 콘셉트에서도 판매행위 자체가 필요 없지는 않지만, **마케팅을 제대로 실천한다면 판매행위는 부차적인 것으로 전락**한다(The aim of marketing is to make selling superfluous. The aim of marketing is to know and understand the customer so well that the product or service fits him and sells itself. ‒ P.F. Drucker).

표 2-3

판매 콘셉트와 마케팅 콘셉트의 차이점

	인식의 출발	초점	수단	목표
판매 콘셉트	기존상품	일방적 판매	영업과 촉진	단기적 매출증대
마케팅 콘셉트	고객욕구	고객만족	통합적 마케팅	장기적 이윤추구

표 2-4

판매 콘셉트와 마케팅 콘셉트의 비교

판매 콘셉트	마케팅 콘셉트
① 상품을 강조 (mass marketing/shotgun approach)	① 고객의 욕구를 강조 (target marketing/rifle approach)
② 기업은 우선 상품을 생산한 후, 그것을 처분하는 방법을 모색(produce-out/change strategy)	② 우선 고객의 욕구를 확인 후, 욕구를 충족시킬 상품을 공급(market-in/response strategy)
③ 단기적인 매출액이 목표	③ 장기적인 이윤이 목표
④ 현재의 상품과 시장을 근거로 계획수립은 단기적	④ 신상품과 미래의 성장을 근거로 계획수립은 장기적
⑤ 판매자 시장으로 고압적 마케팅 (high pressure marketing)	⑤ 구매자 시장으로 저압적 마케팅 (low pressure marketing)
⑥ 전통적 마케팅	⑥ 새로운 마케팅, 현대적 마케팅

따라서 마케팅 콘셉트를 제대로 실천하기 위해서는 생산이전 단계로부터 소비자의 욕구와 필요를 충분히 이해하고, 이러한 지식을 근거로 하여 기업의 활동이 그림 2-1에서처럼 마케팅 기능을 중심으로 통합되어야 한다. 만일 시장이 없는 경우라면 자금을

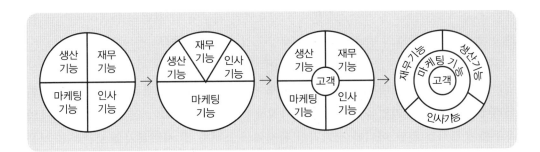

그림 2-1

고객중심의 경영기능 통합과 전사적 마케팅

조달하고, 종업원을 채용하거나, 상품을 생산한다는 등의 의미가 없을 것인데, **마케팅은 기업과 시장**(고객)**을 연결해주는 기능**을 수행한다.

또한 기업활동의 결과인 이윤을 구체적으로 실현하는 단계도 역시 적극적인 마케팅 노력을 필요로 하기 때문에 **기업활동의 처음과 끝은 마케팅이며, 그 초점은 고객**이다.

이러한 맥락에서 마케팅 콘셉트에는 세 가지의 기본적인 요소가 암시되고 있음이 명백하다. 즉 그림 2-2에서와 같이 ① 고객만족의 창출이라는 고객지향성, ② 전사적으로 통합된 마케팅 노력(company-wide integrated marketing efforts, total marketing), ③ 이윤 추구나 비영리 조직의 서비스 확대 등과 같은 목표지향성을 마케팅 콘셉트가 추구하는 3대 정신이라고 하며 현대적 마케팅(modern or new marketing)의 특징이 된다.

그림 2-2

마케팅 콘셉트의 3대 정신

4. 사회적 책임 및 인간 지향단계의 마케팅 지향성

1970년대 말부터 사회적 및 경제적 여건은 마케팅 관리를 사회지향적(societal orientation)으로 이끌었는데, 그것은 마케터들이 소비자들의 선택과 사랑을 받고 번창하기 위해서는 사회적으로 책임감 있는 양식으로 행동해야 한다는 사실을 인식하기 시작했기 때문이다.

예를 들어, 단순히 개별적인 소비자의 현재 욕구를 충족시키기 위한 마케팅 콘셉트의 실천은 환경을 훼손하거나 천연자원을 고갈시키고 고형 폐기물의 양산, 사고나 공해 유발(goods의 생산이 bads를 수반함)의 문제를 일으키기 때문에 한 사람의 만족이 만인의 불행을 초래하거나 현재의 만족이 미래의 재앙을 초래할 수 있다는 것이다.

즉 마케터들은 현재 소비자의 욕구충족이 그들의 장기적인 복지나 사회복지와 항상 일치하지는 않으며, 소비자들이 그들의 **현재 욕구충족보다도 장기적인 소비자 및 사회복지에 관심을 갖는 기업을 선호한다고 가정**하여, 마케팅 노력의 초점을 **현재 소비자의 욕구를 충족시킬 뿐만 아니라 장기적인 관점에서 소비자 및 사회복지를 보존하고 제공하도록 표적시장에게 봉사**(sustainability)하는 데 두기 시작하였다.

사회지향적 마케팅 콘셉트
소비자와 사회의 장기적인 복지를 보존하거나 제공하려는 마케팅 관리 철학

이와 같이 소비자와 사회의 장기적인 복지를 보존하거나 제공하는 방향으로 마케팅 콘셉트를 실천하는 것이 기업성패를 결정짓는 관건이라고 간주하는 마케팅 관리 철학을 사회지향적 마케팅 콘셉트(societal marketing concept)라고 한다. 또한 이러한 관리 철학에 따라 실천되는 마케팅 활동들은 사회지향적 마케팅(societal marketing)이라고 하는데 예를 들어, 기업의 활동이 환경에 미치는 부정적인 영향을 고려하는 녹색 마케팅(green marketing)이나 기업이 문화예술활동이나 스포츠, 공익사업을 지원하는 메세나(Mecenat), 임팩트 투자(social impact investment) 등을 포함한다.

표 2-5
마케팅 관리 철학의 시대적 변천

연대	1750	1930	1950	1980
시대특성	생산 지향단계	판매 지향단계	고객 지향단계	사회적책임/인간 지향단계
마케팅 관리철학	생산 콘셉트 상품 콘셉트	판매 콘셉트	마케팅 콘셉트	사회지향적 마케팅 콘셉트

사회지향적 마케팅 콘셉트가 등장한 주요 배경은 두 가지로 설명할 수 있는데 첫째, 그 전까지 기업들은 상대적 약자인 소비자들의 욕구와 문제에 대해 충분한 관심과 배려를 보이지 않고 마케팅 콘셉트도 제대로 실천하지 못해 왔다. 사실 소비자주의(consumerism)는 바로 이러한 현실을 반영하는 증거로서 "Consumerism is the shame of marketing"이라는 지적도 있다.

둘째, 환경오염, 자원의 부족, 세계적인 인플레이션, 소홀한 사회적 서비스의 시대에서는 기업이 마케팅 콘셉트의 실천만으로 장기적인 목표를 제대로 달성할 수 없다. 즉 개별적인 소비자의 욕구를 충족시키면서 이윤을 획득하는 마케터들이 소비자와 사회복지에 대한 장기적인 영향도 함께 고려해야 하는데도 불구하고, 마케팅 콘셉트는 개별적인 소비자의 욕구충족과 장기적인 소비자 및 사회적 복지 사이의 갈등을 외면해 왔다.

한편 이러한 단계에서는 인간 지향성(human orientation)이 마케팅에 도입되는데, 오늘날 우리 사회는 물질주의로부터 인간주의로 관심을 전환시키고 있다. 즉 앞으로의 마케팅은 **물질생활의 수준뿐만 아니라 보다 나은 품질의 생활**(better quality of life)**을 창조하**

여 공급하는 일과 관련되어야 한다. 물론 여기서 보다 나은 품질의 생활이란 ① 상품 및 서비스의 양과 그것의 욕구충족 능력, ② 물리적 환경의 품질, ③ 문화적 환경의 품질을 포괄한다.

결국 생산 또는 판매 지향단계에서는 일방적인 매출극대화를 통해 기업의 입장이 강조되었고, 고객지향단계에서는 고객만족을 통해 이윤을 추구하기 때문에 고객의 입장이 강조되었다. 그러나 사회적 책임 및 인간 지향단계에서는 생활의 품질을 개선해야 하는 사회의 입장이 가장 우선시되므로 오늘날의 마케터는 사회의 복지를 마케팅 활동에 반영함으로써 새로운 성장기회를 찾을 수 있을 것이다.

3절 마케팅 콘셉트의 확장과 사회 마케팅

마케팅 콘셉트는 1970년대에 들어서면서 두 가지 방향으로 확장되었는데, 하나는 성격의 발전으로서 장기적인 소비자 및 사회 복지를 고려해야 하는 **사회지향적 마케팅 콘셉트를 생성시킨 것**이며, 다른 하나는 적용대상의 확장으로서 **비기업 조직과 사회적 문제의 해결에 적용되기 시작한 것**이다.

우선 사회지향적 마케팅 콘셉트로 발전한 과정은 이미 살펴본 바와 같다. 즉 이전까지는 상품이나 서비스의 대규모 소비가 풍요로운 사회의 정상적인 현상이며, 그러한 수요를 자극하기 위해 마케팅이 사용되어 왔다. 그러나 마케터가 장기적인 소비자 및 사회 복지를 고려하고 진정한 의미에서 생활수준의 향상에 기여함으로써 그들의 목표를 보다 효과적으로 달성할 수 있다고 인식함에 따라 사회지향적 마케팅 콘셉트가 새롭게 대두된 것이다.

한편 기업활동을 중심으로 생성된 마케팅 콘셉트는 점차 병원이나 사회단체와 같은 기업 이외의 조직에도 적용되기 시작하였다. 예를 들어, 병원에서 고객은 환자이며 상품은 의료 서비스인 셈이다. 따라서 병원은 환자들이 원하는 효과적이고 효율적인 의료 서비스를 그들이 원하는 방식과 거래조건을 고려하여 제공함으로써 마케팅 목표를 더욱 잘 달성할 수 있는데, 병원의 경영과 영업 활동들도 역시 마케팅 콘셉트를 근거로 해야 한다는 것이다.

이와 유사한 예는 〈표 2-6〉에서처럼 다양하게 제시될 수 있으니 여러분들도 다양한 비기업 조직에 있어서 잠재고객과 상품의 관계를 찾아보고, 가능하다면 잠재고객의

표 2-6

비기업 조직의 잠재고객과
상품

비기업 조직	잠재고객	상품
박물관	일반시민	문화적 감상
정당	국민, 유권자	국가발전의 약속
대학	학생	교육
경찰	일반시민	치안서비스

▲ 우리나라 출산율은 가임여성 1명당 1.24명으로
OECD 국가 중 최저수준이며, 미래 사회에 심각한 문
제를 암시함으로써 출산장려가 사회적 목표가 되어
있다(통계청 2016.8).

집단별로 차별화된 상품을 제시해보기 바란다.

그렇다면 마케팅 콘셉트가 안전운전이나 출산장려 등과 같은 사회적 의식(社會的 意識)을 개발하고 중요한 사회적 문제를 해결하는 데에도 적용될 수 있는가? 물론 그렇다. 사회 마케팅(social marketing)이란 '**특정한 사회적 문제로부터 도출된 사회적 목표(社會的 目標)를 달성하기 위해 핵심적인 관점을 반영하는 사회적 아이디어(social idea)를 개발하고 그것을 공중에게 수용시키기 위한 프로그램을 설계·실시·통제하는 일**'이다.

사회 마케팅에 관련된 활동들도 일반적인 마케팅에서와 똑같은 분야의 의사결정을 필요로 하기 때문에 마케팅의 원리와 기법을 그대로 응용하여 활용할 수 있다. 더욱이 사회적 문제들을 해결하기 위한 접근방법은 애매한 경우가 많은데, 마케팅 콘셉트 하에서 마케팅의 원리와 기법을 적용한다면 더욱 체계적이면서 효과적으로 해결책을 모색할 수 있다.

그림 2-3

사회 마케팅의 과정

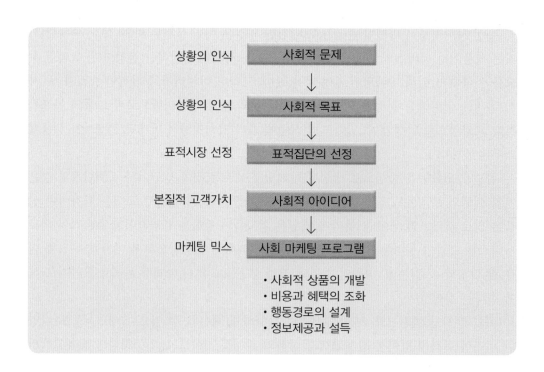

상황의 인식 → 사회적 문제
상황의 인식 → 사회적 목표
표적시장 선정 → 표적집단의 선정
본질적 고객가치 → 사회적 아이디어
마케팅 믹스 → 사회 마케팅 프로그램

- 사회적 상품의 개발
- 비용과 혜택의 조화
- 행동경로의 설계
- 정보제공과 설득

이와 같이 사회적 아이디어를 공중에게 수용시키기 위한 사회 마케팅은 본질적으로 기업 이외에 적용한다는 점에서 마케팅 콘셉트의 확장으로 간주된다. 우리는 흔히 일상 생활에서 '5분 먼저 가려다 50년 먼저 간다', '자연은 사람보호 사람은 자연보호', '담배는 건강에 해롭다' 등의 공익광고를 볼 수 있으나, 광고만으로 상품을 팔 수 있다고 생각하는 사람이 없듯이 그러한 공익광고만으로는 사회적 아이디어를 공중들에게 수용시키기는 어려운 것이다.

예를 들어, '안전운전'이라는 사회적 아이디어를 시민들에게 수용시키기 위해 마케터가 어떠한 의사결정들을 내려야 하는지를 살펴보자.

첫째, 이때의 사회적 문제는 잦은 교통사고에 기인하는 사회적 비용의 폭발적 증가이며, 그러한 문제로부터 우리는 '교통사고 30% 감소'라는 사회적 목표를 설정할 수 있다.

둘째, 그러한 사회적 목표를 효과적으로 달성하기 위해 가장 큰 반응을 보일 것으로 예상되거나 큰 반응을 끌어내야 하는 집단(들)을 사회 마케팅의 표적집단으로 선정한다. 예를 들어, 교통사고 전과자나 신규 운전면허 취득자가 표적집단으로 선택될 수 있다.

셋째, 각 표적집단의 특성을 고려하여 사회적 목표(교통사고 30% 감소)를 달성하기 위한 핵심적 수단의 본질적 고객가치를 함축한 사회적 아이디어를 개발하는데, 예를 들어, '안전운행 습관과 태도의 확산'이 될 수 있다.

넷째, 사회 마케팅을 실천하기 위한 프로그램을 개발해야 하는데, 다음과 같은 네 가지 요소로 구성된다.

① 사회 마케터는 우선 표적집단의 참여자들이 사회적 아이디어를 수용하여 사회적 목표를 달성하는 데 기여할 수 있는 구체적인 수단인 사회적 상품(social product)들을 개발해야 한다. 예를 들어, 방어적인 운전기술을 훈련시키는 프로그램의 개발, 안전운전을 지지하는 서명운동 전개, 음주시 시동차단장치, 에어백 시스템, 안전운전에 필요한 여러 가지 장비 등을 생각해 낼 수 있다.

② 사회 마케터는 사회적 아이디어를 수용하는 데 수반되는 비용을 줄이면서 수용의 혜택을 증대시켜야 한다. 즉 사회적 상품의 구매에는 화폐적 비용, 기회비용, 시간, 노력, 심리적 비용 등이 수반되는데 예를 들어, 예방접종에 응하는 사람은 돈이 들고, 다른 일에 참여할 기회를 잃고, 심리적 비용도 부담한다. 또한 금연의 비용은 대체로 심리적 비용이 될 것이다. 안전벨트를 사용하는데 관련된 비용은 그것을 구매하는 비용, 사용하는 번거로움 등이다.

이에 반해 사회적 아이디어를 수용할 때 얻을 수 있는 혜택은 무사고자에 대한 보험료 할인, 차량등록세 할인, 예방접종자의 우선취업이

▲ 금연은 '나와 우리'를 위한 귀중한 일

나 금연자에 대한 상여금 지급 등이다.

③ 사회 마케터는 사람들이 사회적 아이디어에 대한 자신의 관심을 손쉽게 표명하고 사회적 상품을 편리하게 수용할 수 있는 행동경로(action channels)를 설계해야 한다. 예를 들어, 방어적 운전의 교육시설을 전국적으로 확대하거나 안전운전 장비의 광범위한 유통 등을 고려할 수 있다. 만일 '금연운동'을 벌이는 단체라면 지역마다 금연학교를 운영하든가, 흡연문제에 관한 전화상담을 제공하거나 전단을 시내 곳곳에서 배포하여 시민이 손쉽게 금연운동이 추구하는 사회적 아이디어에 접할 수 있도록 노력해야 한다.

④ 사회 마케터는 사회적 문제에 대한 관심을 환기시키고, 사회적 상품과 행동경로에 관해 정확하게 알리며, 사회적 아이디어를 수용해야 하는 이유를 설득하기 위한 메시지와 매체를 선정해야 한다. 또한 일반 상품의 마케팅에서와 같이 즉각적인 수용행동(구매행동)을 촉구하기 위한 촉진활동으로서 여러 가지 이벤트 행사를 갖거나 선물이나 특별혜택을 제공할 수도 있다.

제 **3** 장

마케팅 시스템

마케팅 시스템

마케팅 콘셉트란 이미 설명한 바와 같이 고객의 욕구를 파악하고 그러한 욕구를 충족시킬 적절한 욕구충족 수단(marketing mix, solution)을 개발하여 그들에게 충분한 만족을 제공함으로써 마케팅 목표를 달성하려는 마케팅 관리 철학이다. 이러한 지향성은 마케팅을 단순히 마케팅 부문의 활동으로 보는 것이 아니라 **기업행동의 통합된 총체**로 파악하는 것(통합 마케팅 total marketing)이며, 환경변화에 민감하게 적응할 수 있는 마케팅 조직을 전제로 한다.

그러므로 마케팅 콘셉트를 관리 철학으로 채택하는 기업에서 마케터가 맡고 있는 중요한 책임 중의 하나는 **환경변화에 감응적인 마케팅 조직(responsive marketing organization)을 설계·운용·통제하는 일**이다. 마케팅 조직의 내부에는 마케팅 목표를 효과적으로 달성하기 위해 마케터가 활용할 수 있는 여러 가지 자원들이 존재하지만, 다른 한편 마케팅 조직은 마케터가 통제할 수 없는 외부적 환경 속에서 활동하기 때문에 내부적 자원이 아무리 훌륭할지라도 조직이 살아남기 위해서는 항상 외부적 환경에 대한 적응 문제를 고심해야 한다.

즉 마케터는 외부적 환경 변화에 제대로 적응하기 위해 그러한 **변화의 방향과 강도를 예측하고 마케팅 조직의 내부에서 가용한 자원들을 그에 편승하도록 조합**함으로써 마케팅 목표를 효과적으로 달성하기 위한 전략을 수립하고 실행해야 한다.

따라서 본장에서는 마케팅 환경과 그 변화에 대한 대응전략을 알아보고 마케팅 시스템에 관련되는 환경 요인의 유형과 그에 대응하여 통제할 수 있는 도구인 내부적 자원(변수)들을 검토한다.

1 절　마케팅에 대한 시스템적 접근방법

점차로 많은 기업들이 마케팅 문제를 해결하는 데 있어서 직관이나 경험보다는 사실(facts)을 근거로 한 과학적인 접근방법을 채택하기 때문에 소비자 행동과 마케팅 조사에 관한 체계적인 지식을 강조하고 있으며, 마케팅 활동을 계획하고 추진하는 데 있어서 전사적으로 통합된 노력을 강조한다. 결국 이러한 변화들은 자신의 마케팅 활동에 대해 시스템적 접근방법을 적용하려는 것이다.

시스템
하나로 통합된 완전한 기능을 수행하기 위해 구성단위들이 유기적인 관계를 갖도록 조직된 통일체

1. 마케팅 시스템

이미 1장에서 설명한 바와 같이 마케팅의 가장 기본적인 기능은 **수요의 조절과 수요의 충족**으로 나눌 수 있는데, 이러한 두 가지 마케팅 기능을 효율적으로 통합하여 수행하기 위해서는 마케팅 활동을 시스템적 관점에서 파악해야 한다. 시스템이란 단순히 **하나로 통합된 완전한 기능(목적)을 수행하기 위해 구성단위들이 유기적인 관계를 갖도록 조직된 통일체**이다.

여러분들도 ① 완전히 통합된 기능이나 목적, ② 다수의 구성단위들, ③ 구성단위들 사이의 유기적인 관계 등 세 가지 요건에 따라 우리 주변에서 볼 수 있는 시스템들을 예시해보기 바란다.

예를 들어, 인체(人體)라는 시스템은 신경계, 순환계, 소화계, 호흡계 등의 유기적인 관계를 갖는 여러 하위 시스템으로 구성된다. 단지 유의해야할 점은 하위 시스템 자체도 또 다시 여러 하위 시스템(sub-subsystems)으로 구성된다는 것이며, 따라서 마케팅 시스템은 국가경제 시스템→산업 시스템→기업(마케팅 조직)→기업 내 부서의 계층에서와 같이 다양한 수준으로 정의될 수 있다.

그러나 본서에서는 마케팅 시스템을 다음과 같은 하위 시스템들로 구성되는 수준에서 파악할 것인데, 이러한 **하위 시스템들은 지속적인 상호작용을 통해 유기적인 관계를 유지하면서 마케팅 조직의 활동과 성과에 영향을 미친다.**

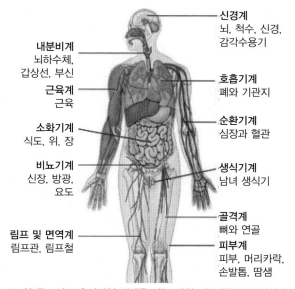

▲ 인체는 서로 유기적인 관계를 갖는 하위 시스템들로 구성되며, 각 하위시스템은 또다시 여러 구성요소를 갖는다. 예를 들어, 순환기계는 심장, 동맥, 정맥, 모세혈관, 혈액 등이 포함된다.

그림 3-1

마케팅 시스템

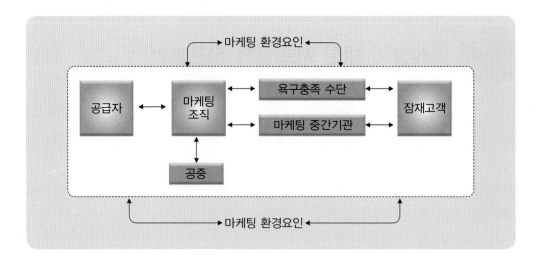

- 마케팅 활동을 수행하는 마케팅 조직(기업, 정부기관, 사회단체 등)
- 마케팅 되고 있는 상품 등의 욕구충족 수단
- 잠재고객(표적시장)
- 마케팅 조직에 납품하는 공급자
- 마케팅 조직과 잠재고객 사이의 교환을 도와주는 마케팅 중간기관
- 마케팅 조직과 이해관계를 갖고 있는 공중
- 이상의 하위 시스템에 대해 거시적인 영향을 미치는 마케팅 환경요인들

따라서 마케팅 시스템은 그림 3-1과 같이 묘사될 수 있는데 마케팅 조직 내부에는 마케터가 목표를 효과적으로 달성하기 위해 활용할 수 있는 생산설비, 자금, 인력 등의 내부적 자원이 존재한다.

2. 시스템적 접근방법과 시너지즘

마케팅 활동을 시스템적 관점에서 파악하는 일은 마케터에게 많은 도움을 주는데, 특히 시너지즘(synergism 시너지 효과)이라는 개념은 마케팅에 있어서 시스템적 접근방법의 유용성을 잘 보여준다. 시너지즘이란 'system'과 'energy'의 복합어로서, **독립적인 각 구성단위가 갖는 효과의 합보다도 전체효과를 크게 하는 구성단위들의 협동적 행동** (1+1>2)을 의미한다.

즉 마케터는 하위 시스템들의 행동과 영향을 신중히 고려하고 조정함으로써 마케팅 활동의 성과를 크게 증대시킬 수 있는데 예를 들어, 소매점들이 자신의 상품을 효과적으로 진열해주도록 유도하기 위해서 생산자는 잠재고객들의 욕구와 여러 가지 환경요인들의 영향을 고려할 뿐만 아니라 포장을 개선하고 가격구조를 합리적으로 결정하는 등 **조화를 이루며 통합된 마케팅 활동**을 수행해야 한다(harmony among all marketing elements).

이러한 점에 관련하여 시스템적 관점을 채택함으로써 마케터가 얻을 수 있는 기능적 이점들은 다음과 같으며, 구체적으로 시장점유율의 증대, 시장 개발, 상품믹스의 확대, 경쟁력 강화 등과 밀접한 관계를 갖는다.

① 조직적인 문제해결 방법을 지향함으로써 마케팅 문제의 모든 측면을 누락시키지 않고 검토할 수 있다.

② 모든 마케팅 도구들을 짜임새 있게 구사할 수 있다.

③ 마케팅 활동의 효율성과 경제성을 높일 수 있다.

④ 구성단위(하위 시스템)들 사이에 상호작용을 이해함으로써 잠재적인 문제를 예방하고 조기에 발견할 수 있다.

⑤ 새로운 마케팅 기회를 포착하기가 용이하며, 혁신을 자극한다.

⑥ 마케팅 활동을 통제하고 그 성과를 계량적으로 평가하기 위한 수단을 제공해준다.

마케팅에 있어서 시스템적 접근방법을 적용한 초기의 예는 물적 유통관리 분야에서 찾을 수 있다. 즉 물적 유통관리 분야에서 주문처리, 물자운반, 수송, 보관, 재고통제 등은 전통적으로 분리된 활동으로 수행되어 왔으나 마케터들은 이미 고객 서비스 목표를 효과적으로 달성하기 위해 이러한 활동들을 하나의 유기적인 시스템으로 파악하여 관리해 왔다. 또한 최근에는 관광분야에서도 다양하고 경제적인 관광 패키지를 개발함으로써 좋은 성과를 내고 있다.

한편 고객들은 여러 가지 상품이 제공해주는 효익들을 통해 자신의 욕구를 충족시키는데(이점에서 상품은 욕구충족 수단임), 그들은 화장품 자체가 아니라 아름다움을, 빵보다는 영양을, 연료보다는 따뜻함을 구매하는 것으로 파악될 수 있다. 따라서 마케터는 단순히 어떤 물리적 상품보다는 고객의 욕구충족과 관련된 **독특한 효익들의 구색**(unique bundle of benefits)을 개발하고 마케팅하기 위해 시스템적 접근방법을 채택해야 한다.

3. 시스템적 접근방법의 실천

마케팅 전략을 시스템적 관점에서 수립하고, **조화를 이루며 통합된 마케팅 활동**을 실천하기 위해 필요한 절차는 대체로 다음과 같다.

1. 현재 당면한 마케팅 문제를 명확하게 정의한다.
2. 그러한 마케팅 문제와 관련된 모든 하위 시스템과 영향요인들을 논리적 및 시간적 관계를 고려하여 모델로 표현한다.
3. 구체적인 마케팅 목표를 설정한다.
4. 마케팅 목표를 달성하기 위한 대체적인 행동방안(전략대안)들을 개발한다.
5. 대체적인 행동방안(전략대안)들의 가치를 평가하기 위한 기준을 선정한다.
6. 가능한 한 모든 하위 시스템의 특성과 영향요인들을 계량화한다.
7. 모델을 조작한다.
8. 모델조작의 결과를 해석하고 가장 이상적인 행동방안(전략대안)을 선정한다.
9. 선정된 행동방안(전략대안)을 구체화하여 실행한다.
10. 결과를 검증한다.

그러나 마케팅에 대해 시스템적 접근방법을 적용하는 데에는 크게 다섯 가지 문제점이 따른다.

첫째, 시스템적 접근방법을 적용하기 위해서는 유능한 인력과 철저한 준비가 필요하므로 시간과 비용이 소요된다.

둘째, 시스템적 접근방법을 채택할지라도 여러 마케팅 조직에 걸쳐서 보편적으로 적용될 수 있는 표준적인 행동방안이 존재하지 않기 때문에 마케팅 조직에 따라 독특한 행동방안이 계획되어야 한다.

셋째, 시스템적 접근방법을 채택해도 불확실성이 완전히 제거되지 않기 때문에 마케터는 여전히 판단과 경험을 근거로 불확실성을 다루어야 할지 모른다.

넷째, 마케팅 분야에서 매우 중요한 개념인 소비자의 동기부여, 학습, 태도 등의 사회적, 심리적 요인들은 계량화하기가 쉽지 않다.

다섯째, 많은 마케터들은 아직도 사실을 근거로 한 객관적 정보보다 직관에 의존하는 경향이 있다.

2 절 환경탐사와 창조적 적응

외부적 환경(external environment)이란 **마케팅 조직의 외부에 존재하여 마케터가 통제**

할 수 없지만, 조직의 마케팅 성과에 영향을 미치는 모든 요인들을 포괄한다. 모든 마케팅 조직은 외부적 환경 속에서 활동하는데, 이러한 환경 요인들은 마케터의 입장에서 자유롭게 통제할 수 없기 때문에 통제불가 요인(uncontrollable factors)이라고 하며, 마케터는 환경 요인들에 효과적으로 적응하기 위해 자신의 마케팅 활동을 조정해야 한다.

1. 자만경영을 징벌하는 마케팅 환경

마케팅 조직을 둘러싼 환경 요인들은 끊임없이 변화하고 있으며 더욱이 그 변화의 속도가 점차로 가속되고 있다. 그럼에도 불구하고 환경변화에 관심조차 보이지 않던 마케팅 조직들은 예외 없이 시장에서 사라졌는데, 현재 성공적인 마케팅 조직조차도 환경변화에 관심을 갖지 않는다면 지속적인 성공을 보장받기 어려울 것이다.

불행하게도 이미 어느 정도의 성공을 이룬 마케팅 조직들은 **자신이 성취한 성과에 자만하여, 끊임없는 환경변화에도 불구하고 스스로 변화하여 적응하기보다는 기존의 성과와 마케팅 관행에 안주하는 태도**를 보이는 경향이 있는데, 이를 자만경영(complacent management)이라고 한다.

즉 환경이 변화하면 예전에 최선이었던 상품이나 경영 및 마케팅 방식 등 모두가 구식이 되어 현실에 적합하지 않게 되는 것이 당연하다. 그러나 그들은 자신이 그만큼 성공하게 만들었던 과거의 경영방식, 상품, 시장, 기술에 집착하면서 새로운 '최선의 것'을 찾는 일에 게으름을 피우다가 결국 시장에서 퇴출되는 운명을 맞는데, 그것이 바로 **시장의 엄중한 징벌**인 것이다.

우리는 **한때 좋았던 산업들**을 별로 어렵지 않게 생각해볼 수 있다. 과거 1970년대 초까지만 해도 연탄공장이 돈을 많이 버는 사업이었고 대학들은 1990년대 마지막 날까지도 지원자들로부터 별다른 노력 없이 돈을 챙기고 있었지만, 가엾게도 '한때'라는 단어의 의미를 사전에 충분히 이해하지 못했기 때문에 **자만경영의 함정**에 빠지고 말았다.

최근 에너지 원천의 변화라는 환경적 영향으로 연탄산업은 이미 사양길에 들어섰고, 대학들도 뒤늦게 등록금 낼 고객(학생)들의 절대수가 부족하게 변한 것을 알게 되어 비상대책을 수립하느라고 부산을 떨고 있다. 연탄뿐만 아니라 과거 거리에서는 타자, 팩스, 복사, 번역, 얼음, 석유, 우표 등의 간판을 흔히 볼 수 있었지만 요

자만경영
끊임없는 환경변화에도 불구하고 스스로 변화하여 적응하기보다는 기존의 성과와 마케팅 관행에 안주하는 태도

▲ 지금은 사라져 볼 수 없는 70년대 거리. 간판으로는 우표, 연탄, 석유, 얼음, 장의사, 복사, 팩스, 타자, 번역, 만화 등이 있다.

즘 어디에서도 그런 간판은 찾을 수 없다.

또한 **한때 좋았던 자격증이나 직업들도 마찬가지이다.** 1980년대 초까지 우리나라에서는 대학을 졸업하지 않아도 부기나 주산의 자격증만 따도 금융기관들을 비롯하여 요즘 대학 졸업생이 감히 넘보기 어려운 직장에 쉽게 취업할 수 있었고, 사법고시나 공인회계사 시험에 합격하면 평생 부와 명예 속에서 행복한 일생이 보장되었다. 그러나 요즘 금융기관에 취업하기 위한 스펙이 주산이나 부기가 아닌 것처럼, 오늘날의 현실은 완전히 다르게 변해 있을 뿐만 아니라, 오히려 과거에는 전혀 생각지도 못했던 산업, 자격증, 직업 등이 부와 명예를 제공하는 새로운 기회로 떠오르고 있다.

이상의 예시에서 알 수 있듯이 **환경은 변화를 멈추지 않으며, 시장은 환경변화에 편승하지 않고 변화추세에 저항하는 자만경영에 대해 엄중하게 징벌**하고 있다.

2. 생존을 위한 선택 – 경제적 다위니즘

영국의 생물학자 Charles Darwin은 **환경에 적응하는 종(種)은 번창하고 적응하지 못하는 종을 멸망한다**는 적자생존설(survival of the fittest)을 제안했다. 그리고 명심보감 천명편을 보면 맹자님께서 말씀하시기를 **하늘의 뜻에 순종하는 자는 번창하고, 하늘의 뜻에 역행하는 자는 망할 것이라**(順天者는 存하고, 逆天者는 亡하느니라)고 했다. 이때 '하늘(天)'은 무엇을 의미하는가? 아마 농사를 짓는 사람들에게는 날씨나 절기가 될 것이고, 정치하는 사람들에게는 민심(民心)일 것이다.

dollar vote
거래할 기업, 구매할 상품이나 상표를 선택하는 행위를 투표에 비유한 개념

아무튼 오늘날과 같은 산업사회에서 마케팅 조직이 살아남기 위한 유일한 조건은 **고객과의 거래(교환)에 성공하는 것**이며, 경쟁 속에서도 고객들로부터 선택을 받아야 하기 때문에 '하늘'은 결국 선택권을 갖고 있는 '고객'이다. 따라서 산업사회에서 '적자(適者)'란 **고객의 욕구를 남달리 잘 이해하고 효과적으로 충족시켜 고객을 만족시키는 데 성공함으로써 '고객으로부터 선택받는 자'**라는 의미이며, 고객으로부터 선택받는 일만이 살아남는 유일한 길이다.

그러니 고객은 마케팅 조직들에 대해 생사여탈권을 갖게 되고 '고객은 왕, 황제, 신'이라는 말도 생겨났는데, 사실은 무시무시한 '염라대왕'이다. 결국 많은 고객으로부터 선택받는 마케팅 조직은 거래실적이 좋고 자신이 원하는 자원(투입요소)을 충분히 얻어 번창하는 것이 당연하다. 다른 예로서 대통령이나 국회의원의 후보들도 선택권을 갖고 있는 고객인 유권자들로부터 선택을 많이 받음으로써 당선(存)되고 충분한 선택을 받지 못함으로써 낙선(亡)되는 것이다.

사실 소비자들의 선택은 유권자들이 가장 마음에 드는 후보에게 투표하는 모습과 똑같다. 그래서 소비자들이 거래할 기업, 구매할 상품이나 상표의 선택 등을 투표에 비유한다면 구매행위를 통해 특정 마케터에게 돈을 지불하는 또 다른 형태의 투표, 즉 **돈으로 하는 투표**(dollar vote)라고 할 수 있다. 그리고 최다 득표자가 당선되듯이 소비자들이 '돈으로 하는 투표'에서 가장 많이 득표한 마케팅 조직이 생존하고 번창할 것이다.

다시 Darwin의 적자생존설로 돌아가서, 마케팅 환경 또는 그 변화에 잘 적응해야만 살아남고 번창할 수 있다는 생각을 원래 Darwin의 주장(Darwinism) 앞에 경제적(economic)이라는 단어를 덧붙여 경제적 다위니즘(economic Darwinism)이라고 한다.

3. 환경탐사와 창조적 적응

마케팅 환경 요인들은 대체로 통제불가능한 거시적 제약으로 작용하기 때문에(미시적 환경 요인은 다소 통제가 가능함), 마케터는 환경 요인들을 변화시키려고 노력하기보다는 환경관리 관점(environmental management perspectives)에서 그들에게 주어진 제약조건으로 받아들이고 효과적으로 적응할 수 있는 방안을 모색해야 하는데, 대체로 다음과 같은 두 가지 연관된 개념을 근거로 한다.

3.1 환경탐사

이미 설명한 바와 같이 마케팅 시스템 내에서 작용하는 **다양한 환경 요인들은 끊임없이 변화하면서 새로운 마케팅 기회와 위협을 창출하며 그 결과 마케팅 조직의 성과에도 많은 영향**을 미친다. 따라서 마케터는 자신의 마케팅 활동과 '관련된 환경 요인'들의 **현재 모습**(현황)**과 변화추세**를 파악하고 그것들이 함축하고 있는 **마케팅 전략 상의 시사점**들을 면밀히 분석해야 하는데, 이러한 일을 환경탐사(environmental scanning)라고 한다. 현실적으로 환경탐사는 신문이나 방송 등 뉴스매체의 기사를 검색하거나 인터넷의 검색엔진을 이용하여 저렴하고 신속하게 수행할 수도 있다.

▲ 다양한 환경 요인들은 끊임없이 변화하면서 새로운 마케팅 기회와 위협을 창출하며 그 결과 마케팅 조직의 성과에도 많은 영향을 미친다.

단지 여기서 유의해야 할 점은 관련된 환경요인이 포괄하는 범위이다. 마케터는 대체로 자신의 상품과 직접적으로 관련된 환경요인에만 관심을 갖는 오류를 범하기 쉬운데, 그러한 태도는 치명적인 실패를 일으킬 수도 있으니 주의해야 한다.

예를 들어, 의류의 마케터는 단순히 현재 유행하는 스타일이나 앞으로 유행할 것으로 예상되는 스타일 또는 색상 등에만 관심을 가질 수 있다. 그러나 이것은 마케팅에 있어서 매우 근시안적인 관점이며 환경탐사가 갖는 본질적인 의미를 제대로 이해하지 못한 결과이다.

물론 잠재고객들이 원하는 스타일과 색상은 마케팅 활동을 위해 중요한 시사점을 제공할 수 있지만, 간혹 지구 온난화와 같은 기후의 변화나 활동성을 추구하는 라이프스타일의 확산, 전반적인 경기수준과 인플레이션, 소득수준과 같은 경제적 요인, 성별·연령별 인구 구조의 변화 등도 의류시장에 매우 큰 영향을 미칠 수 있다.

1970년대 이전 우리나라의 겨울은 요즘에 비해 매우 추웠고, 따라서 잘 팔렸던 의류도 당연히 지금과 달랐다. 그렇다면 승용차의 보급은 의류산업의 마케팅과 관계가 없는가? 아마도 '그렇다'고 자신 있게 말할 수 있는 사람은 없을 것이다.

이와 같이 마케터가 **자신의 마케팅 활동과 '관련된 환경 요인'을 찾아내는 일은 대단히 포괄적인 범위에서 수행**되어야 하기 때문에, 관련된 환경 요인을 찾아내기보다는 오히려 관련이 전혀 없거나 거의 없다고 여겨지는 환경 요인을 제거해나가는 방법(소거법)이 효과적이다.

일단 관련된 환경 요인과 그들의 변화를 찾아낸 마케터들은 그들의 현황(현재 모습)과 변화추세가 함축하는 의미(영향)를 평가해야 하는데, 평가는 외국의 사례와 과거경험에 의존하거나 마케팅이론을 참조하여 수행할 수 있으며 간혹 직관적으로 해석해야 하는 경우도 없지 않다. 예를 들어, 선진국에서 일인당 국민소득이 4만 달러가 되었을 때 구매와 소비 패턴의 변화를 참조하거나 과거 국제 유가의 변화가 일으켰던 영향 등을 고려할 수 있다.

여기서 영향의 크기는 어차피 객관적으로 정확하게 예측하는 일이 불가능하기 때문에 ++(매우 긍정적), +(긍정적), 0(미미한 영향), -(부정적), --(매우 부정적) 등의 기호를 사용하여 개략적으로 평가하면 충분하고, **많은 환경요인들을 크기의 측면보다는 상품개발의 방향이나 광고의 소구점 개발, 유통경로의 재설계 등의 측면**에서 살펴보는 것이 더욱 유익하다.

3.2 창조적 적응

마케팅 성과에 영향을 미칠 수 있는 '관련된 요인들'을 찾아내고 그들의 현황과 변화추세가 시사하는 의미를 평가했다면, 마케터는 당연히 새로운 계획이나 전략을 수립하고 기존의 것들을 조정해야 할 것이다.

이러한 일을 창조적 적응(creative adaptation)이라고 하는데, 대체로 ① 목표의 조정, ② 표적시장의 변경, ③ 마케팅 믹스 각 요소의 변경, ④ 그에 따른 구체적인 실행계획의

그림 3-2

환경탐사와 창조적 적응
(승용차에 대한 인구통계
적 요인의 예)

환경탐사 → 시사점의 평가 → 창조적 적응		
(관련된 환경요인)		• 여가활동의 가치와 활동성을 강조하는 메시지를 개발한다.
• 소득수준의 향상	⊕	
• 경기의 침체	⊖⊖	• 장기할부조건을 제시하고 판매 및 A/S망을 확충한다.
• 연료가격의 인상	⊖⊖	
• 면허소지자의 증가	⊕⊕	• 승용차 내의 공간을 활용하기 위한 재설계를 실시하며, 소형 · 저가격의 모델을 개발한다.
• 여가의 증대	⊕	
• 핵가족화	⊕	
• 경제성 강조	⊖	
• 자녀 수의 감소	⊕	

수립 등의 분야로 대별할 수 있으며 이러한 분야들은 바로 전략적 계획수립과 마케팅 전략의 구성요소들이다.

이러한 환경탐사와 창조적 적응의 개념을 근거로 하여 인구통계적 요인의 주요 추세가 승용차의 마케팅 활동에 대해 미치는 영향과 그에 대한 창조적 적응(마케팅 전략)을 예시하면 그림 3-2와 같다.

3 절 환경 요인과 내부 자원

마케팅 시스템의 외부적 환경 요인을 분류하는 방법은 학자에 따라 다양하게 제안되고 있지만, 본질적인 내용은 유사하므로 본서에서는 주로 William J. Stanton의 분류에 따라 살펴보기로 한다. 특히 외부적 환경 요인 중 거시적 환경(macro environment)은 마케팅 조직이 일방적으로 영향을 받기만 하기 때문에 대체로 적응하는 길밖에 없는 요인인데 반해, 미시적 환경(micro environment)은 마케팅 조직과 상호작용을 하는 외부 행위자(actors)로서 다소의 영향을 주고받으며 마케터가 어느 정도 통제할 수 있는 요인들이다.

한편 마케팅 조직의 내부 자원은 마케터가 마케팅 활동을 수행하는 데 있어서 통제할 수 있는 마케팅 도구(marketing tools)들로서 대체로 그 형태와 크기를 결정할 수 있으므로 마케팅 의사결정변수(marketing decision variables) 또는 통제가능 요인(controllable factors)이라고도 부른다.

1. 통제불가 환경 요인

마케팅 시스템의 외부적 환경 요인들은 마케터의 입장에서 거의 통제할 수 없는 거시적 환경과 상호 간의 작용을 통해 어느 정도 통제할 수 있는 미시적 환경으로 구분할 수 있으나 양자 모두 ① 끊임없이 변화하면서, ② 마케팅 조직에게 새로운 기회와 위협을 제공한다는 점은 동일하다.

마케팅 조직은 이러한 환경 요인들을 전문적으로 분석하고 미래의 영향을 예측하는 조직을 별도로 운영할 수도 있지만, 최근의 내용들은 뉴스매체의 기사를 검색하거나 인터넷의 검색엔진을 이용해서 저렴하고 신속하게 확인할 수 있으므로 마케터는 실시간으로 환경요인을 파악하기 위해 다양한 정보원천들이 제공하는 자료와 정보들을 자주 활용해야 한다.

외부거시적 환경

Demographic
Economic
Political/legal
Ecological/natural
Social/cultural
Technical
Competitive

1.1 외부거시적 환경

(1) 인구통계적 환경

인구통계(demography)란 인구 구조와 변화과정에 관한 통계적 연구로서 마케터에게 풍부한 전략적 시사점을 제공해주는데, 그것은 **시장이 결국 사람들로 구성**되기 때문이다. 즉 우리는 다양한 인구통계적 자료로부터 마케팅 전략상의 중요한 시사점들을 도출해 낼 수 있으며, 대체로 참고 자료와 같이 **연령구조의 변화 · 가계구조의 변화 · 지리적 이동 · 교육수준과 직업의 변화** 등의 측면을 검토할 수 있다. 아무튼 그러한 측면에서의 인구통계적 특성들은 독특한 필요(wants)나 행동특성과 관련된다.

(2) 경제적 환경

시장은 단순히 사람만으로 구성되는 것이 아니며, 시장을 구성하는 사람들은 지출할 돈과 구매하려는 의도를 갖고 있어야 한다. 그 결과 경제적 환경 요인은 기업이든 비영리 조직이든 거의 모든 조직의 마케팅 활동에 중요한 영향을 미친다.

아마도 마케팅 활동에 가장 보편적으로 영향을 미치는 거시경제적 환경 요인은 경제성장률과 국민소득수준일 것이다. 1960년대와 1970년대 우리나라는 전례 없는 고도 경제성장을 누리면서 국민소득수준이 향상되고 시장의 구매력도 증대되어 많은 마케터들이 새로운 기회를 맞이하였다.

그러나 1973년과 1979년의 원유파동과 각국의 자원 내셔널리즘 대두로 인해 경제 활동이 심각하게 위축되었는데, 다행히도 3저현상(저유가, 저환율, 저금리)에 힘입어 1980년대에는 대외수지 흑자를 기록하기도 하였다. 그러나 3차 오일쇼크라고 할 수 있는 2014년의 유가폭락은 마케팅 조직들에게 새로운 영향을 미치기 시작했다.

참고자료 **인구통계적 환경의 변화와 시사점**

연령구조

- 1950년대(1955년~1963년)에 전례 없이 높았던 출생률은 우리나라의 인구구조에 커다란 변화를 일으켰으며, 오늘날까지도 중요한 마케팅 시사점을 갖고 있다. 즉 그 시기에 출생한 베이비 붐 세대는 태어나면서부터 유아용품의 시장을 극적으로 확대시켰으며, 1960년대에는 초등학교 저학년의 잠재고객들을 확대시켜 장난감, 간식, 만화 등의 마케터에게 좋은 기회를 제공하였다.

  1970년대를 거쳐 오늘날에 이르기까지 그들의 연령층에 소구할 수 있는 상품의 시장은 예외 없이 확대되어 왔으며 앞으로의 많은 사회경제적인 변화가 그들의 연령과 관련되어 진행될 것이다.

- 1970년대에는 출산율이 저하되는 현상을 보였지만, 베이비 붐 세대가 출산연령에 도달하자 1980년대에 들어서면서 인구가 다소 증가하기 시작하였는데(에코 붐 세대), 2000년대에 들어서면서 다시 떨어지기 시작하여 요즘엔 세계 최저수준의 출산율을 보이고 있다. 이와 같은 출산율 저하는 유아의류, 가구, 장난감 등의 시장이 협소해짐을 의미하며 수년 후에는 초등학생의 수를 감소시켜 어린이 도서, 교사, 간식에 대한 수요도 감소할 것임을 시사한다. 또한 현재 노년층의 미래 불안의 요인으로도 작용할 것이다.

- 경제적 여건의 향상과 의학의 발전으로 인한 평균수명의 연장은 우리나라의 노년인구를 계속적으로 증대시키기고 있으며, 더욱이 베이비 붐 세대가 노년층으로 진입함에 따라서 노년시장(silver market)을 급속히 확대할 것이다. 즉 지난 1971년 우리의 평균 수명은 62세였지만, 이미 80세를 넘어 85세에 육박하고 있다. 그 결과 2000년에 이미 노령화 사회에 들어선 이래 2018년 노령사회, 2026년 초노령사회로 진입할 것이 예상된다.

  반면에 정년(停年)은 수십 년 전부터 55~65세이며, 더욱이 정년을 다 채우고 물러나는 사람은 오히려 점점 줄고 있다. 65세 이상 인구 중 일부만이 생산 활동에 종사하여 체력과 연륜을 갖춘 젊은 노인들이 허송세월하고 있다.

가계구조

- 결혼연령이 늦어지는 추세(晩婚)에 따라 각종 스포츠와 레저 활동, 자기개발 프로그램 등에 대한 관심이 높아지고 있다.
- 자녀의 수를 적게 갖거나 심지어 자녀를 갖지 않는 가계(DINK, dual income no kids)가 증가함에 따라 부부중심의 소비 패턴과 여가활동이 증가한다. 현재 우리나라는 저출산

세계1위를 차지하고 있다.

- 주부의 취업증가는 많은 임의 가처분소득을 의미하여 고급품과 레저 및 문화활동에 대한 수요를 증대시키고, 가계 내의 전통적인 역할을 변화시켜 가사(家事)나 유아용품의 광고가 남편에게 소구하기 위해 설계되기도 한다. 또한 구매결정에 있어서 주부의 독립성이 증대됨에 따라 이제는 '가족 모두를 위한'이라는 메시지보다 '주부인 당신만을 위한'이라는 메시지가 소구력을 갖게 되었다.
- 이혼이나 사별로 인해 발생하는 편부모가계(single-parent household)와 노인만으로 구성된 노인독거가계가 증가함에 따라 복잡하고 다양한 기능보다는 조작이 간편함을 강조하는 가전상품(easy 상품)이 각광을 받는다.
- 1인 가구는 이미 27%을 넘어 4가구 중 1가구가 '나홀로'가구인데 2025년에는 30%를 넘어설 것으로 예상되며, 혼자 식사하거나(혼밥족) 혼자 술을 마시는 사람들(혼술족)도 크게 늘어가는 추세이다.

지리적 이동

- 경제개발이 가속화됨에 따라 많은 인구가 도시로 집중되기 시작하였는데, 도시생활은 농어촌에 비해 생활속도가 빠르고 세금이나 교통 등 독특한 사회경제적 문제들이 산재해 있으며 승용차나 탁아소, 파출부, 외식 등의 다양한 상품을 필요로 한다.
- 도시 내의 주택가격이 급격하게 상승하고 공해문제가 심각해짐에 따라 최근에는 오히려 교외지역으로 이동하는 경향이 나타나고 있는데, 이러한 현상의 후면에는 치안, 자녀교육, 생활필수품의 공급, 통근 등의 새로운 문제가 내재되어 있다.

교육수준과 직업

- 교육수준이 점차 높아짐에 따라 고급상품, 잡지, 도서, 여행 등에 대한 수요가 증대되고 있다.
- 학력 인플레이션 현상으로 인해 고학력 실업자가 양산되고 있으며, 그들은 그 나름대로 독특한 문제와 필요를 갖고 있다.
- 3D(dirty, dangerous, difficult)의 기피현상과 비교적 편하고 여유시간을 즐길 수 있는 직업을 선택하는 경향이 두드러지고 있으며, 직업선택의 기준으로서 보수수준은 이전에 비해 덜 중요시되고 있다.

그 후 1997년말 외환위기(IMF 구제금융사태)를 맞아 환율과 이자율이 급격하게 상승하고 경제성장률도 마이너스를 기록하였는데, 국민소득은 1만 달러에서 절반인 5천 달러로 하락했다. 특히 외환위기는 기업들의 구조 조정을 가속하여 조기퇴직과 노숙자라는 새로운 문제를 일으켰고 아직도 우리경제는 그 후유증에서 완전히 벗어나지 못하고 있다. 또한 어느 정도 회복세에 있던 경제가 2008년 세계 금융 위기로 다시 침체국면에 빠져 들었다가 점차 진정국면을 맞고 있다.

결국 이러한 거시경제적 환경 요인들은 **시장잠재력에 직접적으로 영향을 미칠 뿐만 아니라** 소비패턴이나 라이프스타일, 내구재의 구매의도, 기업의 투자의욕 등에 영향을 미침으로써 기업의 마케팅 활동에도 간접적인 영향을 미친다.

이밖에도 이자율, 통화량, 공공 서비스의 요금 수준이나 저축률, 인플레이션, 신용의 가용성 등이 마케팅 활동에 영향을 미칠 수 있다. 예를 들어, 이자율의 변동은 자본의 회임기간이 긴 주택시장에 영향을 미칠 것이며, 국제 마케팅에 있어서 통화의 평가절하는 수출입에 지대한 영향을 미친다.

(3) 정치적 · 법적 환경

기업이 사회적 제도로서 살아남기 위해서는 기본적으로 정치적 · 법적 요건을 충족시켜야 하는데, 특히 **대부분의 경제입법은 기업의 다른 측면보다도 마케팅 활동에 많은 영향**을 미친다. 정치적 · 법적 환경이 마케팅에 영향을 미치는 주요 측면들은 다음과 같이 다섯 가지로 구분된다.

- 국제사회에 있어서 정부의 외교 및 경제정책: 북방외교로 시작된 동유럽 공산권 국가와의 국제교류를 비롯하여 외국과의 FTA 협정, 중국과의 교역, 이란과의 새로운 경제 협력 등은 해외에서 시장을 모색하려는 기업들은 물론이고 국내 생산업체들에게 새로운 마케팅 기회를 제공해주지만, 저가 수입품의 대량유입으로 인해 일부 산업에게는 위협이 된다.
- 정부의 일반적인 화폐 및 재정정책: 마케팅 활동이 정부의 재정규모, 조세정책, 통화 공급량 등으로부터 영향을 받는 것은 당연하다.
- 개별산업과 정부의 관계: 정부는 국가목표를 달성하도록 특정한 산업을 위해 적절한 입법과 금융정책으로 지원하기도 하며, 관세나 수입쿼터 등으로 특정한 산업에 영향을 미친다.
- 입법과 그에 따른 규제기관의 정책: 공정거래법이나 소비자보호법 등의 경제입법은 물론이고 공해방지법이나 산재보상법, 의료보험법 등의 사회입법은 마케팅 조직이 적응해야 할 주요한 법적 환경을 구성한다. 따라서 마케터가 법률가일 필요는 없으나 이러한 법들이 왜 만들어졌는지, 주요 조항은 무엇인지, 이 법에 대해 법원이나 규제기관이 설정한 운용 근거가 무엇인지에 관해 이해할 필요가 있다. 또한 간통법 폐지와 같은 법적 환경의 변화도 곧이어 사후 피임약, 콘돔, 아웃도어 활동, 여행, 주류 등의 분야에 긍정적인 영향을 미쳤다고 한다.

- 정보의 제공과 상품의 구매: 정부는 마케팅 활동을 규제하기도 하지만 다른 한편 마케팅 활동에 유용한 정보원천이 되기도 하며 규모가 가장 큰 단일구매자이기도 하다.

(4) 생태적 · 자연적 환경

마케팅 활동에 영향을 미치는 생태적 · 자연적 환경 요인으로는 환경보존에 대한 관심 고조, 기후 온난화에 따른 급격한 기후 변화, 자원의 가용성 등이 중요하다.

▲ 날씨 마케팅

대기 및 수질 오염 등이 점차 심각한 생활 환경의 문제로 대두되면서 환경보존에 대한 일반적인 관심이 높아지고 마케터로 하여금 마케팅 활동의 환경 영향을 심각하게 고려하도록 촉구하는데, 이러한 변화는 산업폐기물 처리와 관련된 새로운 마케팅 기회를 제공하면서 중금속 배출 산업에게는 위협으로 작용한다(녹색 마케팅의 필요성 대두). 즉 환경보존과 관련하여 정부의 규제도 점차 강화되고 있지만, 소비자 자신들도 환경의식이 높아짐에 따라 환경친화 상품에 대해 많은 관심을 보이며 자연 생산물의 원산지를 중시하고 유기농의 농산물을 선호하는 추세가 나타나고 있다.

한대지방과 열대지방의 주민들은 상이한 특성의 욕구충족 수단을 필요로 할 것이며, 그 지역의 기후에 맞는 상품도 달라질 것이다. 물론 장마나 이상저온현상과 같은 날씨도 많은 영향을 미친다(날씨 마케팅).

그러나 최근의 지구 온난화와 이상 기후의 현상은 과거의 기후대와 관계없이 지구 곳곳에 더위와 한파를 가져오며 그에 따라 국내의 기후도 크게 변화하였고 한 계절 내에서도 날씨도 변화무쌍하니 그에 따라 기후나 날씨를 예견하는 일이 이전처럼 쉽지도 않고 마케팅 전략의 대응도 신속하고 탄력적일 수밖에 없게 되었다.

한편 마케터가 활용할 수 있는 자원은 크게 무한한 자원(물, 공기 등), 유한하지만 재생이 가능한 자원(음식, 산림 등), 유한하며 재생이 불가능한 자원(석유, 석탄 등)으로 구분할 수 있는데, 대체로 마케팅 활동의 투입요소로 이용되는 자원들은 상품의 원가를 구성한다.

더욱이 무한한 자원일지라도 특정한 여건 하에서 활동하는 마케터에게는 가용치 않은 경우가 있을 뿐만 아니라 자원이 고갈되어감에 따라 자원의 원가가 상승하고 자원관리에 대한 정부의 개입이 강화되는 등 **자원의 가용성 제한과 원가 상승은 최소한의 자원을 필요로 하거나 대체 자원을 찾아야 하는 등 마케팅 활동에 많은 영향**을 미친다.

(5) 사회적 · 문화적 환경

사회적 · 문화적 환경은 마케팅 활동에 가장 포괄적인 영향을 미치는 요인인데, 몇 가지 중요한 요인들은 다음과 같다.

첫째, 사회적 규범이란 특정한 상황에서 개인에게 기대되는 행동패턴으로서, 사회적 규범이 어떻게 설정되어 있으며 어떠한 방향으로 변화하고 있는지는 사회 구성원들의 행동에 직접적인 영향을 미친다. 예를 들어, 부모와 자식 사이, 직장의 상사나 선배와 부하와 후배 사이, 친구 사이 등의 관계와 그러한 관계에서 바람직한 행동 규범이 달라지고 있으며 일반적으로 바람직하다고 여겨지는 언행, 옷차림, 선물 등도 변하고 있다.

둘째, 민속명절이나 결혼 및 장례식, 성년식 등에서 행해지는 다양한 집단의식(集團儀式)은 문화권마다 독특하며, 세월이 지남에 따라 변화하면서 구매 및 소비행동에 영향을 미친다. 과거 통과 의례 정도에 불과했던 성년식이 젊은이들 사이에서 중요한 이벤트가 되었고, 결혼식도 간소화되어 '작은 결혼식'이 유행하고 경조사에 참여하는 사람들의 행동도 크게 변화하고 있다.

셋째, 라이프스타일은 개인이 돈과 시간을 지출하면서 생활을 영위하는 양식인데, 우리는 자신의 라이프스타일이 지난 몇 년 동안 크게 변했고 그 결과 이전과는 전혀 다른 상품을 구매하게 되었음을 알 수 있다.

넷째, 문화적 가치란 **사회 구성원들이 공통적으로 추구하는 방향성**(general orientation) 으로서 사회 구성원들의 선호와 태도에 영향을 미치며 간접적으로 그들이 구매할 상품과 사용방법을 결정짓는다.

(6) 기술적 환경

기술적 환경이란 마케팅 활동을 위해 마케터가 이용할 수 있는 현재의 기술수준 (state-of-the-art)을 말하는데, 기술적 환경의 급속한 변화는 의약품, 심장 이식수술, 컴퓨터, 자동차, 핵 발전 등 이전에는 상상하기조차 어렵던 여러 가지 신상품을 등장시켜 우리의 생활수준을 향상시켜 왔다.

그러나 다른 한편으로는 이러한 기술적 발전들이 — 자동차가 교통체증과 대기오염 등 부의 재화(bads)를 산출하는 것처럼 — 환경 및 사회경제적 문제를 일으켜 인류에게 새로운 위협이 되기도 한다. 이와 같은 **기술적 환경의 가속적인 변화와 무한한 혁신의 기회**는 여러 측면에서 마케팅 활동에 영향을 미치는데 대체로 세 가지 유형으로 구분된다.

첫째, 완전히 새로운 산업을 시작시킨다. 예를 들어, 새로운 소재의 개발이나 과학기술의 발전은 기존산업의 문제를 해결하면서 정보통신 산업이나 항공우주 산업, 생명체 복제산업과 같이 완전히 새로운 산업을 등장시킨다.

둘째, 기존산업을 급격히 사양화시키고 산업의 판도를 바꾼다. 예를 들어, 이동통신 기술은 기존의 유선통신 산업을 사양화시켰고, 디지털 기술의 발전은 가전업계의 판도를 완전히 바꾸었다.

셋째, 새로운 기술과 직접적인 관계가 없는 다른 산업에도 간접적인 영향을 미친다. 예를 들어, 세탁기나 전자조리기구와 같은 새로운 가전상품들은 주부의 가사노동을 감소시키고 여가시간을 확대함으로써 주부들을 대상으로 하는 성인학습, 레포츠, 미용 등의 산업에 긍정적인 영향을 미치고 있다.

(7) 경쟁 환경

학자에 따라서는 외부미시적 환경으로 분류하기도 하지만, 아무튼 경쟁도 마케팅 조직에게 강력한 영향을 미치는 환경 요인이다. 왜냐하면 마케팅 콘셉트를 실천하기 위해서는 잠재고객들이 '원하는 바'를 충족시키되 그것도 경쟁자보다 효율적·효과적으로 충족시켜야 하며, 더욱이 잠재고객들은 마케팅 믹스를 평가하는 데 있어서 경쟁자를 준거점으로 삼아 상대적인 가치를 고려하기 때문이다.

그러나 경쟁의 차원은 반드시 상표나 기업의 수준에서만 나타나는 것이 아니다. 즉 모든 상품은 잠재고객들이 갖고 있는 기본적인 욕구를 충족시키기 위한 수단으로서 여러 가지 형태를 취할 수 있는데 예를 들어, 아름다워지려는 욕구를 충족시키기 위한 수단은 화장품, 성형수술, 미용식품 등 다양한 형태의 상품으로 나타난다.

따라서 아름다워지려는 잠재고객은 이러한 상품들을 모두 선택대안으로 고려할 것이며, 비록 상품범주는 다를지라도 각 상품은 잠재고객의 선택을 받기 위해 경쟁하는 것임을 명심해야 한다. 즉 경쟁을 인식하거나 새로운 마케팅 기회를 포착하기 위해서는 일과성의 문제를 갖고 있는 상품 자체에 집착하기보다(마케팅 근시안) 비교적 지속적인 고객의 기본적인 욕구를 고려하는데 예를 들어, 영화, 비디오 테이프, TV, 여행 등은 상품범주는 다를지라도 잠재고객에게 즐거움(entertainment)을 제공한다는 점에서 경쟁 관계에 있는 것이다. 따라서 마케터는 상표나 기업수준에서만 경쟁을 인식하는 근시안적인 관점(marketing myopia)에서 탈피하여 기본적인 욕구의 수준에서도 경쟁을 인식해야 하는데, 근시안적인 관점의 폐해는 다음과 같다.

첫째, 다른 범주의 상품으로써 시장을 잠식해 들어오는 경쟁자를 조기에 인식하기 어렵다.

둘째, 현재의 상품범주를 넘어서는 분야에서 신상품 기회를 포함하여 새로운 마케팅 기회를 포착하기 어렵다.

외부미시적 환경
Supplier
Marketing Intermediary
Customer
Publics

1.2 외부미시적 환경

외부미시적 환경이란 마케팅 조직에게는 외부적인 하위 시스템들로서 주로 마케팅 활동에 영향을 미치는 행위자(actors)들이다. 그러한 하위 시스템들은 잠재고객, 공급자, 중간기관, 공중 등의 행위자인데 그들은 대체로 **마케팅 조직과의 호혜적인 관계를 개발하고 유지하려고 노력하기 때문에 서로 영향**을 미치게 된다(간혹 경쟁자들은 미시적 환경으로 분류하기도 함). 예를 들어, 기업의 마케팅 활동은 자신에 대한 공급자나 중간기관으로부터 영향을 받지만 그 대신 그들에게 어느 정도 압력을 행사하며 통제할 수도 있다. 또한 마케팅 조직은 잠재고객이 원하는 바에 반응하지만 다양한 마케팅 활동을 통해 고객들에게 영향을 미치기도 한다.

(1) 공급자

공급자(supplier)란 마케팅 조직이 상품을 생산하는 데 소요되는 원료와 재료를 공급해주거나 기업 활동에서 필요한 각종 장비, 설비, 부품 또는 소모품, 서비스를 공급해주는 다른 마케팅 조직이나 개인을 말한다. 예를 들어, 승용차를 생산하기 위해서는 엔진, 트랜스미션, 타이어, 시트, 오디오 등 수없이 많은 재료와 부품들을 확보해야 하며 공정상에 필요한 장비나 전기, 연료, 컴퓨터 등도 구입해야 한다.

이러한 생산 투입요소들을 자체 생산하지 않는 한 마케터는 다양한 공급자들과 호혜적인 관계를 개발하고 유지해야 하며, 그러한 일이 품질개선 및 유지나 납기준수 등 마케팅 성공에 매우 중요함을 인식해야 한다.

그러나 많은 마케팅 조직들은 자신의 상품을 판매하는 문제에 지나치게 집착한 나머지 공급자와의 관계를 소홀히 취급하는 경향이 있는데, 특히 생산 투입요소의 품귀현상이 발생할 때에는 심각한 곤경에 빠질 수 있다. 즉 생산 투입요소의 부족은 결국 생산활동을 중단시켜 고객의 신뢰를 잃을 수도 있기 때문에 마케터는 항상 공급자들과의 호혜적인 관계를 개발·유지하면서 그러한 생산 투입요소들의 가용성과 가격동향에 주목해야 한다.

(2) 마케팅 중간기관

마케팅 중간기관(marketing intermediary)이란 — 13장에서 설명하겠지만 — 마케팅 조직이 **최종고객과 교환관계를 개발하고 유지하는 일을 도와주는 중간적 기관들**을 말하는데, 이들의 업무 포괄범위와 가용성은 마케팅 성과에 커다란 영향을 미친다.

이러한 기관들은 대체로 교환협상에 적극적으로 개입하는 1차적 기관인 중간상인과 단지 교환이 원활하게 이루어지도록 지원만 해주는 조성기관으로 구분된다. 중간상인은 다시 상품의 소유권을 갖는지의 여부에 따라 상인 중간상(merchant middlemen, 도매상과 소매상)과 대리중간상(agent middlemen, 위탁상) 등으로 나뉜다.

이에 비해 조성기관은 수송과 보관업무에 전문화한 물적 유통기관, 은행이나 보험회사 등의 금융기관, 마케팅 조사기관이나 광고대행사 등으로 구성된다.

간혹 마케팅 조직들은 중간기관을 이용하지 않고 공급자와 직접 거래하거나 고객에게 직접 판매하면서(직접 마케팅) 물적 유통과 금융 등의 기능을 수행할 수도 있으나, 마케팅 중간기관들은 다양한 서비스를 제공할 뿐만 아니라 각 분야의 전문가이므로 저렴한 비용으로 업무를 보다 잘 수행할 수 있다.

(3) 잠재고객

마케팅 콘셉트에 따르면 마케팅 조직은 잠재고객들이 원하는 바를 확인해내고 그것을 충족시키기 위한 활동을 계획하고 실행해야 하므로, 외부미시적 환경 중에서는 잠재고객이 가장 중요하다. 물론 이러한 견해는 **잠재고객들이 '원하는 바'에 따라 마케팅 조직이 반응하는 전략**(소비자들의 needs에 반응하는 response strategy)을 강조하는 것이다.

그러나 과학기술의 발전 속도가 워낙 빠른 현실에서 소비자들은 스스로 자신의 욕구를 더 효과적으로 충족시킬 방법을 생각해내고 그것을 열망하기도 어려운데, 우리는 간혹 신상품이나 새로운 유통경로가 등장하여 소비자들의 기호와 구매 및 소비패턴을 변화시키는 예도 보아왔다(마케터가 제공한 seeds에 호응하여 소비자가 열망하게 만드는 change strategy). 또한 승용차나 노동절약형 가전상품의 보급확대는 소비자들의 라이프스타일에 커다란 변화를 일으켰고 그 결과 그들이 원하는 바도 달라지고 있음을 알 수 있다.

한편 잠재고객들은 그들의 구매목적에 따라 여러 가지 유형의 상이한 시장을 구성한다. 즉 고객들의 구매목적에 따라 구매행동 특성이 매우 다르므로 마케터는 각 시장에 상이하게 대응해야 한다.

- 소비자 시장(consumer market): 개인적인 소비(personal use)를 위해 상품과 서비스를 구매하는 개인과 가계로 구성되며, 그들의 구매행동은 다양한 개인적 특성이나 기호 등으로부터 영향을 받는다.
- 산업 시장(industrial market): 산업 시장은 생산자 시장, 정부 시장, 재판매 업자 시장으로 구분할 수 있다. 우선 생산자 시장은 이윤획득을 목적으로 다른 상품을 생산하기 위해 구성품이나 원재료로 구매하거나 고유 업무를 수행하기 위해 업무용 소모품과 서비스 등을 구매하는 사업자로 구성되며, 통상 지역적으로 집중되어 있고 구매금액이 크다. 이에 비해 정부 시장은 사회간접자본을 형성하거나 정부의 고유 업무를 수행하기 위해 다양한 상품과 서비스를 구매하는 정부 부서로 구성되며, 이들의 구매는 국가의 사회적 필요를 반영한다. 또한 재판매업자 시장은 상품을 구매하여 소비하는 것이 아니라 유통경로의 다음 단계에게 다시 판매할 목적으로 구매하는 도매상과 소매상으로 구성된다.

이러한 유형의 시장들도 독특한 욕구와 상이한 선택 기준을 갖고 있으므로 거래의 상대방에 따라 마케팅 조직은 차별화된 전략을 구사해야 할 것이다.

(4) 공중

공중(publics)이란 **마케팅 조직과 이해관계를 맺고 있는 소비자, 투자자, 금융기관, 언론기관, 정부, 사회단체, 지역사회 등의 이해관계자 집단**을 말한다. 공중들에 관하여는 16장 공중관계 관리에서 설명하겠지만, 이들은 모두 마케팅 조직과 독특한 이해관계를 갖고 있으며, 여론이나 구체적인 행동을 통해 마케팅 활동에 영향을 미친다.

한편 마케팅 조직 내의 고위 경영층, 마케팅 이외의 부서, 종업원들도 마케팅 활동에 많은 영향을 미치기 때문에 간혹 내부적 공중(internal publics)이라고 지칭한다. 즉 고위 경영층은 기업의 사명, 목표, 전사적인 정책과 전략을 결정함으로써 마케팅 활동에 영향을 미칠 뿐만 아니라 많은 경우에 있어서 마케팅 계획을 최종적으로 승인한다. 또한 연구개발 부서나 자금 부서, 생산 부서, 회계 부서 등은 마케팅부서와 협력과 견제를 통해 마케팅 활동과 성과에 영향을 미친다.

2. 통제가능 내부 자원

마케팅 목표를 달성하기 위해 마케터는 두 가지 종류의 통제가능한 내부 자원을 구사할 수 있는데, 하나는 마케팅 도구이며 다른 하나는 조직 내의 비마케팅 자원이다.

2.1 마케팅 믹스

(1) 마케팅 믹스의 전통적 개념

마케팅 콘셉트에 따라 마케터는 잠재고객에게 최대의 만족을 제공해줄 수 있는 욕구충족 수단을 개발해야 하는데, 이제까지의 설명에서 상품이라고 지칭해 온 것들은 모두 폭넓은 욕구충족 수단(need-satisfiers, want-satisfiers)을 의미한다. 따라서 마케터가 잠재고객을 위해 준비해야 하는 것은 단순히 유형의 상품이 아니라 그들의 욕구에 부합되는 여러 가지 효익과 비용의 다발(bundle of benefits and costs)이라고 할 수 있다.

상품의 여러 가지 특성은 형태효용을 구성하면서 잠재고객의 욕구를 충족시키는 데 기여하지만, 사실 욕구충족 수단으로서 효익과 비용의 다발은 마케터의 다른 의사결정 으로부터도 영향을 받는다. 예를 들어, 동일한 상품일지라도 가격이 지나치게 비싸다면 전체적인 가치는 감소할 것이다. 또한 편리한 유통경로를 통해 원하는 시점과 장소에서

그림 3-3

McCarthy의 마케팅 시스템

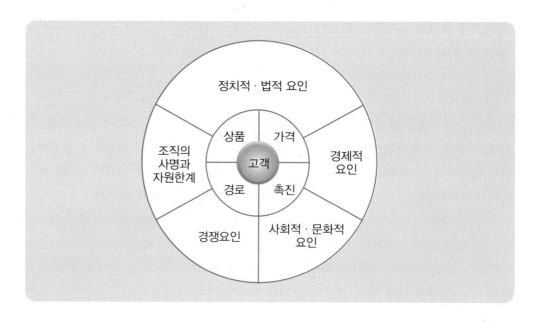

그러한 상품이 가용하다면 전체적인 가치는 커질 것이며, 여러 가지 촉진활동을 통해 잠재고객들이 상품특성을 잘 이해하고 우호적인 태도를 형성해 갖고 있다면 역시 전체적인 가치가 커질 것이다.

따라서 효익과 비용의 다발은 **통제가능한 여러 가지 변수들의 조화로운 결합**을 의미하며, Nein H. Borden은 처음으로 이러한 변수들의 조합을 마케팅 믹스라고 지칭하였다. 즉 마케팅 믹스란 **마케팅 조직이 고객만족을 창출함으로써 조직의 목표를 효과적으로 달성하기 위해 구사할 수 있는 통제가능한 변수들의 독특한 결합**을 의미한다.

마케터는 소비자 반응에 영향을 미칠 수 있는 통제가능한 모든 변수에 대해 구체적인 내용을 결정해야 하므로 이러한 변수들이 바로 마케팅 믹스의 의사결정 변수가 되는 것이다. 물론 마케팅 의사결정의 유형은 대단히 많을 것이지만 대체로 상품분야, 가격분야, 유통분야, 촉진분야로 구분할 수 있기 때문에 E.J. McCarthy는 4P(Product, Price, Place, Promotion)라는 4개 분야로 요약하였다. 따라서 본서에서 통제가능요인에 대한 설명은 기본적으로 그림 3-3과 같은 McCarthy의 마케팅 시스템을 이용하기로 한다.

그림 3-3에서 알 수 있듯이 모든 마케팅 의사결정은 가운데의 고객을 중심으로 이루어져야 하며, 마케팅 믹스의 구성요소 간에는 선후관계가 없기 때문에 동시적인 의사결정임을 나타내기 위해 원(圓)으로 도시한 것이다. 예를 들어, 상품에 관한 의사결정이 있은 후에 원가와 적정이윤을 보상하기 위한 가격결정이 있을 수도 있고, 아니면 일단 적정한 가격에 관한 의사결정이 있은 후에 그 범위 내에서 상품의 특성을 결정할 수도 있기 때문에 동시적 의사결정이라고 할 수 있다. 한편 고객의 입장에서는 마케팅 믹스가 고객 효익(customer benefits), 비용(costs), 편의성(convenience), 커뮤니케이션

4P와 4C

product＝customer benefits
price＝costs
place＝convenience
promotion＝communication

(communication) 등으로 구성되는 4C라고도 할 수 있다.

(2) 마케팅 믹스의 새로운 개념

마케팅 믹스란 결국 고객의 욕구를 충족시키기 위한 여러 가지 의사결정 변수들의 조합임이 분명하고 전통적으로 상품특성, 가격 및 거래조건, 유통경로, 촉진활동에 걸쳐서 4P로 요약되고 있다.

그렇지만 고객의 욕구를 충족시키기 위한 마케팅 믹스란 결국 여러 가지 효익과 비용의 다발인데, 물론 상품보다는 훨씬 넓은 범위의 의사결정을 포괄하지만 **반드시 P로 시작하는 네 가지 범주로 구성해야 하는 것**은 아니며, 최근에는 고객가치 패키지 (customer value package)라는 용어를 사용하기도 한다.

고객가치 패키지가 무엇으로 구성되는지에 관해서는 학자의 견해에 따라 다양하게 제안되고 있다. 하나는 **거래전 요소, 거래관련 요소, 거래후 요소**라는 세 범주로 구분하는데, 거래전 요소란 잠재고객들에게 적절한 정보를 제공하고 설득하며 호의를 획득하기 위한 여러 가지 의사결정의 결과이며, 거래관련 요소는 거래를 수행하는 과정에서의 편의성과 거래체결 자체의 만족도를 높일 수 있는 의사결정들의 결과, 거래 후 요소는 일단 첫 거래를 마친 고객이 지속적으로 만족수준을 유지할 수 있도록 보장하는 사후관리에 관련된 의사결정들의 결과이다.

또한 고객가치 패키지의 구성에 대한 다른 견해는 〈표 3-1〉과 같이 **환경적 요소, 미적 요소, 제공수단 요소, 정보 요소, 절차적 요소, 대인적 요소, 경제적 요소** 등을 제안

환경적 요소	시설 및 설비, 온도, 습도
미적 요소	감각적 자극이나 심미적 분위기, 실내장식, 외관
제공수단 요소	유형상품, 기내식의 접시, 메뉴판, 구명조끼
정보 요소	안내표지, 상품 설명서, 포장과 표찰
절차적 요소	고객에게 요구되는 절차로서 양식작성, 이동, 대기
대인적 요소	친절, 전문지식, 업무처리 능력, 외모, 복장
경제적 요소	가격, 지불방법

표 3-1

고객가치 패키지의 구성요소표

가중치	평가측면	설명
32	신뢰성(Reliability)	약속된 서비스를 정확하게 실연하는 정도
22	감응성 (Responsiveness)	신속한 서비스를 제공하려는 자발적 의지
19	보장성(Assurance)	업무처리능력, 신뢰감과 자신감
16	공감성(Empathy)	고객에 대해 온정적이며 개별화된 관심과 배려
11	유형성(Tangibility)	시설 및 설비, 직원의 외양, 포장상태, 서류양식

표 3-2

RATER 측면

한다. 서비스 마케팅 분야에서도 〈표 3-2〉와 같이 **신뢰성, 보장성, 유형성, 공감성, 감응성**을 RATER라는 약자를 사용하여 제안하거나 S(speed), P(personal touch), A(accuracy), C(cooperation), E(economy)로 구성되는 SPACE를 제안한다. 또한 Herzberg의 2요인 이론을 원용한 견해는 고객가치 패키지가 **위생요인과 감동요인**으로 구성된다고 제안하고 있다.

따라서 마케팅 믹스라고 할 때 P로 시작하는 네 범주의 의사결정을 가장 먼저 떠올리는 것은 문제가 되지 않지만, 그러한 구성요소 이외에도 다양한 제안이 있음을 기억해야 한다.

2.2 비마케팅 자원

마케팅 활동의 성과는 마케팅 조직이 활용할 수 있는 입지 상의 우위, 특허권, 우수한 인력, 생산설비, 자금능력, 훌륭한 기업 이미지 등으로부터도 영향을 받는다. 예를 들어, 마케터가 신상품 개발을 고려한다면 당연히 생산설비나 자금능력 등의 가용성을 검토해야 할 것이다. 또한 입지상의 우위는 수송비가 많이 소요되거나 부패성 상품을 취급하는 경우에 매우 중요하며, 간혹 원재료 확보상황도 강점으로 이용될 수 있다.

마케팅 전략의 구성요소

제4장 마케팅 전략의 구성요소

잠재고객과의 교환을 성사시키기 위해서 마케터는 잠재고객들이 원하는 바와 행동특성에 부합되는 마케팅 믹스를 구성해야 한다. 즉 마케터는 마케팅 믹스를 결정하기에 앞서서 잠재고객들이 원하는 바가 구체적으로 무엇인지를 먼저 생각해야 하는데, 불행하게도 백인백색은 아닐지라도 잠재고객들은 그들의 소득, 연령, 직업, 주거지, 종교, 가족 수, 사회계층, 라이프스타일, 퍼스낼리티 등이 다르며 그 결과 그들이 원하는 바와 행동특성에서도 많은 차이를 보인다.

따라서 마케터가 한 가지의 마케팅 믹스만으로 전체시장의 모든 잠재고객들에게 접근해서는 그들에게 충분한 만족을 제공할 수 없다. 아마도 잠재고객 각자에게 최선인 마케팅 믹스를 별도로 구성해서 맞춤형·주문형으로 대응하는 것이 가장 효과적이겠지만, 그러한 일도 비용을 지나치게 증가시켜 오히려 고객만족을 저하시킬 위험이 있다.

따라서 마케터는 타협안으로서 전체시장을 구성하는 잠재고객들을 일정한 기준에 따라 유사한 소집단(하위시장, 세분시장)들로 분리하고 그중 하나 이상의 집단을 주고객(표적시장)으로 선정한 다음, 각 집단별로 그들이 원하는 바에 적합한 마케팅 믹스를 따로따로 제공하는 편이 문제해결과 비용의 관점에서 잠재고객들의 만족도를 높일 수 있다.

이와 같이 전체시장을 구성하는 **잠재고객들이 어느 정도 이질적임을 인정하고, 유사한(동질적인) 잠재고객들을 범주화하고 각 소집단별로 별도의 마케팅 믹스를 제공**하려는 전략적 관점은 현대 마케팅에서 매우 유용하다.

즉 구매로부터 희구하는 효익, 구매행동, 마케팅 믹스에 대한 반응 등에서 잠재고객들 사이의 차이를 발견하고 새로운 마케팅 기회로 받아들이는 일은 바로 마케팅 콘셉트를 실천하고 경쟁우위를 확보하기 위한 중요한 전제가 되는 것이다.

따라서 본장은 마케터가 잠재고객들에게 문제해결과 비용의 관점에 적정한 고객만족을 제공하기 위한 전제로서 전체시장을 유사한 소집단들로 구분하는 시장 세분화의 개념과 각 집단에 대해 별도의 마케팅 믹스로 접근하려는 전략적 관점인 표적 마케팅의 개념을 검토한다.

1절 시장의 본질

시장(market)처럼 다양한 의미로 사용되고 있는 용어도 흔치 않다. 본래 시장이란 상품을 팔고 사기 위해 판매자와 구매자가 만나는 장소를 의미하였으며 오늘날에도 남대문시장이나 가락시장과 같이 구체적 시장을 지칭한다. 또한 시장은 어떤 상품에 대한 수요와 공급 간의 관계를 추상적으로 나타내기도 하는데 노동시장이나 외환시장, 취업시장 등은 모두 구체적인 장소보다는 특정한 상품에 있어서 수요와 공급 간의 관계를 나타내는 추상적 시장을 지칭하는 것이다.

그러나 마케팅에서 '시장'은 흔히 **어떤 상품에 대한 실제적 및 잠재적 구매자의 집합**을 의미하며, 시장이 결국 상품을 구매하여 소비하는 사람들로 구성되기 때문에 간혹 '소비자' 또는 '수요'라는 용어와 혼용되기도 한다.

1. 시장의 구성

시장은 크게 **소비자 시장, 생산자 시장, 정부 시장, 재판매업자 시장** 등으로 구분할 수 있는데, 이러한 구분은 3장에서 설명한 바와 같이 구매목적을 기준으로 나눈 것이므로 당연히 각 시장의 구체적인 구매행동 특성이 다르다.

아무튼 모든 시장은 어떠한 욕구나 목표를 충족시키려는 개인(가계)이나 조직으로 구성되지만 모든 개인(가계)나 조직이 시장에 포함되는 것은 아니다. 우선 시장 구성원이 되려면 충족되지 않은 욕구(unmet needs)를 갖고 있어야 한다. 즉 상품A가 충족시켜줄 수 있는 욕구에서 불만을 느끼는 사람만이 상품A의 시장을 구성할 것이다. 예를 들어, 마케터가 음식을 제공하려고 한다면 상대방이 배가 고프다는 조건을 갖춰야 하고 교육기관이라면 상대방이 배움에 대한 열망이 있어야 한다.

둘째, 특정한 상품이 충족시킬 수 있는 욕구에서 불만을 느낀다 할지라도 시장 구성원은 현 시점에서 우선순위가 급한 다른 욕구를 충족시키기 원할 수 있다. 따라서 시장을 구성하기 위한 두 번째 조건은 특정한 마케터와 교환하기 위해 기꺼이 자신의 자원을 대가로 제공하려는 구매의도가 있어야 한다.

셋째, 구체적인 상품에 대해 열망을 갖고 있다는 사실만으로도 시장을 구성할 수 없으며, 그러한 열망에 상응하는 구매능력을 갖춘 자만이 비로소 시장을 구성한다. 예를 들어, 벤츠와 같은 고급 수입 승용차를 열망하는 사람들이 모두 벤츠 승용차의 시장을 구성하는 것은 아니며 거래의 반대급부로 제공할 돈을 갖고 있어야 한다.

이때 구체적인 상품에 대한 열망은 있으나 구매능력을 갖추지 않은 경우를 절대수요(absolute demand)라고 하는데, 간혹 마케터들은 수요를 추정할 때 절대수요를 측정하기 때문에 상품에 대한 실제수요를 낙관적으로 과대 추정하는 잘못을 범하기도 한다. 즉 중요한 것은 유효수요(effective demand)이며, 그것은 대체로 상품과 서비스를 구입하기 위한 금전적 지출(구매능력)을 수반한 수요를 의미한다.

한편 구매능력은 다시 자금능력과 구매권한으로 나누기도 한다. 즉 일부 상품에 대해서는 구매권한이 제한되어 있어서 누구나 그 상품을 구매할 수는 없는데, 미성년자 입장 불가의 영화나 특정인 이외에는 구매할 수 없는 습관성 의약품 등을 예로 들 수 있다.

인간이 행복하기 위해 충족되어야 하는 기본적인 요건들을 기본적인 욕구(basic needs, 본원적 욕구, 1차적 욕구)라고 하는데 반해, 필요(wants)란 욕구를 충족시키기 위해 선택될 수 있는 **구체적인 특정 욕구충족 수단에 대한 열망**이며, 그러한 필요가 구매능력으로 뒷받침될 때 유효수요 또는 그냥 수요라고 부른다.

결국 시장이란 ① 충족되지 않은 욕구, ② 구매의도, ③ 자금능력과 구매권한으로 이루어진 구매능력을 갖춘 개인(가계)이나 조직들로 구성된다. 이때 사적인 용도(personal use)를 목적으로 구매하는 개인(가계)들로 이루어진 시장을 소비자 시장(consumer market)이라고 하며, 다른 상품을 생산하거나 고유의 업무수행을 위해, 또는 재판매를 목적으로 구매하는 조직들로 이루어진 시장을 산업 시장(industrial market)이라고 한다. 따라서 소비 마케팅(consumer marketing, B to C marketing)이란 소비자 시장과의 교환이, 산업 마케팅(industrial marketing, B to B marketing)이란 산업 시장과의 교환이 바람직한 방향으로 원활하게 일어나도록 하는 제반 경영관리 활동을 지칭한다.

2. 시장 선호패턴

아무튼 시장은 많은 구매자들이 집합적으로 구성되는데, 각 구성원은 인구통계적 특

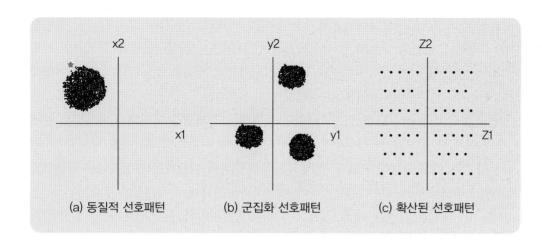

그림 4-1

시장 선호패턴

x2

y2

Z2

x1

y1

Z1

(a) 동질적 선호패턴   (b) 군집화 선호패턴   (c) 확산된 선호패턴

성(소득, 연령, 직업 등)이나 지리적 특성·심리적 특성·행위적 특성 등에서 다르기 때문에 각자가 원하는 바나 구체적인 행동특성도 달라진다. 이와 같이 원하는 바나 행동특성이 구성원들 사이에서 차이를 보이는 정도는 연속체를 이루겠지만 학습과 교육의 편의를 위해 대체로 그림 4-1에서와 같이 세 가지 패턴으로 나눌 수 있다.

2.1 동질적 선호패턴

실제 상품들의 특성은 여러 가지의 속성상에서 평가될 수 있으나 그림 4-1에서는 예시를 간단히 하기 위해 두 가지의 중요한 속성만을 선정하여 각 잠재고객이 이상적이라고 생각하는 속성의 결합을 점으로 나타냈다. 이러한 점들은 개별 잠재고객이 원하는 바를 완전히 반영하는 이상적인 상품(ideal point)을 나타내므로 (a)의 ★표에 해당하는 잠재고객은 첫 번째 속성이 조금 약하고 두 번째 속성이 매우 강한 '속성결합의 상품'을 원하는 것이다.

여기서 속성(attributes)이란 **상품들을 비교하거나 상품의 가치를 평가할 때 잠재고객이 참조하는 측면들**을 지칭한다. 예를 들어, 커피의 경우라면 향기와 맛, 육가공식품이라면 영양이나 칼로리가 중요한 속성이며 각 상품은 이러한 속성상에서 어떤 구체적인 값을 취함으로써 상품특성으로 지각된다.

아마도 젊은 남녀가 블라인드 데이트에 나갈 때에도 상대방을 평가하기 위한 중요한 측면(나이, 키, 소득 등의 속성)마다 이상적 수준의 결합인 '이상형'을 마음속에 그리면서 집을 나설 것이고, 만나고 나면 상대방을 그러한 중요 속성들에 따라 평가하여 그 사람의 특성으로 지각할 것이다.

그림 4-1의 (a)는 **모든 잠재고객들이 이상적이라고 생각하는 상품 또는 원하는 바가 유사한 모습**을 보여주는데, 이러한 양상을 동질적 선호패턴(homogeneous preference

동질적 선호패턴
모든 잠재고객들이 이상적이라고 생각하는 상품 또는 원하는 바가 유사한 모습

pattern)이라고 한다. 예를 들어, 시청자들이 시대 배경에 상관하지 않고 사극을 좋아한다면 그들은 드라마의 장르에 관하여 동질적 선호패턴을 보이는 것이며, 구체적인 여행목적에 관계없이 국내가 아니라 해외로 떠나는 여행에 관심을 갖는다면 그러한 여행객들도 동질적 선호패턴을 보이는 것이다.

만일 자신의 상품에 대해 잠재고객들이 **동질적 선호패턴을 보인다면 마케터는 전체시장에 대해 단 한 가지의 상품만으로 접근해도** 높은 수준의 고객만족을 달성할 수 있으며, 당연히 이들 속성에 관한 한 시장선호의 공통점에 해당하는 속성결합을 상품으로 제공해야 한다(전체시장 접근법, 대량 마케팅). 예를 들어, 식당에서 육개장을 주문하면 — 손님마다 적어도 짠 맛, 매운 맛에 대한 기호가 다르겠지만 동질적 선호패턴으로 간주하여 — 종업원은 다른 질문을 하지 않고 그냥 알아서 한 그릇 갖다 줄 것인데, 손님도 불평 없이 잘 먹는다.

2.2 군집화 선호패턴

그림 4-1의 (b)는 **잠재고객들이 이상적이라고 생각하는 상품 또는 원하는 바가 몇 개의 군집을 형성하는 모습**을 보여주는데, 이러한 양상을 군집화 선호패턴(clustered preference pattern)이라고 한다. 예를 들어, TV 드라마에 대한 선호는 시청자들마다 달라서 그들이 선호하는 유형을 시트콤, 사극, 멜로물 등으로 나눌 수 있으며 최근 요우커들의 여행목적은 쇼핑, 관광, Kpop 등 한국문화, 의료 등으로 대별할 수 있다. 이러한 상황에서 모든 요우커들에게 한 가지 여행상품 패키지만을 제안한다면 그들의 만족도가 대단히 낮을 것이다. 그러므로 어느 정도의 비용 증가를 감수하면서도 여행목적별 소집단으로 구분하여 별도의 여행상품 패키지를 제공하는 편이 합리적인 타협안이 된다.

즉 전체시장을 구성하는 잠재고객들은 그들의 원하는 바에 따라 여러 개의 소집단(하위시장, submarket)으로 구분될 수 있으며, 이때 마케터는 하나 이상의 소집단을 주고객 시장(prime prospects)으로 선정하고 **각 소집단에 적합한 상품을 독특하게 개발하여 별도로 제공함으로써** 비용이 어느 정도 증가하지만 고객만족을 상당히 개선할 수 있다(세분시장 접근법, 표적 마케팅).

▲ TV드라마의 영향으로 중국의 기업 소속 포상관광단 4,000명이 한강공원에서 삼계탕 파티를 벌였다.

2.3 확산된 선호패턴

그림 4-1의 (c)는 **잠재고객마다 이상적이라고 생각하는 상품 또는 원하는 바가 매우 상이한 모습**을 보여주는데, 이러한 양상을 확산된 선호패턴(diffused preference pattern)

이라고 한다.

예를 들어, 한국사람 누구나가 보편적으로 즐기는 메뉴가 '비빔밥'이지만 비빔밥에 대한 각자의 기호는 넣거나 빼길 원하는 나물, 짜고 매운 맛의 정도, 밥의 분량, 계란 유무, 딸려 나오는 국물의 종류, 가격 등 여러 속성에 걸쳐서 다양하다.

이때 마케터가 **각 고객의 만족도를 최대한 높이기 위해서는 개별 고객마다 각자가 이상적이라고 생각하는 상품을 제공**해야 하지만, 그러한 맞춤형(주문생산) 상품은 생산 및 유통의 원가를 증대시켜 가격이 상당히 높아져서 결국 전체적인 고객만족을 감소시킬 수 있다.

맞춤형 상품(customization)의 고가격 문제를 해결하기 위한 한 가지 대안은 고객만족도를 약간 포기하면서 여러 사람이 그럭저럭 대충 만족할 수 있는 공통적인 상품을 대량으로 제공하여 저가격을 실현하는 일이다. 즉 마케터가 하나의 상품만(한 가지의 대충 비빔밥)을 시장에 제공하려고 한다면 어쩔 수 없이 — 동질적 선호패턴의 경우에서와 같이 — 시장선호의 중심점에 해당하는 속성결합을 자신의 상품으로 제공함으로써 대량생산을 통한 저가격을 실현하면서 전체 잠재고객들을 그럭저럭 만족시킬 수 있다.

이러한 이유에서 과거에는 확산된 선호패턴이 마케터들의 관심을 끌지 못해 왔으나, 다행스럽게도 맞춤형 상품의 생산원가가 높아지는 문제는 최근 들어 발전된 생산기술(manufacturing technology)과 정보기술(information technology)의 결합을 통해 상당히 완화되는 추세이다. 즉 **거의 대량생산과 대량유통에 맞먹는 저렴한 원가로서 맞춤형의 상품을 생산·유통**할 수 있는 대량 고객화(mass-customization)가 이미 실현되고 있으며 점차 다양한 분야로 확산될 것이다(개인시장 접근법, 일대일 마케팅).

이상에서 살펴본 바와 같이 욕구는 모든 사람에게 공통적이며 타고나지만 구체적인 욕구충족 수단에 대한 열망(필요)은 개인마다 다를 수 있으며, 대체로 상품범주에 따라서 바람직한 속성의 조합은 잠재고객들 사이에서 동질적, 군집화, 확산된 선호패턴을 나타낸다.

그러나 이러한 세 가지 선호패턴의 구분과 그에 대한 마케팅 대응은 **시장을 바라보는 관점의 수준**에도 달려 있기 때문에 마케터는 시장 선호패턴을 어느 수준에서 파악할지 결정할 수 있다.

예를 들어, 한국으로 들어오는 요우커들이 원하는 바를 그저 다른 나라가 아니라 한국여행으로만 파악한다면 동질적 선호패턴이 되겠지만, 약간 줌 인(zoom in)하여 들여다 보면 한국여행의 목적별로 집단화될 수 있으므로 군집화 선호패턴이 되거나 더욱 깊이 들여다보면 확산된 선호패턴으로 나타난다.

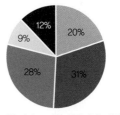

Q. 속옷에 대해 어떻게 인식하고 있습니까?

20%
31%
28%
9%
12%

- 외출 시 겉옷과의 코디를 위해 속옷 선택에도 항상 신경 쓴다.
- 속옷도 하나의 패션으로 인식하고 있으며 디자인이나 컬러 선택에 신경 쓴다.
- 기능이나 디자인에 어느 정도 신경 쓰는 편이다.
- 보정이나 위생 등 기본적인 기능만 충족하면 되기 때문에 디자인은 신경 쓰지 않는다.
- 속옷에 특별히 신경 쓰지 않는다.

마찬가지로 눈의 성형수술도 — 관점의 수준에 따라서 — 각자의 체형이나 얼굴 특징에 따라 선택한다면 확산된 선호패턴, 성형수술을 적용할 신체부위별로 구분한다면 군집화 선호패턴(눈)이며, 진료과목별로 구분한다면 동질적 선호패턴(성형수술)으로 파악할 수 있을 것이다.

즉 일란성 쌍둥이조차도 원하는 바가 다르듯이 시장은 원래 확산된 선호패턴이라는 관점이 옳으며, 최근에 등장하는 개인시장 접근법과도 어울린다. 단지 시장을 약간 줌 아웃(zoom out)하면 군집화 선호패턴의 관점이 되며, 아주 멀리 떨어져서 보면 동질적 선호패턴의 관점이 되는 것이다.

3. 시장분석의 차원

마케팅 활동에 대한 고객들의 반응은 기업성공에 중대한 영향을 미치는데, 마케터가 **고객들로부터 바람직한 반응을 얻어내기 위해서는 이들에 대한 이해를 바탕**으로 삼아 마케팅 전략을 수립해야 한다.

즉 전체시장이든 그것을 구성하는 고객들의 소집단(하위시장)이든 시장의 특성을 파악하기 위해서는 〈표 4-1〉과 같은 전형적인 질문에 대하여 해답을 구해야 하는데, 이러한 시장분석의 차원들은 상품분야나 시장의 유형 등에 따라서 다를 것이므로 마케터는 자신의 문제 해결에 도움이 되는 질문을 따로 구성해야 한다.

여기서 예시하는 시장분석의 차원들은 모두 영문자 O로 시작되는데, 영문 알파벳에서 O가 P보다 앞서듯이 시장특성에 관해 명확한 분석이 선행되어야만 그것을 근거로 적절한 마케팅 믹스(P)를 구성할 수 있다고 기억하면 좋을 것이다.

3.1 시장의 구성원

소비자 시장(consumer market)은 개인적 용도를 위해 상품을 구매하는 개인과 가계로 구성되는데, 시장 구성원들의 특성을 묘사하기 위한 근거는 대체로 인구통계적 특성 ·

표 4-1

시장분석의 차원

• 누가 시장을 구성하는가?	**구성원**(Occupants)
• 그들이 무엇을 구매하는가?	**상품의 범주**(Objects)
• 그들이 어떤 때에 구매하는가?	**계기와 시점**(Occasions)
• 그들이 희구하는 효익은 무엇인가?	**효익**(Objectives)
• 그들의 의사결정과정과 영향요인은 무엇인가?	**의사결정활동**(Operations)
• 그러한 의사결정과정에 누가 동참하는가?	**의사결정조직**(Organization)

지리적 특성 · 심리적 특성 · 행위적 특성 등을 포함한다.

예를 들어, 잠재고객들은 그들의 연령 · 소득 및 교육수준 · 라이프스타일 · 자아 이미지 · 상품 사용률 등이 다르기 때문에 하나의 마케팅 믹스에 대해 상이한 반응을 보이며 각자에게 최적인 마케팅 믹스도 다를 것이다. 따라서 마케터가 마케팅 믹스를 개발하기에 앞서서 자신의 시장이 어떠한 특성의 구성원들로 이루어져 있는지를 분석하는 일은 필수불가결하다.

3.2 구매하려는 상품의 범주

구매하려는 상품의 범주란 잠재고객이 욕구를 충족시키기 위해 자신이 갖고 있는 자원(돈이나 노동력 등)을 기꺼이 포기하고 그 대신 획득하려는 상품의 범주를 말한다. 예를 들어, 아름다움을 원하는 여성들은 화장품이나 헬스클럽, 성형외과 등 전혀 다른 상품범주를 선택할 수 있으며, 명절 선물을 선택하려는 주부들은 과일, 건강식품, 주류, 육류, 상품권 등 다양한 상품범주를 고려할 것이다.

물론 여기서도 상품이란 서비스를 비롯하여 사람 · 장소 · 조직 · 아이디어 · 활동 등 모든 욕구충족 수단을 지칭한다.

3.3 상품을 구매하는 계기/시점

잠재고객이 상품을 구매하는 일은 어떤 계기에 의해 촉발될 수 있다. 예를 들어, 소비자들은 명절선물, 졸업선물, 결혼선물 등 다양한 계기에 선물용으로 상품을 구매하거나, 개인적 소비를 위해 구매할 경우에도 집에서 소비하기 위한 것인지 여행 중에, 그것도 혼자 또는 누구와 함께 소비하기 위한 것인지를 고려하게 된다.

따라서 마케터는 잠재고객이 자신의 상품을 구매하려는 계기를 구체적으로 분석함으로써 최적의 마케팅 믹스를 개발하는 데 도움을 얻을 수 있다.

한편 상품이 구매되는 시점도 마케팅 전략에 유용한 시사점을 제공해주는데, 많은 상품들이 계절적인 요인으로 인해 1년 중 특정한 기간에 집중적으로 구매된다. 예를 들어, 명절이나 크리스마스, 입학 및 졸업, 결혼시즌 등을 중심으로 특정한 상품들이 많이 구매되며 수영복, 스키, 호텔, 에어컨, 난방기기 등도 전형적인 계절상품이다.

물론 이러한 구매시점에 관한 분석은 계절뿐만 아니라 월중, 주중, 하루 중 어느 시

▲ 졸업 · 입학 시즌이 되면 할인이벤트를 여기저기서 많이 볼 수 있다.

점에서 주로 구매되는지의 측면에서도 수행되어야 한다. 즉 취업주부가 증가함에 따라 근무시간 전후 또는 주말에 많은 구매가 이루어지고 있다면 그에 따라 마케팅 믹스도 조정해야 할 것이다.

사실 이러한 측면에서 이루어지는 시장분석은 구매행위뿐만 아니라 소비행위에 대해서도 동일하게 이루어져야 하며, 차원 자체도 **계기나 시점뿐만 아니라 장소나 상황**까지도(TPO) 포괄적으로 다루어야 한다.

3.4 희구하는 효익

희구되는 효익(치약)
충치예방
미백효과
구취제거
신경완화

마케팅에서 상품은 인간의 욕구를 충족시켜주는 모든 수단을 포괄하며, 효용의 다발(bundle of utilities) 또는 효익의 다발(bundle of benefits)로 간주된다. 따라서 냉장고를 구매하는 소비자는 냉장고라는 물리적 실체를 구매하는 것이 아니라 음식을 신선하게 보관한다든가 음료를 차게 만든다든가 등 냉장고가 고객을 위해서 해줄 수 있는 일(즉 냉장고가 고객에게 제공하는 효익)을 구매하는 것이다.

마찬가지로 화장품을 구매하는 소비자도 결국 화장품이 구매자의 욕구충족에 기여할 수 있는 바, 즉 '아름다움'이라는 효익을 획득하기 위해 지불하는 것이며, 드릴을 구매하는 소비자도 자신이 필요로 하는 크기의 '구멍'을 뚫어주는 효익을 구매하는 것이다.

따라서 여러 상표의 치약들은 결국 충치예방, 미백효과, 구취제거, 신경완화 등의 **효익과 비용을 독특한 조합으로 제공할 수 있는 수단**(unique bundle of benefits and costs)인 셈이다. 그리고 소비자는 각 효익에 대해 상이한 중요도(가중치)를 할당하고 각 상표가 제공하는 전체적인 가치의 상대적 크기를 고려하여 최선의 대안을 선택하게 된다.

따라서 마케터가 전체 잠재고객들을 원하는 바나 구매행동 특성이 유사한 몇 개의 집단으로 구분할 때 사용하는 중요한 기준 중의 하나가 바로 '희구하는 효익'임은 말할 것도 없고, 그러한 경우(benefit segmentation, 효익 세분화) 각 집단이 희구하는 효익을 마케팅 믹스 속에 구현해야 함은 당연하다.

3.5 의사결정 활동

의사결정과정
문제인식(욕구환기)
정보탐색
대안평가
선택(구매)
구매후 행동

가족들의 저녁식사 반찬거리를 장보기하는 주부가 집 근처의 대형 할인점에 들러 어떤 상표의 통조림을 구매했을 때 그것은 단순히 습관적 또는 즉흥적 구매일 수 있다. 그러나 소비자들의 구매활동은 대체로 자신이 당면한 문제(욕구충족의 필요성)를 인식하여 여러 가지 정보를 탐색하고 처리한 후, 거래할 점포나 상표에 관한 호의적인 태도를 형성한 다음에야 나타날 수 있는 연속적인 과정의 결과이다(이러한 과정에 대해서는 5장에서 자세히 살펴본다).

더욱이 그의 인구통계적 특성과 지리적 특성, 이미 그가 갖고 있는 신념과 태도 · 과거경험 · 문화 · 사회계층 · 준거집단 · 가정 등 다양한 요인들은 그러한 과정에 영향을 미침으로써 소비자로 하여금 특정한 구매에 이르게 만들며, 구매결과에 대한 평가는 다음 번 의사결정에 반영된다(이러한 영향요인들에 대해서도 5장에서 자세히 살펴본다).

3.6 의사결정 조직

담배나 화장품, 생리용품 등처럼 구매에 관한 전체 의사결정 활동을 한 개인이 전적으로 담당하는 경우가 있는 반면에 주택이나 휴가, 승용차의 구매에서와 같이 여러 사람(특히 가족)의 공통적인 욕구를 충족시키기 위한 구매에서는 대체로 다수의 사람들(가족구성원)이 의사결정 과정에 참여한다.

이와 같이 특정한 상품구매에 관한 의사결정에 참여하는 사람들을 집합적으로 의사결정 단위(DMU, decision-making unit)라고 부르는데, 그들이 담당하는 역할은 〈표 4-2〉와 같이 구분된다.

따라서 마케터는 구매 의사결정의 단계에 따라 각 역할을 담당하는 사람이 누구인지를 확인해내고 그들이 자신의 역할을 수행하는 데 있어서 채택하는 의사결정 기준(decision criteria)이 무엇인지 구체적으로 파악해야 한다. 아마도 각 역할의 담당자가 누구인지는 촉진활동을 누구에게 집중해야 하며 그들에게 도달하기 위해 어떤 매체를 사용하는 것이 적합한지를 알려줄 것이며, 의사결정 기준은 광고 메시지에서 강조해야 할 소구점(appealing point, selling point)을 암시해줄 것이다.

표 4-2

의사결정의 역할분화

제안자 (initiator)	현재 충분한 수준으로 충족되지 못한 욕구나 해결되어야 할 문제를 인식하고 그것을 해결하기 위해 상품의 구매를 처음으로 생각하거나 제안하는 역할
영향자 (influencer)	상품구매에 관련하여 구매할 상표, 가격대, 구매시기, 구매장소 등 여러 가지 의사결정 항목들에 대해 명시적이든 묵시적이든 영향을 미치는 역할
결정자(decider)	구매의 여부를 비롯하여 구매할 상품범주 및 상표, 구매장소, 구매시기, 구매방법 등 상품구매에 관한 의사결정의 일부 또는 전부를 최종적으로 담당하는 역할
구매자(buyer)	자신이 직접 상품을 소비하는지 아닌지에 관계없이 상품구매에 관한 의사결정을 실제로 실행에 옮기는 역할
사용자(user) 또는 소비자 (consumer)	구매된 상품을 직접 사용하거나 소비하는 역할
평가자 (evaluator)	자신이 직접 상품을 소비하는지 아닌지에 관계없이 상품을 사용하거나 소비한 결과를 평가하는 역할

2절　시장 세분화의 개념

　이미 설명한 바와 같이 마케터는 잠재고객들이 원하는 바와 행동특성을 고려하여 충분한 고객만족을 제공함으로써 교환에 성공하고 경쟁에서 승리할 수 있다. 그러나 많은 상품분야에서 각 잠재고객은 원하는 바와 행동특성이 서로 다르기 때문에 **단순히 하나의 상품만으로 전체시장의 잠재고객들에게 충분한 만족을 제공하는 일은 거의 불가능**하다.

　예를 들어, 배고픈 모든 사람들이 동일한 식재료와 한 가지 레시피를 선택하지는 않을 것이다. 마찬가지로 동일한 고객 문제라도 각 고객에게 적합한 해결책(마케팅 믹스)은 다를 수 있는데, 이는 하나의 마케팅 믹스에 대한 고객들의 반응이 다르다는 뜻이다. 특히 전체시장이 크기가 어차피 혼자 감당할 수 없이 크다면 일부 고객을 분리해내고 마케팅 노력을 정조준하여 집중하는 편이 바람직할 것이다.

　따라서 마케터는 원하는 바와 행동특성의 유사성에 따라 전체시장을 몇 개의 동질적인 소집단으로 분리하고 각 집단에게 적합한 마케팅 믹스를 별도로 제공해야 한다. 이러한 과정에서 이질적 구성원들의 전체시장을 동질적인 소집단들로 분리하는 일은 시장 세분화라고 하는데, 시장 세분화의 의의와 절차 등을 살펴보기로 한다.

1. 시장 세분화의 의의와 전제조건

시장세분화
전체시장을 구성하는 잠재고객들을 보다 동질적인 소집단들로 나누어 분리하는 과정

　시장 세분화(market segmentation)란 **전체시장을 구성하는 잠재고객들을 보다 동질적인 소집단들로 나누어 분리하는 과정**이며, 이러한 과정을 통해 산출된 집단들은 전체시장과 구분하기 위해 세분시장(segment) 또는 하위시장(submarket)이라고 부른다. 따라서 하나의 세분시장을 구성하는 잠재고객들은 전체시장을 세분하려고 사용한 기준에 따라 유사하며 다른 세분시장에 속하는 잠재고객과는 그러한 기준에 따라 상이할 것이다.

　예를 들어, 전체시장을 나이를 기준으로 세분한다면 나이는 물론이고 나이와 밀접한 관계를 갖는 원하는 바나 행동특성이 한 세분시장에 속하는 구성원끼리 유사하고, 다른 세분시장에 속하는 구성원과는 차이를 보일 것이다. 또한 성별을 기준으로 전체시장을 나눈다면 성별은 물론, 성별과 밀접하게 관련된 원하는 바와 행동특성이 한 세분시장에 속한 구성원끼리 유사하고 다른 세분시장에 속한 구성원과는 다르다.

　물론 마케터는 하나 또는 여러 개의 기준을 동시에 사용하여 전체시장을 세분할 수

도 있으며, 전체시장을 세분하기 위한 채택하는 기준을 시장 세분화 변수(segmentation variables, 또는 시장 세분화 근거 bases for segmentation)라고 부른다.

이와 같이 원하는 바나 행동특성이 동질적인 세분시장들을 분리하여 주고객 시장(prime prospects)을 선정한 후, 그들에게 충분한 만족을 제공하려는 일은 마케팅 콘셉트를 실천하기 위한 기본적인 과업이다. 그러나 이러한 세분시장 접근법이 유효하려면 다음과 같은 다섯 가지의 조건을 충족시켜야 한다.

1.1 내부적 동질성과 외부적 이질성

그림 4-1에서 보았듯이 전체시장이 동질적 선호패턴을 보일 경우에는 시장 세분화가 적합하지 않다. 즉 동질적 선호패턴에서는 전체시장 자체가 원하는 바나 행동특성에 있어서 매우 유사하여 세분시장들로 구분할 필요가 없다. 이에 비해 확산된 선호패턴에서는 물론 각 잠재고객을 별도의 세분시장으로 간주하여(segment of one) 각자에게 적합한 맞춤형의 마케팅 믹스를 제공할 수도 있으나(완전 세분화) 그러한 시장 세분화는 비용의 문제가 먼저 해결되지 않는 한 실행하기 곤란하다.

따라서 세분시장 접근법을 사용하기 위해서는 **내부적 동질성과 외부적 이질성을 보이는 세분시장들이 존재**해야 한다(internally homogeneous & externally heterogeneous, within- group homogeneous & between- groups heterogeneous). 여기서 내부적이란 집단 내(within group)를 의미하며 외부적이란 집단 간(between groups)을 의미한다. 만일 이러한 조건이 충족되지 않는다면 전체시장이 매우 동질적이라서 시장 세분화가 불필요하거나 시장 세분화 변수를 잘못 적용한 것이다.

1.2 경제성

설령 전체시장이 군집화 선호패턴을 보일지라도 전체시장 자체의 규모가 대단히 작거나 세분했을 때 세분시장들의 규모가 별도의 마케팅 믹스를 적용할 만큼 충분히 크지 않다면 세분시장 접근법을 채택하는 일은 경제성이 없다.

이러한 현상은 신상품이 개발된 직후 시장의 수요가 충분히 개발되지 않은 상품 도입단계에서 흔히 나타나는데, 마케터는 우선 전체시장을 확대하기 위한 전략을 추진해야 할 것이다. 예를 들어, 승용차를 구매하는데 있어서 장애자들이 원하는 바와 행동특성은 매우 독특하지만 아직 시장규모가 대단히 작기 때문에 분리된 세분시장으로 취급하는 데 경제성의 문제가 따른다.

따라서 세분시장 접근법이 효과적이기 위해서는 전체시장 및 세분된 시장의 규모가 별도의 마케팅 믹스를 제공받을 수 있는 정도로 커야 하는 경제성(substantiality)의 조건을 충족시켜야 한다.

1.3 측정가능성

어떤 세분화 변수를 이용하여 전체시장을 세분했을 때 각 세분시장의 규모나 구매력 등의 크기를 계량적으로 측정하고 평가할 수 있어야 한다. 이러한 측정가능성(measure ability)의 조건은 각 세분시장들을 평가하여 주고객 시장을 선정하고 그들을 위한 여러 가지 마케팅 믹스의 대안을 검토하는 데 매우 중요하다. 따라서 각 세분시장의 여러 가지 특성을 계량적으로 측정할 수 없다면 세분시장 접근법을 효과적으로 수행할 수 없다.

예를 들어, 청소년들의 체형이 크게 변함에 따라 특대호(big size) 신발이나 의류의 시장이 새롭게 형성되고 있으나 아직은 이들을 확인해내고 성별, 연령, 소득 등 구체적인 특성을 파악하기 곤란하기 때문에 효과적인 세분시장 접근법은 구사하기 어렵고 겨우 big***이라는 온라인 쇼핑몰을 통해 일방적인 상품차별화 마케팅에 의존하는 경향이 있다.

1.4 접근가능성

마케터는 전체시장을 세분한 다음, 주고객 시장을 선정하고 그들에게 마케팅 노력을 성공적으로 집중시킬 수 있어야 하는데, 만일 마케터가 그들에게 효과적으로 접근하기 위한 정보제공 경로나 소유권 이전 경로나 물적 유통경로를 확보할 수 없다면 역시 세분시장 접근법이 효과를 거둘 수 없다.

즉 세분시장에 상품을 공급하기 위한 유통경로를 설계하기가 곤란하든가 촉진활동을 통해 정보를 유포하고 설득할 수 없다면 그러한 세분시장은 무용지물이 될 것이다. 예를 들어, 낙도나 산간지방에는 상품을 유통시키기가 어렵고 문맹자들에게는 인쇄매체를 통한 정보제공이 곤란한데 이러한 경우라면 접근가능성(accessibility)이 제한받는 것이다.

1.5 실행가능성

이상의 조건들이 제대로 충족된 경우라도 마케터가 세분시장이 원하는 바를 효과적으로 충족시킬 마케팅 믹스를 개발할 능력과 자원을 갖고 있지 않다면 세분시장 접근법을 구사할 수 없는 것이 당연하다.

따라서 마케터는 내부적 동질성과 외부적 이질성 · 경제성 · 측정가능성 · 접근가능성에 덧붙여 마지막으로 실행가능성(actionability)의 조건이 충족될 경우에나 효과적으로 세분시장 접근법을 추진할 수 있다.

2. 시장 세분화의 절차

전체시장을 세분하기 위한 절차는 학자마다 다르게 제안되고 있지만, 대체로 〈표 4-3〉과 같이 네 단계로 나눌 수 있다. 즉 시장 세분화를 수행하기 위해 마케터는 우선 어떠한 상품을 위한 세분화인지, 전체시장이 어떠한 사람들로 구성되는지, 지역과 시간적인 범위를 어떻게 포괄할 것인지, 시장 세분화가 신상품개발의 기회를 찾기 위한 것인지 혹은 새로운 시장을 개척하기 위한 것인지 등의 문제를 고려함으로써 시장 세분화

1. 시장 세분화 목표를 명확하게 설정한다.
2. 시장 구성원들의 특성을 반영해주는 변수들을 선정한다.
3. 전체시장을 세분하기 위한 변수(들)를 선정하여 세분화를 실시한다.
4. 각 세분시장들을 묘사하여 세분시장 프로파일을 작성한다.

표 4-3 시장 세분화의 절차표

인구통계적 특성	연령	12세 미만, 12~19세, 20~29세, 30~39세, 40~49세, 50세 이상
	성별	남, 여
	가족수	독신, 2명, 3~4명, 5~6명, 7명 이상
	소득(월)	100만 원 미만, 100~200만 원 미만, 200~300만 원 미만, 300만 원 이상
	직업	전문직, 기업인, 공무원, 종교인, 교사, 주부, 무직자 등
	교육	고졸 미만, 고졸, 대졸, 대졸 이상
	가정생활주기	독신, 신혼부부, 중년부부, 노년부부
	종교	기독교, 천주교, 불교
	인종	황인종, 흑인종, 백인종
	국적	미국인, 일본인, 중국인, 영국인
	사회계층	상류층, 중류층, 하류층
지리적 특성	지역	중부, 호남, 영남, 영동, 충청
	주거지역의 규모	특별시, 광역시, 시, 군, 읍, 면
	인구밀도	도심지, 교외, 농어촌
심리적 특성	라이프스타일	절제형, 낭비형, 알뜰형
	퍼스낼리티	독선적, 사교적, 야심적

표 4-4 시장을 세분하거나 묘사하기 위한 근거들(예시)

행위적 특성	구매계기	상용구매자, 특별행사시 구매자
	희구하는 효익	경제성, 편의성, 체면
	사용자 지위	비사용자, 이전 사용자, 잠재 사용자, 초회 사용자
	사용률	대량 소비자, 평균 소비자, 소량 소비자
	충성도의 정도	없음, 약간 있음, 대단히 큼
	민감한 마케팅 요인	품질, 가격, 서비스, 광고, 판매촉진

표 4-5

고객확인과 범주화를 위한 질문들

WHO
- 세분시장들의 구성원은 누구인가?
- 자사의 상품이나 서비스를 누가 구매하는가?
- 경쟁사의 상품이나 서비스를 누가 구매하는가?

WHAT
- 고객들이 어떤 효익을 추구하는가?
- 어떤 요인들이 수요에 영향을 미치고 있는가?
- 상품이 고객을 위하여 어떤 기능을 수행하는가?
- 중요한 의사결정기준은 무엇인가?
- 고객이 지각하는 위험은 무엇인가?

HOW
- 고객들은 어떻게 구매하는가?
- 구매과정이 얼마나 많은 시간을 필요로 하는가?
- 고객들이 상품을 어떻게 사용하는가?
- 고객의 라이프스타일에 상품이 얼마나 적합한가?
- 얼마나 많은 돈을 지출할 것인가?
- 얼마나 많은 양을 구매할 것인가?

WHERE
- 구매결정이 어디서 내려지는가?
- 상품이나 서비스에 관한 정보를 어디서 수집하는가?
- 상품이나 서비스를 어디서 구매하는가?

WHEN
- 첫 번째 구매결정이 언제 내려졌는가?
- 상품이 언제 재구매되는가?

의 목표를 명확하게 설정해야 한다.

예를 들어, 마케터는 환경오염의 심각성을 염려하는 잠재고객들을 분리해내어 저공해 세제의 마케팅 기회를 모색할 수 있다.

두 번째 단계는 시장 세분화의 목표와 관련하여, 시장 구성원들의 특성을 반영해주는 변수들을 선정하는 일이다. 구성원의 특성을 반영해주는 변수들은 〈표 4-4〉와 같은데, 예시에서는 환경의식의 정도와 관련될 것으로 판단되는 잠재고객들의 인구통계적 특성·지리적 특성·심리적 특성·행위적 특성 등이 선정될 수 있다. 물론 이러한 변수들은 대체로 〈표 4-5〉와 같은 질문에 대한 응답들이다.

〈표 4-4〉에서 인구통계적 특성이란 연령·성별·직업·가족수·소득수준·교육

수준·종교·사회계층 등을 포함하며 지리적 특성은 주거지역의 여러 가지 특성을 의미한다. 또한 심리적 특성은 라이프스타일이나 퍼스낼리티, 자아 이미지 등이며 행위적 특성은 상품구매로부터 희구하는 효익이나 특정한 상품의 사용률, 구매빈도, 상표충성도 등이다.

세 번째 단계는 이러한 변수들 중에서 하나 또는 수개를 선정하여 전체시장을 세분하는 일이다. 즉 〈표 4-4〉에 예시된 변수들은 시장 구성원의 특성을 반영해주는 변수로서 마케터는 전체시장을 세분하는 데 이러한 변수들을 단독으로 혹은 조합으로 사용할 수 있다.

단지 마케터는 효과적인 세분화의 근거(시장 세분화 변수)가 마케팅 필요성에 따라 달라질 수 있다는 점에 유의해야 하는데 예를 들어, 새로운 상품개념에 대한 수용성이라고 하여도 신상품이 오디오 상품인 경우와 참치 통조림인 경우에서 유효한 세분화 근거가 달라질 수 있다.

그러나 일반적으로는 행위적 특성들이 잠재고객들이 원하는 바나 행동특성과 가장 밀접한 관계를 갖기 때문에 대체로 특정한 상품의 사용률이나 희구하는 효익들을 근거로 하여 전체시장을 세분하는 일이 바람직하다. 예시에서는 물론 교육수준이나 소득수준을 이용할 수도 있겠지만 생수의 구매율을 세분화 근거로 이용하는 편이 나을 수 있다.

특히 구매로부터 희구하는 효익(즉 '원하는 바')을 근거로 하여 실시하는 세분화는 효익 세분화(benefit segmentation)라고 하는데, 마케팅 전략의 실무적 시사점을 풍부하게 제공해준다. 결국 세분화 변수에 따라 세분화의 유형은 크게 **인구통계 세분화·지역 세분화·심리 세분화·행위 세분화·효익 세분화**로 구분할 수 있다.

이와 같이 시장 구성원의 특성을 반영해주는 〈표 4-4〉의 변수들 중에서 전체시장을 세분하기 위해 선택한 '시장 세분화 변수'를 세분시장 정의변수(defining variables)라고 하며, 나머지 변수들은 세분시장 묘사변수(describing variables)라고 한다.

네 번째 단계는 세분시장 정의변수(예시에서는 생수의 구매율)에 의해 분리된 각 세분시장들을 나머지 주요 변수(묘사변수)들로 묘사하는 일인데, 세분시장의 특성을 묘사하기 위한 추가적인 질문은 〈표 4-5〉와 유사하다.

물론 각 세분시장에 대한 묘사가 풍부할수록 나중에 주고객 시장을 선정하고 그들에게 적합한 마케팅 믹스를 개발하는 등 효과적인 마케팅 전략을 수립하기가 용이할 것인데, 세분화의 접근방법에 따라서는 동일한 변수가 정의변수나 묘사변수로 이용될 수 있다.

세분시장의 특성이나 각 세분시장 사이의 차이를 통계적으로 묘사하기 위해서는 t-검증이나 일원분산분석을 널리 이용하며, 다중회귀분석과 판별분석 등의 다변량 분석 기법들도 사용한다. 또한 AID(Automatic Interaction Detector) 분석이나 Answer Tree 분석

시장세분화 유형
인구통계 세분화
지역 세분화
심리 세분화
행위 세분화
효익 세분화

표 4-6

세분시장의 프로파일

	세분시장 1	세분시장 2
인구통계적 프로파일(구성비율)		
• 연령 ···························· 35세 미만	32%	51%
···························· 35세 이상	68	49
• 교육 ···················· 대학재학 이상	40	50
• 월소득 ················ 300만원 미만	50	57
···················· 300만원 이상	50	43
• 주거형태 ························ 아파트	5	11
라이프스타일 프로파일(동의비율)		
• 여성은 가정을 지켜야 한다	68	30
• 취업은 여성의 일이 아니다	28	9
• 아버지가 가정의 우두머리여야 한다	81	59
• 여성해방운동은 좋은 일이다	41	61
• 오늘날에는 성(性)이 지나치게 강조된다	90	81
• 런던이나 파리에서 1년쯤 보내고 싶다	25	39
• 5년 이내에 한 번 이상 이사할 것이다	32	41
• 스포츠카를 좋아한다	30	47
• 다소 시대에 뒤떨어진 취향을 갖고 있다	91	81
• 작년 한 번 이상 해외를 여행했다	68	79
• 작년 한 번 이상 영화를 관람했다	45	52
• 작년 한 번 이상 볼링장에 갔다	30	39
• 작년 한 번 이상 팝콘서트에 갔다	7	18
• 이성에게 매력적으로 보이고 싶다	79	89
• 남들과 다르게 보이기를 좋아한다	66	72
매체습관(노출된 비율)		
• 라디오 ···················· 심야음악방송	8	20
···················· 인터뷰 뉴스	44	56
• TV ···························· 심야토론	42	32
···························· 사극	33	24
• 잡지 ························ 여성동아	10	16
························ 여성중앙	9	19
상품사용률(주간 1회 이상 사용한 비율)		
• 립스틱	87	80
• 헤어스프레이	62	56
• 아이 메이크업	48	62
• 선탠로션	28	40
• 인공감미료	33	8
• 맥주	9	12
• 박하향 필터담배	8	12
• 가솔린	78	83

도 전체시장을 구성하는 세분시장들에 관해 유용한 통찰을 줄 수 있다.

예시에서 생수의 구매율을 기준으로 잠재고객들을 두 집단으로 구분할 때 세분시장들은 〈표 4-6〉과 같은 프로파일로 묘사되며, 이러한 세분시장 프로파일은 ① 주고객

시장을 선정하거나 ② 그들에게 적합한 마케팅 믹스를 개발하는 데 유용한 근거로 활용된다.

사실 시장 세분화라는 개념은 현대 마케팅의 중요한 특징으로 간주되어 왔지만 최근 일대일 마케팅이 등장하면서 개별고객 한 명씩을 별도의 세분시장(segment of one)으로 취급하는 완전 세분화로 대체되어 가는 추세이다. 그러나 시장 세분화의 개념은 마케팅을 이해하고 실천하는 데 여전히 그 중요성을 잃지 않고 있다.

3 절 표적시장의 선정

시장 선호패턴과 효과적인 시장 세분화 전략(세분시장 접근법)의 요건에서 살펴본 바와 같이 마케터는 항상 전체시장을 세분해야 하는 것은 아니며 또한 항상 세분화를 할 수 있는 것도 아니다. 또한 시장 세분화를 하는 경우에도 어느 세분시장에게 마케팅 노력을 집중할 것인지를 결정하여 주고객 시장으로 삼아야 한다.

1. 대량 마케팅과 표적 마케팅

시장 세분화는 전체시장의 규모가 상당히 크며, 잠재고객들이 원하는 바나 행동특성이 군집화 선호패턴을 보인다는 전제로부터 출발한다. 그러나 시장의 규모가 작거나 잠재고객들이 동질적 선호패턴의 양상을 보인다면 마케터는 당연히 시장 세분화를 포기하고 시장에 대해 한 가지의 마케팅 믹스만을 제공할 것인데, 이러한 경우 대량 마케팅을 실시하는 것이다.

1.1 대량 마케팅

대량 마케팅(mass marketing)이란 **전체시장을 구성하는 잠재고객들이 '원하는 바'의 차이를 고려하지 않고 오히려 그림 4-2의 (a)에서와 같이 '원하는 바'의 공통점을 충족시키기 위해 하나의 마케팅 믹스만으로 소구하는 전략**으로서 간혹 전체시장 접근법(total market approach) 또는 산탄식 접근법(shotgun approach)이라고도 한다.

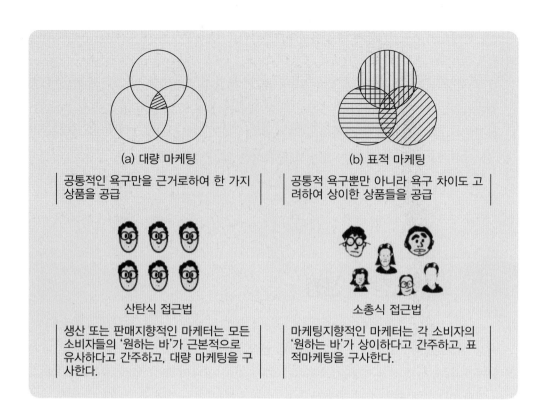

그림 4-2

시장에 대한 두 가지 접근
방법

(a) 대량 마케팅

공통적인 욕구만을 근거로하여 한 가지
상품을 공급

산탄식 접근법

생산 또는 판매지향적인 마케터는 모든
소비자들의 '원하는 바'가 근본적으로
유사하다고 간주하고, 대량 마케팅을 구
사한다.

(b) 표적 마케팅

공통적 욕구뿐만 아니라 욕구 차이도 고
려하여 상이한 상품들을 공급

소총식 접근법

마케팅지향적인 마케터는 각 소비자의
'원하는 바'가 상이하다고 간주하고, 표
적마케팅을 구사한다.

이러한 대량 마케팅은 전통적으로 생산 콘셉트나 상품 콘셉트 또는 판매 콘셉트에 따라 마케팅활동을 전개하는 마케터들에 의해 수행되어 왔지만, 오늘날에도 시장규모가 작기 때문에 별도의 마케팅 믹스를 제공하는 일이 비경제적이거나 시장 선호패턴이 매우 동질적이라면 유효한 전략으로 이용될 수 있다.

대량 마케팅의 관점은 생산부문에 있어서 3S(표준화, 전문화, 단순화)와 대량생산에 대응되는 것으로 생산, 재고관리, 유통, 광고에 관련된 비용을 줄인다는 이점을 갖고 있다. 그러나 대량 마케팅을 채택하는 마케터들은 ① 잠재고객들의 욕구를 충분히 충족시킬 수 없기 때문에 그들이 원하는 바에 정확하게 반응하는 경쟁자의 도전을 받기 쉬우며, ② 하나의 산업 내에서 다수의 마케팅 조직이 이러한 관점을 취하게 되면 경쟁이 예상보다 훨씬 치열해진다는 문제점을 일으킨다.

아마도 대량 마케팅을 추진하는 마케터들은 전체시장 또는 충분히 세분되지 않아서 여전히 규모가 부적절하게 큰 세분시장에 마케팅 노력을 집중함으로써 오히려 수익성이 저하될 수 있으며(다수의 우 fallacy of majority), 이러한 경우에는 경쟁자들이 간과하는 소규모의 동질적인 세분시장이 더욱 매력 있는 틈새시장(niche market)이 된다.

물론 틈새시장도 유용하기 위해서는 다음과 같은 요건을 충족시켜야 하며, 고객집단이나 지역, 상품, 서비스, 품질특징, 가격구조를 특화하여 틈새전략(틈새 마케팅 niche marketing)을 구사할 수 있다.

① 작지만 이익을 낼 수 있는 규모가 된다.

② 시장선도자와 경쟁자들이 간과하고 있다.

③ 효율적·효과적으로 봉사할 수 있는 경쟁우위를 갖고 있다.

④ 고객관계를 이용하여 경쟁사들로부터 방어할 수 있다.

대량 마케팅은 그림 4-3에서처럼 다시 전체시장이 공통적으로 원하는 바를 하나의 마케팅 믹스만으로 충족시키려는 비차별화 마케팅(undifferentiated marketing)과 마케터가 고객이 원하는 바나 행동특성의 차이를 무시한 채 일방적으로 여러 가지의 마케팅 믹스를 개발하여 전체시장에 대해 선택대안(options)으로 제시하는 상품차별화 마케팅(product-differentiated marketing)으로 구분된다. 그러나 후자는 개념상 차별화 대량 마케팅이라고 지칭하는 편이 합당하다.

차별화 대량 마케팅이란 역시 잠재고객들이 원하는 바의 차이를 인식하지 않는다는 점에서 대량 마케팅의 일종이며, 단지 **마케터가 자의적으로 색상이나 스타일, 규격 등에서 상이한 선택대안을 제공**하는 것이다(공급자의 의지에 따름).

1.2 표적 마케팅

대량 마케팅과는 반대로, 마케터는 그림 4-2의 (b)에서와 같이 전체시장을 구성하는 **잠재고객들이 '원하는 바'의 공통점을 물론이고 그 차이까지 함께 고려하여 시장을 세분하고 각 세분시장별로 최적의 마케팅 믹스를 별도로 제공**할 수 있는데, 이를 표적

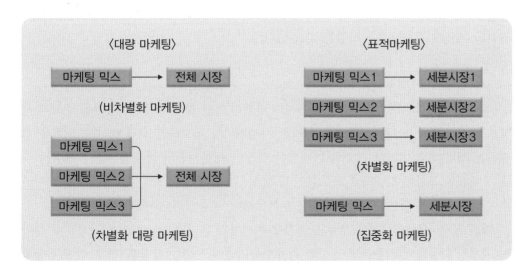

그림 4-3

대량 마케팅과 표적 마케팅

마케팅(target marketing) 또는 세분시장 접근법이라고 한다.

이러한 표적 마케팅의 관점은 마케팅 콘셉트를 실천하고 고객에게 충분한 만족을 제공하기 위해 필수적인 요소로서 간혹 표적을 하나씩 정조준해서 발사하는 소총식 접근법(rifle approach)이라고도 한다. 표적 마케팅의 강약점은 대체로 대량마케팅의 경우와 반대로 생각할 수 있는데, 아무튼 대량 마케팅에 비해 원가상승의 문제는 있지만 고객만족을 증대시켜 경쟁우위를 확보할 수 있다는 점이 매우 중요하다.

표적 마케팅은 그림 4-3에서와 같이 전체시장에 대해 시장 세분화를 적용한다는 점에서(수요자의 의지에 따름) 대량 마케팅과 대조를 이루는데, 다시 주고객 시장으로 선정된 세분시장의 수에 따라 대체로 차별화 마케팅과 집중화 마케팅으로 구분된다.

(1) 차별화 마케팅

차별화 마케팅(differentiated marketing)이란 **두 개 이상의 세분시장을 주고객 시장으로 선정하여 각각에 대해 최적의 마케팅 믹스를 별도로 제공하려는 전략**으로서 각 세분시장에서 우월한 시장지위를 확보하여 비차별화 마케팅의 경우보다 전체적으로 많은 매출액과 이익을 달성하려는 전략이다.

예를 들어, 주조회사는 전체 애주가들에게 하나의 상품만을 제공하는 것이 아니라 잠재고객들이 원하는 바와 행동특성의 차이를 고려하여 양주, 소주, 맥주를 다양한 규격의 포장으로 제공하고 있으며, 더욱이 소주에 있어서만도 애주가의 기호 차이를 감안하여 다양한 알코올 도수와 향을 지닌 상표들을 제공하고 있다.

한편 일부 마케터는 간혹 상품은 동일하지만 서비스 요소들을 달리하여 각 세분시장에 소구함으로써 매출액을 증대시키려는 전략을 추진할 수 있는데, 이는 서비스 차별화 마케팅정도로 부를 수 있을 것이다.

그러나 차별화 마케팅은 비차별화 마케팅에 비해 생산, 재고관리, 유통, 광고 등에 관련된 비용이 증가한다는 약점을 갖고 있다.

(2) 집중화 마케팅

집중화 마케팅(concentrated marketing)이란 마케터가 **단 하나의 세분시장만을 주고객 시장으로 선정하여 그 세분시장에서 유리한 시장지위를 확보하기 위해 마케팅 노력을 집중하는 전략**이다. 이러한 집중화 마케팅은 특정한 세분시장의 잠재고객들이 원하는 바나 구매행동 특성에 정통하고 독보적인 명성을 갖도록 허용함으로써 시장지위를 높여줄 수 있으며 더욱이 생산, 유통, 촉진의 전문화로 많은 운용상의 경제를 누릴 수 있다.

예를 들어, 식품회사가 생후 1년 내지 2년 사이의 유아만을 주고객 시장으로 선정하여 마케팅 활동을 전개한다면 집중화 마케팅을 구사하는 것이다. 그러나 이러한 집중화

차별화
시장의 욕구보다는 경쟁에 대응하거나 고객의 선택범위를 확대하기 위해 일방적으로 선택대안을 제공하는 일

마케팅 전략은 비교적 높은 수준의 마케팅 위험을 수반한다.

1.3 일대일 마케팅

전체시장의 구성원들을 동질적이라고 가정하여 한 가지 마케팅 믹스만으로 그들 모두가 원하는 바를 해결하려는 일은 고객들이 개성화·다양화되어감에 따라 아주 특별한 경우를 제외하고는 부적절하다. 이에 대한 효과적인 대안이 바로 시장 세분화를 통해 원하는 바나 행동특성이 비교적 유사한 소집단으로 구분하여 각 집단별로 '원하는 바'를 평균적으로 충족시킬 마케팅 믹스를 제공하는 것이다(표적 마케팅).

그러나 세상 어디에도 평균적인 고객(average customer) 같은 것은 존재하지 않으며, **평균은 개인적 차이를 무시하고 개별고객이 독특하게 '원하는 바'를 충족시킬 기회를 박탈**한다. 고객은 누구나 개별적으로 독특하여 하나의 시장을 구성함(market of one)에도 불구하고 과거에는 인구통계적 특성만으로 요약되어 나이나 소득, 학력 등이 동일하면 같은 고객으로 취급되기도 하였다.

그러나 오늘날에는 고객을 개인으로 인식하고 기억하기 위해 필요한 정보수집, 정보관리, 정보활용 도구들이 충분히 개발되어 있으며 저렴한 비용으로 가용하게 되어 마케터는 고객을 개인으로 이해할 수 있을 뿐만 아니라, 생산기술 발전에 힘입어 상품을 주문생산하는 비용도 크게 줄었고 일부 상품은 대량생산의 원가로 맞춤형의 주문생산이 가능하기도 하다.

그 결과 과거에는 확산된 선호패턴의 경우, 시장 세분화의 개념을 적용하지 못하고 ─ 동질적 선호패턴에서처럼 ─ 그저 전체시장 구성원들의 평균적 이상점에 소구할 수밖에 없었지만, 이제는 그렇게 불합리한 마케팅 관행에서 벗어날 수 있게 되었다. 이와 같이 **개별고객을 별도의 세분시장으로 간주하여 마케팅 소구를 정밀하게 조정**하려는 마케팅을 일대일 마케팅(one-to-one marketing) 또는 개인 마케팅(individual marketing)이라고 한다.

이제까지 시장에 대한 접근법을 세 가지로 구분하였지만, 이미 시장 선호패턴에서 설명했듯이 시장을 바라보는 관점에 따라서 시장 선호패턴을 다르게 파악할 수 있으므로 '비빔밥'의 경우에도 **전체시장 접근법**(대량 마케팅), **세분시장 접근법**(표적 마케팅), **개인시장 접근법**(일대일 마케팅)이 모두 가능하다는 점에 유의해야 한다.

한편 마케팅의 발전과정은 다음과 같이 정리할 수 있다.

① 주문생산(customization): 최근 맞춤형이나 주문형이라 하여 아주 새로운 개념처럼 사용하고 있지만, 사실 주문생산은 대량생산 기술이 충분히 개발되기 전까지 가장 보

편적인 생산방법이었다. 대량생산의 기술이 부족했지만, 전체 고객의 수가 워낙 적었기 때문에 마케터는 자신의 고객들을 개별적으로 이해하기 위해 충분한 대면접촉을 유지하면서 고객정보를 기억 속에 보관할 수 있었고 소량생산만 가능했기 때문에 맞춤형의 주문생산으로 대응할 수 있었다. 이러한 현상은 오늘날 대량 고객화 현상에 대비하여 원형적 고객관계관리라고 할 수 있다.

② 대량 마케팅(mass marketing): 우리나라에서 1970년대 대부분 산업이 대량 마케팅을 취했으나 일부 산업에서는 1980년대 이후까지 지속되었고, 산업특성에 따라서는 지금도 대량 마케팅이 훌륭한 전략이다. 전통적인 사례는 포드자동차의 Model T가 될 수 있다.

③ 표적 마케팅(target marketing): 대량 마케팅에 의해 소홀하게 취급되었던 시장 구성원들 사이의 차이를 강조하며, 고객만족도를 개선하기 위해 주로 1980년대에 널리 채택되었던 전략이었지만, 지금도 마찬가지로 존재한다. 포드자동차의 'Model T'에 대응하여 GM자동차가 취한 마케팅 전략이 이에 해당한다.

④ 틈새 마케팅(niche marketing): 마케팅 조직들이 표적 마케팅의 관점을 취하면서도 비교적 규모가 큰 세분시장에서 경쟁하게 되자 특히 대기업들이 간과하고 있는 소규모 시장을 집중적으로 공략하는 중소기업들이 등장하였는데, 그들은 작지만 자신의 시장에서 전문성과 독특한 시장지식으로 많은 이윤을 실현하였다.

⑤ 대량 고객화(mass customization): 생산기술(MT, manufacturing technology)과 생산관리 기법 등이 발전함에 따라 대량생산의 원가로 주문생산이 가능하게 되었고, 고객과의 쌍방향 대화를 통한 고객지식의 축적과 인간 기억의 한계를 넘어서는 컴퓨터나 인터넷 등 정보기술(IT, information technology)이 발전함에 따라 개별고객에 대한 고객관계 관리와 고객화가 대량으로 가능하게 되었다. 사실 이러한 고객화는 마케팅 발전의 최초 단계로 회귀하는 것이며 단지 차이점은 소수의 고객을 대상으로 한 것이 아니라, **대중을 상대로 한 고객화**(mass customization)라는 점이 다르다. 따라서 대량 고객화의 근거는 초기 주문생산 단계에서 고객에 관해 학습하고 마케팅 믹스를 조정해주던 원형적 고객관계 관리와 구분하기 위해 현대적 고객관계 관리라고 한다.

이러한 마케팅의 발전과정과 병행하여 등장했던 중요한 두 가지 개념은 다음과 같다.

① **고객만족**(customer satisfaction): 고객만족이라는 개념은 1990년대 초 세종대학교 유동근 교수가 우리나라에 처음으로 도입한 후, 대표적 기업들을 선두로 많은 조직들이 마케팅에 널리 적용하였으나 실무상 오해와 잘못된 프로그램을 운영한 탓에 기대만큼 좋은 성과를 이루지는 못했다.

▲ 대량 고객화는 고객 각 개인에게 맞춤화된 상품을 대량생산을 통해 비용을 낮춰 경쟁력을 창출하는 새로운 마케팅 방식을 말한다. 포토달력, 포토시계는 개인이 원하는 사진을 온라인 사이트에 보내고 구도를 말하면 그에 따라 맞춤 제작해주는 1 : 1마케팅, 대량고객화의 방식이다.

즉 많은 마케팅 조직들이 고객만족을 단순히 '친절'과 '미소'의 결과 정도로 인식한 수준에서 시스템적인 관점을 취하지 못했으며(Customer satisfaction is not smile, but system), 여전히 고객유지(keeping customers)와 장기적인 이윤보다는 신규고객 유치(attracting customers)와 단기적인 매출을 강조했고, 경쟁적으로 외국의 고객만족 사례를 모방하는 데 급급하여 그에 관한 체계적인 학습과 한국적 고객만족 모델을 개발하는 데 실패하였다.

② 데이터베이스 마케팅(database marketing): 초기의 데이터베이스 기술은 고객들에 관한 정보를 데이터베이스로 저장하고 주로 시장을 세분하거나 특정한 조건의 고객들을 선별해내는 목적으로 사용되어, 직접우편(direct mail)을 보내는 일을 지원하였다. 그 결과 초기의 데이터베이스 마케팅은 직접우편 마케팅이라고도 불렸다.

그 후 데이터베이스 기술은 대량 고객화의 토대가 되었는데, 고객별 대규모의 정보를 축적하고 데이터 마이닝의 기법을 활용하여 다양한 측면에서 가치 있는 정보를 산출하고 마케팅 기회를 찾아주는 역할을 수행하게 되었다.

2. 표적 마케팅의 적용 요건

그림 4-3의 네 가지 대안 중에서 어느 것을 선택할 것인지는 대체로 기업의 자원, 시장 선호패턴, 상품의 특성, 상품수명주기 상의 단계, 경쟁자의 전략으로부터 영향을 받는다.

(1) 기업의 자원

대체로 마케팅 자원이 제한되어 있는 소규모의 마케팅 조직은 전체시장이나 다수의 세분시장을 대상으로 바람직한 시장지위를 확보하기가 곤란하므로 단일 세분시장이나 틈새시장을 공략하기 위해 집중화 마케팅을 구사하는 편이 바람직하다.

(2) 시장 선호패턴

전체시장을 구성하는 잠재고객들이 동질적 선호패턴을 보인다면 시장 세분화가 필요없기 때문에 비차별화 마케팅이 적합하며, 확산된 선호패턴을 보인다면 주문생산에 의해 맞춤형 상품을 제공하지 않는 한 시장 세분화가 비효율적이므로 대체로 차별화 대량 마케팅 정도를 고려해볼 만하다.

(3) 상품의 차별화 가능성

철강이나 화공약품과 같이 상품의 특성이 동질적이어서 심각한 차별화가 곤란한 경우에는 비차별화 마케팅이 적합하며, 차별화의 기회가 풍부하고 마케팅 성과에도 도움이 되는 경우에는 차별화 대량 마케팅이나 표적 마케팅을 구사하는 편이 바람직하다.

(4) 상품수명주기 상의 단계

신상품이 시장에 처음 등장하는 도입단계에서는 아직 수요가 충분히 개발되어 있지 않고 시장의 규모가 작기 때문에 비차별화 마케팅이 적합한데, 간혹 특정한 세분시장(핵심시장, core market)에 마케팅 노력을 집중하기 위해 집중화 마케팅을 구사하기도 한다.

그러나 상품의 수요가 점차 증대되어감에 따라 차별화 또는 집중화 마케팅이 바람직하다.

(5) 경쟁자의 마케팅 전략

경쟁자가 표적 마케팅을 적극적으로 구사하고 있는 여건에서는 저가격이 중요한 구매결정요인이 아닌 한 비차별화 마케팅으로는 시장지위를 확보하기가 매우 곤란하다. 반면에 경쟁자가 비차별화 마케팅을 구사하고 있는 여건에서는 차별화 마케팅이나 집중화 마케팅으로 경쟁우위를 누릴 수 있는데, 물론 가격상승 요인을 함께 고려해야 한다.

3. 표적시장 선정전략의 유형

이제까지의 설명에서 우리는 시장의 규모와 시장 선호패턴을 근거로 하여 시장 세분화가 가능하다면 마케터가 전체시장을 구성하는 잠재고객들을 동질적인 집단들로 세분하고, 세분시장들로부터 주고객 시장을 선정해야 한다는 사실을 알았다.

이때의 주고객 시장을 흔히 표적시장이라고 부르는데, 표적시장(target market)이란 **마케터가 조직의 목표를 달성하기 위해 마케팅 노력을 집중시킬 고객들의 집단**을 의미한다.

표적시장을 선정하기 위해 마케터는 시장에 제공할 상품도 함께 고려하여 다음과 같은 다섯 가지의 기본적인 시장포괄전략(market coverage strategies)을 고려할 수 있다.

① 상품/시장전문화(product/market specialization): 상품/시장전문화란 상품과 시장에서 모두 전문화하는 것으로 대체로 소규모의 마케팅 조직들이 채택한다. 예를 들어, 유아용 내의만을 마케팅하는 조직은 전체시장을 연령층으로 세분할 때 '유아'라는 특정한 세분시장만을 대상으로 하면서 의류 중에서도 '내의'만을 제공함으로써 상품과 시장 모두에서 전문화하는 것이다.

② 상품전문화(product specialization): 상품전문화란 전체시장의 잠재고객들에 대해 특정한 상품을 전문화하여 마케팅하는 시장포괄전략이다. 예를 들어, 의류를 마케팅하

는 많은 기업들은 성별·연령별 모든 세분시장을 대상으로 의류를 제공하기 때문에 상품의 측면에서 전문화한 것이며, 대부분의 공산품 생산자가 생산효율을 위해 이러한 시장포괄전략을 따른다.

③ 시장전문화(market specialization): 시장전문화란 특정한 세분시장만을 대상으로 하여 그들이 필요로 하는 거의 모든 상품을 제공하는 시장포괄전략이다. 예를 들어, '아가방'은 유아라는 특정한 세분시장에 대해 그들이 필요로 하는 의류, 식품, 장난감 등의 광범위한 상품을 마케팅하고 있다. 이밖에도 웨딩 플래너, 장의용품 공급자 등도 마찬가지이다.

④ 선택적 전문화(selective specialization): 선택적 전문화란 여러 세분시장이 유망하다고 판단될 경우에 다수의 '상품/시장전문화'전략을 추구하는 것이다. 예를 들어, 제과회사가 어린이들을 대상으로 과자류의 상품을 마케팅하는 동시에 성인들을 대상으로 주류를 마케팅할 수 있다.

⑤ 완전포괄(full coverage): 완전포괄이란 다양화를 추구하는 마케팅 조직에서 흔히 찾아볼 수 있는 시장포괄전략인데, 전체시장의 잠재고객들을 대상으로 그들이 필요로 하는 광범위한 상품들을 마케팅하는 전략이다. 이러한 완전포괄전략은 대체로 백화점이나 대형마트와 같은 대규모 유통기관이나 채택할 수 있다.

그러나 구체적인 표적시장을 선정하기 위해서는 시장 세분화의 결과로서 얻어진 세분시장 프로파일을 검토하여 각 세분시장의 수익성, 미래의 성장전망, 경쟁의 상황 등을 평가하고 마케팅 조직의 목적(사명), 기간별 목표, 이미지, 환경변화와 자신의 강약점(내부 역량) 등을 고려하여 유망한 세분시장을 결정해야 한다.

4 절   포지셔닝

포지션(position)이란 **기업이나 상품, 상표 등 마케팅 대상들이 잠재고객들의 마음 속에서 그려지는 모습**을 말한다. 잠재고객들은 결정적 속성(determinant attributes)들에 따라 마케팅 대상을 지각하는데, **각 속성별 지각결과**(신념)**들의 총체**가 결국 포지션이며 그 대상의 이미지라고도 한다.

이에 비해 포지셔닝(positioning)이란 **마케팅 목표를 효과적으로 달성하기 위해 바람**

직한 목표 포지션(desired position 또는 목표 이미지)을 **결정하는 일**(잠재고객의 지각 속에 자리매김)을 의미하는데, 마케터는 일단 바람직한 목표 포지션을 결정하고 나면 잠재고객들의 마음속에 그러한 포지션(이미지)을 구축하기 위해 마케팅 믹스의 요소들을 독특하게 결합한다.

즉 포지셔닝이란 잠재고객들이 원하는 바나 경쟁자가 제공하는 욕구충족 수단에 대응하여 표적시장의 지각 상에 자신이 제공할 욕구충족 수단에 관한 아이디어(포지션, 이미지)를 개발하는 일이며, 상품범주의 결정과 상품범주 내의 차별화를 동시에 추구하는 것이라고 할 수 있다.

포지셔닝 전략과 관련된 마케터의 과업은 크게 다음과 같이 구분된다.

1. 현재의 포지션 분석

잠재고객들은 마케팅 믹스의 가치를 객관적인 근거보다는 대체로 주관적인 근거에서 지각하는 경향이 있기 때문에 현재의 마케팅 믹스에 대해 잠재고객들이 주관적으로 지각하는 포지션은 그들의 실제 선택에 많은 영향을 미친다.

즉 잠재고객들은 시장에서 경쟁하는 다수의 상품을 각각 독특한 모습(포지션, 이미지)으로 지각하는데, 그러한 모습들은 대체로 다른 경쟁자에 대비하여 상대적으로 형성된다.

이때 자신과 경쟁자들의 현재 모습을 평가하는 일을 포지셔닝 분석(positioning analysis)이라고 하는데, 포지셔닝 분석을 통해 마케터는 경쟁자들 사이의 경쟁구조(경쟁관계)를 파악할 수 있게 된다. 자신의 목표 포지션을 선정하기 위해 일단 경쟁구조를 파악하는 일은 경쟁자와의 차별화 방향을 암시해주는 역할을 한다(경쟁적 포지셔닝).

2. 목표 포지션의 결정

일단 시장 내의 경쟁구조를 확인하고 나면 마케터는 경쟁자들에 대비하여 자신이 어떠한 포지션을 구축하여 잠재고객들에게 소구할 것인지를 결정해야 한다. 그러나 이와 같이 목표 포지션을 결정하는 데 있어서 단지 경쟁자들의 현재 포지션들만 고려한다면 잠재고객들이 '원하는 바'와 동떨어진 모습이 될 수 있으므로 마케터는 다른 요소들을 고려해야 한다.

우선 마케터가 욕구를 충족시켜야 할 궁극적인 상대는 잠재고객들이므로 그들의 이상점(결국 '원하는 바'에 해당하는 여러 가지 속성들의 조합, 이상적 상품)을 먼저 찾아냄으로써 자신의 목표 포지션이 그들이 '원하는 바'에 어울리도록 해야 한다(소비자 포지셔닝).

따라서 목표 포지션을 결정하는 일은 경쟁구조를 고려한다는 점에서 차별화를 추구하며, 잠재고객들의 '원하는 바'를 고려한다는 점에서 세분화를 동시에 추구하는 것이다. 또한 목표 포지션을 최종적으로 결정할 때는 자신의 강점과 약점도 함께 고려하여 마케팅 목표를 효과적으로 달성하도록 도움이 되어야 하는데, 적합한 목표 포지션은 다음과 같은 측면에서 정의할 수 있다.

① 잠재고객들의 욕구 — 고객문제, 고객이 '원하는 바'가 무엇인지?
② 고객들의 특성 — 어떠한 사람들이 사용하고 있는지? 사용해야 하는지?
③ 상품범주 — 라면의 일종인지 즉석밥의 일종인지? (상품범주의 동일화)
④ 상품효익 — 충치예방, 치아미백 등 어떤 효익을 강조하는지?
⑤ 상품의 용도 — 용도의 다양성/전문성, 사용법의 간편함
⑥ 상품의 사용 계기나 상황
⑦ 가격/품질 — 小米상품의 품질은 최고가 아니지만 가격이 저렴
⑧ 경쟁자(비교광고를 포함)
⑨ 긍정적 이미지의 상징(symbol) — Prudential社의 바위 심볼

한편 목표 포지션을 선정한 후에는 그것이 적정한지 다음과 같은 측면에서 평가해 보아야 한다.

• 기업의 시장지위(선도자/도전자/추종자)
• 현재 경쟁자들의 포지션(동일화/차별화)
• 잠재고객들이 '원하는 바'와 일치하는 정도(세분화)
• 포지셔닝을 위해 고려하는 근거의 참신함(기존 마케팅 관행에서 탈피)
• 마케팅 목표와의 일관성 정도(혁신적/추종적 기업 이미지)
• 선택한 포지션을 효과적으로 수행할 수 있는 능력
• 외부적 환경요인에 대한 적합성

마케터는 목표 포지션을 결정하고 난 후, 그러한 포지션을 잠재고객들의 지각 속에 효과적으로 형성하기 위해 마케팅 믹스의 요소들을 독특하게 결합해야 하는데 이러한 과업은 곧 **목표 포지션의 커뮤니케이션**이라고 할 수 있다.

예를 들어, 새로운 전자기기를 개발하였다면 우선 잠재고객들을 세분하여 표적시장을 선정한 후, 그러한 세분시장 속에서 다기능 고품질의 목표 포지션이나 최소기능 경

제형의 목표 포지션을 선택할 수 있다. 그 다음 마케팅 믹스에 관련된 의사결정들은 당연히 선택한 목표 포지션에 따라 달라질 것이다. 의류산업에서도 마찬가지로 고급의류라는 목표 포지션을 결정한 마케터는 양질의 소재와 정장 스타일을 선택하고 높은 가격수준으로서 우아한 분위기의 명품점에서 취급해야 하며, 패션쇼나 패션 전문잡지를 통해 메시지를 제공하는 등 목표 포지션에 어울리는 마케팅 믹스를 구성해야 할 것이다.

소비자 의사결정과 영향요인

제 5 장

소비자 의사결정과 영향요인

치열한 경쟁환경에서 조직이 생존하고 번창하기 위해서는 우선 원활한 교환이 전제되어야 하는데, 이러한 교환은 소비자의 행동과 직접적으로 관련된다. 그러나 **만들면 팔리던 시대**의 마케터는 교환보다는 생산에 노력을 기울였고 소비자 행동에 대해서는 관심을 가질 필요조차 느끼지 않았다.

즉 과거에는 대부분의 산업분야에서 공급이 수요에 훨씬 미치지 못하였기 때문에 시장에 공급되는 상품은 왕성한 수요 덕택에 얼마든지 팔릴 수 있었고 무엇을 생산하여 얼마에, 어떻게 공급할 것인가를 판매자(공급자)가 일방적으로 통제할 수 있는 판매자 시장의 특성을 보였다.

그러나 점차 **팔릴 수 있는 상품을 만들어야 하는 시대**로 바뀌어 가고 무엇을 생산하여 얼마에, 어떻게 공급할 것인가에 구매자가 — 간접적이지만 — 중요한 영향을 미칠 수 있는 구매자 시장의 특성을 보여준다.

즉 **이 시대의 마케터는 마케팅 활동을 더욱 새롭고 효율적으로 수행하기 위해 소비자 행동의 기본원리에 관심**을 가져야 하는데, 이러한 관점은 마케터로 하여금 소비자 행동에 영향을 미치는 요인들을 면밀히 분석하도록 촉구하고 있다.

예를 들어, 마케터는 소비자 행동을 조건화하는 개인·심리적 요인 및 사회·문화적 요인들을 근거로 하여 마케팅 계획을 수립함으로써 소비자에게 적절한 상품효익을 효과적으로 설득하여 태도를 변경시키며, 궁극적으로는 소비자로부터 바람직한 반응을 얻어낼 수 있다.

www.marketingschool.com
소비자 행동 모델과
영향요인에 관한 상세한
내용은 **마케팅스쿨의
홈페이지**를 참고하기
바랍니다.

1절 마케팅과 소비자 행동

소비자의 욕구, 태도, 행동은 마케팅 전략의 모든 측면에 영향을 미치고 있으며, 성공적인 기업들은 예외 없이 소비자가 '원하는 바'나 '바람직하다고 생각하는 바'를 정확하게 정의하고 그것을 효과적으로 충족시켜주는 일에 남다른 노력을 기울여 왔다.

1. 소비자 행동 연구의 필요성

산업혁명은 인류의 오랜 역사를 통해 자신에게 필요한 재화를 스스로 생산하고 소비하는 자급자족(자기생산 self-production)의 방식을 시장에서의 교환(판매)을 전제로 하는 전문화·대량생산의 방식으로 전환시킨 획기적인 변혁이었다. 그러나 제2차 세계대전이 종전될 때까지, 특히 국내에서 1970년대 초까지의 생산활동은 소비자측에 대해 특별한 관심 없이 마케터에 의해 일방적으로 계획되고 수행되어 왔는데, 이러한 현상은 바로 '만들면 팔리던 시대'의 판매자 시장(sellers' market)의 특성을 반영하는 것이다.

국내 마케터들은 1980년대에 들어서야 비로소 그들이 생산해내는 많은 양의 상품을 소비자들이 모두 구매해주지 않는다는 사실과 결국 자신의 상품을 팔기 위해서는 경쟁이 불가피하다는 사실을 알게 되었고, 그에 따라 관심의 초점을 생산활동으로부터 마케팅(소비자 만족을 창출하고, 교환을 촉진하기 위해 기업의 활동을 소비자의 욕구에 적응시키는 일)으로 전환시켰다.

이러한 관심전환은 마케팅 전략들이 소비자 욕구에 관한 정확한 이해를 근거로 해야 한다는 새로운 마케팅 관리 철학을 등장시켰는데, 이를 마케팅 콘셉트라고 한다. 그러므로 **마케팅 콘셉트를 기업경영의 철학으로 채택하는 기업들이 소비자 행동에 관한 지식과 조사를 많이 필요로 할 것임**은 명백하다.

▲ 몰려드는 소비자들. 각자 다르다.

한편 마케터가 이러한 마케팅 콘셉트를 채택하는 일은 대체로 다음과 같은 측면을 통해 그때까지 수행해오던 마케팅 활동을 본질적으로 변화시켰다.

• 소비자 행동 연구의 필요성을 증대시킨다.

- 환경탐사(environmental scanning)의 필요성을 증대시킨다.
- 마케팅 전략을 수립하기 위한 고객지향적 사고의 틀을 창출한다.
- 시장 세분화와 포지셔닝의 개념을 강조한다.
- 새롭고 다양한 마케팅 도구들을 구사하도록 촉구한다.

2. 소비자 행동 연구의 유용성

소비자 행동에 관한 지식들은 합리적인 소비활동, 마케팅 계획수립, 마케팅 전략의 평가, 비영리 조직의 마케팅에 유용하게 활용될 수 있다.

2.1 합리적인 소비활동

소비자는 많은 시간을 구매활동에 직접 할애할 뿐만 아니라 상품에 관해 생각하고 이웃과 이야기하며, 상품에 관한 광고를 보거나 듣는 데 소비한다. 그러므로 소비자 행동에 대한 검토는 소비자의 입장에서도 그가 보다 현명한 소비활동을 계획하고 욕구를 효과적으로 충족시킬 수 있도록 도와준다.

또한 기업의 사회적 책임이 강조되는 추세에 따라 기업들도 단순히 매출극대화를 추구하기보다는 유용한 상품정보 및 가격비교 정보를 제공하는 등 소비자들의 합리적인 소비활동을 지원하기 위한 전략을 설계하고 실행해야 한다.

▲ 운동과 휴식을 함께 하려는 소비자의 기호에 따라 여행사이트의 콘셉트가 많이 변화되고 있다.

2.2 마케팅 계획의 수립

(1) 시장 기회의 분석과 예측

마케팅 환경은 **끊임없이 변화하면서 기업에게 새로운 기회와 위협을 제공**하고 있으며, 소비자가 원하는 바도 역시 변화하므로 마케터는 새로운 마케팅 기회와 위협을 확인하기 위해 마케팅 환경의 현황과 변화추세를 검토해야 한다.

즉 마케팅 기회의 분석은 기업을 둘러싸고 있는 인구통계적, 경제적, 정치 · 법적, 생태 · 자연적, 사회 · 문화적, 기술적, 경쟁적 환경 등에 대한 분석을 포함하여 소비자의 라이프스타일(lifestyle)이나 소득수준과 같은 일반적인 시장여건과 추세에 관한 검토로부터 시작된다.

예를 들어, 여가활동에 대한 관심이 증대됨에 따라 정적 휴식(靜的 休息)으로부터 동적 휴식(動的 休息)으로 소비자의 기호가 변하고 있으며 이는 새로운 마케팅 기회를 암시한다. 또한 에너지 비용의 상승은 절수 샤워장치나 열효율이 높은 히터 등의 새로운 마케팅 기회를 제공한다.

한편 소비자 행동에 관한 연구는 마케팅 환경과 소비자 기호의 변화추세뿐만 아니라 소비자의 미래 행동을 예측하는 데에도 이용된다. 소비자의 욕구, 지각, 태도가 구매와 밀접하게 관련된다면, 이러한 특성들은 그들의 미래행동을 예측하기 위한 근거로 이용될 수 있으며 그러한 예측은 마케터가 매출 잠재력이나 매출액 변화를 추정하는 데 도움이 될 것이다.

(2) 시장 세분화와 표적시장의 선정

전체시장을 구성하는 소비자들의 원하는 바는 서로 다를 수 있는데, 하나의 마케팅 믹스만을 제공하여 그들이 원하는 바를 충족시키려는 일은 비효율적이며 경쟁력을 갖기 어렵다. 따라서 마케터는 전체시장을 '원하는 바'가 유사한 세분시장들로 구분하고 (시장 세분화), 각 집단에게 독특한 마케팅 믹스를 제공함으로써 소비자를 보다 잘 만족시킬 수 있다.

물론 마케터는 각 소비자 집단의 반응특성이나 경제성을 근거로 하여 하나 또는 소수의 세분시장을 표적시장으로 선정하고 마케팅 노력을 집중할 수도 있다. 아무튼 전체시장을 세분하고 적절한 표적시장을 선정하기 위해서는 소비자 행동에 관한 지식이 절대적으로 필요하며 그러한 절차에 따른 표적 마케팅 전략(target marketing strategy)은 마케터로 하여금 소비자를 더 잘 만족시키도록 도와줄 수 있다.

(3) 마케팅 믹스의 구성

마케팅 믹스란 주고객으로 선정된 **표적시장이 원하는 바를 충분히 만족시키고 교환이 원활하게 일어나도록 하기 위한 마케팅 의사결정들의 조합**인데, 마케팅 믹스의 구성요소로서 상품관련 의사결정들, 가격관련 의사결정들, 경로관련 의사결정들, 촉진관련 의사결정들은 모두 소비자 행동에 관한 정보와 지식을 활용해야 하는 마케팅 의사결정 분야이다.

2.3 마케팅 전략의 평가

마케팅 전략의 성과는 근본적으로 소비자 반응을 측정함으로써 평가될 수 있는데, 적절한 측정방법을 선택하고 적용하기 위해서는 소비자 행동에 관한 지식이 필요하다. 마케터가 마케팅 전략을 평가하기 위해 실시하는 조사는 대체로 다음과 같은 사항에 관한 것들이다.

- 상품이 소비자가 '원하는 바'를 충족시키고 있는가?
- 상품에 관한 소비자의 지각이 마케팅 목표와 일치하는가?
- 메시지가 표적시장의 소비자들에게 제대로 노출되고 있는가?
- 상품이 계획대로 판매되고 있는가?
- 소비자의 반응이 반복구매를 일으킬 정도로 충분히 긍정적인가?

2.4 비영리 조직의 마케팅

마케팅 콘셉트의 확장이라는 관점에서 보면, 비영리 조직들도 일반대중에게 제공할 서비스나 아이디어를 갖고 있다. 여기서 비영리 조직들은 정부기관, 박물관, 교회, 사회단체, 대학 등을 포함하며 시민이나 회원, 일반대중, 학생은 그들의 고객인 셈이다. 즉 비영리 조직들도 역시 존재가치를 인정받고 번영을 누리려면 사회 내의 어떤 욕구와 필요를 충족시키거나 문제를 해결함으로써 상대방의 호응(참여와 지지)을 얻어내야 하므로 소비자 행동에 관한 지식이 필요하다.

3. 소비자 행동 연구의 기초

소비자 행동은 인간 행동의 일부로 간주되므로, 우리는 소비자 행동을 체계적으로 이해하기 위해서 오래 전부터 인간 행동을 연구해 온 심리학, 사회학, 인류학, 경제학, 행동과학 등으로부터 많은 연구결과들을 원용하고 있는데 이러한 의미에서 소비자 행동 연구는 복합적인 학문영역으로 간주된다.

3.1 소비자 행동의 정의

소비자 행동

상품을 탐색, 평가, 획득, 사용 또는 처분할 때 개인이 참여하는 의사결정 과정과 신체적 활동

소비자 행동이란 **상품을 탐색, 평가, 획득, 사용 또는 처분할 때 개인이 참여하는 의사결정 과정과 신체적 활동**으로 정의되며, 이러한 정의의 내용을 충분히 이해하기 위해서는 다음과 같은 개념 구성요소에 대한 검토가 필요하다.

① **소비자**: 소비자(consumer)란 앞의 정의에서 언급한 소비자 행동의 유형 중 어떠한 활동에든 참여하는 모든 사람을 일반적으로 지칭하는 용어이며, 상품범주에 대한 모든 행위자를 포함한다. 따라서 어떤 상표의 냉장고를 구매하든 어느 점포에서 구매하든 관계없이 냉장고를 구매하거나 사용하는 사람은 모두 소비자에 포함된다.

이에 반해 고객(customer)이란 특정한 상표를 구매하거나 특정한 점포 또는 기업으로부터 구매하는 사람을 지칭하는 용어이므로 특정 상표의 식용유를 소비하거나 특정한 백화점에서 구매하는 사람만이 그들의 고객이다. 즉 고객은 구체적인 상표나 점포로서 정의되지만 소비자는 상품범주로 정의된다.

간혹 고객과 유사한 의미로 클라이언트(client)라는 용어를 사용하는데, 클라이언트는 특히 자신에 대한 정보와 지식을 근거로 하여 보다 더 고객화된 상품이나 서비스를 제공받는 고객이며, 심리적 개입을 강조한다.

② 행동: 행동(behavior)이란 일반적으로 가시적인 신체적 움직임을 지칭하지만, 소비자 행동에서는 정신적(심리적) 활동까지도 포함한다. 따라서 가시적인 구매행위는 소비자 행동의 한 측면에 불과하며 소비자 행동은 구매에 영향을 미칠 수 있는 신념이나 태도의 변화 등 정신적 활동까지도 포함한다.

③ 상품: 소비자 행동에 관한 정의에서 상품이란 승용차, 책, 볼펜 등과 같은 유형의 품목뿐만 아니라 이발, 진료, 법률상담 등과 같은 서비스를 포함한다. 더욱이 개인이 특정한 아이디어를 수용하는 과정에서 나타나는 반응들은 그들이 상품이나 서비스를 구매할 경우에서와 유사하므로 상품은 이러한 아이디어까지도 포괄한다.

따라서 마케팅에서의 상품은 **교환될 수 있고 상대방에게 가치를 가진다고 지각되는 모든 욕구충족 수단**(need-satisfiers, want-satisfiers)을 지칭한다.

3.2 소비자 행동에 관련된 변수들

소비자는 끊임없이 다양한 자극에 당면하고 반응하는데, 소비자 행동에 관련된 변수들은 그림 5-1과 같이 네 가지 유형으로 구분된다. 단지 여기서 유의해야 할 점은 동일한 변수라도 여건에 따라 다른 범주의 변수로 분류될 수 있다는 것이다.

예를 들어, 특정한 상표에 대한 소비자의 태도를 변화시키기 위해 광고를 실시할 경우라면 태도가 반응변수이지만, 소매점이 재고를 처분하기 위해 1주일 동안 할인판매를 실시할 경우에 있어서 소비자의 태도는 매개변수로 간주될 수 있다.

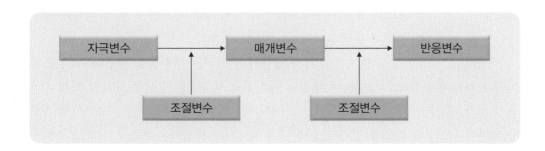

그림 5-1

자극 · 매개 · 조절 · 반응 변수 사이의 관계

① **자극변수**: 소비자 행동에 대한 자극변수(stimulus)들은 광고물, 다른 사람, 상품 등과 같이 대체로 소비자의 외부적 환경 내에 존재하지만 간혹 내부적으로 산출되기도 한다. 예를 들어, 혈당치가 일정한 수준 이하로 떨어진다면 뇌의 신경이 자극을 받아 배고픔을 느끼고 음식을 받아들이도록 촉구하는데, 이 경우의 뇌신경 자극은 내부적 자극의 좋은 예가 된다. 이러한 자극변수들은 소비자 행동의 투입요소로 작용한다.

② **반응변수**: 반응변수(response)란 자극변수들에 의해 산출되는 결과적인 행동을 말하는데 특정한 상품의 구매, 목소리의 고저, 특정한 몸짓 등과 같이 외형적이며 쉽게 관찰될 수 있는 행위뿐만 아니라 상품에 관한 지식의 증가, 상품에 대한 신념과 태도의 변화, 구매의도의 감소와 같이 직접 관찰될 수 없는 정신적인 활동들도 포함한다.

③ **매개변수**: 자극과 반응 사이에 개재되어 있는 변수들을 매개변수(mediating variables)라고 하는데, 이러한 매개변수의 존재는 적어도 일부의 자극이 직접적으로 반응에 영향을 미치지 않고, 중간적 변수를 통해 작용한다는 사실을 암시한다.

즉 매개라는 용어는 **행동과 관찰가능한 선행요인 사이에 가정된 상태, 여건, 과정이 존재**한다는 점을 의미한다. 매개변수들은 대체로 직접적으로 관찰될 수 없으며 동기, 태도, 지각 등을 포함한다.

④ **조절변수**: 조절변수(moderating variables)란 두 변수 사이의 관계에 영향을 조절하는 역할을 수행하는데 예를 들어, 광고물에 대한 소비자의 반응은 그들의 퍼스낼리티나 연령, 소득수준 등에 의해 조절될 수 있다.

3.3 소비자 행동의 모델화

소비자 행동을 연구하는 일은 다수의 변수, 행동의 주관성, 추론과정의 어려움, 변수 간의 상호작용 등 많은 어려움을 수반하므로 이러한 어려움을 극복하기 위한 노력으로서 다양한 모델들이 개발되어 왔다.

모델이란 **현실을 단순화한 표상**으로 간주될 수 있는데, 그것은 모델 설정자에게 중요한 현실의 측면만을 통합하고 중요하지 않은 다른 측면들을 무시한다. 예를 들어, 건축모델이 집짓기에 중요치 않은 가구배치를 포함하지 않는 것처럼, 소비자 행동을 모델화하는 데 있어서도 중요하지 않은 측면은 배제될 수 있다.

따라서 소비자 행동 모델이란 **소비자 행동에 관계되는 변수들을 확인하고 그들 사이의 관계를 본질적으로 상술하여 행동이 형성되고 영향받는 양상을 묘사한 도식**이다. 즉 소비자 행동의 연구자들은 각자 동기부여와 행위의 근거가 되는 변수들에 관해 자신만의 아이디어를 갖고 있을 것인데, 이러한 아이디어를 묘사하는 흐름도가 바로 소비자

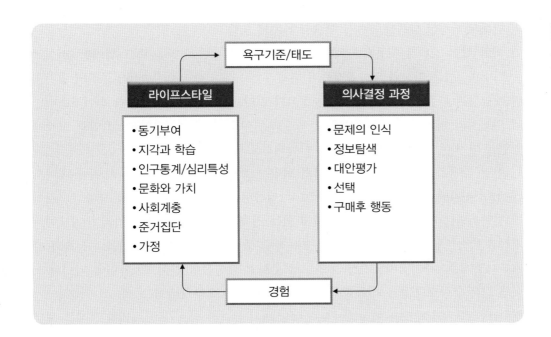

그림 5-2

소비자 행동의 개념적
모델

행동 모델인 것이다.

그러나 어떠한 소비자 행동 모델에서도 소비자 행동에 관련되는 변수들과 그들 사이의 관계는 가정될 뿐이며, 새로운 조사 발견점에 따라 수정되어야 하므로 어느 모델도 확정적 또는 최종적이라고 할 수는 없다. 한편 소비자 행동 모델은 다음과 같은 유용성을 가진다.

- 소비자 행동에 관해 통합적인 관점을 제공한다.
- 마케팅 의사결정에 필요한 조사분야를 밝혀주며 변수 간 관계의 계량화를 격려한다.
- 조사 발견점들을 평가하고 그것을 의미 있는 방법으로 해석하도록 도와준다.
- 마케팅 전략을 개발하고 소비자 행동을 예측하기 위한 근거를 제공해준다.
- 소비자 행동에 관한 이론구성과 학습을 지원한다.

한편 그림 5-2는 소비자 행동의 한 가지 개념적 모델을 보여준다. 여기서 소비자는 자신의 욕구와 필요를 충족시키려는 문제해결자(problem solver)로 파악될 수 있는데, 우선 그러한 소비자 문제들은 그들의 라이프스타일을 개발하고 유지 또는 변화시키려는 과정에서 일어난다.

소비자 행동을 이해하는 데 있어서 라이프스타일이 중요한 이유는 그것이 소비자가 어떠한 상품을 구매하며 그것을 어떻게 사용하고 그것에 관해 어떻게 생각하는지에 영향을 미치기 때문이다. 예를 들어, 소비자는 자신의 라이프스타일을 유지하거나 변경하기 위해서 특정한 상품을 구매할 필요를 느끼게 된다.

이와 같이 소비자 행동은 라이프스타일로부터 지대한 영향을 받고 있지만, 현실적으로 소비자들은 자신의 의사결정들이 현재 또는 바람직한 라이프스타일로부터 영향을 받고 있다는 사실을 인식하지 못하는 경우가 많다. 그러나 소비자 행동을 라이프스타일과 연관시켜 파악하는 접근방법은 마케터로 하여금 소비자의 라이프스타일과 그것에 영향을 미치는 요인들을 보다 명확하게 이해하도록 도와줄 수 있다.

한편 라이프스타일은 **자아 이미지의 외견상 표출**이라고 할 수 있는데, 자아 이미지는 ① 소비자에게 영향을 미치는 문화, ② 일상생활을 구성하는 개별적 상황, ③ 개인적 경험들의 결과로서 **자신에 대해 갖고 있는 전체적인 이미지**이다. 따라서 동기부여 · 지각과 학습 · 인구통계적 특성 · 심리묘사적 특성 등의 개인심리적 요인들과 문화와 가치 · 사회계층 · 준거집단 · 가정 등의 사회문화적 요인들이 라이프스타일에 기여한다. 이와 같은 영향요인들에 의해 형성된 라이프스타일은 욕구기준(need criteria, 욕구를 충족시키기 위한 요건들)과 태도를 형성하여 독특한 소비자 문제를 일으키며, 그러한 문제를 해결하는 활동은 소비자의 경험으로서 다시 라이프스타일에 영향을 미치는 순환적 과정을 반복한다.

2절 소비자 의사결정 과정

소비자의 의사결정은 세 가지 유형으로 나눌 수 있다. 첫째는 의사결정에 관련된 정보를 광범위하게 탐색하고 구체적인 태도를 형성하여 의사결정에 이르는 경우이며 둘째는 그저 적당하다고 생각하는 상품을 일단 선택하고 구체적인 태도는 구매 후에 형성하는 경우이다. 또한 셋째는 구매결과에 반복적으로 만족해서 특정한 구매를 습관적으로 실시하는 경우이다.

이와 같이 의사결정 유형을 구분하는 보편적인 기준은 관여도인데, 관여도란 **구매 또는 소비행위가 의사결정자의 개인적 중요성 또는 관여성**(personal importance, involvement)**을 많이 가질 때 나타나는 광범위한 문제해결 행동의 활성화**이며, 관여도가 높은 의사결정 과정은 그림 5-3에서와 같이 다섯 단계로 구성된다.

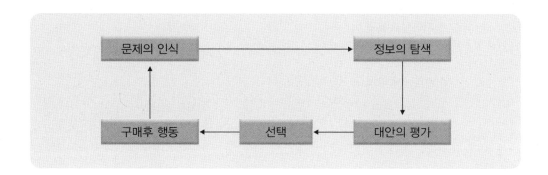

그림 5-3

관여도가 높은 의사결정 과정

1. 문제의 인식

마케터가 소비자의 행동을 적절하게 묘사하고 예측하며 그러한 지식을 마케팅 전략에 활용하기 위해서는 우선 소비자가 왜(why) 특정한 행동을 취하게 되는지를 알아야 한다. 이에 대한 해답은 그가 그러한 행동을 취하도록 동기화(동기의 부여)되었기 때문이며, 이를 문제의 인식이라고 한다. 즉 문제의 인식이란 **자신의 욕구 중 일부가 바람직한 수준으로 충족되지 않았음을 인식하여 잠재된 욕구를 활성화하는 단계**이다.

1.1 내재된 기본적인 욕구

기본적 욕구(basic needs)란 **인간이 생리적이든 심리적이든 행복하기 위해 충족되어야 하는 기본적인 조건들**을 말하는데, 대체로 모든 사람에게 있어서 유사하며 평상시에는 마음속 깊숙이 내재(잠재)되어 있다. 이러한 욕구의 구체적인 유형에 대해서는 학자들 간에 의견차이가 있으나 Maslow는 그림 5-4와 같이 저차욕구로부터 고차욕구의 다섯 계층으로 구분하였다.

한편 기본적인 욕구(1차적 욕구)는 타고나는 것이며 성장에 따라 새롭게 생겨나지 않지만, 간혹 학습된 욕구(2차적 욕구)라고 지칭하는 것들은 집단영향과 개인특성에 의해 후천적으로 생성되는 필요(wants)를 의미한다.

예를 들어, 음식에 대한 기본적인 욕구가 있는가 하면 독특한 맛과 향기에 대한 학습된 욕구가 있으며 그에 따라 구체적인 음식물에 대한 필요가 존재한다. 다른 예로서 새로움을 추구하려는 기본적인 욕구로부터 여행에 대한 학습된 욕구가 있고 특정한 여행패키지를 필요로 할 수 있다. **기본적인 욕구는 마케터 이전에 이미 존재하기 때문에 마케터는**

▲ '아름다움'에 대한 욕구는 많은 여성들 사이에서 가장 강렬하고 높은 수준의 자아실현 욕구이며, 다른 어떤 욕구보다 선행할 수 있다.

그림 5-4
기본적인 인간욕구의 계층

자아실현 욕구	
자존의 욕구	고차욕구(심리적 욕구)
사랑과 소속의 욕구	↕
안전의 욕구	
생존의 욕구	저차욕구(생리적 욕구)

욕구를 창출하거나 변경하지 못하고 단지 이미 존재하는 욕구에 대해 효과적인 욕구충족 수단을 제공하려고 노력할 뿐이다. 이에 반해 학습된 욕구에 대해서는 다양한 영향요인을 조작해 변경전략을 구사할 수 있다.

1.2 욕구의 동기화

소비자는 내부적이든 외부적이든 자극에 노출될 때 자신의 현실적 상태와 이상적 상태를 비교한다. 이때 내부적 자극이란 혈당치가 낮아져 음식을 먹도록 뇌에 전달되는 자극과 같이 생리적인 상태를 내부적으로 지각하는 경우이며, 외부적 자극이란 자신의 환경 내에서 소비자가 획득할 수 있는 모든 자극(광고, 냄새, 소리, 촉감 등)을 말한다.

예를 들어, 식사한 지 많은 시간이 흘렀을지라도 내부적이든 외부적이든 어떠한 자극에 의해 식욕이 충족되지 않고 있음을 느끼기 전까지는 음식에 대한 욕구가 얌전하게 잠재해 있을 뿐이며 어떠한 행동도 일으키지 않는다. 단지 그가 음식냄새라든가 혈당치 저하라는 자극을 받을 때 비로소 배고픔을 느끼고 식욕(그러한 자극과 관련된 욕구)이 활성화될 것인데, 이러한 경우 그는 욕구수준을 낮춰 배고픔을 그대로 견뎌 내거나 식욕을 충족시킬 적절한 수단을 모색할 것이다.

즉 기본적인 욕구들은 평소 소비자의 마음속 깊숙이 내재되어 있지만, 만일 소비자가 현실적 상태와 이상적 상태 사이의 차이를 지각하여 자신의 특정한 욕구가 충분히 충족되어 있지 않다는 사실을 알게 되면 **잠재적 상태의 욕구가 행동을 유발시킬 수 있는 활성화 상태의 동기로 전환**되는데, 이를 욕구의 동기화라고 부른다. 결국 동기(motive)란 **활성화된 욕구**(activated needs, aroused needs)이다.

예를 들어, 소비자가 맛있는 음식의 광고물에 노출되었을 때 그는 이상적 상태인 포만과 자신의 현실적 상태를 비교하는데 만일 그들 사이의 차이를 크게 지각한다면 불행함(생리적 또는 심리적 긴장감)을 느끼며, 음식에 대한 욕구는 동기로 전환되어 어떤 행동을 유발시킬 것이다. 물론 두 가지 상태 사이의 차이가 일정한 수준보다 작다면 욕구가 동기로 전환되지 않을 것인데, 이러한 수준을 점화수준(threshold level) 또는 임계치라고 한다.

한편 문제를 인식하여 잠재적 욕구를 동기로 활성화하는 것은 광고나 상품진열 등 마케팅 자극이 가장 보편적이면서 대표적이지만, 간혹 다음과 같은 상황적 여건들도 문제를 인식시킬 수 있다.

① 현재 상품이 소진된 상황: 가장 빈번히 일어나는 문제인식의 상황은 소비자가 갖고 있는 상품을 모두 소비하고 다시 구매해야 할 경우인데, 소비자가 그 품목에 대해 기본적인 욕구를 계속 갖고 있는 한, 소비로부터 문제의 인식은 반복적으로 일어날 것이다.

② 갖고 있는 상품이 불충분한 상황: 소비자는 자신이 갖고 있는 상품에 불만족하게 되어 문제인식에 이르기도 하는데 예를 들어, 유행에 따라 남자의 넥타이와 양복깃은 넓어지거나 좁아지며 결국 소비자는 그의 옷을 바꾸길 원할 것이다.

③ 다른 의사결정의 파급효과가 있는 상황: 문제인식은 또한 다른 의사결정의 결과로서 일어나기도 하는데 예를 들어, 20년 된 자신의 집을 수리한 소비자는 새 집에 맞도록 가구를 교체할 필요성을 느낄 수 있다.

④ 환경적 여건이 변하는 상황: 소비자는 환경적 여건이 변화함에 따라 새로운 의사결정 문제를 인식하기도 한다. 이러한 경우의 대표적인 예는 생활주기의 변화인데, 생활주기의 각 단계는 상이한 상품에 대한 구매동기를 환기시킨다. 결국 가정이 발전되어감에 따라 새로운 동기가 끊임없이 환기되며 다른 구색의 상품이 요구될 것이다. 또 다른 예는 새로운 준거집단의 영향이다. 즉 대학생 사이의 복장습관(dress code)은 신입생으로 하여금 그가 현재 입고 있는 옷을 검토하도록 하여 새로운 의사결정 문제를 인식시키며, 신입생은 이러한 준거집단에 부응하기 위해 새로운 옷을 필요로 할 수 있다.

⑤ 자금여건이 변하는 상황: 소비자는 자신의 예산범위 내에서나 구매할 수 있으므로 현재 또는 예상되는 자금상태가 새로운 의사결정 문제를 일으킬 수 있다. 예를 들어, 유산을 상속받게 되거나 봉급을 인상받은 소비자는 이전에 생각하지 못하던 돈 쓸 방법을 궁리하면서 그의 이상적인 상태를 긍정적인 방향으로 바꿀 것이며, 실직을 예견하는 소비자는 이상적인 상태를 부정적인 방향으로 바꿀 것이다.

1.3 동기의 유형

소비자의 목표지향적 행동(GOB, goal-oriented behavior)이란 대체로 **자신의 욕구를 충족시키기 위한 특정 상품의 구매**를 의미하므로 구매동기란 개인이 그러한 상품을 구매하는 이유(why)이다. 즉 구매동기는 구매행동의 이면에 있는 추진력으로서 생리적 또는 심리적 욕구에 기초를 두고 있다.

구매동기는 본원적 및 선택적, 이성적 및 감성적, 애고동기로 구분되는데, 이들은 모두 개인의 사회·문화적 요인과 개인·심리적 요인이 활성화된 욕구에 작용하여 나타나는 것이다.

① **본원적 구매동기**: 본원적 구매동기(primary buying motive)란 개인으로 하여금 특정한 상품범주를 구매하도록 유도하는 활성화된 욕구의 측면이다. 예를 들어, 세탁기나 인스턴트식품이라는 상품범주를 구매하는 이유는 본원적 구매동기가 된다.

② **선택적 구매동기**: 선택적 구매동기(selective buying motive)란 개인으로 하여금 어떤 상품범주 내에서 특정한 상표를 구매하도록 유도하는 활성화된 욕구의 측면이다. 예를 들어, LG자이 아파트나 소나타 승용차라는 상표를 구매하도록 유도하는 이유는 선택적 구매동기가 된다.

③ **이성적 구매동기**: 이성적 구매동기(rational buying motive)란 좋은 품질, 저렴한 가격, 긴 상품수명, 우수한 성능, 조작의 편리함 등 주로 기능적 만족에 관련되는 속성상에서 우위성을 갖는 대안을 선택하도록 유도하는 활성화된 욕구의 측면이다.

④ **감성적 구매동기**: 감성적 구매동기(emotional buying motive)란 남과 다르게 보이려는 욕망, 준거집단과 동일시되려는 욕망, 다른 사람의 관심을 끌려는 욕망, 남들의 선망을 받으려는 욕망 등 주로 심리적 및 사회적 만족에 관련되는 속성상에서 우위성을 갖는 대안을 선택하도록 유도하는 활성화된 욕구의 측면이다.

⑤ **애고동기**: 애고동기(patronage motive)란 특정한 점포나 기업과 거래하려는 활성화된 욕구의 측면으로서 대체로 다음과 같은 근거로부터 영향을 받는다.

- 취급하는 상품의 다양성
- 신용거래, 배달 등과 같은 지원 서비스
- 상품반환, 품질보증 등과 같은 정책
- 경품, 프리미엄 등의 판매촉진
- 가격
- 명성
- 입지의 편리함
- 친분관계

2. 정보의 탐색

일단 새로운 의사결정 문제를 인식하여 특정한 욕구가 환기되면 소비자는 의사결정에 필요한 정보를 탐색하기 시작한다.

2.1 정보탐색의 유형

정보(information)란 **어떠한 사실이나 여건에 관해 획득된 지식**이며, 탐색(search)이란 **의사결정을 위해 소비자가 참여하는 정신적 및 신체적인 정보획득 활동**을 말한다. 소비자가 정보를 획득하는 방법은 수동적 수용과 능동적 탐색으로 구분되는데, 수동적 수용이 정보획득의 구체적인 목표를 갖지 않는데 반해 능동적 탐색은 명확하게 정의된 문제와 정보획득의 목표를 갖고 수행된다.

능동적 정보탐색은 다시 내부적 탐색과 외부적 탐색으로 구분된다.

① 내부적 탐색: 내부적 탐색(internal search)이란 소비자가 새로운 의사결정 문제를 인식한 후, 처음으로 실시하는 정보탐색 활동으로서 의사결정 문제와 관련하여 **기억 속에 저장되어 있는 정보를 회상하고 검토하는 일**을 말한다.

즉 소비자는 현재 당면한 의사결정 문제에 적용하기 위해 기억 속에 이미 저장되어 있는 정보들을 회상할 수 있는데, 이러한 내부적 탐색은 소비자가 의사결정 문제를 신중히 다루거나 기억 속에 저장된 정보가 많을 때 증대되는 경향이 있다. 따라서 늘 사용해오던 상표의 화장비누를 반복구매하는 경우에는 기억검토가 대단히 자동적이며 거의 무의식적으로 일어난다.

대부분의 경우 내부적 기억의 검토로부터 획득된 정보는 소비자의 의사결정 문제를 해결하기 위해 충분하므로 많은 의사결정이 외부적 정보에 대한 탐색 없이 이루어진다. 그러나 현재 자신이 기억 속에 저장해 갖고 있는 정보와 지식이 의사결정 문제를 해결하는 데 충분하지 않다고 판단하면 외부적 탐색을 통해 추가적인 정보를 수집한다.

② 외부적 탐색: 외부적 탐색(external search)이란 기억으로부터 회상할 수 있는 정보에 덧붙여 **외부적 원천으로부터 의사결정에 필요한 새로운 정보를 획득하는 탐색활동**을 말한다.

한편 소비자들이 탐색하는 정보들은 대체로 다음과 같은 다섯 가지 항목들이다.

- 대안의 존재: 다음 단계인 대안평가를 위해서는 우선 대안들의 존재를 확인해야 한다.
- 평가속성을 선정하기 위한 정보: 소비자는 상품범주 내에서 대안들을 평가하는 데 적용할 평가속성을 선정하기 위한 정보를 수집해야 한다.
- 평가속성들을 가중하기 위한 정보: 평가속성들은 각각 욕구충족에 기여하는 정도가 다를 것이므로 소비자는 각 평가속성을 가중하기 위한 정보를 수집해야 한다.
- 각 대안의 속성점수에 관한 정보: 소비자는 대안들이 각 평가속성을 어느 정도나

갖고 있는지를 결정해야 한다.

- 각 대안의 가용성에 관한 정보: 소비자는 시간과 장소의 측면에서 대안의 가용성을 검토해야 한다.

2.2 외부적 정보의 원천

소비자는 외부적 탐색활동에서 마케터 주도적인 원천, 소비자 주도적인 원천, 중립적인 원천 등 세 가지 정보원천에 의존한다.

① 마케터 주도적인 원천: 마케터 주도적인 원천은 마케터의 직접적인 통제 하에 있으며 상품 자체, 포장, 가격, 광고, 판매촉진, 영업(인적 판매), 진열, 유통경로와 같은 커뮤니케이션 수단을 포함한다. 소비자가 이러한 원천을 선호하는 것은 **정보를 즉시 적은 노력으로 얻을 수 있고 기술적으로 정확하다고 지각**하기 때문이지만, 간혹 기업에게 유리한 정보만이 제공되며 정보가 믿을만하지 않다고 여겨지기도 한다.

② 소비자 주도적인 원천: 소비자 주도적인 원천은 마케터의 직접적인 통제 하에 있지 않은 모든 개인 간 정보교류인 구전(word-of-mouth)을 포함하는데, 소비자 욕구에 맞춰 정보가 제공된다는 융통성과 신뢰성, 가용한 정보의 대량성 등의 특징을 가진다. 그러나 정보가 항상 정확하지는 않으며 정보가 탐색되어야 한다는 점이 이러한 원천의 사용을 방해한다.

③ 중립적인 원천: 중립적인 원천은 정부보고서, 조사기관이나 공인 검사기관의 보고서 등을 포함하는데, 원천이 신뢰가능하다고 지각된다. 그러나 정보가 불완전하고(원하는 모든 상표가 보고되지 않음), 정보획득에 시간과 비용이 많이 소요되며 정보가 오래되었거나 소비자와 상품평가 기준을 달리할 수 있다.

일반적으로 정보제공의 측면에서는 마케터 주도적인 원천이 가장 효과적이며, 영향력 기준에서는 중립적 및 소비자 주도적인 원천이 효과적이다. 그러나 어떠한 원천이 사용될지에는 다음 요인들이 영향을 미친다.

- 탐색되는 정보의 유형: 대안의 존재와 가용성에 관한 정보는 대체로 마케터 주도적인 원천으로부터 탐색되지만, 각 대안의 속성점수는 소비자 주도적인 원천으로부터 탐색되는 경향이 있다.
- 상품과의 과거 경험: 상품을 구매하여 사용함으로써 만족했던 소비자는 단순히 내부적 원천에 의존하는 경향이 있다.

- 지각된 위험: 지각된 위험이 클 때 소비자는 소비자 주도적인 원천을 통해 이를 감소시키려고 하거나 품질 공인표시와 같은 중립적인 원천에 의존하는 경향이 있다.
- 상품의 유형: 신상품이거나 상품이 복잡한 경우라면 마케터 주도적인 원천에 많이 의존하는 경향이 있다.
- 개인적 특성: 소비자 자신의 소득 및 교육수준, 성별, 구매횟수, 연령 등의 특성도 정보원천의 사용패턴에 영향을 미친다.

3. 대안의 평가

소비자는 정보탐색을 통해 획득한 정보로부터 대안들을 평가하기 위한 속성을 선정하고 가중치를 결정한 다음 각 대안의 속성점수들을 종합하여 태도를 형성하는데, 이러한 활동을 소비자의 의사결정 과정상 대안평가(alternative evaluation)라고 한다. 한편 소비자가 평가활동에 참여하는 정도는 대체로 정보탐색의 양에 영향을 미치는 것과 유사한 요인들에 의해 결정된다.

3.1 평가속성의 선정과 가중치 개발

대안평가의 단계에서 소비자는 우선 자신이 인식한 문제를 해결하는 일에 관련된 상품 평가속성들을 선정해야 하는데, 이러한 속성은 소비자가 상품에서 모색하는 바람직한 상품특징의 측면들로서 소비자에 따라 다를 수 있다.

한편 대안들을 평가하기 위해 소비자가 실제로 사용하는 속성은 대안들이 갖고 있는 다양한 속성 중에서 일부에 불과한데, 그러한 속성들만이 **매우 중요하고 대안들 사이에서 큰 차이를 보이기 때문에 평가에 이용되는 것**이며 이들을 특히 결정적 속성(determinant attributes)이라고 한다.

또한 소비자 자신의 욕구를 충족시키는 데 있어서 각 평가속성의 상대적인 중요도(기여도)가 다를 것이므로 소비자는 각 속성의 가중치를 결정해야 한다.

3.2 대안에 대한 태도형성

평가속성과 가중치를 결정하고 나면 소비자는 우선 각 대안을 결정적 속성들 상에서 평가하여 속성점수를 결정하는데, 이때 소비자는 객관적 정보가 제시하는 속성점수를 참조할 수 있지만 본질적으로 주관적인 신념을 근거로 하기 때문에 속성점수는 신념점수(belief score)라고도 부른다. 따라서 소비자는 결정적 속성들에 대한 신념들만을 고려하여 신념점수를 결정한다.

그 다음 소비자는 각 대안이 결정적 속성상에서 차지한 신념점수와 속성가중치들을 일정한 규칙에 따라 태도점수(attitude score)로 종합하는데, 당연히 **태도점수는 각 대안에 대한 호의적인 정도와 구매의도를 암시**한다.

4. 선 택

대안평가의 결과로서 호의적인 태도를 형성하였다면 소비자는 **다른 외부적 제약이 없는 한 실제로 그 대안을 선택하여 구매할 가능성이 크다.** 그러나 호의적인 태도와 구매의도가 즉각적인 구매행동으로 연결되지 않는 경우도 있는데, 예를 들어 ① 가격이 지나치게 비싸서 감당할 수 없거나, ② 가족이나 친구가 특정 상표의 구매를 반대하거나, ③ 일시적으로 대안이 가용치 않거나, ④ 가격변화가 예상되거나, ⑤ 새로운 대안에 대한 추가적인 탐색 필요성 등이 방해요인이 될 수 있다.

더욱이 관여도가 높은 복잡한 의사결정에서는 다음과 같은 부수적인 의사결정을 추가적으로 수행해야 한다.

① **점포의 선정:** 구매에 필요한 부수적인 의사결정 중 점포선정(store selection)은 매우 중요한데 예를 들어, 어느 식당에서 식사를 할 것인지의 문제는 간혹 어느 메뉴를 먹을 것인지보다 더 중요할 수도 있다.

② **대금지불에 관한 결정:** 오늘날의 많은 구매에 있어서 지불방법의 결정은 중요한 문제이다. 지불방법의 결정은 소비자들이 현금으로 지불하든가 신용카드를 꺼낼 수 있는 단순한 문제일 수도 있지만 값비싼 내구재를 구매할 때 신용의 조건을 선택하기 위한 의사결정은 대단히 복잡하다. 즉 소비자는 가장 호의적인 대금지불 방법을 찾기 위해 돌아다니며 많은 대안을 고려할 수 있다.

③ **관련 상품이나 부대 서비스에 관한 결정:** 한 상품의 구매는 간혹 관련된 다른 상품에 관한 의사결정을 수반하기도 하는데 예를 들어, 승용차의 구매는 시트의 선택문제를 수반한다. 또한 상품의 구매와 사용에 관련되는 부대 서비스에 관한 의사결정 문제도 함께 해결해야 한다.

5. 구매 후 평가 및 대응행동

소비자 의사결정의 전체 과정은 대안의 선택으로 종결되는 것이 아니라 구매 후 평가 및 그에 대응하는 행동까지를 포함한다. 이러한 구매 후 평가 및 행동은 소비자 마음가짐(심리세트 psychological set)에 피드백되어 다음 번 의사결정에 영향을 미친다.

즉 구매 후 소비자는 구매결과를 평가하는데, 이러한 평가는 다음과 같은 세 가지 기능을 수행한다.

- 소비자의 기억 속에 저장된 경험과 지식을 증대시키고,
- 상품이나 점포를 선정함에 있어서 그가 소비자로서 얼마나 훌륭한지를 보여주며,
- 이 단계로부터 소비자가 받는 피드백은 미래의 구매전략을 조정하도록 도와준다.

5.1 소비자 만족/불만족

기대 불일치 모델에 따르면 만족(satisfaction)이란 **한 구매에 있어서 희생**(비용이나 시간, 노력 등)**이 충분히 보상된 상태**를 말하는데, 여기서 충분한 보상이란 실제의 구매와 소비경험에서 지각된 대안의 성능(actual experience)이 대안평가의 단계에서 태도를 형성하면서 기대했던 성능(prior expectation)보다 크거나 같음을 의미한다.

즉 소비자는 구매에 앞서서 구매결과에 관한 기대를 형성하는데, 이러한 기대는 대안의 구매로부터 소비자가 누릴 수 있을 것으로 예견되는 효익과 그러한 효익을 얻기 위해 지출해야 하는 비용 및 노력 등에 관련되며, 그러한 기대는 구매 후 실제로 경험하는 지각된 측면들과 비교된다.

따라서 소비자가 한 대안을 구매하고 나면 만족하든가 불만족할 것인데, 만족이 소비자에게 주는 결과는 **보다 호의적인 구매 후 태도, 구매의도의 증가, 상표충성**이며 불만족은 **비호의적인 구매 후 태도, 구매의도의 감소 내지 소멸, 상표대체, 불평행동, 부정적 구전 커뮤니케이션**을 일으킬 것이다.

5.2 구매 후 인지 부조화

구매결과에 대해 만족하는지 아닌지에 관계없이 소비자는 구매 후 자신이 내린 **구매결정의 현명함에 대해 회의심**을 느낄 수 있는데, 이를 인지 부조화(cognitive dissonance) 또는 구매 후 인지 부조화(postpurchase dissonance)라고 한다. 이러한 구매 후 인지 부조화는 다

▲ 선택(구매) 후 인지 부조화란 "선택(구매)결정의 현명함에 대한 회의심"인데, 당사자는 이를 해소하기 위해 대체로 다섯 가지의 대응행동을 보인다.

음과 같은 여건에서 중대되는 경향이 있다.

- 소비자가 자신의 의사결정을 바꾸거나 취소할 수 없을 때(不可逆性)
- 거부한 대안이 바람직한 특성을 많이 가질 때
- 여러 개의 바람직한 대안 중에서 선택을 해야 할 때
- 대안들이 상이한 특성을 가질 때
- 개인적 중요성 때문에 소비자가 의사결정에 깊이 관여될 때

한편 구매 후 인지 부조화는 소비자에게 마음고생을 시켜 괴롭히기 때문에 소비자는 심리적인 안정을 회복하기 위해 다양한 노력을 통해 그것을 줄이려고 노력한다. 즉 구매 후 인지 부조화를 느끼는 소비자는 다음과 같은 대응행동을 보이는 경향이 있다.

① 대안들에 대한 재평가: 소비자는 거부한 대안의 우수한 측면을 경시(輕視)하고 선택한 대안의 우수한 측면을 중시하거나, 대안들이 평가단계에서 생각했던 것보다 비슷하다고 간주(차이를 무시)함으로써 인지 부조화를 줄일 수 있다.

② 선택적 기억: 소비자는 거부한 대안의 긍정적 측면과 선택한 대안의 부정적 측면을 잊고 선택한 대안의 긍정적 측면만을 기억함으로써 인지 부조화를 줄일 수 있다.

③ 새로운 정보의 탐색: 소비자는 자신의 구매결정이 현명했음을 지지해주는 정보를 추가적으로 탐색함으로써 인지 부조화를 줄일 수 있다.

④ 태도의 변경: 소비자는 자신이 취한 행동(선택)과 일치하도록 대안에 대한 태도를 바꿈으로써 인지 부조화를 줄일 수 있다. 예를 들어, 애초에 비호의적인 태도를 갖는 소비자들에게 쿠폰이나 무료견본을 제공하여 상품구매를 유도한다면 비호의적 태도가 상품사용 행위와 일치하지 않기 때문에 인지 부조화를 일으킬 것이다. 이때 소비자는 인지 부조화를 줄이기 위해 구매를 후회하고 상품을 반환하기보다는 자신의 태도를 변경할 수 있다. 즉 상품에 대한 긍정적 태도를 취함으로써 태도와 행동을 일치시켜 인지 부조화를 줄이게 된다. 즉 바꿀 수 없으면 즐기라는 식이다.

⑤ 상품의 처리: 소비자는 인지 부조화를 줄이기보다 상품을 적절히 처리하고 구매한 상품에 대해 부정적인 태도를 형성할 수도 있다.

3절　소비자 행동의 영향요인

　　마케터의 많은 의사결정은 소비자 행동에 영향을 미치는 요인들에 관한 지식이나 가정을 근거로 하므로 소비자 행동에 대한 영향요인을 이해하는 일은 곧 소비자 행동의 근거를 설명하고 예측하는 데 매우 중요하다.

1. 개인·심리적 요인

　　소비자 의사결정에 영향을 미치는 영향요인은 개인·심리적 요인과 사회·문화적 요인으로 대별된다. 이중 개인·심리적 요인은 대체로 활성화된 욕구로서 동기·지각·학습·신념과 태도·인구통계적 특성·심리묘사적 특성을 포함한다.

1.1 동 기

　　동기(motive, drive)란 특정한 여건 하에서 **소비자 행동을 기동하고 그 방향을 결정짓도록 활성화된 상태의 욕구**(activated need)를 말한다. 따라서 동기는 행동에 대한 이유(why)라고 볼 수 있는데, 그 유형에 대해서는 학자들 간의 논란이 있지만 **하나의 동기를 충족시키기 위해 다수의 상품이 필요하거나 하나의 상품이 동시에 다수의 동기를 충족**시킬 수 있다.

　　더욱이 동일한 상품일지라도 경제여건과 사회변화에 따라 상이한 동기를 충족시키는 수단으로 지각될 수도 있다. 예를 들어, 안경은 잘 보려는 동기(생리적 동기)에 의해 구매되어 왔지만 요즈음에는 오히려 잘 보이려는 동기(심리적 동기)에 의해 구매되는 경향이 있으며 의류나 고급가구 등도 유사한 특성을 보인다.

　　소비자의 동기부여와 목표지향적인 행동의 본질을 이해하기 위해 의류구매에 있어서 작용하는 동기를 생각해보자. 많은 의류구매 행동들은 부분적으로나마 생리적 욕구(체온유지)나 안전욕구(신체손상의 회피)가 활성화되어 동기로 작용한 결과이며, 이에 덧붙여 자아 이미지를 표현하고 싶은 욕구 때문에 사회적 지위를 상징하는 의류를 구매하도록 동기가 부여될 수도 있다.

　　또한 결연의 욕구는 소비자들로 하여금 다른 사람과의 관계에서 보다 심리적으로

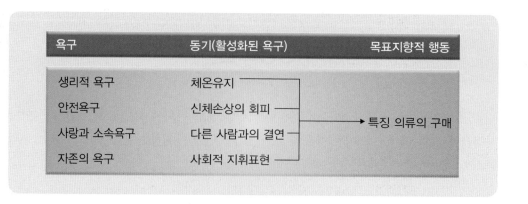

그림 5-5
욕구-동기-목표지향적 행동의 관계

욕구	동기(활성화된 욕구)	목표지향적 행동
생리적 욕구	체온유지	
안전욕구	신체손상의 회피	
사랑과 소속욕구	다른 사람과의 결연	특징 의류의 구매
자존의 욕구	사회적 지위표현	

편안함을 느끼기 위해 유사한 의류를 구매하도록 동기부여할 것이다. 즉 그림 5-5에서와 같이 의류 구매에 있어서는 다양한 동기가 원동력으로 작용하며 동기들의 유형과 상대적 중요도에 따라 구매할 의류가 구체적으로 결정된다.

따라서 마케터는 구체적인 소비자 행동을 유발시키는 원동력(동기)이 무엇인지를 정확하게 이해함으로써 그 바탕이 되는 욕구들을 보다 효과적으로 충족시키기 위한 시사점을 도출할 수 있다.

1.2 지 각

마케터가 소비자에게 자극(광고물)을 제공하는 일은 그 자체로서 효과가 있는 것은 아니며, 단지 소비자가 지각과정을 통해 그러한 자극이 자신에게 갖는 개인적인 의미(personal meaning)로 해석할 때에나 비로소 영향을 미칠 수 있게 된다.

여기서 지각(perception)이란 **자극으로부터 개인적인 의미를 도출해내는 과정**으로서 그림 5-6과 같이 노출, 감각 및 주의, 해석의 세 단계로 구성된다. 그런데 노출단계에서 소비자는 자신의 문제해결에 직접적으로 도움이 되거나 또는 기존의 신념 및 태도를 강화시켜주는 자극만을 능동적으로 탐색하여 자발적으로 노출될 뿐만 아니라 감각결과들에 대해서도 역시 일부에 대하여만 자발적인 주의를 기울인다.

더욱이 주의를 받은 감각결과를 해석하는 데 있어서는 아전인수(我田引水)격으로 자신의 동기나 기존의 신념 및 태도와 일관되도록 왜곡하는 경향이 있다.

노출, 주의, 해석의 세 단계에서 선택적으로 나타나는 이러한 현상을 지각과정의 선택성(selectivity)이라고 하는데, 동일한 자극이라고 할지라도 소비자가 현재 당면하고 있는 문제나 기존의 신념 및 태도가 다르다면 노출과 주의 여부가 다르며, 또한 다른 의미로 해석되고 상이한 반응을 일으킬 것이다. 물론 지각의 마지막 단계인 해석의 결과를 어떻게 처리할 것인지도 개인에 따라 다르므로 선택적인 성격을 보인다.

지각
노출, 주의, 해석의 세 단계를 거쳐 자극으로부터 개인적인 의미를 도출해내는 과정이며, 그 결과는 기억 속에 저장된다(학습)

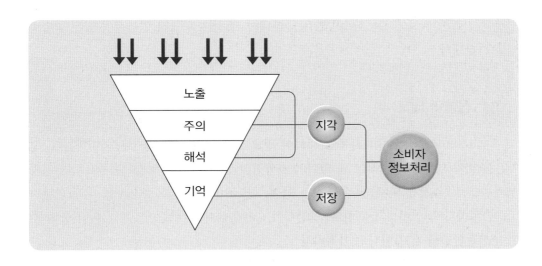

그림 5-6

소비자의 지각과정

1.3 학 습

소비자 행동의 대부분은 **본능적인 반응이기보다 경험이나 사고를 통해 학습된 결과**로서 나타나는 것이다. 즉 소비자는 학습을 통해 신체적 행동(운전이나 말하기 등), 여러 가지 상징의 의미(적색=여성, 청색=남성), 사고와 통찰을 통한 문제해결 능력, 여러 가지 사물에 대한 신념과 태도 등을 습득하며 개별 소비자가 기억 속에 저장해 갖고 있는 구체적인 학습경험들은 **새로운 자극을 해석하거나 가치를 판단하는 일에 직접적인 영향**을 미친다.

따라서 마케터는 소비자의 기억 속에 저장되어 있는 학습내용을 파악해야 할 뿐만 아니라 상품의 존재와 특성 등 자신이 소비자들에게 기억시키고 싶은 사항들을 효과적으로 학습시키기 위해 그림 5-7과 같은 학습원리를 충분히 활용해야 한다. 그림에서

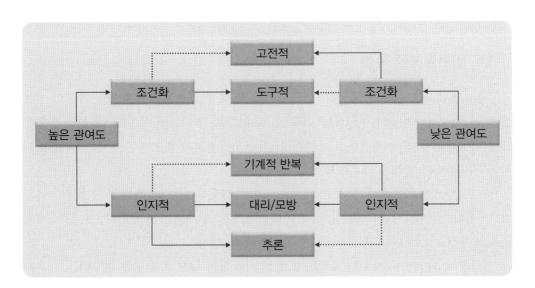

그림 5-7

학습원리

실선은 빈번하게 일어나는 학습방법을 나타내며, 점선은 비교적 연관성이 적은 학습방법을 나타낸다.

1.4 신념과 태도

신념(beliefs)이란 **개인이 사물에 대하여 믿고 있는 주관적인 판단**을 의미하는데, 그것은 소비자 행동을 결정짓는 데 있어서 과학적인 사실(scientific fact)보다 중요하며 정확성의 여부는 문제가 되지 않는다. 예를 들어, 한 소비자가 벤츠 승용차에 대해 연비가 ○○○하다, 스타일이 ○○○하다, 안전성이 ○○○하다, 안락함이 ○○○하다 등의 주관적인 판단들을 갖고 있다고 가정하자.

이때 사물에 대해 주관적인 판단을 내리게 되는 측면들을 결정적 속성이라고 부르며 예시에서와 같이 소비자는 **결정적 속성별로 신념을 형성**한다. 이러한 신념들을 일정한 척도로 계량화한 수치가 신념점수(belief score)인데, 각 결정적 속성에 걸쳐 신념점수들을 그 속성의 가중치로써 가중합계한 수치를 태도점수(attitude score)라고 한다.

태도란 **특정한 대상에 대해 개인이 갖고 있는 지속적이며 학습된 선유경향**(learned predisposition, 先有傾向)이다. 다시 말해 상품, 사람, 아이디어나 사물 등에 대해 호의적이거나 비호의적으로 가치판단을 내려 형성된 반응할 준비상태(state of readiness to react)를 태도라고 한다.

여러 대상들을 고려할 때 소비자는 당연히 가장 호의적인 태도에 관련된 상품을 구매할 것이며, 그러한 태도는 각 결정적 속성에 대한 신념으로부터 결정된 것이다. 물론 태도는 신념 이외에도 그 속성의 가중치(중요도)로부터 영향을 받는데, 후자는 동기와 밀접한 관계를 갖는다.

1.5 인구통계적 특성

"당신의 고객은 어떠한 사람인가?"라는 질문에 대해 마케터들은 대체로 자신의 상표를 구매하는 소비자들의 연령이나 소득 및 교육수준, 주거지역 등으로 대답할 것인데, 그것은 고객의 이러한 특성들이 마케터로 하여금 경쟁자와 비교하여 독특한 마케팅 전략을 구사하도록 만들기 때문이다.

즉 "구체적인 표적시장에 광고를 집중시키기 위해서 어떠한 매체를 선정해야 하는가?", "어떠한 가격수준이 적절한가?", "어떠한 스타일과 디자인이 적합한가?" 등 마케팅 믹스의 구성요소에 대해 인구통계적 특징이 미치는 영향은 대단히 크다.

인구통계학이란 한 사회를 구성하고 있는 사람들의 규모나 분포를 연구하는 학문분

그림 5-8

인구통계적 분석의 주요
차원

- 총인구의 규모 및 인구증가율
- 가구구성 형태 및 가구원 수
- 특성별 인구 구조(연령별/소득별/성별/교육수준별/직업별/혼인상태별 등)
- 인구의 지역적 분포와 이동

야이며, 그러한 연구에 사용되는 변수들을 인구통계적 변수(demographic variables)라고 한다. 마케터는 대체로 그림 5-8과 같은 인구통계적 변수들이 소비자 행동에 미치는 영향에 주목해야 한다.

1.6 심리묘사적 특성

심리묘사적 특성(psychographics)이란 계량화될 수 있는 심리적 특성으로서 대체로 라이프스타일, 퍼스낼리티, 자아 이미지 등을 지칭하는데 인구통계적 특성과 더불어 소비자 행동을 묘사하고 예측하기 위한 풍부한 근거를 제공해준다.

① 라이프스타일(lifestyle): 라이프스타일이란 '**사람이 돈과 시간을 어떻게 소비하는가**(활동 Activities), **자신의 환경 내에서 무엇을 중시하는가**(관심 Interests), **자신과 주변환경에 관해 어떠한 생각을 갖고 있는가**(의견 Opinions) **등 AIO의 측면에서 정의되는 독특한 생활양식**을 말하는데, 그 사람의 욕구기준과 태도에 영향을 미침으로써 결국 여러 가지 상품의 구매와 소비행동에 영향을 미친다.

그러나 구매와 소비행동은 다시 라이프스타일을 변화시키므로 이들 간의 관계는 순환적이라고 말할 수 있는데 예를 들어, 해외여행을 다녀온 소비자가 여행지향적인 라이프스타일을 취할 수 있으며 이는 새로운 여행을 꿈꾸게 만든다.

② 퍼스낼리티(personality): 퍼스낼리티란 **퍼스낼리티 차원**(특질 traits)**들의 일관성있고 지속적인 조합**'을 말하는데, 소비자가 **다양한 상황에 걸쳐서 일관성있게 행동하도록 만드는 행동성향**이다. 예를 들어, 의류를 구매하는 행동은 체온유지나 신체손상 회피의 동기로부터 유발되지만 여러 상황에 걸쳐서 보수적인 색상을 선택하도록 영향을 미치는 것은 그 소비자의 퍼스낼리티이다.

③ 자아 이미지(self-image): 자아 이미지란 **자신에 관한 개인의 지각과 태도**를 말하는데, 소비자는 자아 이미지를 효과적으로 표현할 수 있는 수단으로서 상품을 구매할 수 있다. 예를 들어, 자신의 현재 모습을 검소하다고 지각하는 소비자는 그러한 자아 이미지(실제적 자아 이미지)를 잘 표현해준다고 생각되는 실용적인 상품을 구매할 것이며, 부자로 인정받고 싶어하는 소비자는 그러한 자아 이미지(이상적 자아 이미지)를 잘 표현할 수 있다고 인정되는 모조보석이나 사치품을 구매할 것이다.

또한 소비자는 자신의 자아 이미지와 어울리는 이미지의 상표나 점포를 선호하는 경향이 있다.

2. 사회 · 문화적 요인

소비자 의사결정에 영향을 미치는 사회 · 문화적 요인은 대체로 문화, 준거집단, 사회계층, 가정을 포함한다. 또한 최근에는 소비자 행동에 대한 영향요인으로서 상황변수가 많은 관심을 끌고 있다.

2.1 문 화

문화(culture)란 **한 집단을 이루는 사람들의 독특한 생활방식과 생활을 위한 모든 설계**를 말하는데, 〈표 5-1〉에서와 같이 사회적으로 학습되고 구성원들에 의해 공유되는 모든 것을 포괄한다. 이러한 문화의 구성요소 중에서 구성원들의 행동에 영향을 미치는 가장 핵심적인 요소는 문화적 가치로서 **사회적으로 추구될 만하다고 여겨지는 존재의 일반적인 상태** 또는 **그 사회의 구성원들이 공통적으로 바람직하다고 여기는 것**을 의미한다.

이러한 문화적 가치는 사회적으로 결정되며 그 구성원의 행동규범에 영향을 미침으로써 다시 구체적인 소비자 행동에 영향을 미친다. 예를 들어, 근검절약이라는 가치는 구성원들의 바람직한 행동범위를 규정할 것이며, 나아가서 소비자들이 어떠한 상품을 어떠한 점포에서 어떻게 구매할 것인지에 영향을 미친다.

문화는 또한 여러 가지 색상이나 상징들이 함축하는 의미를 결정함으로써 그들에 대한 소비자의 반응에도 영향을 미친다.

표 5-1

문화의 구성요소

비물질적 구성요소	물질적 구성요소
• 문화적 가치 • 행동규범 • 풍습 • 언어 • 색상/상징의 의미 • 금기(taboo) • 사회제도 • 신념체계(종교 등) • 미학	• 기술수준 • 건축물 • 공예품 • 생활용품

2.2 준거집단

준거집단(reference group)이란 **가치, 규범, 신념을 공유하며 명시적 또는 묵시적 관계를 가짐으로써 구성원들의 행동이 상호의존적인 2명 이상의 모임**으로 정의되는데, 여러 가지 기준에 따라 다양한 준거집단이 정의되지만, 개인의 집단소속여부와 집단소속에 대해 느끼는 요망성에 따라 〈표 5-2〉와 같은 유형으로 나눌 수 있다.

	긍정적 요망성	부정적 요망성
소속	긍정적 회원집단	거부(해리적) 집단
비소속	열망집단	기피집단

표 5-2
중요한 준거집단의 유형

그러나 소비자들은 대체로 부정적인 것보다는 긍정적인 신념과 태도로 인해 상품을 구매하기 때문에 긍정적 요망성을 갖는 집단들이 더욱 중요하다.

이러한 준거집단들이 소비자에게 미치는 영향은 크게 세 가지로 대별된다. 첫째, 소비자들은 준거집단 구성원들의 행동과 의견을 참조하여 자신의 태도나 행동을 결정하는 경향이 있으며, 이는 준거집단의 **정보제공적 영향**이라고 한다.

둘째, 소비자들은 긍정적 요망성을 갖는 집단과 동일화하고 부정적 요망성을 갖는 집단과 차별화하여 자신의 정체성을 확립하려고 하는데, 이를 준거집단의 **동일시 영향** 또는 **비교기준적 영향**이라고 한다.

셋째, 준거집단은 그 집단의 규범과 기대에 순응하는 행동에 대해 보상을 제공하고 그렇지 않을 때 제재를 가함으로써 개인으로 하여금 집단의 규범과 기대에 순응하도록 동기부여를 하는데, 이를 준거집단의 **규범제공적 영향**이라고 한다.

▲ 긍정적 회원집단－자신이 소속된 집단과 어울리기 위해 어떤 복장과 언행을 하는 것이 적절한지 생각한다.

▲ 열망집단－자신의 처지보다 나은 바람직한 상태의 집단을 부러워하고 모방하려고 한다.

따라서 마케터는 표적시장이 준거로 삼고 있는 집단의 특성을 파악하고, 그들로부터 어떠한 유형의 영향을 받고 있는지 분석함으로써 준거집단이 소비자 행동에 미치는 영향을 활용할 수 있다.

2.3 사회계층

오늘날 대부분 사회에 있어서 직업이나 소득, 교육수준은 개인의 위엄이나 영향력을 수반하면서 그의 사회적 지위(social status)를 결정하는데, 그러한 **사회적 지위의 유사성에 따라 구성원들을 범주화한 결과**를 사회계층(social class)이라고 한다.

물론 사회적 지위를 결정하기 위해 사용되는 변수(차원)들과 가중치는 그 사회의 가치로부터 영향을 받는데, 대체로 전통지향적인 사회에서는 혈통, 성별, 연령 등의 생득적 지위차원이 강조되는데 반해 성취지향적인 산업사회에서는 직업, 소득, 교육수준 등의 성취적 지위차원이 강조된다.

마케팅에서 상품은 상징적 속성을 포함함으로써 **사회적 지위의 상징**이라는 역할을 수행하므로 자신이 속한 사회계층에 따라 소비자가 구매하는 구체적인 상품이 달라질 수 있다. 물론 소비자 행동에 대한 사회계층의 영향은 상품마다 다르기(product-specific) 때문에 상품이 사회적 지위의 상징으로서 어떻게 작용하는지는 그 사회의 특성과 상품범주에 따라 결정된다.

2.4 가 정

소비자 행동에 대한 가정의 영향은 크게 세 가지의 측면으로 나누어 볼 수 있다. 첫째, 가정은 ① 외부정보의 **여과 기능**, ② 문화적 요소를 자손에게 학습시키는 **사회화 기능**, ③ 구성원들이 유사한 가치와 태도를 갖도록 하는 **동일화 기능**, ④ 자원의 공동소유를 바탕으로 하는 **욕구절충 기능**을 통해 소비자 행동에 영향을 미칠 수 있다.

둘째, 가계구매 의사결정에서의 역할구조는 소비자행동에 영향을 미친다. 우선 식품, 주택, 승용차, 가구, 휴가와 같이 가족 구성원들에 의해 공동으로 소비되는 상품에 대해서는 가계구매 의사결정(family purchase decision)을 수행하기 위해서 역할분담이 이루어지는데, 이러한 역할분담(제안자, 영향자, 결정자, 구매자, 소비자, 정보수집자, 평가자 등을 누가 담당하며 그가 사용하는 의사결정 기준은 무엇인가)의 양상은 구체적인 마케팅 의사결정에 유용한 시사점들을 제공한다.

또한 상품범주별 또는 의사결정단계별로 남편과 부인 사이의 역할전문화와 공동의사결정의 양상이 소비자 행동에 영향을 미칠 수 있다.

셋째, 가정생활주기(FLC, family life cycle)에 따라 가정의 필요, 소득, 재산 및 부채, 지출수준이 달라질 것인데, 가정생활주기란 **여러 가계가 갖는 공통적인 특성을 근거로 하여 가계의 형성과 발전과정을 구분한 단계**를 의미한다. 따라서 마케터는 가정생활주기의 단계를 근거로 하여 전체시장을 세분할 수도 있다.

새로운 마케팅의 등장

제6장 새로운 마케팅의 등장

전통적으로 마케팅 조직들은 매출을 높여 시장점유율을 증대시키려고 노력해 왔는데, 그 이유는 시장점유율이 클수록 생산원가를 낮출 수 있고 낮은 원가는 다시 매출증대와 시장점유율 확대로 이어지는 순환과정을 믿기 때문이다.

물론 이러한 생각은 요즘에도 상품범주의 전체시장 크기가 지속적으로 확대되는 여건(growth market)에서는 타당하지만, 1990년대에 들어서면서 많은 상품범주의 시장이 성숙되어 마케팅 조직의 생존과 번영이 신규수요보다는 대체수요에 의존하는 경향이 커지면서 점차 신뢰를 잃기 시작하였다.

더욱이 시장이 성숙되자 신규고객을 유치하기 위한 경쟁이 치열해지고 비용이 급증함에 따라 과거처럼 신규고객의 확대를 강조하는 **공격적 마케팅으로는 비록 매출이 증가해도 신규고객 유치비용의 과다로 인해 이익은 오히려 감소하는** 딜레마에 빠져들었다.

그 결과 **매출과 이익을 동시에 증대시키기 위한 새로운 마케팅 패러다임이 등장**하였는데, 본장에서는 새롭게 등장한 마케팅 초점과 품질 패러다임의 변화를 먼저 살펴보고 고객경험이라는 새로운 상품의 개념이 어떻게 기존의 상품과 서비스를 통합하는지 알아본다.

그리고 4P라는 기존의 마케팅 믹스 요소를 대체할 수 있는 고객가치 패키지(customer value package)라는 개념을 통해 교환의 원리와 고객만족을 향상시키기 위한 마케팅 노력들을 검토해본다.

1절 새로운 마케팅 패러다임의 등장

지난 20세기 말부터 대부분 마케팅 조직들은 신규고객을 획득하여 시장점유율을 확대하려는 공격적 마케팅(offensive marketing, 신규고객의 유치)에 집착하는 대신 공격보다 방어에 비중을 둔 혼합적 성향의 방어적 마케팅(defensive marketing, 기존고객의 유지)에 의존하기 시작했다. 이러한 전략상 변화는 **시장점유율이 보다 많은 이윤을 창출하는 데 가장 중요한 요인**이라는 지난 시대의 패러다임과 그 패러다임을 가르쳤던 마케팅 이론으로부터 벗어남을 의미한다.

1. 잘못 가르치고 배웠던 마케팅

이전까지 학계나 실무계 모두가 최선의 마케팅 목표를 시장점유율 증대에 두고 모든 마케팅 노력을 신규고객 유치에 집중시켜 왔다. 그러나 최근의 환경변화와 마케팅 사고의 발전은 과거의 마케팅 관행들이 매우 잘못된 것이었음을 명백하게 보여준다.

1.1 과거의 마케팅 초점 — 신규고객 유치

1980년대 말까지 경쟁자에 비해 커다란 시장점유율은 마케팅 조직이 경쟁자들보다 많은 매출액을 달성하고 장기적 생존을 보장받기 위해 필수적인 조건으로 간주되었다. 즉 일단 시장점유율을 확대하고 나면 대량생산을 통해 장기간에 걸쳐 획득한 경험효과(experience effects)에 힘입어 원가를 낮출 수 있으며, 낮은 원가를 바탕으로 저가격을 실현함으로써 시장점유율을 더욱 확대하는 순환과정을 되풀이할 수 있다. 또한 이러한 과정에서 시장점유율이 큰 기업은 시장에 대한 반독점적 통제력(semi-monopolistic control)을 갖게 되어 다른 마케팅 조직들로 하여금 자신을 시장선도자로 모시고 추종하든지 시장을 떠나도록 할 수 있는 영향력도 갖게 된다.

그때까지 이러한 믿음은 **시장점유율과 이윤 사이의 높은 상관관계**를 밝힌 PIMS(Profit Impact of Market Strategies)와 같은 연구들의 지지를 받아 마케팅 조직들에게 열광적으로 수용되었고, 1990년대에 들어설 때까지 이러한 공격적인 관점이 지배적인 패러다임이었다.

여기서 시장점유율이란 산업의 매출액 중에서 자사의 매출액이 차지하는 비율인데,

경험효과

생산량이 증가함에 따라 숙련도가 향상되어 생산시간이 줄고 원자재 가격도 낮아져서 전체적인 비용이 하락한다는 개념으로 학습효과와 유사함

그것은 평균적으로 전체 잠재고객 중에서 자사 고객 수의 비율과 거의 유사하다고 간주하여 마케터들은 **새로운 고객을 유치하는 데 몰두**하였다.

즉 시장점유율이 기업이윤에 가장 결정적인 영향을 미친다는 점이 지나치게 강조되다 보니 당연히 그 시대의 마케팅 초점(marketing focus)은 **신규고객의 확보**에 집중되었다. 따라서 모든 마케팅 도서와 강연에서도 어떻게 신시장을 개척하고 신규고객을 많이 확보할 것인지가 주된 화두였다.

1.2 마케팅 초점의 변화 동인

1990년대에 들어서면서 그때까지 공격적이던 마케팅 초점은 경쟁과 고객 사이의 균형을 지향하는 초점으로 전환되기 시작하였고 그에 따라 방어적 마케팅이 새로운 믿음으로 등장하게 되었다.

이와 같이 마케팅 초점을 변화시킨 요인들은 대체로 다음과 같이 정리할 수 있는데, 이들은 서로 밀접한 관련성을 갖는다.

① 1970년대와 1980년대에는 대부분 산업에서 전체 잠재시장(전체 파이)이 확대되는 성장시장(growth market)이었기 때문에 신규고객을 추가(신규고객의 유치)하여 시장점유율을 확대하는 일이 어렵지 않았다. 그러나 1990년대 들어서면서 대부분 시장은 성숙시장(matured market)으로 발전했는데, 성숙시장이란 전체시장의 상품수용이 거의 포화상태에 이르러 신규수요보다는 대체수요에 의존하는 상황이므로 **전체 잠재시장의 규모가 정체되고 끌어들일 신규고객 자체가 감소하는 경향**을 보였다.

▲ 신규고객 유치를 위한 마케팅

② 시장에 등장하는 신규고객이 감소하는 상황에서 그들을 차지하려는 경쟁은 신규고객 유치(attracting new customers)의 비용을 치솟게 하였고, 특히 경쟁자의 고객을 빼앗아 시장점유율을 확대하는 하는 일은 더욱 많은 비용이 필요하였다. 즉 성숙시장에서는 대부분의 경우 상품과 촉진활동이 매우 유사하기 때문에 신규고객을 유치하려는 마케팅 조직은 탁월한 마케팅 전략으로 경쟁자와 차별화하거나 고객으로 하여금 거래처를 바꾸도록 충분한 유인(incentive to switch)을 제공해야 한다. 그 결과 비용이 많이 드는 신규고객 유치나 경쟁자 고객의 유인보다는 자신의 고객을 지키기 위한 방어적인 성격의 기존고객 유지(keeping current customers) 전략이 필요하게 되었다.

③ 시장점유율은 **다른 마케팅 조직의 흡수나 합병**(mergers and acquisitions)을 통해서도 확대할 수 있지만, 경쟁자들을 흡수나 합병하는

비용이 엄청나게 커졌을 뿐만 아니라 흡수나 합병에 대한 법적 규제가 강화되고 있다.

결국 일정한 수준을 넘어서 추가적인 시장점유율을 추구하는 일이 점차 많은 비용과 위험을 필요로 하기 때문에, 마케터들은 시장점유율의 확대(acquiring share)라는 공격적 접근의 대안으로서 시장점유율의 관리(managing share)라는 방어적 대안을 취하기 시작하였다. 실증조사들의 결과에 따르면 신규고객 유치비용이 기존고객을 지키는 데 필요한 비용에 4~6배가 든다고 하는데, 여기서 중요한 것은 4~6배라는 숫자가 아니라 동일한 매출액을 달성하면서도 신규고객을 유치하는 접근의 비용이 훨씬 많이 들기 때문에 결국 이윤이 적다는 사실이다.

1.3 새로운 마케팅 초점 — 기존고객 유지

시장점유율의 관리라는 개념은 최적 수준의 시장점유율을 결정하고 유지하는 아이디어를 포함하고 있는데, 그것은 바로 고객유지라는 새로운 마케팅 초점을 암시하는 것이다. 특히 1980년대말 미국에서는 상무성(U.S. Department of Commerce)이 제정한 말콤볼드리지상(the Malcolm Baldridge Award)이 품질과 고객만족을 강조하는 풍조를 촉발시켰는데, 곧 이어 품질과 고객만족이 고객충성(customer loyalty)을 강화하여 고객유지에 절대적으로 기여한다는 인식이 확산되었다.

즉 고객유지(keeping customer, customer retention)가 새로운 고객확보에 비해 실행방안이 구체적이며 용이하고 비용과 위험도 훨씬 적기 때문에 마케팅 조직들에게 수익성 있는 새로운 초점으로 자리잡게 된 것이다.

새로운 마케팅 초점(new marketing focus)이 고객유지를 핵심개념으로 삼게 된 데에는 높은 시장점유율만이 많은 이윤(매출이 아님)을 달성하기 위해 유일한 방법이 아님을 보여주는 사례들이 속출했다는 점도 무시할 수 없다. 즉 시장점유율은 낮지만 품질과 고객만족에 집중함으로써 실제로 평균보다 많은 이윤을 얻은 기업들이 등장하기 시작했다.

고객유지가 어떻게 이윤에 기여하는지는 다음과 같이 생각할 수 있는데, 이러한 이윤은 다시 품질개선과 고객만족을 위한 투자로 이어져 고객충성을 심화하고 고객유지와 신규고객 유치에도 기여하는 순환과정을 형성한다.

① 거래할 상대로서 신규고객을 확보하기 위한 비용을 절감한다.
② 거래기간이 길수록 거래량도 증가하는 경향을 보여(more share of customer) 고객당 또는 거래당 매출액이 커진다.
③ 거래관계를 장기간 유지하고 있는 고객들은 대체로 마케팅 조직에 대해 호의적

이므로 주변 사람들에게도 좋은 입소문(positive word-of-mouth)의 원천이 되는데, 이러한 긍정적 구전은 평균 4명에게 일어난다고 알려져 있다.

④ 이윤기여 이외에도 장기고객과의 인간적 교류는 고객과 마케터 모두에게 즐거움이 될 수 있다.

일단 여기서는 고객유지가 비용절감을 통해 얼마나 크게 이윤에 기여하는지 예시해 보자. 소매금융업 고객들의 80~85%가 1년 기준으로 유지되고 있는데, 얼핏 보기에 이러한 고객유지율(retention rate) 자체는 별 문제가 없는 것처럼 느껴지지만 고객이탈을 보충하기 위해 새로운 고객을 획득하는 데 소요되는 비용과 노력은 예상보다 훨씬 크다는 점에 유의해야 한다.

더욱이 경쟁자들에 비해 자신의 시장점유율을 증대시키기 위해서는 이러한 15~20%의 고객이탈률을 초과하여 새로운 고객을 확보해야 하는데, 특히 경쟁이 치열한 시장에서라면 이러한 일은 달성하기에 훨씬 더 어렵고 비용도 많이 소요된다.

또한 새로운 고객을 획득하기 위한 엄청난 비용과 노력에 비해 거래 초기의 몇 년 동안 그들의 거래액은 대체로 작으므로 이윤기여도 거의 없거나 적자인 경우가 대부분이다. 그것은 매출이란 것이 거래기간이 길어짐에 따라 신뢰가 쌓이면서 함께 증가할 수 있기 때문이다.

뿐만 아니라 80 대 20의 규칙(80/20 rule, Pareto's law, 20 대 80의 규칙이라고도 함)을 고려하면 더욱 심각하다. 80 대 20의 규칙이란 **많은 사업에 있어서 20%의 고객들이 전체 매출액의 80%를 차지한다**는 의미이며, 20% 세분시장에 속하는 한 고객을 잃는다는 것은 1인당 평균 매출액보다 훨씬 큰 손실을 의미한다. 따라서 20% 세분시장에 속하는 한 고객으로부터 상실된 매출액을 만회하기 위해서는 80% 세분시장에 속하는 여러 명의 고객을 확보해야 한다는 점을 암시한다.

이러한 점은 최근 많은 유커들이 한국을 방문해서 호황을 누리고 있는 관광업계에 시사하는 바가 매우 중요하다. 현재 중국에서 한국관광은 성장시장으로서 매년 확대일로에 있는데(신규고객 유치비용이 아직은 적음), 많은 유커들이 한국방문의 경험을 갖게 된 후에는 결국 성숙시장으로 변하여 이러한 추세는 약해질 수밖에 없고 유커들을 유인하기 위한 비용이 크게 증가할 것이다. 따라서 관광업계는 유커들의 재방문을 유도하고 한국방문을 다른 유커들에게 권유하도록 고객유지 전략을 재빨리 마련해야 하며, 특히 유커들의 씀씀이가 크다는 점에서 더욱 필요하다.

▲ 유커의 '재방문'이 중요하다.

최근 일본 관광객이 크게 줄어든 이유 중의 하나도 '다시 오고 싶은 한국'이라는 인식을 심어주기 위한 고객유지 노력이 미흡했기 때문임을 부정할 수 없다. 비록 일본 관광객의 빈 곳을 유커들이 채워줘 다행이지만, 그러한 실수를 반복해서 유커들마저 발길을 끊는다면 우리 관광업계는 새로운 시장을 개척해야 하는 막대한 비용과 노력을 감수해야 할 것이다.

2. 새로운 품질 패러다임

마케팅 조직들이 매출을 증대시키는 방법은 대체로 ① 신규고객의 유치, ② 기존고객의 유지, ③ 고객별 거래규모의 증대 등 세 가지로 요약된다. 그중 신규고객을 유치하려는 마케팅 노력은 막대한 비용과 수고를 수반하는 잠재적 문제 때문에 기존고객과의 관계를 유지·강화하는 대안이 주목을 받기 시작하였고 그에 따라 품질에 대한 관점도 변하고 있다.

2.1 과거의 품질 패러다임 — 과업지향적 사고

오늘날 품질이 고객만족과 고객유지(재구매와 고객충성으로 나타남)에 대한 선행변수의 역할을 수행한다는 사고는 이미 마케팅 조직들 사이에 널리 퍼져있다. 그러나 선진국들에서조차 1980년대 말까지는 품질에 대한 관심이 적었을 뿐만 아니라, 품질에 대한 관점도 오늘날과는 많이 달랐다.

그 전까지는 마케팅 조직들이 경영 상의 어려움을 극복하기 위해 원가절감이나 다운 사이징에 주로 의존하였는데, 그런 분위기에서 그들은 재무적 성과가 즉각적으로 나타나지 않는 품질 프로그램에 많은 자원을 투여하기를 기피했던 것이다.

그러나 원가절감과 다운 사이징 열풍도 가시적으로 마케팅 조직의 이윤을 개선하는 데 한계를 보이면서 1980년대 말 경기가 후퇴하기 시작하자, 마케팅 조직들은 마케팅 초점을 신규고객의 유치(attracting new customers)로부터 기존고객의 유지(keeping current customers)로 바꾸는 한편 새로운 품질 패러다임을 긴박하게 수용하기 시작하였다.

과거 1980년대까지 품질이란 주로 제조업에서 싹트고 발전한 개념으로 주로 유형요소를 강조하였는데, **마케팅 조직의 경영자나 엔지니어가 내부적으로 사전에 정한 객관적 기준을 정확하게 충족시키는 정도**를 의미하였다. 즉 품질기준은 내부적·객관적이며 상품 명세서(specification)나 설계도, 계약서상에 정해진 내용을 100% 준수했을 때 '합격품', 그렇지 못

과업지향적 품질개념
마케팅 조직의 경영자나 엔지니어가 내부적으로 사전에 정한 객관적 기준을 정확하게 충족시키는 정도로 '공장에서의 품질'

▲ 공장에서의 품질을 관리하기 위한 초음파 두께 측정기. 두께가 사전스펙에 맞으면 합격이다.

한 경우를 '불량품'이라고 하였으며 불량품을 몰아내자는 현장의 품질운동은 무결점(ZD, zero defect) 운동으로 대표되었다.

무결점 운동은 총체적 품질관리(TQC, total quality control)와 총체적 품질경영(TQM, total quality management)을 거쳐 발전하면서 Motorola사의 6시그마 운동(100만개 중 3.4개의 불량률만 허용)의 모태가 되었고, **비용과 원가를 크게 절감했으며, 전체 산업계의 품질의식을 고취시키는** 등 많은 공헌을 하였다.

그러나 이러한 기준에서의 일치성 품질(conformance quality)은 합격품으로 판정된 상품이 실제로 고객의 문제를 얼마나 잘 해결하고 총체적으로 그 고객을 얼마나 만족하게 만들어 재구매와 고객충성을 가져올지에 대해서는 충분히 고려하지 못한다.

따라서 이러한 기준에서의 품질은 단지 공장에서의 품질에 불과하며 당연히 시장에서의 판매를 보장하는 것은 아니기 때문에 이윤기여에 한계를 보였다. 예를 들어, 작업지시서를 충실하게 따라 생산된 물건에 자체 품질검사팀은 '합격'이라는 도장을 찍어서 출고하지만 만일 그것이 시장에서 고객들의 선택을 받지 못하고 외면 받는다면 '합격품'의 품질은 아무 의미도 없는 것이다.

아무튼 1980년대까지 이러한 품질기준은 고객이 아닌 사장이나 상사를 만족스럽게 만들면서 우리의 품질사고를 지배해 왔다.

2.2 새로운 품질 패러다임 — 고객지향적 사고

1990년대에 들어서면서 총체적으로 고객만족을 일으키고 고객유지에 기여하는 관점에서 새로운 품질개념이 등장하게 되었는데, 비로소 품질이란 **고객문제를 해결하고 고객을 만족시키는 정도에 대한 주관적 판단**을 의미하게 되었다.

즉 마케팅 조직은 고객의 관점에서 고객문제를 공감하고 총체적인 해결책을 설계해야 하는데, 이러한 기준에서의 디자인 품질(design quality)이 우수한 상품은 시장에서 용이하게 판매될 것이므로 시장에서의 품질이 좋다고 할 수 있으며, 고객에 대한 관심과 배려(TLC, think like a customer)를 근거로 한다. 이때 품질기준은 외부적·주관적이며, 시장에서 고객의 선택을 받을 때 '합격품', 외면을 받으면 '불량품'이 되는 것이다.

물론 시장에서의 품질은 주관적이라서 다소 애매하다는 결점이 있으나, 그렇기 때문에 마케팅은 항상 개별고객에 대해 열려 있어야 하며 오히려 최근의 일대일 마케팅, 고객관계 관리(CRM, customer relationship management) 등과 같이 끊임없이 새로운 철학과 기법으로 발전할 수 있는 것이다.

단지 여기서 유의해야 할 점은 **'시장에서의 품질'이 '공장에서의 품질'을 배제하지 않는다**는 것이다. 즉 새로운 품질 패러다임(시장에서의 품질)이 개별고객마다 주관적인 고객의 문제해결을 통한 고객만족을 추구하지만 일단 안전이나 구성요소에 대해 최소한의 객관적 규정이 있다면 100% 완벽한 준수를 전제로 하는 것으로, 새로운 관점으로 대체가 아니라 새로운 관점의 보완으로 간주해야 한다.

이상의 두 가지 품질 패러다임을 반영하여 1980년대 과업지향 사고는 마케팅 조직들에게 "Do the Things Right!(사전에 정해진 것들을 정확하게 실행하라)"라는 격언을 주었고 1990년대 이후 고객지향 사고는 "Do the Right Things!(무엇이 올바른지 판단하여 올바른 것들을 실행하라)"라는 격언을 주었다. 결국 양 격언 속의 'Things'의 차이는 고객을 배제하고 내부적으로 정해진 일인지 고객에게 물어서 외부적으로 정해진 일인지에 있다.

3. 새로운 통합상품으로서 고객경험

상품과 서비스는 고객의 문제를 해결하기 위한 마찬가지의 도구이지만, 전통적으로 별개의 무관한 생산자들이 각각 시장에 제공하는 것으로 간주되어 산업수준에서조차 상품을 생산하는 제조업과 서비스를 생산하는 서비스업으로 분류되어 왔다.

그러나 고객이 관심을 갖는 것은 오로지 자신의 문제해결(욕구충족)이며, 그것은 상품이나 서비스 중 어느 한쪽에만 의존해서는 충분할 수 없다. 따라서 **상품과 서비스 양자에 걸쳐서 얻는 고객경험만이 고객에게 유일하게 중요**한 것이며, 또한 **품질의 초점**이다.

3.1 상품 마케팅과 서비스 마케팅 차이

상품을 생산하는 제조업에 있어서 마케팅 기능은 생산에 앞서서 고객욕구를 확인해내고 상품을 개발하는 데 중요한 역할을 하며, 대체로 유형재가 생산된 이후에나 상품수요에 영향을 미칠 수 있다. 따라서 생산활동은 대체로 수요자극에 선행되며 소비는 수요자극 다음에 나타난다.

즉 생산 후 마케팅의 역할은 상표 인지도를 높이고 시용을 유인하고 상품효익을 설득하는 일을 포함하는데, 고객들은 상품을 소비하는 동안 그것이 사전에 약속한 효익을 제대로 제공하는지 평가하고 그에 따라 상표선호를 강화하거나 약화할 것이다.

그러나 서비스를 위한 마케팅의 본질과 역할은 다르다. 상품의 마케팅과 서비스의 마케팅 모두가 신중한 욕구확인과 상품설계 기능으로 시작되는 점은 동일하지만, 상품이 일반적으로 판매되기 전에 생산되는데 반해 서비스는 일반적으로 생산되기 전에 판

▲ 친절한 의료직원 이벤트

매부터 이루어진다.

더욱이 서비스의 마케팅은 상품의 마케팅에 비해 구매에 앞서서 고객들에게 미칠 수 있는 영향이 훨씬 제한된다. 상품의 마케터들이 포장, 촉진, 가격결정, 유통 등을 통해 잠재고객들을 상표인지로부터 상표선호로 움직일 수 있는데 반해 서비스의 마케터들은 그렇게 하기 어렵다.

고객들이 서비스의 가치를 진정으로 알기 위해서는 일단 그것을 경험해야 하므로 고객들로 하여금 구매에 앞서서 서비스를 상상하고 열망하도록 만들기가 훨씬 어렵다. 즉 서비스는 구매에 앞서서 오관을 통해 직접 느낄 수 없으므로 고객들이 지각하는 위험도 많은 경향을 보인다.

예를 들어, 고객들은 새로운 승용차를 시승하고 타이어를 발로 차볼 수 있지만 새로운 맛사지 서비스를 맛보기 위해서는 일단 고객으로서 지불할 수밖에 없다.

따라서 서비스의 마케팅에서는 구매 후 또는 생산-소비 동안에나 비로소 의미 있게 평가될 수 있는 경험품질(experience qualities)이 중요하며, 생산-소비 동안 고객들을 만족시키는 경험을 효과적으로 구성한다면 판매 후 마케팅(post-sale marketing)과 구전 커뮤니케이션 양자가 고객충성을 획득하는 데 두드러진 영향을 미칠 수 있다.

한편 서비스는 공장에서 생산·포장되어, 손대지 않은 채로 고객에게 배달될 수 없기 때문에 오히려 고객들이 대체로 생산시점에서 소비하려고 서비스의 생산공장(예컨대, 병원이나 공항)으로 들어가야 한다.

따라서 의사나 간호사, 항공권 판매대행사, 항공기 승무원, 수하물 취급자와 같이 고객을 접촉하는 **서비스 생산자들은 '마케터'의 역할도 동시에 수행**하는 것이다. 그리고 고객들 앞에서 그들이 어떻게 행동하는지는 고객이 그 마케팅 조직과 다시 거래할 것인지 여부에 큰 영향을 미친다.

세탁기와 같은 상품의 공장에서는 작업자가 건방진 태도를 갖고 있든지, 더러운 옷을 입고 있든지, 몸 냄새가 많이 나든지 하여도 생산자와 고객이 전혀 만나지 않기 때문에 고객들은 그러한 사실은 모를 것이다. 그러나 의사가 거만한 태도를 보인다거나 식당 웨이터가 청결하지 못하거나 택시 운전사에게서 몸 냄새가 난다면 고객만족은 크게 손상될 것이다. 어차피 **판매 전 마케팅**(pre-sale marketing)**은 매우 제한되지만 실제 서비스를 제공하는 동안 탁월한 품질을 제공**하는 마케팅 조직은 높은 고객유지율, 기존고객과의 보다 많은 거래, 호의적 구전을 통해 훨씬 많은 잠재고객을 고객으로 영입하는 등 커다란 마케팅 성과를 즐길 것이다.

3.2 제조업과 서비스업의 통합된 관점

상품과 서비스의 마케팅이 본질과 역할에서 어떻게 다른지를 검토하는 일은 비록 무의미하지는 않으나, 이들 사이의 단순한 양분법은 존재하지 않는다. 즉 현실적으로 제조업에서도 서비스 실연(service performance)이 큰 부분이 아닐지라도 중요하다.

제조업이 보다 서비스 지향적이 되도록 촉구하는 한 가지 요인은 (부대)**서비스를 통해 지속적인 경쟁우위를 형성할 수 있는 잠재력**이 크다는 점이다. 한때는 지속적인 경쟁우위를 차지하기 위한 전략적 초점이 상품계열들을 지원할 충분한 자원, 생산공장, 연구 실험실, 유통경로의 소유 등을 강조했지만, 그러한 물리적 실체(우월한 상품을 포함)는 쉽게 모방되고 우월성의 크기도 작다.

따라서 오늘날에는 경쟁자들이 쉽게 모방할 수 없고 고객에게 더 큰 가치를 가져다주는 인적 기술, 물류능력, 지식기반, 여타의 서비스 강점들로부터 지속적인 경쟁우위를 찾으려는 경향이 뚜렷하다.

그 결과 현명한 제조업체는 상품품질만큼 서비스 품질에 관심을 보이며, 유형요소만큼 무형요소의 판매에 관심을 보이고, 새로운 상품시장에 진입하는 것만큼 새로운 서비스 시장에 진입하는 데 관심을 보인다. 그들은 고객들이 구매하는 핵심효익(core benefits)이 상품 또는 서비스 중 하나가 아니라 양자에 의해 제공된다는 사실을 인식할 뿐만 아니라 **유형요소와 무형요소의 시너지 효과를 가치부가적인 차별화의 초점**으로 간주한다.

결국 상품의 생산만 수행하는 마케팅 조직들도 통상 서비스업으로 간주되는 마케팅 조직들보다는 덜하지만 역시 '고객만족'이라는 서비스를 산출하는 서비스업체이다. 단지 고객에게 제공하려는 핵심효익의 원천이 무형요소보다는 유형요소에 치중될 뿐인데, 충분한 고객만족을 위해서는 무형요소를 완전히 무시할 수 없는 것이다.

▲ 웅진코웨이의 서비스 사원인 코디의 지원 활동. 정수기, 비데 등은 순수 유형상품으로 판매되었지만 고객만족과 경쟁력 강화를 위해 무형요소가 결합된 혼합상품으로 마케팅 되고 있다.

예를 들어, 승용차의 구매자들은 단순히 '유형의' 물리적 실체인 쇠덩어리와 부품들(승용차)을 구매하지 않으며 자신이 지불하는 금액에 해당하는 이동과 수송이라는 '무형의' 효익(고객만족)을 구매하는 것이다. 그러니 21세기에는 **서비스업만이 존재할 뿐 순수한 제조업은 존재하지 않는 셈**인데, 대표적 제조업체인 삼성전자나 현대자동차도 물리적 실체로서 유형의 상품을 생산하지만 궁극적으로는 고객의 문제해결을 통해 고객만족이라는 서비스를 제공하는 서비스업체인 것이다.

대부분 마케팅 조직들은 〈표 6-1〉에서 색칠한 부분 안에서 활동하며, 현재 색칠한 부분밖에 있는 기업들도 가치를 부가하여 고객문제를 더 잘 해

표 6-1

유형재–무형재의 스펙트
럼

순수 유형상품	무형요소가 강화된 유형상품	혼합상품	유형요소가 강화된 무형상품	순수 무형상품
포장식품	택시	고급 식당	어린이집	파출부

결하고 상품을 차별화하기 위해 색칠한 부분 안으로 들어오려고 노력한다. 예를 들어, 포장식품업은 고객들에게 정보를 제공하기 위한 무료 전화를 추가하고 요리강습을 후원하고 요리법 서비스를 제공할 수 있으며, 어린이집은 단순히 아이를 맡아두는 일에서 벗어나 지능개발 도구, 등하교 버스 등을 추가하여 고객들이 겪는 경험이 더욱 만족스럽도록 노력하고 있다.

3.3 총체적 품질 서비스와 고객경험

총체적 품질 서비스(TQS, total quality service)란 총체적 품질과 총체적 서비스라는 두 가지 개념을 혼합한 것으로 고객경험이라는 새로운 마케팅 전략적 초점을 등장시키는 데 기여하였다.

이미 살펴본 바와 같이 1980년까지 과업지향적 사고에서의 품질은 제조업에서 싹튼 공장에서의 품질로서 주로 마케팅 조직이 제공하는 것을 '유형요소'에 국한하고, 그것이 사전에 내부적으로 정한 상품명세서나 사장 또는 엔지니어의 지시사항을 제대로 충족시키는 정도에 대한 객관적 측정을 의미한다.

이에 반해 1990년대 이후 고객지향적 사고에서의 품질은 시장에서의 품질이라는 표현이 의미하듯이 마케팅 조직이 고객에게 제공하는 유·무형 요소를 모두 포괄하여 전체적으로 고객이 '원하는 바'를 충족시키고 만족시키는 정도에 대한 주관적 측정을 의미한다.

총체적 품질 서비스
총체적 품질(TQ)
+ 총체적 서비스(TS)
총체적 품질 서비스
(TQS)

따라서 품질에 대한 평가는 개별 고객마다 다른데, 이점은 마케터에게 혼란스러울 수도 있으나 마케팅 발전을 위해 훌륭한 기회가 되기도 한다. 아무튼 이러한 품질관점**은 공장에서의 품질을 배제하지 않고 포함하면서도 유·무형 요소를 모두 포괄한다는 점**에서 총체적 품질(total quality)이라고 한다.

한편 과거 제조업 중심시대에는 고객문제를 해결하는 것은 오로지 유형의 상품이며, 서비스는 유형요소를 판매하거나 사용하는 데 부수적으로 필요한 것일 뿐이고, 이따금 마음이 내킬 때 인심 쓰듯이 제공될 수 있는 비수익성 요소로 간주되었다.그러나 오늘날에는 서비스업은 물론이고 제조업에서도 서비스는 고객이 '원하는 바'를 충족시켜 고객만족을 창출하는 고객가치의 필수요소이며, 마케팅 조직을 차별화하고 경쟁우위를 확보하기 위한 전략적 초점으로 간주된다.

심지어 유형요소 자체도 '고객만족'이라는 무형의 서비스를 산출하는 것으로 간주하는데, 이를 **유·무형 요소가 시너지작용을 통해 산출하는 '고객만족'**이라는 총체적 서비스(total service)라고 한다.

결국 고객에게 중요한 품질은 고객만족의 정도이므로 품질이 유·무형 요소를 통합하고 주관적인 시장에서의 품질이어야 하며(total quality), '문제해결을 통한 고객만족'이라는 서비스도 유·무형 요소가 함께 제공하는 것(total service)이라는 것으로 총체적 품질 서비스라는 개념을 등장시켰다. 이러한 개념 하에서 고객에게 유일하게 중요한 것은 바로 고객의 총체적 경험이므로 모든 마케터의 지상 과제는 만족스런 고객경험을 창출하고 그것을 개선하기 위해 노력하는 것이다.

3.4 고객경험의 마케팅 시사점

의류 쇼핑객은 옷에 대해 색상, 디자인, 소재, 크기, 가격 등을 고려하지만 구매여부는 이러한 측면들을 종합하여 내릴 것인데, 이러한 사고를 좀 더 확대하면 의류 쇼핑객은 옷 자체에 대한 전체적인 판단에 덧붙여 주차장의 편의성, 매장의 쾌적함, 판매원의 여러 측면, 구색, 결제 소요시간 등도 고려하여 재방문여부(결국 만족의 크기)를 결정할 것이다.

따라서 고객에게 유일하게 중요한 것은 상품이나 서비스의 한 요소가 아니라 **자신의 문제가 해결되어가는 과정(process)과 그 결과(outcomes)를 포괄하는, '마케팅 조직과의 전체 경험(total experience)'**일 뿐이다. 즉 상품의 여러 가지 측면을 비롯하여 친절, 신속한 업무처리, 간단한 서류준비, 청결한 화장실, 넓은 공간 등이 고객만족에 기여할 수 있는 요소이다.

결국 문제해결과 고객만족을 통해 고객유지의 여부를 결정하는 것은 총체적인 고객경험이며 새로운 시대의 마케터는 이러한 **고객의 경험을 관리하는 과제**(MBE, management by experience)를 수행하게 된다.

그런데 마케팅 조직과의 고객경험은 다양하고 많은 장면들(episodes)로 구성되지만, 그러한 장면들 모두가 고객과 마케터에게 중요한 것은 아니므로 실제 고객만족 여부에 영향을 미치는 중요한 장면들만을 진실의 순간(MOTs, moments of truth, 결정적 순간) 또는 고객접점(contact point of customer, customer interface, service encounter)이라고 한다. 단지 마케터가 직접 통제하거나 직접적인 대면접촉은 아니지만 광고에 대한 노출이나 친구들 사이의 대화 등도 고객만족에 영향을 미치는 장면들이고, 홈쇼핑을 이용하는 마케터에게는 택배회사의 서비스도 전체적인 고객만족에 영향을 미치는 진실의 순간임에 유의해야 한다.

고객에게 유일하게 중요한 것
자신의 문제가 해결되어가는 과정과 그 결과를 포괄하는, '마케팅 조직과의 전체 경험'

진실의 순간
마케팅 조직과의 거래에서 고객이 경험하는 결정적인 장면들이며, 직접 대면 이외의 상황들도 포함한다.

표 6-2

의류쇼핑객의 가상적인
서비스 사이클

① 광고를 보거나 친구에게서 추천받기 → ② 주차장에 들어서 주차하기 → ③ 엘리베이터를 찾아 기다렸다가 타기 → ④ 해당 층에서 매장을 찾고 이동 → ⑤ 판매사원과 대면하기 → ⑥ 간단한 수선받기 → ⑦ 결제하기 → ⑧ 화장실 이용하기 → ⑨ 휴식과 식사 공간 이용하기 → ⑩ 주차장에서 차를 찾아 출발하기 → ⑪ 모임에 입고 나가서 찬사받기

어느 백화점 쇼핑객의 가상적인 '진실의 순간'들은 〈표 6-2〉와 같이 시간순서대로 연결해볼 수 있다.

이와 같이 **진실의 순간들을 고객경험의 순서대로 연결한 고리**를 서비스 사이클 (service cycle)이라고 하며, 서비스 사이클의 단계마다 해당 진실의 순간에서 고객을 최대로 만족시켜야 하는 담당자들의 업무를 규정한 것을 서비스 청사진(service blueprint)이라고 한다. 예를 들어, 각 진실의 순간마다 관련 담당자들에게 표준적인 업무지침(service manual)을 제시할 수 있는데(management by rule, codebook), 고객지향적 서비스 품질을 달성하기 위해서는 접객 근무자들이 상황에 맞게 대응하도록 현장 재량권도 충분히 허용해야 한다.

결국 총체적인 **고객경험**은 '진실의 순간들'로 구성된 연쇄고리이며, 모든 종사자들이 그러한 연쇄고리에 일정한 관련을 맺으면서 고객만족에 나름대로 기여하게 된다. 따라서 서비스 사이클인 이러한 연쇄고리를 부가가치 서비스 체인(value-added service chain, 가치사슬 value chain)이라고 하는데, 전체적으로 튼튼한 연쇄고리가 되려면 어느 한 고리(진실의 순간)에서도 고객을 만족시키는 데 실패가 없어야 함은 당연하다.

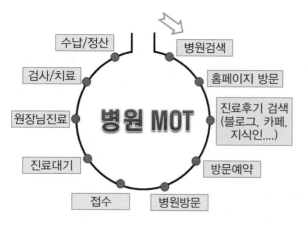

사실 성공적인 마케팅 조직은 고객이 서비스 사이클을 통해 앞으로 나아감에 따라 점점 더 큰 만족을 갖도록 고객경험을 설계하고 있다. 즉 **고객을 점입가경**(漸入佳境)**으로 인도**해야 하는데, 그것은 고객들이 마케팅 조직과의 경험을 겪으면서 서비스 사이클의 끝에서 갖게 되는 최종만족을 근거로 재구매와 고객충성을 결심하기 때문이다.

4. 고객가치 패키지의 개념

마케터가 고객의 욕구를 충족시키기 위해 제공하는 것을 흔히 '상품'이라고 하지만, 그것은 표현상 편의를 위한 것일 뿐이고 실제 고객의 욕구를 충족시키기 위해 제공해야 하는 것은 올바른 상품을 포함하여 올바른 가격, 올바른 경로, 올바른 촉진 등 이른바

4P에 걸쳐 마케터가 내린 의사결정의 결과들을 모두 포함하며 그러한 의사결정의 총체를 마케팅 믹스라고 한다.

그러나 마케팅 믹스가 어떤 요소들로 구성되는지에 대해서는 전통적인 4P를 비판하는 이견들이 제기되고 있다. 구성요소가 무엇이든 마케팅 믹스라는 개념은 여전히 유효하며 보다 다양한 구성요소들을 포괄하기 위해 독특한 효익과 비용의 다발, 고객가치 패키지 등 새로운 용어들이 최근 들어 널리 사용되고 있다.

4.1 시장에서의 교환 메커니즘

시장 선호패턴은 잠재고객들이 이상적이라고 지각하는 상품 또는 '원하는 바'가 어떠한 속성결합인지를 보여주고, 집합적으로는 전체시장 내에 유사성을 근거로 한 하위시장들이 존재하는지의 여부를 반영해준다.

그렇다면 ① 잠재고객은 자신에게 제공되는 특정한 상품을 구매할 것인가, 아닌가? ② 다수의 경쟁대안이 있을 때 어떠한 상품을 구매할 것인가? 이러한 문제들은 교환 메커니즘을 검토함으로써 이해하고 마케팅 시사점도 얻을 수 있다.

우선 첫 번째 문제를 살펴보기로 한다. 이미 1장에서 설명한 바와 같이 마케팅은 가치의 교환을 핵심개념으로 하고 있으며, 교환이란 **상대방에게 '무엇인가'를 제공하고 자신의 욕구나 목표를 효과적으로 달성하는 데 필요한 것을 얻어내려는 행동**이다.

따라서 마케터는 우선 잠재고객들이 원하는 바가 무엇인지 확인하고 그것을 제공하려고 노력해야 하는데, 상대방이 '원하는 바'를 제공할 수 있는 상품만이 가치를 가지며 교환될 수 있음(marketable product)은 당연하다. 이때 잠재고객들이 원하는 바를 충족시키기 위해서 제공하겠다고 약속한 효익들의 집합을 고객을 위한 가치제안(value proposition)이라고 한다.

이제까지의 설명에서 상품을 속성의 **다발**(bundle of attributes), **효익**의 **다발**(bundle of benefits), **효용의 다발**(bundle of utilities), **욕구충족 수단**(need-satisfiers, want-satisfiers) 등으로 묘사해 왔는데 그러한 용어들은 사실 같은 의미를 갖는다. 즉 상품은 여러 가지 속성들을 갖춤으로써 그것을 구매하는 사람에게 어떤 일을 해주며(효익의 다발), 그러한 일은 그들의 욕구 중 어느 부분을 충족시키므로 효용을 갖는 것이고(효용의 다발), 결국 전체로서 상품은 욕구충족 수단인 것이다. 물론 상황에 따라서는 상품을 자아 이미지의 표현 수단이라든가 사회적 지위의 상징이라고도 인식할 수 있으며 마케터가 시장에 제공하는 것이라고 해서 시장 제공물(market offerings)이라고도 표현하지만 아무튼 여기서 '상품'이란 용어는 간혹 마케팅 믹스의 일부로서(4P중 하나) 상품을 의미하지 않고 고객의 문제나 원하는 바에 대한 해결수단(solution)인 마케팅 믹스 전체를 의미하는 데 유의해

그림 6-1

고객가치의 개념과 교환
메커니즘

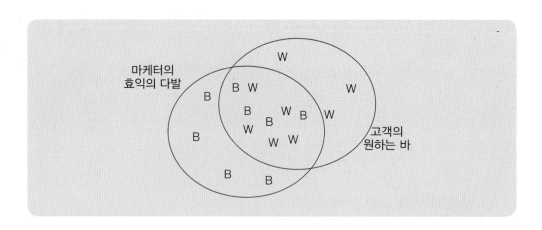

야 한다.

그림 6-1은 마케터가 시장에 제공하려는 '효익의 다발'과 잠재고객이 '원하는 바' 사이의 관계를 잘 보여준다. 즉 그러한 효익의 다발은 잠재고객들이 원하는 바를 충족시키는 수단으로 인식되지만, 그렇다고 완전히 '원하는 바'와 일치하는 이상적인 상품의 경우는 드물다.

따라서 효익의 다발 중에서 고객이 원하는 바와 일치하여 겹치는 부분만이 실제로 고객만족을 위해 기여하는데, 이러한 부분만이 진정한 가치(시장에서의 품질)를 구성한다.

왼편 아래의 하현달 부분은 그것을 제공하기 위해 원가를 발생시키면서도 고객만족에 기여하지 않는 — 고객이 원치도 않는 — 효익들로서 군살에 해당하며, 오른편 위의 상현달 부분은 고객들이 원하고 있으나 마케터가 제공해 주지 않는 아쉬움(고객이 원하는 바이지만 현재의 상품이 충족시킬 수 없는 부분)을 나타낸다.

불소불고기쌈밥 정식   9.0(
찾이 살아 있는 소불고기와 푸짐한 계절쌈의 하모니

▲ 이 도시락이 고객의 입맛을 충분히 만족시킬 수 있는지, 고객이 원치 않는 내용물이 있는지의 측면에서 고객가치를 분석해야 한다. 우주최강도시락(http://ujufood.co.kr/)

예를 들어, 3만 원을 주고 15곡이 수록된 CD(마케터가 제공하는 효익의 다발)를 구입한 고객이 CD에 담겨진 15곡 중에서 10곡만을 좋아한다면 그는 3만 원을 지출하고 15곡이 아니라 10곡만 얻게 되는 것이다. 그리고 CD로 제공되었지만 듣지 않는 5곡은 원가만 발생시키고 고객만족에 기여하지 않는 군살(하현달 부분)이며, 구매한 CD에는 없지만 다른 좋아하는 음악이 있다면 그것은 아쉬움(상현달 부분)에 해당한다. 한정식에 나오는 반찬들이 그렇고, 관공서의 서비스도 그렇고, 조금만 관심을 갖는다면 현재 시장에서 볼 수 있는 모든 상품과 서비스에서 이러한 세 부분을 찾아볼 수 있다.

즉 마케터가 아무리 좋다고 생각하는 효익들을 제공할지라도 각 잠재고객은 자신이 원하는 바를 참조하면서 각자 주관적인 가치(시장에서의 품질)를 지각할 것이다. 이와 같이 가치의 지각은 매우 주관적이라서 동일한 대상의 가치가 개인마다 다를 것이라는 점은 바로 확산된 선호패턴을 전제로 한 일대일 마케팅을 지지한다.

고객이 교환을 통해 이러한 가치를 얻기 위해서는 반대급부로서 어떤 비용(화폐와 시

가치

시장 제공물이 고객의 문제를 해결해 주는 정도(시장에서의 품질) 또는 그것이 지불해야 하는 가치에 대해 갖는 비율(가성비)

치약속성	상표A	상표B	상표C	상표D	상표E	이상상품
충치예방	80	10	0	10	25	?
구취제거	10	80	10	0	25	?
치아미백	0	10	80	10	25	?
신경완화	10	0	10	80	25	?

표 6-3
여러 대안으로부터 잠재고객의 선택

* 가장 만족스러운 정도를 각 속성별 100으로 하거나 또는 5000원 중 각 효익을 위해 지불되는 구성비라고 할 때, 상표A의 구매자는 얼마를 낭비하는 것인가, 개별고객에게 유효한 지출금액이 얼마인가의 측면에서 검토할 수 있음.

간, 수고 등을 포함하는 전체적인 희생)을 감수해야 하는데, 자신이 얻는 가치가 이러한 비용의 가치보다 클 경우에나 고객은 자발적으로 교환에 참여한다. 여기서 (효익의 다발에서 지각하는 가치 — 비용의 가치)를 순가치(net value)라고 하며, 이점에 착안하여 마케팅을 **각자 지각하는 가치의 자발적인 교환**이라고 정의하기도 한다.

한편 (효익의 다발에서 지각하는 가치 ÷ 비용의 가치)를 가성비(價性比, 가격 대 성능의 비 benefit to cost ratio, cost-effectiveness)라고 하는데, 가치라는 용어가 다양한 의미로 사용되고는 있으나 거래에 있어서 진정한 의미의 가치는 바로 이러한 가성비를 지칭한다.

한편 두 번째 문제를 이해하기 위해 여러 가지 상표의 치약 중에서 하나를 선택하려는 고객을 생각해보자. 간단한 예시를 위해 치약의 가격이 일정하다고 가정할 때 〈표 6-3〉은 치약의 중요한 속성으로서 충치예방, 구취제거, 치아미백, 신경완화의 네 가지를 선정하고 여러 가지 상표들이 각 속성 상에서 평가되고 있는 정도를 보여준다.

여기서 어린 자녀를 위해 충치예방에 관심이 큰 잠재고객은 당연히 상표 A를 선택할 것인데, 그것은 다른 어떤 상표보다도 상표 A가 자신의 이상적 상품과 가깝다고 느껴져 자신이 원하는 바를 더 잘 충족시켜줄 것(자신에게 가치가 클 것)으로 기대하기 때문이다.

마찬가지로 잇몸질환을 앓고 있는 잠재고객은 당연히 상표 D를 선택할 것이며, 구취제거를 원하는 잠재고객은 상표 B를 선택할 것이다. 이와 같이 시장에서 여러 가지의 경쟁대안이 가용할 때 잠재고객은 자신의 이상적 상품과 비교하여 자신이 원하는 바를 가장 잘 충족시켜, 자신에게 가치가 가장 클 것으로 기대하는 대안을 선택한다. 그리고 이러한 현상은 바로 돈으로 하는 투표(dollar vote)에 해당하는 것이다.

이상의 두 가지 문제를 종합해보면 마케터는 **오로지 잠재고객들이 원하는 바를 확인해내고 그것을 고객이 부담하는 비용의 가치를 초과하도록 '충분히' 또한 '경쟁자보다 효과적으로' 충족시킬 경우에나**(if and only if) **교환에 성공할 수 있음**을 알 수 있다.

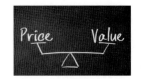

$$V_{(VALUE)} = \frac{Q_{(QUALITY)} + S_{(SERVICE)}}{\$_{(COST)}}$$

▲ 가치의 두 가지 개념

4.2 고객가치 패키지의 개선 방안

앞에서 교환의 메커니즘을 설명할 때 우리는 상품을 '효익의 다발'이라고 하면서 그것을 얻기 위해 대가로 지불되어야 하는 비용(희생)을 고려하여 가성비의 개념을 설명한 바 있다. 그러나 사실 마케터가 시장에 제공하는 효익의 다발이라고 할 때 그 속에는 단순히 유형재의 기능이나 성능만을 포함하는 것이 아니라 유형 및 무형 요소를 모두 포함하기 때문에 유통의 장소와 방법, 각종 서비스 등도 포괄한다는 점에 유의해야 한다.

가성비의 개념을 다시 살펴보면 거래(교환)의 가능성을 높이기 위해서는 두 가지로 접근할 수 있는데, 하나는 고객이 감당해야 하는 비용(희생)을 줄이는 것이며 다른 하나는 '효익의 다발'에서 고객이 지각하는 가치(시장에서의 품질)를 확대하는 것이다. 예를 들어, 중국 小米의 상품들은 최고의 품질은 아니지만 가격이 매우 저렴하므로 가성비가 크고, 우리나라에서도 많이 판매되고 있다.

즉 그림 6-1의 하현달 부분은 마케터가 고객을 위해 준비한 '효익의 다발'을 구성하면서 비용(원가)을 발생시키지만 고객이 원하는 바를 충족시키는 데 기여하지 않는 '군살'이라고 했는데, 이러한 부분을 제거함으로써 가격이라도 낮춘다면 — 고객이 감당해야 하는 비용을 줄여 — 가성비를 크게 하고 거래의 가능성을 더욱 높일 수 있다. 물론 실제로 효익의 다발과 비용을 분석할 때에는 각 구성요소뿐만 아니라 구성요소들 사이의 시너지 효과도 반드시 고려해야 한다. 또한 비용을 줄인다고 할 때에는 포괄적인 희생이라는 관점에서 접근성의 불편함을 개선하거나 대기시간을 단축하는 일 등도 비용 감축에 포함된다.

이와 같이 고객만족에 별로 기여하지 못하는 요소들을 효익의 다발로부터 제거하는 작업은 고객가치 패키지의 슬림화(slim화) 또는 마케팅 믹스의 슬림화(군살빼기)라고 할 수 있는데, 이러한 움직임은 선진국들에서 1990년대초 **Back to the Basics!**(기본으로 돌아가자)라는 운동으로 시작되었다.

즉 고객만족에 기여하는 요소들을 강화하고 겉치레의 것들을 제거함으로써 비용(원가)을 절감하여 고객만족을 증대하고 경쟁력을 높이자는 의미인데, 제거될 수 있는 것은 유형요소뿐만 아니라 무형요소도 포함한다.

우리나라에서는 1997년말 외환위기 이후 상품의 경제성을 강조하는 추세가 나타나면서 IMF형 ○○, 경제형 ○○, EZ(easy) ○○이라는 수식어나 상표들이 등장하였다.

한편 그림 6-1의 상현달 부분은 효익의 다발을 개선하기 위한 방향을 암시해준다. 즉 고객이 '원하는 바'중에서 마케터가 현재 제공해주지 못하는 '아쉬움'들을 암시해주기 때문에 그러한 요소의 추가가 비용을 정당화할 수 있다면 당연히 고객만족을 개선하여 경쟁력을 강화시켜줄 부분이다.

따라서 마케터는 효익의 다발이 고객에게 제공하는 시장에서의 품질을 평가하고 그림 6-1의 하현달과 상현달의 부분을 검토하여 거래(교환)의 가능성을 끊임없이 개선해나가야 한다.

특히 이러한 과업을 수행하기 위해서는 고객으로부터 직접 듣는 지혜가 필요한데, 고객의 소리(VOC, voices of customers)는 다음과 같은 점에서 귀중한 자산이다.

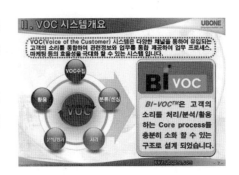

▲ VOC 시스템은 다양한 채널을 통해 유입되는 고객의 소리를 통합하여 고객만족과 마케팅 성과를 극대화할 수 있는 시스템이다.

① 고객을 만족시키기 위한 최선의 방법은 고객이 가장 정확하게 알려준다.

② 고객의 소리는 무료 컨설팅이다. 전문가에게 맡긴다면 정확하지도 않고 시간과 비용을 많이 소요할 여러 가지 조사 프로젝트가 되지만, 고객들은 그들의 소리를 통해 공짜로 제공한다.

현실적으로 많은 마케터들이 마케팅 의사결정에 필요한 정보를 수집하면서 많은 비용을 지출하지만, 오히려 값지고 무료인 고객의 소리를 무시하고 있다. 따라서 21세기에 성공을 지향하는 마케팅 조직은 어느 정도 비용을 기꺼이 지출하면서도 고객의 소리를 구하기 위해 다양한 방안을 모색해야 한다. 신선하고 좋은 식재료를 구입하기 위해 음식점들은 많은 돈을 지출하면서도 무료로 제공되는 고객의 소리를 어찌 외면하는가?

이와 관련하여 미국 TARP 연구소(Technical Assistance Research Programs Institute)의 연구 결과 중 일부를 소개하면 다음과 같다.

• 뚜렷한 문제해결책이 없을지라도 단순히 고객으로 하여금 문제에 대해 불평하도록 격려하는 일은 그 고객이 다시 구매할 가능성을 10% 가량 증대시킨다.
• 고객의 문제를 만족스럽게 해결하는 일은 재구매의 가능성을 극적으로 증대시키는데, 작은 불평을 제기했던 고객들의 70%와 큰 불평을 제기했던 고객들의 54%가 재구매할 것이다.
• 고객문제를 신속하게 해결하는 일은 더욱 효과적이어서 단시일 내에 문제를 해결받을 경우, 작은 불평을 제기했던 고객들의 95%와 큰 불평을 제기했던 고객들의 82%가 재구매할 것이다.

2 절 고객만족의 개념과 그릇된 프로그램

선진국에서 1980년대 말에 시작된 고객만족 운동은 1990년대에 들어서면서 세종대학교 유동근 교수에 의해 국내에 소개되었는데, 대기업들이 고객 신권리를 선언하거나 고객가치 창조라는 용어를 사용하면서 시작되었다. 그러나 선진국에서 고객만족 운동이 시작된 필연적인 배경과 원리를 충분히 이해하지 못한 채, 성급하게 추진하거나 외국사례를 피상적으로 모방함으로써 막대한 비용을 지출하였지만 그 효과는 기대에 비해 미흡하였다.

아직도 고객만족을 친절이나 미소, 절도 있는 언행 등으로 간주하는 태도적 및 행위적 관점만을 강조하고 시스템적 관점을 외면하는 경우가 흔하다. 이와 같이 고객만족을 위해 가장 중요한 시스템적 관점이 소홀하게 취급되는 이유는 그러한 관점이 고객만족에 관한 많은 연구와 사고를 필요로 하기 때문인데, 고객만족을 위한 투자와 노력은 그 크기 이상으로 방향이 중요하다.

1. 고객만족과 기대불일치 모델

고객만족은 다양하게 정의될 수 있지만, 다행히 기대불일치 모델을 통해 비교적 용이하게 이해될 수 있다. 그리고 고객들의 만족수준을 측정하여 보여준다는 고객만족 지수는 사실 타당성이 낮은 숫자놀음에 불과하며, 더욱이 그런 지수를 바탕으로 업체의 순위를 매기는 관행은 고객만족에 대한 진정한 이해부족의 결과이다.

1.1 고객만족의 정의

오늘날 마케팅에서 고객만족이라는 용어만큼 중요하면서도 다양한 개념은 드물 것이다. 우선 고객만족에 대한 몇 가지 정의를 살펴보면 다음과 같다.

① 구매자가 구매에 수반된 보상과 비용을 사전에 예상했던 것들과 비교하여 얻어지는 구매 및 사용의 결과(an outcome of purchase and use resulting from the buyer's comparison of the rewards and costs of the purchase in relation to the anticipated consequences)

② 구매를 위해 고객이 투여한 원가와 노력뿐만 아니라 구매를 통해 얻은 품질과 효

익 모두를 고려한 상대적 판단(a relative judgment that takes into consideration both the qualities and benefits obtained through a purchase as well as the costs and efforts borned by a customer to obtain that purchase)

③ 희생이 충분히 보상하고 있다고 느끼는 고객의 인지적 상태(a customer's cognitive state wherein the customer feels that rewards are commensurate to the sacrifices)

그러나 Engel and Blackwell이나 Oliver를 비롯하여 많은 연구자들은 만족을 기대의 일치(confirmation of expectations)로 보았으며, 여기서도 이에 따르기로 한다.

물론 고객만족이 단기적 현상인지 지속적 현상인지의 논란에 따라 서비스 장면마다 판단되는 서비스 장면 만족(service encounter satisfaction)과 모든 서비스 장면들과 그것을 제공하는 마케팅 조직에 대해 판단되는 전반적 만족(overall satisfaction)으로 구별하기도 하지만, 어느 경우이든 기대에 대한 일치 혹은 긍정적 불일치의 결과이다.

1.2 거래 후 고객의 심리상태

거래 후 고객의 심리상태를 평가하기 위해 가장 빈번하게 사용되는 방법은 기대불일치 모델(disconfirmation of expectation model)을 이용하는 것인데, 만족과 불만족의 느낌들은 고객이 그들의 기대와 실제경험에 대한 지각을 비교할 때 창출된다. 즉 지각된 성과가 기대를 초과하거나(긍정적 불일치) 지각된 성과가 기대를 충족시키면(일치) 만족이 일어나며, 지각된 성과가 기대에 미치지 못하면(부정적 불일치) 불만족의 상태가 된다는 것이다. 이와 같이 기대불일치 모델에서 **거래 후 고객의 심리상태는 만족과 불만족으로 구분**한다(양분법).

마케팅 조직들은 대체로 실제 고객만족의 수준을 측정하기 위해 단순히 고객들로 하여금 여러 속성 상에서 그들의 만족을 평가하도록 요구하는 실사도구를 적용하는데(긍정적 일치 접근법) 대체로 높은 수준의 고객만족을 보여주는 경향이 있다.

그러나 이러한 실사 결과에는 — 불만족한 사람들이 불평을 하거나 실사에 부정적으로 반응하기보다 응답을 기피하는 경향이 있기 때문에 — 오류의 위험이 있음에 유의해야 한다. 예를 들어, 고객만족의 개념을 도입한 선도적인 여행사조차 여행 일정 중에 가이드가 여행객들에게 만족도 설문지를 배포하고 현장에서 회수하는데, 이러한 실사 결과를 고객만족의 지표로 사용하기는 곤란할 것이다.

일반적으로 고객만족에 대한 측정치로 사용되고 있는 고객만족 지수(CSI, customer satisfaction index)는 이런 점에서 타당성이 결여되어 있으며, 고객만족에 대한 진정한 증거는 재구매, 재방문 등의 재거래와 구전을 통한 추천 등이며 재거래에 있어서도 대안이 없어서 어쩔 수 없이 거래해야 하는, 즉 심리적 개입이 결여된 의사충성(spurious loyalty)의 경우는 제외되어야 한다.

2. 고객감동과 '플러스 알파'의 등장

오늘날 마케터가 지향해야 할 가장 중요한 목표 중 하나는 고객만족을 넘어서 '고객감동'이다. 전통적으로 우리는 거래 후 고객의 심리상태를 만족과 불만족으로 양분해왔고 **만족한 고객이 평생 동안 다시 거래할 것**이라는 명제를 의심 없이 받아들여 왔다.

그러나 우리의 경험에 비추어 볼 때 만족한 고객 중 일부는 재거래의 가능성이 높아 마케팅 조직의 귀중한 자산(valuable assets)이지만, 다른 일부는 얼굴을 다시 보이지 않을 것으로 판단된다.

2.1 고객만족과 고객감동의 분리

오랫동안 거래 후 고객의 심리상태는 크게 만족과 불만족의 양분법으로 평가되어 왔으며, '만족한 고객은 평생고객'이라는 명제가 많은 마케팅 조직들로 하여금 고객만족의 열광 속에 빠져들게 하였다. 우리나라에서도 대체로 1990년대 들어서면서 삼성전자의 '고객 신권리 선언'이나 LG 그룹의 '고객가치 창조'니 하여 고객만족에 대한 관심이 시작되었고, 고객만족을 기업경영의 최우선 과제로 삼기에 이르렀다.

그런데 실제로 미국의 **TARP** 연구소가 실시한 연구에 따르면 산업에 따라 다소 차이가 있으나 상표대체한 고객들 중의 65% 내지 85%가 이전의 상표에 대해 만족한 상태였다고 응답하였다.

이러한 현상은 오늘날 고객들이 많은 선택대안을 갖고 있기 때문에, 그중 **특정한 대안을 선택해야 할 강력한 이유가 없다면 경쟁자의 다른 상품이나 서비스를 경험해보고 싶어하거나 경쟁자의 고객유인책이 당근으로 작용**할 수 있다는 점을 보여준다.

즉 고객만족이 재거래를 보장하지 않으며 만족한 고객들이 모두 평생고객은 아니므로 고객만족의 상태를 다시 세분할 필요성이 등장하였다. 따라서 마케터들은 거래 후 고객의 심리상태를 세 가지로 구분하고 새로운 관점에서 전략적 시사점들을 고려하기 시작하였다.

우선 고객들은 마케팅 조직과 거래에 앞서서 거래 후 자신이 겪게 될 경험에 대해 **사전기대**(prior expectation)를 형성하는데, 이를 소비자 행동연구 분야에서는 흔히 **태도**(attitude)라고 한다. 그리고 거래 후 자신이 실제로 겪은 경험을 .**실제경험**(actual experience)이라고 한다. 고객들은 거래 후, 실제경험을 사전기대에 비교하여 세 가지 심리상태에 놓이게 되는데, 그 성격과 마케팅 시사점이 다음과 같이 다르다.

(1) 고객실망

고객실망(customer dissatisfaction)이란 **실제경험이 사전기대에 미치지 못한다고 지각하는 심리상태**(부정적 불일치)로서 대안이 전혀 없다든가 어쩔 수 없는 경우를 제외하고 고객들은 대체로 해당 마케팅 조직과의 거래를 중단하고 다른 마케팅 조직의 고객으로 이탈해 나간다.

이러한 현상은 거래단절에 이은 **고객이탈**(customer defection), **상표대체**(brand switch), **천이**(churn)라고 하며, 학습지 시장에서는 휴회라고 부른다.

그러나 심각한 문제는 한 명의 고객이 거래결과에 실망하여 이탈하였을 때 파급되는 효과이다. 즉 한 명의 실망고객은 스스로 거래를 단절할 뿐만 아니라 — 마치 물결이 멀리까지 퍼져나가듯(ripple effect) — 대략 11명 정도의 주변 사람들에게 부정적인 구전(negative word-of-mouth)을 퍼뜨려 결국 한 명의 신규고객을 보충하는 일만으로는 절대로 상쇄될 수 없는 심각한 손실을 일으킨다.

더욱이 이미 살펴본 바와 같이 이제까지 거래를 지속해오던 단골고객은 대체로 신규고객보다 훨씬 거래금액이 클 것이기 때문에 그러한 손실이 더욱 확대될 수 있다. 따라서 마케터는 고객유지가 마케팅 조직의 성패를 결정짓는 가장 중요한 요인임을 인식하여 최소한 고객의 사전기대를 충족시키지 못하는 사태를 예방해야 한다.

사실 고객들의 사전기대는 자신의 '원하는 바'와 함께 경쟁자들에 대해 고객이 직접 겪었거나 듣고 본 내용을 반영하기 때문에 사전기대에 미치지 못했다는 것은 마케터가 경쟁자들보다 못한 고객경험을 제공했다는 의미이기도 하다.

따라서 마케터는 고객기대를 구성하는 전체 고객경험의 차원들을 도출하여 각 차원에 대한 고객의 기대수준과 경쟁자들의 제공수준을 파악하여 마케팅 믹스에 반영해야 할 것이다.

(2) 고객만족

고객만족(customer satisfaction)이란 **실제경험이 사전기대와 거의 일치하여 실망하지 않은 심리상태**를 말한다(Not bad!). 물론 사전기대라는 것은 어느 정도의 **관용영역**(zone of tolerance)을 갖기 때문에 실제경험이 사전기대와 완전히 일치하지 않더라도 그러한 관용영역 내에 들어오면 실망을 일으키지는 않는다.

거래 후 고객의 심리상태를 만족과 불만족으로 양분하는 과거의 관점과 다른 점은 고객만족이 단지 사전기대와 실제경험의 일치만을 지칭하며 실질적 의미도 실제경험이 받

고객실망
실제경험이 사전기대에 미치지 못한다고 지각하는 심리상태(부정적 불일치)

고객만족
실제경험이 사전기대와 거의 일치하여 실망하지 않은 심리상태(거의 일치)

아들일 수 있는 **관용영역 안에 들었다, 실망하지는 않았다**는 의미로 해석된다는 것이다.

따라서 일치에 해당하는 만족은 특별히 고객을 잡아두는 매력이 없기 때문에 단순히 다른 대안은 시용해보고 싶어하는 고객을 놓치거나 새로운 고객을 확보하려는 경쟁자의 유혹에 고객을 쉽게 빼앗길 위험이 있다.

실제 TARP 연구소의 연구결과에 따르면 이러한 심리상태의 고객 중에서 업종별 차이는 있지만 65~85%가 상표를 대체한 것으로 밝혀져 충격을 주었다.

(3) 고객감동

고객감동(customer delight)이란 **사전기대를 넘어서는 실제경험을 겪은 고객의 심리상태**를 의미한다. 즉 고객은 사전기대를 충족시키는 데 그치지 않고 예상치 못했던 가치부가적 요소(a little surprise)를 경험함으로써 마케터에게 놀라고 감동하게 되는데, **감동한 고객이야 말로 평생고객**이며 다음과 같은 방식으로 이윤기여를 해준다.

- 장기간 거래관계를 유지하여 지속적인 매출과 이윤을 제공한다. 이때 고객이 평생 거래할 수 있는 전체 기간을 통해 지불할 것으로 예상되는 구매잠재력을 현재가치로 환산한 값을 그 고객의 생애가치(LVC 또는 LTV, lifetime value of customer) 또는 평생가치라고 한다.
- 감동한 고객은 단골 거래처에 구매를 집중함으로써 거래금액을 증대시키는 경향이 있다(more share of customer).
- 주변의 다른 사람들 4명 정도에게 호의적인 입소문의 원천이 되어주는데, 이러한 현상을 MGM(감동한 member-get-새로운 member)이라고 한다.

따라서 마케터는 고객의 생애가치를 계산하고 고객의 이탈을 막아 유지하면서 고객의 지출을 자신에게 집중하도록 노력해야 하는데(share of mind, share of wallet, share of stomach의 증대), 이러한 노력은 결국 신규고객을 유치하는 데에도 큰 도움이 된다.

한편 가치부가적 요소란 마케터가 제공하지 않는다고 해서 고객이 — 사전에 기대했던 것이 아니므로 — 실망하는 것은 아니지만, 그것을 제공했을 때 고객을 감동시킬 수 있기 때문에 감동요소(satisfiers, wow factors) 또는 플러스 알파 요소라고 한다. 이에 반해 고객에게 제공한다고 한들 그를 감동시킬 수는 없지만 제대로 제공되지 않을 때 — 사전에 기대했던 것이므로 — 실망을 일으키는 요인은 위생요소(hygiene factors, worry factors)라고 한다.

즉 위생요소나마 제대로 충족되면 고객만족의 상태가 되고, 위생요소조차 충족되지 않으면 고객실망의 상태가 되므로 마케터는 고객의 사전기대를 반영하는 위생요소를 완전히 제공하는 한편, 고객감동에 관심이 있다면 고객의 사전기대를 넘어서기 위해 끊임없이 플러스 알파 요소를 창의적으로 찾든가 벤치마킹을 해야 한다.

또한 고객실망, 고객만족, 고객감동의 세 가지가 모두 사전기대와 실제경험을 비교과정의 결과이므로 현명한 마케터는 실제경험을 높이기 위한 노력과 함께 **사전기대가 지나치게 높지 않도록 고객의 기대수준을 관리**해야 한다. 예를 들어, 많은 영화의 속편들이 흥행에 실패하는 경향이 있는데 이는 전편에 열광했던 영화팬들이 속편에 대해 높은 사전기대를 갖기 때문일 수도 있다.

2.2 고객감동을 위한 '플러스 알파 요소'의 경쟁

마케터는 자신의 고객들을 감동시키고 장기고객으로 유지하기 위해 플러스 알파 요소들을 끊임없이 개발하고 적용해야 하는데, 〈표 6-4〉와 같이 예시될 수 있다. 예를 들어, 최초의 호텔은 여관보다 큰 고객가치를 제공함으로써 경쟁우위를 차지했지만, 점차 호텔 간의 경쟁이 격화되면서 필연적으로 "호텔이면 다 같은 호텔이냐?"라는 차별화와 '남다른 고객경험'의 목표가 대두된다.

그때 필요한 것이 바로 플러스 알파 요소인데, 초창기 호텔이 처음으로 채택하던 플러스 알파 요소는 투숙객에게 초콜릿이나 사탕을 선물하는 정도였다.

그러나 초콜릿과 사탕을 선물하는 행위가 고객을 기쁘게 하여 재방문을 유도한다는 사실이 널리 알려지면서 어느 호텔이나 똑같이 초콜릿과 사탕을 제공하기시작했기 때문에 그것은 더 이상 남다른 고객경험을 제공하는 수단이 아니며, 고객들의 사전기대에 포함되는 위생요인으로 전락하게 되어 이제는 초콜릿과 사탕을 주지 않는다면 그것도 안 주나? 왜 안 주는 건가? 하는 불평을 일으킬 수 있음에 유의해야 한다.

따라서 고객만족의 선도자(CS leader)는 과일 바구니나 저녁 산책로 안내 등 다시 새로운 플러스 알파 요소를 찾아 적용하고 있으며, 이러한 점에서 **고객만족은 단거리 경주가 아니라, 결승점이 없는 마라톤**이라고 할 수 있다.

최초의 고객가치	남다른 경험의 필요성	플러스 알파 요소들
여관 → 최초의 호텔 경리 → 공인회계사 다방 → 커피전문점 식당 → 생고기집 우편 → 택배	호텔이면 다 같은 호텔인가? 공인회계사는 다 같은가? 커피전문점이면 다 같은가? 고기만 좋으면 되나? 택배는 그게 그건가?	초콜렛 제공, 고객기억, 과일바구니 경영상담과 컨설팅 제공 전화, 팩스 등 사무편의성을 추가 고기맛 이외의 서비스 감동 아이디어 화물추적, 사후보고, 보험
초기 또는 경쟁이 적은 여건에서만 잠시 경쟁 우위를 누릴 뿐임		경쟁우위를 지속하기 위한 필수요건은 끊임없는 플러스 알파 요소의 개발과 적용

표 6-4

플러스 알파 요소의 예시

3 절 고객차별화와 고객관계 관리

'고객차별'이란 우선 차별당하는 고객 측의 심한 반발을 일으키며 차별하는 마케팅 조직도 고객들의 보복이 두려워 오랜 마케팅 역사상 최근까지 생각하기조차 기피해 왔던 단어임에 분명하다. 그렇다면 왜 '평등'이 가장 중요하고 보편적인 가치가 된 오늘날 고객차별이 새로운 마케팅 초점으로 각광을 받게 되었는가? 그것은 오로지 **고객의 능력에 맞추어 최대한 자신의 문제를 해결할 수 있도록 도와주기 위한 새로운 관점**이기 때문이며 고객 측도 크게 환영하고 있다.

1. 과거 고객만족 프로그램의 한계

1990년대 들어서면서 국내 마케팅 조직들은 수익성을 개선하고 목표달성을 위한 새로운 방법으로서 고객만족의 개념을 수용하고 다양한 프로그램을 추진하기 시작했는데, 대체로 20세기 말이 되도록 비용에 비해 성과가 미흡하여 매우 실망하였다.

물론 오랜 비즈니스 역사에는 경제여건의 변화에 따라 다운사이징, 리엔지니어링, 벤치마킹, ISO 인증 획득 등 다양한 개념과 기법들이 유행처럼 등장했다가 관심을 잃고 사라졌다. 그러나 고객만족은 분명히 다르다.

즉 바뀔 수 있는 것은 만족에 관련되는 고객의 상황이나 욕구충족 수단의 속성일 뿐이며, 고객만족이라는 개념은 거의 영원할 것이므로 마케터는 고객만족의 개념을 정확하게 이해하고 계속 관심을 유지해야 한다.

왜냐하면 인간은 가능하다면 언제나 '가장 자신의 마음에 드는 것'을 선택할 것이고 마음에 드는 정도에 대한 척도가 바로 고객만족이라는 개념이기 때문이다. 따라서 고객만족을 추진했지만 성과에 실망한 마케팅 조직들은 그 탓을 고객만족이라는 개념 자체에 돌릴 것이 아니라, 추진과정의 잘못이나 성과측정의 오류를 점검해보아야 할 것이다.

21세기에 들어서면서 확산되고 있는 일대일 마케팅이나 고객관계 관리에서도 '고객만족'이라는 개념은 여전히 유효하며, 단지 접근과 실행의 방법이 달라진 것에 불과함을 기억해야 한다.

그렇다면 20세기 말까지 마케팅 조직들이 추진해오던 고객만족 프로그램의 가장 보편적이고 중요한 문제점은 무엇이었는가? 그것은 몇 가지로 대표되는데, 첫째는 바로 모든 고객들을 동일하게 잘 대접해주려고 시도했다는 점이다(Customers are always right!). 개별고객마다 마케팅 조직에 제공하는 이윤기여가 상당히 다름에도 불구하고 고객을 차별화하는 것은 죄악이며 동등하게 마지막 한 명의 고객에게까지 최선을 다해 모신다는 것이 과거의 기본적 사고였다.

그 결과, 이윤기여를 많이 하는 우수고객들은 오히려 역차별을 받게 되어 불만족을 느끼고 불량고객들이 고객만족 프로그램의 혜택을 누리는 왜곡된 현상이 지난 20년간 지속되어 왔으며, 결국 수익성이 없는 불량고객이 우수고객들을 쫓아내는 현상이 도처에서 나타났다.

둘째는 고객만족 프로그램을 개발하고 운영하는 데 있어서 각 고객이 완전히 개인적임(확산된 선호패턴)에도 불구하고 대체로 획일화된 프로그램을 운영해 왔다.더욱이 시혜 차원에서 고객만족 프로그램을 실시한다는 잘못된 생각으로 인해 프로그램 자체가 고객을 제대로 배려하지 못했다.

비록 일부 고객만족 선도자들이 — 차별화 대량 마케팅처럼 — 다양한 고객만족 프로그램을 자의적으로 개발하여 적용하지만 여전히 개별고객에게 특별한 감동을 주기에는 미흡한 것이다.

셋째는 고객만족 프로그램의 진정한 성과는 고객의 입장에서 평가되고 다음 프로그램을 위해 피드백되어야 함에도 불구하고 실제로는 고객 스스로 작성하든 조사기관의 조사에 따르든 단순히 점수표를 수집하여 고객만족 지수(CSI, customer satisfaction index)로 종합하였다. 그 결과 고객만족에 대한 정확한 평가가 이루어지지 못했고 각종 고객만족 프로그램들이 방향성을 잃게 되는 경우가 많았다.

진정한 고객만족의 결과는 설문지상의 점수가 아니라 오로지 고객충성을 수반한 반복거래나 다른 사람들에 대한 추천 등의 호의적 행동, 고객의 소리(voices of customers)를 통한 감사표시 등으로나 제대로 평가될 수 있음에 유의해야 한다.

2. 고객차별화의 필요성과 고객관계 관리

20세기 말까지 대부분 마케팅 조직은 자신의 고객들을 동일하게(아주 평등하게) 취급했고, 고객들도 동일한 상품이나 서비스를 같은 가격에 구매하면서 특별히 마케팅 조직과 유대관계를 갖고 싶어하지 않았다. 심지어 일부 고객들은 오로지 가격에만 관심이 있어서 저가격을 찾아 순식간에 거래처를 변경하기도 한다(거래지향적 구매자 cherry-picker).

그러나 다른 고객들 중에는 구매금액도 크고, 가격이 다소 비싸더라도 마케터가 자신이 독특하게 '원하는 바'를 정밀하게 충족시켜주기를 원하는 고객들이 있었다(관계지향적 구매자, 단골고객).

거래지향적 구매자들은 항상 경쟁자와 가격을 비교하여 최저가로 구매하기 때문에 충성심이 없고, 할인품목만 구매하기 때문에 매출과 이윤 기여도 작다. 그럼에도 불구하고 이러한 고객을 취급하는 데에는 우수고객들의 경우와 똑같은 시간과 비용이 소요되며, 다른 고객이 받는 혜택도 모두 받으려고 하기 때문에 실제로 이윤기여는 적거나 적자를 보이기도 한다.

이에 반해 관계지향적 구매자들은 양방향성을 이용하여 자신에 관한 정보를 기꺼이 제공하여 마케팅 조직으로 하여금 자신이 '원하는 바'를 정밀하게 충족시키도록 도와주며, 그러한 관계의 형성이 거래에 관련된 시간과 화폐적 및 심리적 비용을 절약해준다고 생각하여 가급적 재구매를 단골 거래처에 집중하는 경향이 있다.

따라서 마케팅 조직은 관계지향적 구매자들이 자신에게 유리한 고객들임을 쉽게 알 수 있는데, 거래지향적 구매자들로부터 **관계지향적 구매자들을 분리하여 그들과의 '관계를 개발하고 유지'할 때 고객만족도와 이윤을 함께 개선**할 수 있음은 당연하다.

다음은 잘못 추진되어 온 고객만족 프로그램과 데이터베이스 마케팅, 고객관계 관리의 차이를 정리한 것이다.

2.1 잘못 추진된 고객만족 프로그램

1990년대부터 국내 기업들이 실시했던 고객만족 프로그램들은 1980년대까지의 과업지향 사고(Do the Things Right!)와 공장에서의 품질 사고를 고객지향 사고(Do the Right Things!)와 시장에서의 품질 사고로 패러다임을 변화시킨 공적이 있다. "고객은 항상 옳다!(Customers are always right!)"나 "고객은 왕(王)"이라는 격언들이 등장한 것도 바로 이때의 일이다.

그러나 그러한 프로그램들은 모든 고객을 대상으로 — 쌍방향적이 아닌 일방적으로 — 고객별로 차별화되지 않은 채 획일화된 방식으로 추진되었기 때문에 기대했던 성과를 이루지 못했다. 그러나 고객만족의 개념은 여전히 유효함에 유의해야 하며 문제가 되는 것은 과거에 실시했던 고객만족 프로그램들이다.

2.2 데이터베이스 마케팅

데이터베이스 마케팅(DBM, database marketing)은 주로 1회성 판매촉진의 일환으로서, 즉각적인 판매를 목표로 하는 직접우편(DM, direct mail)을 발송하기 위해 데이터베이스 기술을 이용하여 고객들에 관한 정보를 축적하고 활용하는 것이다.

따라서 데이터베이스 마케팅이란 대체로 직접우편 마케팅과 유사어이며, 역시 필요에 따른 역동적 세분화의 장점을 누릴 뿐이며 일방향적이고, 일대일의 맞춤형은 아니었다.

2.3 고객관계 관리

고객관계 관리(CRM, customer relationship management)란 **데이터베이스 기술과 양방향성 정보통신기술(ICT)을 활용하여 '고객만족의 개념'을 새롭게 실현하기 위해 장기적이며 지속적인 고객관계를 형성하고 관리**하는 것이다.

고객관계 관리에서 마케터는 고객과의 쌍방향적 커뮤니케이션을 이용하여 고객에 대해 학습함으로써 일대일 맞춤형의 고객가치 패키지를 구성하여 제공할 수 있으며, 그 결과 고객에게는 더 큰 만족과 편리함을 제공하게 되어 경쟁우위를 누린다.

이러한 고객관계 관리가 이전의 '잘못 추진된 고객만족 프로그램'이나 '데이터베이스 마케팅'과 대비하여 가져오는 변화는 대체로 다음과 같다.

① 이미 생산된 상품을 어떻게 처분할 것인가의 '상품중심사고'가 고객의 문제를 어떻게 해결할 것인가의 '고객중심사고'로 변화한다.
② 각 상품의 매출액을 분석하는 '상품별 수익성'에 대한 관심이 한 고객의 생애가치를 분석하는 '고객별 수익성'에 대한 관심으로 변화한다. 그 결과 스타 상품 이외에 스타 고객(우량고객, vip고객)의 중요성이 부각되고 있다.
③ 산업 매출액 중에서 자사의 매출액이 차지하는 '시장점유율(market share)'에 대한 관심이 한 고객의 전체 구매액 중에서 자사가 차지하는 '고객점유율(share of customer)'에 대한 관심으로 변화한다.

3. 고객관계 관리의 추진

고객관계 관리는 전체 고객기반(customer base)을 구성하는 고객들 사이에서 수익성(마케팅 조직에 대한 이윤 기여도)의 차이가 크고 그들이 '원하는 바'의 독특함이 강할 경우에 더욱 효과적이다.

그러나 고객관계 관리가 그러한 고객기반을 갖고 있는 마케팅 조직에게만 유용한 것이 아니며, 모든 산업분야에서도 유용하게 적용될 수 있는데 고객관계 관리를 추진하기 위한 절차는 대체로 그림 6-2와 같다.

고객관계 관리
데이터베이스 기술과 양방향성 정보통신기술(ICT)을 활용하여 '고객만족의 개념'을 새롭게 실현하기 위해 장기적이며 지속적인 고객관계를 형성하고 관리

그림 6-2

고객관계 관리의 추진절차

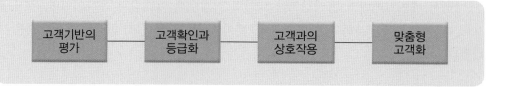

3.1 고객기반의 평가

마케터는 우선 고객수익성 분석을 통해 자신의 고객기반에 파레토 법칙(Pareto's law)이 적용되어 총매출의 80%를 상위고객 20%가 차지하는 고객들을 분리해 낼 수 있는지를 검토해야 한다. 그 다음 마케터는 수익성 높은 고객들 중 '원하는 바'가 독특하고 그러한 독특함의 충족을 갈망하는 고객들을 다시 분리해내야 한다. 아마도 그들은 기꺼이 높은 가격이라도 지불할 것이며 고객관계 관리의 집중적 대상이 될 것이다.

즉 고객기반은 그림 6-3과 같이 네 가지 유형으로 나눌 수 있는데, 수직축은 고객들의 구매액이 유사하여 그들의 가치가 비차별적이거나 20대 80의 법칙이 적용되도록 차별적인지를 나타내며, 수평축은 고객들이 '원하는 바'가 매우 동질적이거나 매우 이질적인지(확산된 선호패턴)를 나타낸다.

- 고객기반의 유형(Ⅰ): 각 고객의 가치가 유사하며 고객마다 '원하는 바'에도 큰 차이가 없기 때문에 대량 마케팅이 적합한데, 주유소가 대표적이다.
- 고객기반의 유형(Ⅱ): 각 고객의 가치에는 큰 차이가 없으나 개인적인 취향이나 기호에 많은 차이가 있기 때문에 틈새 마케팅이나 표적 마케팅이 적합한데, 서점이나 패스트 푸드점이 대표적인 예가 된다.
- 고객기반의 유형(Ⅲ): 각 고객이 '원하는 바'는 크게 다를 것이 없지만 대량 구매자

그림 6-3

고객기반의 분석과 고객관계 관리

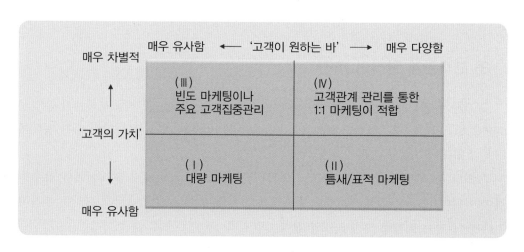

(heavy users)와 소량 구매자(light users)의 구분이 뚜렷하여 고객의 가치가 차별화되는 경우로서 빈도 마케팅(마일리지, 트레이딩 스탬프)이나 주요 고객에 대한 집중관리가 적합하며, 항공사나 렌트카업체가 대표적이다.

- 고객기반의 유형(Ⅳ): 고객들 사이의 가치 차이가 크며 각자 '원하는 바'도 독특하여 고객관계 관리를 통한 일대일 마케팅을 가장 효과적으로 적용할 수 있는데, 주치의나 금융PB, 주문주택이 좋은 예가 된다.

3.2 고객확인과 등급화

자신의 **고객기반이 네 번째 유형에 해당할 경우**, 마케터는 고객과 호혜적인 관계를 맺기 위해서 우선 고객들을 개별적으로 알아야 한다. 누가 고객인지 모른다면 고객관계 관리는 시작할 수도 없을 것이므로 다양한 매체와 수단을 동원하여 개별고객에 관한 정보를 가급적 상세하게 수집해야 한다.

만일 고객의 성별만 안다면 여성은 여성끼리 모두, 남성은 남성끼리 모두 동일하다는 전제를 갖고 접근할 수밖에 없으므로 20대 남성이라는 범주를 아는 것만으로는 고객관계 관리를 추진하기에 미흡하다. 따라서 개별고객을 확인할 수 있는 성명이나 전화번호, 고객번호 등 개별고객 인식수단을 우선 확보해야 지속적으로 정보를 축적해 나갈 수 있다. 예를 들어, 피자배달점은 지금 전화로 주문하는 고객이 동네주민이라는 정보만 갖고는 고객관계를 제대로 관리할 수 없으며 적어도 개별고객으로 파악해야 최종 주문일, 누적 구매액, 선호하는 상품 등의 정보를 축적할 수 있게 된다.

고객에 관한 정보를 확보한 다음에는 고객의 가치를 평가하여 어느 고객이 우량고객인지를 판단하여 A, B, C 등 몇 개의 등급으로 분류한다.

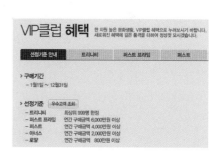

▲ 신세계 VIP 고객들은 인천공항 VIP라운지 이용, 정상 판매 상품 상시 5% 할인, 신세계 아카데미 5% 할인, 무료주차권, 카페 이용 등의 특별한 혜택을 부여받는다.

3.3 고객과의 상호작용

마케팅이란 결국 잠재고객이 '원하는 바'를 제공하여 욕구를 충족시키고 교환에 성공하는 것이라고 할 때 고객이 원하는 바나 행동특성에 대한 지식은 필수적이며, 이는 쌍방향 상호작용을 통해 얻어질 수 있다.

즉 마케팅 조직은 **개별고객과 지속적인 일대일 학습관계(상호작용)를 먼저 구축**함으로써 고객의 문제를 경쟁자보다 효율적 및 효과적으로 해결할 수 있는 준비를 갖출 수 있다. 물론 고객과의 이러한 상호작용은 이제까지 고객과 형성했던 학습내용을 근거로 하여 지속적으로 추진되고 학습내용들은 기억이나 데이터 베이스에 저장되어야 한다.

따라서 고객의 얼굴이나 전화번호, 고객번호 등의 개별고객 인식수단을 통해 그가 누구인지 즉석에서 확인할 수 있는 마케터는 **축적된 학습내용을 인출해서 그 고객이 원하는 바와 행동특성을 근거로 하여 효과적으로 봉사**할 수 있다.

예를 들어, 단골 식당을 방문하면 내가 누구인지 알아보는 순간에 내가 즐겨찾는 메뉴를 알 것이며, 그것이 대구 매운탕이라면 혈압문제로 짠 맛을 기피하는지, 국물의 양은 어느 정도가 적당한지, 식사량은 얼마나 많고 적은지, 좋아하거나 싫어하는 곁들이 반찬이 무엇인지, 평균 식사시간을 얼마나 걸리는지 등을 — 굳이 다시 말하거나 질문하지 않아도 — 이미 알 수 있을 것이다.

3.4 맞춤형 고객화

고객관계를 지속적으로 유지·강화하기 위해서는 개별고객이 독특하게 원하는 바를 정밀하고 충분하게 충족시킬 수 있도록 모든 마케팅 활동을 조정해야 한다. 즉 상호작용을 통해 고객에 관해 '학습된 지식'을 활용하여 물리적 상품뿐만 아니라 포장, 서비스, 배달, 대금청구, 전화응대 등 모든 측면을 개별고객에게 맞도록 조정함(customization)으로써 고객의 입장에서 보다 많은 만족과 시간 및 비용 절감의 혜택을 누릴 수 있게 해야 한다.

예를 들어, 단골 이발소에는 그냥 들어가서 앉으면 이미 알아서 이발해 줄 것이고, 단골 식당에서는 '거시기'나 '늘 먹던 거'를 달라고 해도 이미 알아서 입맛에 맞는 식사를 제공받을 것이다.

과거에는 맞춤형의 마케팅 활동이 원가상승의 부담으로 인식되어 왔지만, 최근에는 고객만족 → 고객충성 → 고객유지가 신규고객 유치비용을 줄임으로써 오히려 비용절감의 기회로 인식되며 수익성 개선에도 기여하고 있다. 그것은 맞춤형 상품 자체를 생산하고 공급하는 데 관련비용이 과거에 비해 매우 낮아진 반면, 고객유지를 통해 절약되는 마케팅 비용을 품질개선과 고객만족에 투자하거나 저가격에 반영할 수 있기 때문이다.

따라서 고객관계 관리는 마케팅 조직과 고객 모두에게 혜택을 제공하는 마케팅의 새로운 수행방식이며, 양측의 적극적인 참여를 전제로 한다.

시장자료의 수집

제 7 장 시장자료의 수집

　오늘날 대부분의 조직에 있어서 가장 중요한 마케팅 문제는 **'충분한 양의 상품생산'**이 아니라 **'충분한 고객만족을 보증하는 상품생산'**이며, 기업들은 자신이 보다 많은 소비자로부터 선택받아야만 번창할 수 있다는 사실을 알고 있다.

　즉 어떠한 상품도 시장에 공급되는 대로 거의 자동적으로 판매될 수 없으며, 우선 소비자가 원하는 특성을 갖추고 소비자가 원하는 장소에서 그들이 기꺼이 지불하려는 가격에서만 판매될 수 있을 뿐이다.

　또한 마케터는 자사상품에 대한 수요를 환기시키기 위해서 적절한 매체를 통해 잠재고객에게 유용한 정보를 제공하고 설득해야 하는데, 이러한 모든 과업을 효과적으로 수행하려면 시장정보를 수집하는 마케팅 조사를 필수적인 기업활동의 일부로 받아들이게 되었다.

　이와 같이 소비자가 '원하는 바'와 행동특성이 기업활동의 초점으로 부각된 것은 마케팅 콘셉트가 등장한 것과 맥을 같이 하고 있다. 즉 **오늘날 경쟁에서의 승리는 자신이 경쟁자보다 소비자의 욕구와 필요를 얼마나 잘 충족시키느냐**에 달려 있고, 이를 위해 기업은 소비자를 포함하여 여러 가지 환경요인에 대해 충분히 이해해야 하므로 마케팅 조사의 중요성도 부각되었다.

1절 마케팅 조사의 개관

인간의 일상생활은 의사결정의 연속이며, 모든 의사결정은 어떤 형태든 일종의 조사를 필요로 한다. 예를 들어, 우리가 어떤 상품을 구매할 때에는 당연히 여러 상표들 사이에서 품질과 가격을 비교할 것이며 더욱이 어느 점포에서 구매할 것인지를 결정하기 위해 여기 저기 돌아다니기도 하는데, 이것도 최선의 상표나 점포를 선택하는 데 이용할 정보를 수집하는 일종의 조사인 것이다.

그러나 마케팅 조직이 당면한 의사결정 문제를 해결하기 위해서는 조사활동을 훨씬 객관적 절차에 따라 진행해야 한다.

1. 마케팅 조사의 의의

1.1 마케팅 조사의 정의

마케팅 조사란 **우선 마케팅 의사결정자의 정보욕구를 진단하고**(diagnosis of information needs), **그러한 정보욕구에 관련된 변수들을 선정**(selection of relevant interrelated variables) **한 후, 유효하고 신뢰성 있는 자료를 수집/기록/분석하는 일**(gathering/recording/analysing valid and reliable data)이라고 정의된다.

마케팅 조사를 시작하는 데 있어서 우선 의사결정자의 정보욕구를 진단하는 일이 매우 중요하다. 예를 들어, 의사결정자가 '국세청'에 볼 일이 있다고 말할 때 조사자에 따라서는 국세청의 전화번호를 알려주거나, 국세청에 가기 위한 버스노선을 알려주거나, 국세청의 주소를 알려줄 것이지만 각 정보가 의사결정을 위해 얼마나 유용한지는 결국 의사결정자(정보이용자)의 정보욕구에 따라 결정되는 것이다.

또한 관련된 변수란 예를 들어, 화장품을 많이 구입하는 사람들(heavy users)의 인구통계적 특성을 알고자 할 때에는 당연히 화장품의 구매액과 나이, 소득, 교육수준 등이 관련변수가 될 것이다.

그 다음 조사자는 이러한 변수에 대한 자료를 수집하고 분석할 것인데, 관련된 변수들은 **마케팅 이론, 유사분야의 선행연구, 탐색적 조사, 사전신념**을 근거로 선정될 수 있다.

▲ 마케팅 조사란 유효하고 신뢰성 있는 자료를 수집, 기록, 분석하는 일이다.

1.2 마케팅 조사의 목적

일반적인 수준에서 마케팅 조사는 크게 세 가지 목적을 위해 실시된다. 우선 개별 소비자는 구매나 소비에 관련해서 **현명한 의사결정**을 내리기 위해 정보를 필요로 한다.

이에 덧붙여 마케팅 조직의 조사자는 마케팅 환경과 시장(고객)에 관련하여 필요한 자료를 수집하고 분석함으로써 마케팅 실무에서 마케터가 **보다 나은 의사결정**을 내릴 수 있도록 지원하기 위해 조사를 실시한다.

또한 학계에 있어서 마케팅 조사의 목적은 시장현상을 연구함으로써 **새로운 마케팅 이론과 기법을 개발**하려는 것이다. 예를 들어, 신상품에 대한 소비자의 반응계층은 혁신수용 모델로 요약되는데 그러한 모델이 신상품에 관한 인지, 관심, 대안평가, 시용, 수용이라는 단계를 순차적으로 포함한다는 점은 결국 시장현상에 대한 조사를 근거로 개발된 것이며, 마케팅 이론과 기법의 한 부분을 구성한다.

최근 들어 마케팅 조사는 대부분 기업의 마케팅 활동에서 대단히 중요한 기능으로 부각되었으며, 정부기관이나 공공단체 등 비영리 조직에서도 경영관리의 필수적인 지원도구로서 지위를 굳혀가고 있다.

이러한 현상은 무엇보다도 기업이든 비영리 조직이든 조직 자체가 경쟁 속에서 생존하고 효과적으로 목표를 달성하기 위해서는 고객지향적(customer-oriented)으로 전환하지 않을 수 없다는 인식에 따라 나타났으며, 중요한 마케팅 의사결정의 빈도와 복잡성, 그에 따른 의사결정의 불확실성이 증대됨에 따라 더욱 두드러질 것으로 예상된다.

마케팅 조사 목적
개인: 현명한 의사결정
실무계: 보다 나은 의사결정
학계: 새로운 이론과 기법 개발

2. 마케팅 조사의 적용범위

실무에서 마케팅 조사는 마케터들에게 의사결정에 필요한 정보를 제공하는 것을 목적으로 한다. 따라서 마케팅 조사는 실무적으로 마케팅 의사결정 변수에 관한 조사와 그러한 의사결정에 영향을 미치는 소비자 및 환경요인에 관한 조사로 실시된다.

여기서 마케팅 의사결정 변수란 마케팅 전략의 구성요소인 시장 세분화(Segmenting), 표적시장 선정(Targeting), 포지셔닝(Positioning), 마케팅 믹스의 개발(4P)에 관련된 하위 의사결정들을 포괄한다.

따라서 마케팅 조사의 적용범위는 〈표 7-1〉과 같이 전략적 마케팅 계획수립의 전체 과정을 포괄하여 환경분석과 기회의 발굴, 마케팅 전략의 네 가지 구성요소, 성과의 평가와 통제로 구분된다.

표 7-1

마케팅 조사의 적용범위

의사결정의 유형	조사문제의 내용
환경요인분야 환경적 기회와 위협을 확인해낸다. 기업의 기회를 규정한다. 마케팅 활동의 방향과 규모를 결정한다. 마케팅 노력을 기간별로 할당한다.	환경적 요인들의 현황과 변화추세를 예측한다. 기업의 강점과 약점을 평가한다. 세분시장별 및 상품별 시장수요를 예측한다. 수요의 계절지수를 구한다.
시장분야 시장을 세분한다. 표적시장을 선정한다. 목표 포지션을 선정한다.	소비자들의 특성을 근거로 유사한 집단들을 분리해낸다. 각 세분시장의 규모, 성장전망, 경쟁강도를 평가한다. 마케팅 목표를 달성하기에 가장 적합한 이미지를 설정한다.
상품분야 상품속성의 결합을 결정한다. 상표명을 결정한다. 포장의 특성을 결정한다.	상품개념들을 창출하고 가치를 분석한다. 상표명의 대안들을 창출하고 이미지를 평가한다. 포장의 디자인이나 색상에 대한 소비자의 반응을 평가한다.
유통경로분야 유통방식을 결정한다. 점포(또는 창고)의 위치를 결정한다. 적정한 재고수준을 결정한다. 유통경로를 변경한다.	유통방식의 대안들을 창출하고 접근가능성과 유통효율을 평가한다. 소비자들의 구매행동특성과 지리적 분포를 평가한다. 재고회전율과 그에 대한 영향요인을 평가한다. 기존유통경로의 실적을 평가하고 새로운 유통경로를 탐색한다.
가격분야 가격수준을 결정한다. 적절한 할인과 공제정책을 결정한다. 지역적·심리적 가격정책을 결정한다. 가격 이외의 거래조건을 결정한다.	수요특성과 가격탄력성을 평가한다. 할인과 공제 유형별 반응도를 평가한다. 가격정책에 대한 세분시장별 반응도를 평가한다. 거래조건 유형에 대한 소비자의 선호특성을 평가한다.
촉진분야 광고주제, 매체, 문안을 결정한다. 최적의 광고물을 결정한다. 촉진전략을 평가한다. 예산을 할당한다.	각 대안에 대한 수신자들의 반응도를 평가한다. 세분시장별 광고물에 대한 반응을 실험한다. 수신자의 태도나 구매량을 평가한다. 지역시장별 및 상품별 이익기여도나 시장성장 전망을 평가한다.
성과평가와 통제 분야 성과를 다음 계획에 피드백한다.	마케팅 성과를 평가한다.

3. 마케팅 조사의 과정

조사문제의 성격이나 조사자의 개인적 특성에 따른 차이에도 불구하고 모든 마케팅 조사에서 공통적으로 발견되는 조사과정은 대체로 〈표 7-2〉와 같은 단계로 나눌 수 있다.

표 7-2

조사목적을 정의하기 위한
절차

1. 조사목적의 정의
2. 조사설계
3. 자료원천의 확인과 자료수집
4. 표본설계 및 표본조사
5. 자료의 처리(분석 및 해석)
6. 보고서의 작성

3.1 조사목적의 정의

마케팅 조사를 시작하기 위해서는 우선 기업이 당면하고 있는 마케팅 문제를 명확히 규명함으로써 정보욕구를 판단해야 하는데, 이러한 **정보욕구를 충족시키는 일**이 바로 실시될 마케팅 조사의 목적이 된다.

즉 조사목적의 정의란 마케팅 문제에 당면한 의사결정자(라인 관리자)의 정보욕구를 판단하여 마케팅 조사가 다루어야 할 조사과제들을 상술하는 일이며, 대체로 그림 7-1과 같은 절차를 따른다. 따라서 조사자(스탭 관리자)는 조사문제를 발굴하고 조사목적을 정의하기 위해서 의사결정자인 마케터와 긴밀하게 협조하고 조사결과도 마케터가 충분히 의사결정에 활용할 수 있도록 제시해야 한다.

조사과정에 있어서 조사목적을 정의하는 일은 그것이 이어지는 조사활동의 방향을 결정짓고 조사결과의 유용성에 막대한 영향을 미친다는 점에서 중요하다. 그러나 일부 조사자들은 이 단계를 간과하고 오히려 자료수집이나 통계적 분석에 시간과 노력을 집중함으로써 전체 조사활동을 무의미하게 만들기도 한다는 사실에 유의해야 한다.

(1) 상황적 징후

상황적 징후(situational symptoms)란 대체로 **기업이 마케팅 활동을 통해 성취하고 있는 결과나 환경의 변화**에 관련된다. 즉 마케팅 성과가 사전에 계획된 목표와 상당히 다르다면 이에 대응하기 위한 새로운 의사결정이 필요해진다.

예를 들어, 현재의 매출액이나 시장점유율이 목표보다 현저하게 낮은 수준에 머물거나 마케팅 비용이 계획보다 지나치게 많이 발생한 경우라면 적절한 조치에 관한 의사결정이 필요할 것이다.

물론 마케팅 조사가 환경탐사의 성격을 가질 경우에는 마케팅 성과에 영향을 미칠 수 있는 환경요인들의 변화가 상황적 징후로 인식되며, 그러한 환경변화에 대응하기 위한 의사결정이 필요하다. 또한 성장과 발전을 열망하여 SWOT분석을 수행하거나 상품-시장 확장행렬이나 성장-점유율 행렬 등을 분석할 수 있다.

이와 같이 새로운 의사결정이 필요한 여건에 당면할 때 조사자는 의사결정자가 해

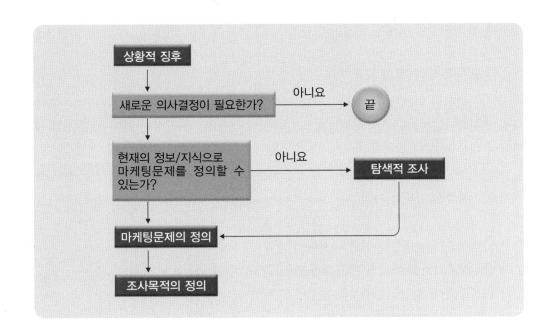

그림 7-1

조사목적을 정의하기 위한
절차

결해야 할 마케팅 문제를 정의해야 하는데, **마케팅 문제를 정의하기 위해서는 성과차이의 원인을 밝히거나 환경변화나 현황분석 결과의 시사점을 도출**해야 한다.

조사자는 그러한 원인이나 시사점을 찾아내는 일을 자신이 현재 갖고 있는 지식만으로 용이하게 수행할 수도 있으나 그러한 지식이 충분하지 않다면 탐색적 조사를 실시해야 한다.

(2) 탐색적 조사

마케팅 의사결정 문제를 정의하기 위해 성과차이의 원인이나 환경변화 등의 시사점을 제대로 파악할 수 없다면 탐색적 조사(exploratory research)를 실시해야 한다.

탐색적 조사는 통계적으로 완전히 신뢰할 수 있는 결과보다는 **의견이나 아이디어를 얻기 위해 실시되는 것이므로 대체로 10명 내외의 소표본에 대해 개방형 질문**(open-ended question)으로 실시된다.

(3) 마케팅 문제의 정의

성과차이의 원인이나 환경변화 등의 시사점을 알게 되면 조사자는 쉽게 의사결정자가 당면한 마케팅 문제를 정의할 수 있다. 결국 마케팅 문제란 **상황적 징후에 대응하기 위한 '최선의 대응조치를 선택'**하는 일인 셈이다.

예를 들어, 점포의 내방객이 계속 감소하고 있다는 상황적 징후의 원인이 경쟁점포의 출현에 있다면 점포충성을 강화하기 위한 최선의 방안을 선택하는 일이 바로 의사결정자가 해결해야 할 마케팅 문제가 된다.

(4) 조사목적의 정의

조사목적이란 마케팅 문제에 당면한 의사결정자의 정보욕구를 충족시키기 위해 마케팅 조사가 포괄해야 하는 조사과제들을 규정한 것으로, 결국 **여러 가지 '대응조치 대안들에 대한 평가'**인 셈이다.

조사과제는 대체로 가설의 형태로 진술되는데, 가설(hypothesis)이란 **조사를 통해 통계적으로 검증될 임시적 가정**(tentative assumption)으로서 다음과 같은 예가 있다.

- 학력수준이 높을수록 연간 독서량이 많다.
- 품질보증기간에 따라 구매고객의 만족도가 달라진다.
- 화장품 구매액은 취업주부와 전업주부 사이에서 차이가 없다.
- 소득수준과 연령은 관계가 없다.

3.2 조사설계

조사설계(research design)란 조사목적을 달성하기 위한 **자료의 수집과 분석을 지침하는 계획**으로서 조사형태의 선택, 자료수집의 방법 및 표본설계, 자료처리방법의 예비적 선택(analysis design)을 포함하기 때문에 마케팅 조사의 성과와 효율성에 직접적인 영향을 미친다.

조사설계는 또한 자료의 원천과도 밀접하게 관련되어 있는데 ① 조사목표에 일치하는 정보를 산출하고, ② 정확하고 경제적인 절차를 지향해야 한다. 그러나 여러 가지 조사에 걸쳐 표준적인 조사설계는 존재하지 않으며 조사설계의 유형은 조사에 이용될 다음과 같은 조사형태에 따라 탐색적 조사설계, 기술적 조사설계, 인과적 조사설계로 구분한다.

(1) 탐색적 조사

탐색적 조사(exploratory research)란 **개방형 질문을 통해 소규모의 표본으로부터 의견이나 아이디어를 수집하는 형태**의 조사인데 조사목적이 다음과 같을 때 적합하다.

▲ 탐색적 조사를 위한 초점집단 토론(Focus Group Discussion)

- 성과차이의 원인이나 환경변화 등의 시사점을 파악한다.
- 대응조치의 대안들을 생각해낸다.

- 정보욕구에 관련된 변수들을 찾아낸다.
- 설문지를 사전에 검토한다.

(2) 기술적 조사

탐색적 조사

개방형 질문을 통해 소규모의 표본으로부터 의견이나 아이디어를 수집하는 조사 형태

기술적 조사(descriptive research)는 **마케팅 현상의 요약이나 변수 간의 관계**를 밝히기 위해 실시되는데, 그 자체로서는 인과관계를 보여줄 수 없으며 조사의 목적이 다음과 같을 때 적합하다.

기술적 조사

마케팅 현상을 요약하거나 변수 간의 관계를 밝히기 위해 실시하는 조사 형태

- 마케팅 현상의 특성을 평균과 분산으로 묘사한다.
- 어떠한 사상의 빈도(frequency)를 결정한다.
- 두 개 이상의 변수들 사이의 연관성의 정도(degree of association)를 결정한다.
- 미래의 마케팅 현상을 예측한다.

예를 들어, 조사자는 기술적 조사를 통해 특정한 상품의 소비자들을 소득, 성별, 교육수준, 연령 등의 측면에서 묘사하거나 구매량과 소비자 연령 간의 연관성의 정도를 상술하고, 나아가서 향후 10년의 매출액을 예측할 수 있다.

한편 기술적 조사는 다시 횡단적 조사와 종단적 조사(시계열적 조사)로 나눌 수 있는데, 횡단적 조사(cross-sectional research)는 조사대상들을 특정 시점에서 단 한번 측정하는 경우이며, 종단적 조사(longitudinal research)는 조사대상들을 여러 시점에 걸쳐 반복적으로 측정하는 경우이다.

따라서 종단적 조사는 통상 패널을 포함하는데, 패널이란 공급자, 거래점, 소비자 등의 구성요소를 포함하는 고정 표본(fixed sample)으로 시간경과에 따라 여러 차례 동일한 변수들이 반복적으로 측정되며 이렇게 수집된 자료를 시계열자료(time series data)라고 한다.

(3) 인과적 조사

인과적 조사

예측하고자 하는 효과의 원인이 되는 변수를 확인하거나 두 개 이상 변수 간의 인과적 관계를 결정하기 위해 실시하는 조사 형태

마케터가 당면하는 의사결정문제 중에는 간혹 마케팅 시스템 내의 어떤 인과적 관계를 가정해야 되는 것이 있다. 따라서 조사자는 예측하고자 하는 효과의 원인이 되는 변수를 확인하거나 두 개 이상 변수 간의 인과적 관계를 결정하기 위해서 인과적 조사(causal research)를 실시해야 한다.

물론 기술적 조사에서도 변수 간 연관성의 정도를 결정하고 가설을 검증할 수 있으나, 인과적 관계를 명확하게 파악하기 위해서는 인과적 조사를 위한 마케팅 실험이 불가피하다. 마케팅 실험이란 **외생적 영향의 통제를 전제로 하여 다양한 독립변수들을 조**

작하면서 그것이 매출액 등 종속변수에 미치는 효과를 검토할 수 있도록 허용한다.

3.3 자료원천의 확인과 자료수집

모든 조사 결과의 유용성은 분석하기 위해 수집된 자료의 품질에 따라 결정되므로 일단 품질이 좋지 않은 자료를 이용한다면 어떠한 재치, 지혜, 노력도 그르친 일을 바로 잡기가 어렵다. 따라서 조사자는 자료의 원천과 그 품질에 대해 항상 주의해야 하는데, 자료는 조사목적에 따라 두 가지의 유형으로 구분할 수 있다.

즉 2차 자료(secondary data)란 **현재의 조사목적이 아니라 다른 조사목적을 위해 이미 수집되어 있는 자료**를 말하며, 1차 자료(primary data)란 **현재의 조사목적에 따라 조사자가 직접 수집하는 자료**를 말한다.

2차 자료는 시간과 비용 면에서 대단히 큰 이점을 갖고 있으므로 조사자는 우선 2차 자료의 가용성을 확인하고 활용가치를 평가해야 한다. 물론 2차 자료의 가용성과 활용가치를 평가한 결과, 현재의 조사목적을 위해 사용할 2차 자료가 충분하지 않거나 있다 해도 활용가치가 없다면 조사자는 시장에 뛰어들어 1차 자료를 직접 수집하기 위한 실사(field survey)를 수행해야 한다.

1차 자료의 주요한 원천으로는 응답자, 마케팅 실험, 사례연구, 시뮬레이션 등이 있으며 자료수집방법으로는 설문지를 이용하여 말이나 글로 자료수집을 행하는 문의법(inquiry method, 커뮤니케이션 방법)과 응답자나 대상물 또는 사상의 행태를 인식하여 관찰기록지에 기록하는 관찰법(observation method)이 있다.

또한 문의법의 실행방법에는 직접면접법, 전화면접법, 우편설문법 등이 있으나 각각은 유용성과 한계점을 모두 갖고 있으므로 조사여건에 적합한 실행방법을 선택해야 한다.

3.4 표본설계 및 표본조사

표본조사를 설계함에 있어서 조사자는 ① 우선 모집단을 조사목적에 맞도록 정의하여 ② 표본추출 목록(sampling frame)을 작성한 다음, ③ 표본의 크기와 ④ 표본추출 방법을 결정해야 하는데 이러한 네 가지 절차는 표본설계의 주요 내용이다.

마케팅 조사를 통해 모집단의 특성을 알기 위해서는 관심의 대상이 되는 모집단의 구성원 전체에 대해 측정을 실시하거나(전수조사), 모집단을 대표할 수 있는 일부 대상에게만 측정을 실시하여(표본조사) 전체 모집단의 특성을 추정할 수 있다.

즉 조사자는 자료를 전수조사를 통해 얻기도 하지만 전수조사는 많은 비용과 시간을 소요하며, 전수조사가 아예 불가능한 경우가 있고, 표본조사보다 오히려 부정확한 결과를 산출한 가능성이 있기 때문에 마케팅 조사에서는 표본조사가 보편적이다.

표본조사를 실시할 경우라면 모집단의 특성치(모수 parameters)들은 그에 대응하는 표본의 특성치(통계량 statistics)들로부터 추정된다. 즉 표본이 어떠한 특성에 관해 모집단을 진정으로 대표한다면 표본은 그러한 특성에서 모집단과 동일한 분포를 가질 것이므로 대표성을 갖는 표본은 통계적 추론을 통해 모집단에게 일반화될 수 있는 발견점들을 제공해준다.

3.5 자료의 처리(분석 및 해석)

일단 조사목적에 부합되는 자료를 수집하고 나면 조사자는 우선 그러한 자료를 편집과 코딩을 통해 요약표로 정리해야 한다. 편집(editing)이란 판독가능성, 일관성, 완전성 등의 기준에 따라 수집된 자료를 검토하는 일이며, 코딩(coding)이란 조사대상자의 응답들을 수치로 나타내는 일이다.

일단 조사자료에 대한 요약표가 작성되고 나면 조사자는 그것을 개략적으로 검토함으로써 구체적인 분석방법을 결정할 수 있게 되는데, 자료의 분석은 정보욕구에 부합되는 정보를 산출할 수 있어야 한다.

물론 조사자가 분석방법을 선택하는 데 있어서는 자료의 척도, 표본의 수와 독립성 여부, 변수의 수, 외생적 요인의 통제가능성, 적용할 검증방법의 가정 등을 고려해야 한다.

적절한 통계적 방법으로 조사자료를 분석하고 나면 조사자는 분석결과로부터 마케팅 전략 상에 활용할 수 있는 시사점을 도출해내야 한다. 조사자가 분석결과로부터 적절한 시사점을 포착하여 전략적인 방안으로 통합하기 위해서는 통계적 분석방법에 대한 이해뿐만 아니라 마케팅에 관한 이론적 배경, 실무적 경험과 감각이 모두 필요하다.

3.6 보고서의 작성

조사과정은 보고서의 작성으로 종결되며, 조사자는 보고서에서 경영자에게 조사의 발견점을 제시하고 최선의 대응책을 추천한다. 그 형태에 있어서는 전화로부터 챠트, 슬라이드, 강연 등에 이르기까지 다양한데, 강연은 특히 경영자 브리핑이라고 하며 마케팅 조사가 외부기관에 의해 수행되었을 경우에 보편적으로 채택된다.

그러나 어떠한 형태로 보고가 실시되든지 관계없이 보고서에 포함되어야 할 중요한 항목들은 〈표 7-3〉과 같다.

표 7-3

조사보고서의 주요 내용

Ⅰ. 일반적 상황의 개관

　의사결정자가 당면한 마케팅 문제와 조사목적을 정의하기 위해 조사의 초기단계에서 상황적 징후로 인식되었던 현상들을 묘사한다. 상황적 징후란 마케팅 목표로부터 상당히 벗어나고 있는 실제의 마케팅 성과나 환경요인들의 중요한 변화를 포함한다.

Ⅱ. 조사목적

Ⅲ. 조사설계

(1) 조사형태 – 조사목적을 달성하기 위해 채택한 조사형태를 설명하고 조사의 범위 및 기간을 언급한다.
(2) 자료수집의 방법 – 전수조사의 방법과 범위 또는 표본조사의 타당성 등에 대해 자료의 수집방법을 명확하게 언급해야 한다.
(3) 표본설계 – 표본조사에서만 필요
　(가) 모집단의 정의
　(나) 표본추출목록의 작성
　(다) 표본의 크기
　(라) 표본추출방법
(4) 자료분석의 방법자료분석을 위해 채택한 방법을 설명하는데, 대체적인 자료처리 방법들의 장점과 문제점도 함께 언급한다.

Ⅳ. 자료의 분석

　실제의 자료분석 결과를 제시하는데, 조사목적에 직접적으로 관련되지 않거나 유용한 정보를 제공하지 못하는 분석결과는 편의상 부록으로 처리한다. 분석자료의 제시도 컴퓨터에서 나온 결과를 기계적으로 나열하기보다는 정보이용자가 쉽게 이해할 수 있도록 중요도에 따라 재정리해야 한다.

Ⅴ. 마케팅 시사점

　자료분석의 결과를 타당하게 해석함으로써 마케팅 전략 상의 시사점을 제시해야 하는데, 이러한 시사점들을 전략부문별로 다시 정리할 뿐만 아니라 시사점들이 결합되어 가질 수 있는 총체적 시사점도 함께 검토해야 한다.

Ⅵ. 결론

　분석결과가 마케팅 전략 상에 갖는 시사점들을 종합함으로써 상황적 징후에 효과적으로 대응하기 위한 마케팅 조치를 제안한다. 이러한 제안도 시사점과 마찬가지로 전략부문별 또는 상황적 징후의 범주별로 제시하는 편이 이해하기에 용이하다.

2절　조사자료의 수집

1. 측정의 본질과 효과적인 측정

　측정(measurement)이란 **대상을 특정한 속성상에서 평가하는 과정**을 말하는데 예를 들어, 음식의 맛을 본다든가 어느 세분시장에 속하는 소비자들의 수를 세거나 성별을 확인하는 일 등이 모두 측정이다. 이와 같이 측정은 우리의 일상생활은 물론이고 마케팅 조사에서 매우 자주 일어나기 때문에 오히려 무의식적으로 실시되고 있다.

그러나 측정결과를 분석하여 도출한 결론이 타당한지의 여부를 판단하기 위해서는 측정의 본질을 충분히 이해하고 속성을 평가하는 데 있어서 어떠한 척도를 사용했는지를 검토해야 하며, 측정에 내재된 오차도 평가해야 한다.

1.1 측정의 개념과 측정수준

마케팅 조사에서 조사자는 흔히 통계적 가설과 마케팅 이론을 검증하기 위해 측정을 실시한다. 즉 조사자는 **모집단 내에 어떠한 특성이나 관계가 존재할 것이라는 가설을 설정한 다음 그러한 가설에 관련되는 현상들을 측정**하는데, 마케팅 조사에 있어서 측정은 특성한 현상을 나타내기 위해 일반적으로 숫자(numbers)를 사용한다. 예를 들어, 신상품의 구매자중 남성은 '1'로 나타내고 여성을 '2'로 나타낼 수 있는데, 여기서 측정되는 대상(objects)은 구매자들이지만 실제로 측정되고 있는 것은 그러한 구매자가 갖고 있는 어떤 속성(attributes, 여기서는 성별)의 내용(indicants, 여기서는 남성 또는 여성)임에 유의해야 한다.

다른 예로서 초등학생의 우유 소비량을 측정한다는 것은 각 학생이 마시는 우유량에 **'일정한 규칙'에 따라 숫자를 부여하는 일**을 의미하므로 300cc잔으로 세 잔을 마시면 900cc, 두 잔 반을 마시면 750cc라는 숫자를 부여하게 된다.

한편 측정에 사용되는 숫자의 연산조작은 그 숫자가 나타내려는 속성의 성격에 따라 제한된다. 예를 들어, 본래 성별은 가감승제할 수 없으므로 성별을 나타내려고 사용한 숫자는 당연히 그러한 연산조작들이 불가능하다.

이와 같이 측정에 사용한 숫자에 어떠한 연산조작이 허용될 수 있는지는 측정수준을 결정짓는데, 측정수준에 따라서 '숫자의 사용'은 〈표 7-4〉와 같이 명목척도, 서열척도, 간격척도, 비율척도로 구분된다.

(1) 명목척도

명목척도(nominal scale)란 단순히 **특정한 속성의 내용을 갖고 있는 대상(들)을 확인하거나 소속범주를 나타내기 위해 각 대상에 숫자를 대응시키는 방법**(척도)이다. 예를 들어, 프로야구 선수의 등번호가 명목척도이며 주민등록번호 상에서 남성은 '1', 여성은 '2'로 나타낸 숫자부여 방법이 명목척도이다.

이러한 명목척도는 어떠한 연산조작도 허용되지 않는다. 예를 들

▲ 명목척도: 특정한 대상을 지칭하거나 그의 집단 소속을 나타내기 위해 사용한 숫자들

어, 여성과 남성에게 부여된 수치를 가감하는 일은 전혀 의미를 갖지 않으며, 프로야구 선수들의 등번호를 평균하여 얻은 숫자도 어떠한 의미도 갖지 않는다.

한편 명목척도로 측정된 자료를 명목자료(nominal data)라고 하는데, 이러한 자료에 있어서는 단지 도수만을 셀 수 있을 뿐이므로 중심경향치로서 최빈수를 구할 수 있고 비율(상대빈도)분석, 2항분포검증, χ^2-검증 등을 적용할 수 있다.

표 7-4

측정수준에 따른 척도의 유형

척도	기능	예시	대표적인 통계량	
			중심경향치	유의성 검증
명목척도	대상이나 범주의 확인	성별, 직업, 주거형태	최빈수	Chi-square, McNemar, Cochran Q
서열척도	속성내용의 크기 순서	석차, 선호순위, 사회계층, 등급	중위수	Mann-Whitney U, Kruskal-Wallis H, Rank order correlation
간격척도	속성내용의 크기 차이	온도, 시험성적	평균 및 표준편차	z, t, ANOVA, Pearson's correlation
비율척도	속성내용의 크기 비율	매출액, 무게, 구매확률	평균 및 표준편차	z, t, ANOVA, Pearson's correlation

(2) 서열척도

서열척도(ordinal scale)란 **대상들이 어떤 속성의 내용을 상대적으로 많이 또는 적게 갖고 있는 순서를 나타내기 위해 각 대상에 숫자를 대응시키는 방법**(척도)이다. 즉 시험을 잘 치룬 순서에 따라 학생들에게 부여한 숫자(1등, 2등, …)들은 각 숫자를 부여받은 학생의 실력이 상대적으로 좋고 나쁨을 나타내 주지만, 그러한 숫자 간의 속성내용(점수)의 차이는 가변적이다.

예를 들어, 3등보다 2등이, 4등보다 3등이 상대적으로 실력이 좋다고 할 수 있지만 3등과 2등 사이의 속성내용(점수)의 차이나 4등과 3등 사이의 속성내용(점수)의 차이는 알 수 없거니와 같다고 말할 수도 없다.

한편 서열척도로 측정된 자료를 서열자료(ordinal data)라고 하는데, 서열 자료에 대해서는 숫자 간의 차이를 비교할 수 없으므로 역시 어떠한 연산조작이 불가능하며, 중심경향치로서 최빈수와 중위수를 구할 수 있다.

예를 들어, K사 상품이 가장 좋다고 응답한 사람이 5명, 두 번째로 좋다고 응답한 사람이 10명, 세 번째로 좋다고 응답한 사람이 20명이었다면, 가장 좋다고 하는 사람부터 세 번째로 좋다고 하는 사람을 순서대로 배열하

▲ 서열척도: 속성 내용의 크기는 나타내지 않고 단순히 많고 적음의 순서만을 나타내기 위해 사용한 숫자들

후 18번째(중위수) 사람이 속하는 범주를 중위수로 택할 수 있으며, 최빈수는 물론 세 번째로 좋다는 범주가 된다.

또한 서열자료에 적합한 통계적 검증은 Mann-Whitney U test, Kruskal-Wallis H test, 스피어만의 서열상관계수 등이 있다.

(3) 간격척도

간격척도(interval scale)란 **대상들이 갖고 있는 속성내용의 차이에 숫자를 대응시키는 방법**(척도)이다. 따라서 간격척도에서 사용된 숫자는 속성내용의 상대적 크기를 나타낼 뿐만 아니라, 숫자 간의 차이는 곧 속성내용의 일정한 차이를 나타내므로 가감산(+,-)의 연산조작이 가능하다.

즉 간격척도에서 (3-2)는 (5-4)와 같으며 (5-3)은 (2-1)의 두 배임을 뜻한다. 예를 들어, 20℃는 15℃보다 5℃ 따뜻하다. 또한 15℃와 20℃ 사이의 기온차이는 10℃와 15℃ 사이의 기온차이와 같고, 10℃와 20℃사이의 기온차이는 10℃와 15℃ 사이의 기온차이의 두 배다.

그리고 모든 숫자에 일정한 값을 가감해도 숫자 간의 의미에는 전혀 영향이 없다. 이는 곧 간격척도에서 사용되는 0이라는 숫자가 인위적인 것으로서 어떠한 숫자로도 바꿀 수 있다는 의미이므로 두 숫자 간의 비율을 계산할 수 없다.

예를 들어, 온도는 인위적인 0을 가지는 간격척도이므로, 100℃가 50℃보다 두 배의 온도를 나타낸다고 말할 수 없는데, 그것은 화씨에서 212℉(100℃)가 122℉(50℃)의 두 배가 아니기 때문이다.

이러한 간격척도로 측정된 자료를 간격자료(interval data)라고 하는데, 간격척도에 대해서는 숫자들 사이의 차이를 비교할 수 있으므로 중심경향치로서 중위수, 최빈수, 평균을 사용할 수 있으며, z-검증, t-검증, 분산분석, 피어슨의 상관계수 등의 통계적 검증을 적용할 수 있다.

(4) 비율척도

비율척도(ratio scale)에 사용된 **숫자들은 등간격일 뿐만 아니라, 원점(0)이 '속성의 내용이 전혀 없음'을 나타냄**으로써 절대적인 성격을 갖고 있으므로 숫자 간의 차이는 물론이며 비율도 절대적인(일정한) 의미를 갖는다. 예를 들어, 2Kg은 1Kg보다 2배 무거우며 6Kg보다는 3배 가볍다고 말할 수 있다.

한편 비율척도로 측정된 자료를 비율자료(ratio data)라고 하는데, 비율자료에 대해서는 다른 척도로 측정된 자료들에게 허용되는 모든 연산조작이 가능하므로 조사자는 비율자료를 근거로 하여 대상 사이의 차이를 비교할 수 있으며 대상의 서열을 부여하고

▲ 간격척도: 속성 내용의 등간격 크기를 나타내기 위해 사용한 숫자들이므로 가감산은 가능하지만, 원점(0)이 인위적으로 정한 것이므로 승제산은 불가능하다.

▲ 비율척도: 속성 내용의 등간격 크기를 나타내기 위해 사용한 숫자들이므로 가감산이 가능하며, 원점(0)이 절대적인 의미를 가지므로 승제산도 가능하다.

대상물을 확인할 수도 있다. 즉 비율자료에 대해서는 여타의 척도로 측정된 자료에 대해 허용되는 모든 통계적 분석이 허용된다.

1.2 효과적인 측정의 요건

이미 언급한 바와 같이 측정이란 대상이 갖고 있는 속성의 내용에 숫자를 대응시키는 일인데, 만일 조사자가 속성의 내용에 정확한 숫자를 부여하지 못한다면 측정오차(measurement error)가 발생한다.

따라서 조사자가 측정한 결과(측정치)에는 진정한 속성의 내용과 이러한 측정오차들이 섞여 있으며, 측정오차는 체계적 오차와 무작위 오차로 구성된다.

즉 체계적 오차(systematic error, X_S)란 측정에서 나타나는 상항적 편의(constant bias, 常項的 偏倚)로서 예를 들면, 정상보다 민감한 체중기는 모든 측정대상을 일정한 비율로 무겁게 측정해주는 체계적 오차를 발생시킬 것이다.

또 무작위 오차(random error, X_R)란 변항적 편의(nonconstant bias, 變項的 偏倚)로서 동일한 대상이 갖고 있는 속성의 내용을 반복하여 측정할 때 측정치(X_O)가 들쭉날쭉한 원인이다. 예를 들어, 한 사람의 체중을 반복하여 잴 때, 또는 체계적 오차가 없는 여러 체중기로 체중을 잴 때조차 측정된 체중들이 상이하게 나타날 수 있다.

따라서 측정되고 있는 마케팅 현상에 숫자를 정확하게 대응시킴으로써 조사자는 측정오차를 제거할 수 있지만, 현실적으로 이러한 일은 — 특히 심리적인 속성의 내용을 측정할 때 — 거의 불가능하다. 단지 조사자는 이러한 측정오차의 다음과 같은 잠재적 원천을 인식함으로써 그것을 제거하거나 적절히 다루기 위해 노력할 수 있을 뿐이다.

① **응답자:** 응답자는 지식이 부족하여 응답할 수 없거나 단순히 추측에 의존하여 응답할 수 있으며, 간혹 극단적인 감정표시를 회피한다. 또한 측정되기를 귀찮아하거나 측정에 무관심함으로써 측정오차를 발생시킬 수 있다.

② **자료수집방법:** 질문의 성격이 민감한 내용을 다루고 있거나, 익명이 보장되지 않는 자료수집 방법도 측정오차를 발생시킬 수 있다.

③ **상황적 요인:** 면접도중 다른 사람의 배석 또는 주의집중을 방해하는 요인 등의 주위환경은 측정오차를 발생시킬 수 있다.

④ **측정도구:** 면접자의 행위나 용모, 몸짓 등은 측정오차를 야기할 수 있으며, 전기(轉記)의 오류, 반응의 그릇된 해석, 설문지의 복잡성, 어려운 어휘, 선택대안의 누락, 그릇된 표본 등도 측정오차를 발생시킨다.

2. 측정의 타당성과 신뢰성

2.1 측정의 타당성

측정의 타당성(validity)이란 **측정**(측정치)**이 체계적 오차나 무작위오차 모두로부터 영향을 받지 않고 진정한 값을 반영해 주는 정도**를 말하며, '측정치(X_O)=진정한 값(X_T)+체계적 오차(X_S)+무작위 오차(X_R)'에서 $X_O = X_T$일 때 측정은 타당하다. 따라서 타당성이란 **'측정하려는 것을 제대로 측정했는지'라는 정확성**(accuracy 또는 correctness)과 비슷한 개념이며, 측정이 타당하기 위해서는 측정된 값이 체계적 오차와 무작위 오차를 모두 포함하고 있지 않고, 진정한 값을 나타내야 한다.

측정의 타당성을 검토하기 위한 가장 좋은 방법은 측정치와 진정한 값을 비교해 보는 것인데, 유감스럽게도 조사자는 진정한 값을 알 수 없으며 만일 진정한 값을 안다면 새삼스럽게 측정할 필요도 없을 것이다. 따라서 조사자는 차선책으로 다음과 같은 몇 가지 기준을 이용하여 측정의 타당성에 관해 판단한다.

타당성
측정이 체계적 오차나 무작위오차 모두로부터 영향을 받지 않고 진정한 값을 반영해 주는 정도

그림 7-2
신뢰성과 타당성

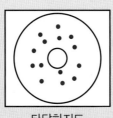

| 타당하지 않지만 신뢰가능 | 타당하지도 신뢰할 수도 없음 | 타당하므로 당연히 신뢰가능 |

(1) 기준관련 타당성(실용타당성)

기준관련 타당성(criterion-related validity)을 평가하기 위한 실제적인 접근법은 **한 속성에 대한 측정이 여타의 다른 속성이나 행동을 잘 예측해주거나 잘 대변해주는 정도**를 검토하는 일이다.

예를 들어, 대학의 입시관리자는 지원자의 수학능력에 관심을 가질 것인데, 내신성적(X_O)이 지원자가 대학과정에서 보여줄 수학능력(X_T)을 잘 예측해 주는지 아닌지는 바로 내신성적의 기준관련 타당성을 결정한다. 만일 내신성적이 좋을수록 대학과정에서 수학능력도 우수하다면 내신성적이라는 측정치는 기준관련 타당성을 갖는 것이며, 그렇지 않다면 내신성적이라는 측정치의 기준관련 타당성을 의심하고 사용하지 않아야 한다. 또 종업원들의 직무 만족도를 평가하는 측정이 그 사람이 앞으로 이직할 것인지

아닌지를 잘 예측해 줄 수 있다면 역시 기준관련 타당성을 갖는 것이다. 그런데 이러한 경우에 있어서 내신성적이나 직무만족도에 대한 측정은 미래의 현상인 수학능력이나 이직여부를 예측해 주는 것이므로 특별히 예측 타당성(predictive validity)이라고 한다.

기준관련 타당성의 다른 형태는 동시 타당성(concurrent validity)인데, 그것은 **두 가지 현상을 동시에 측정할 때 한 현상에 대한 측정과 다른 현상에 대한 측정이 동시에 나타나는지의 여부**로 평가될 수 있다.

예를 들어, 여성에 대한 어떤 검사(X_O)는 그녀가 임신을 했는지의 여부(X_T)를 판단하기 위해 실시되는 측정인데, 여기서는 그 여성이 앞으로 임신할 것인지를 예측하는 것이 아니라 현재 임신 중인지 아닌지를 얼마나 정확하게 판단해 주는가의 문제이므로 그러한 검사는 동시 타당성의 측면에서 평가된다.

이러한 기준관련 타당성은 두 가지 측정 사이의 상관관계를 분석함으로써 평가될 수 있으며, 상관관계가 높을 때 측정은 기준관련 타당성을 갖는다고 말한다.

(2) 내용타당성(범위타당성)

내용 타당성(content validity)이란 **측정이 조사자가 측정하려는 속성의 영역(범위)을 충분히 포괄하고 있는지 아닌지에 관련된 문제**이다. 예를 들어, 야채요리의 종목만으로 개인의 요리솜씨를 평가한다면 그러한 측정은 요리솜씨라는 속성의 모든 영역을 포함하지 않기 때문에, 전반적인 요리솜씨(X_T)가 없더라도 야채요리에만 자신이 있는 사람에게 높은 점수(X_O)를 부여할 것이므로 그러한 측정은 내용 타당성이 낮다.

마찬가지로 영어실력을 평가하기 위해서는 듣기뿐만 아니고 쓰기, 독해, 어휘 등을 포괄해야 내용 타당성이 있게 된다.

따라서 진정으로 요리솜씨를 타당성 있게 측정하기 위해서는 모든 종류의 요리종목(육류요리, 생선요리, 야채요리 등)을 측정에 포함한 후, 각각에 대한 솜씨를 종합적으로 평가해야 할 것이다. 그러나 측정에 모든 영역(범위)을 포함시키는 일은 현실적으로 대단히 곤란하므로 통상 많은 속성의 영역(요리의 종류)을 무작위로 표본추출한 후, 이들에 대한 솜씨를 종합적으로 평가할 수 있다.

내용 타당성을 평가하기 위해서 우리가 진정한 속성들을 포괄적으로 평가했는지의 여부는 속성의 전체 영역으로부터 측정항목들을 얼마나 잘 표본추출했는지에 달려 있으며, 전문가들의 주관적인 견해를 참조하여 평가될 수 있다.

(3) 구성개념 타당성

구성개념 타당성(construct validity)이란 조사자가 **측정하려고 의도하는 구성개념을 제대로 측정하고 있는지의 여부**에 관련되는 문제이다. 특히 행동과학과 관련되는 마케팅

이론들은 마케팅 현상을 설명하기 위해 소비자의 인지도, 신념, 태도, 상표선택 등의 많은 이론적 구성개념(가설적 구성개념)을 개발하고, 이들 사이에 이론적인 관계를 구축하고 있다.

측정이 이러한 구성개념을 제대로 측정하는지의 여부는 세 가지 상호관련된 타당성으로 평가할 수 있다. 즉 구성개념 타당성을 평가하기 위한 방법은 우선 조사자가 관심을 갖고 있는 구성개념의 영역을 상술하고 이에 관련된 항목들을 창출한 후, 이러한 항목들이 내부적으로 일관성을 갖도록 정리한다. 그 다음 이에 대한 측정과 다른 현상에 대한 측정 사이의 관계가 이론적으로 가정된 관계를 얼마나 잘 보여주는지를 평가하는 것이다.

예를 들어, 조사자가 관심을 갖고 있는 구성개념(상표충성도)에 대한 측정이 이론적으로 관련될 것으로 가정되는 다른 현상(상표선택)에 대한 측정과 유의적인 관계를 보일 때, 상표충성도에 대한 측정은 법칙 타당성(nomological validity, law-like validity)이 있다고 말한다. 여기서 상표선택에 대한 측정은 이미 사회적으로 수용되는 공인된 객관적 측정도구가 있기 때문에 그 결과가, 조사자가 주관적으로 개발한 척도로 측정한 상표충성도와 이론적인 관계를 보인다면 조사자가 개발한 상표충성도에 대한 척도(측정치)가 타당함을 간접적으로 보여주는 것이다.

한편 동일하거나 유사한 구성개념을 측정하는 항목들의 값 사이에는 상관관계가 높아야 하는데, 이를 집중 타당성(convergent validity)이라고 한다. 예를 들어, 건강 나이를 측정하기 위한 운동 횟수, 근력, 비만도, 음주나 흡연습관, 취침시간, 식품섭취량, 스트레스 등과 같은 항목들의 값 사이에는 상관계수의 절대값이 커야(내적 일관성이 커야) 건강 나이에 대한 측정에 집중 타당성이 있는 것이다.

또 상이한 구성개념을 측정하는 항목들의 값 사이에는 상관계수의 절대값이 1보다 유의적으로 작아야 하는데, 이를 판별 타당성(discriminant validity)이라고 한다. 즉 조사자가 관심을 갖고 있는 한 구성개념에 대한 측정과 다른 구성개념에 대한 측정 사이의 상관관계가 지나치게 높다면 두 개의 구성개념은 별개의 것이 아니라 동일한 것으로 간주되므로 조사자는 두 개의 개념 사이에 어떠한 관계나 차이를 언급할 수 없게 된다.

예를 들어, 한 구성개념을 측정한 항목들과 다른 구성개념을 측정한 항목들의 값이 완전한 상관관계를 보인다면 그들은 별도의 다른 구성개념이라고 인정하기가 곤란할 것이다.

2.2 측정의 신뢰성

측정의 신뢰성(reliability)이란 **측정이 무작위 오차로부터 영향을 받지 않는 정도**를 말

신뢰성
측정이 무작위 오차로부터 영향을 받지 않는 정도

하며, 비교가능한 대상이나 현상에 대해 독립적으로 실시한 측정결과들의 일치성에 의해 평가된다.

다시 말해 측정에서 X_R이 적을수록 신뢰성이 높은데, 물론 $X_R=0$이 될지라도 측정치 $X_O=X_T+X_S$이므로 측정이 신뢰성을 가지면서도 타당하지는 않을 수도 있다.

따라서 신뢰성 있는 측정이란 여러 가지 상황적 요인이나 일시적인 요인에 관계없이 일관성 있는 결과를 산출하며, 다음과 같은 측면에서 검토될 수 있다.

(1) 안정성

동일한 대상을 반복하여 측정할 때 일관성 있는 결과를 얻을 수 있다면, 그러한 측정은 안정성(stability)을 갖는다고 말할 수 있다. 예를 들어, 무게가 변치 않는 한 대상을 상이한 시점에서 잴 때마다 동일한 측정치(무게)를 얻는다면 그러한 측정은 안정성이 있고 따라서 신뢰성이 있는 것이다. 특히 이렇게 평가된 신뢰성을 반복측정 신뢰성(test–retest reliability)이라고 한다.

그러나 무게를 잴 때마다 다른 측정치를 나타낸다면 측정에 무작위 오차가 개재된 것이며 신뢰성이 없다고 말할 수 있다.

이러한 안정성의 정도는 동일한 대상을 반복하여 측정한 측정결과들의 범위나 표준편차와 같은 산포도로 평가될 수 있다. 물론 반복측정에는 시험효과라는 외생적 영향이 개재할 수 있음에 유의해야 한다.

(2) 등가성

태도척도를 구성하는 데 있어서 기본적인 가정은 여러 태도측정 항목들이 동일한 태도의 상이한 측면들에 관련된다는 점이다. 따라서 각 태도측정 항목들은 그들이 측정하고자 하는 태도에 관련하여 내적 일관성(internal consistency)을 가져야 한다.

이러한 측정항목 간의 내적 일관성을 등가성(equivalence)이라고 하는데, 이를 평가하기 위한 방법은 우선 전체의 측정항목들을 무작위로 2분하여 응답자 표본에게 적용한 후, 두 집단의 측정항목들이 얻은 전체 점수를 상관분석하는 것이다.

그러나 이러한 양분법(split–halves)은 나누는 경우의 수만큼 상이한 상관계수를 얻게 되는 문제가 발생하므로 내적 일관성을 나타내기 위해 크론바크 알파 계수(Cronbach's coefficient alpha)를 사용한다. 내적 일관성을 나타내는 신뢰성은 크론바크 알파 계수가 0.8 이상일 때 충분한 수준이며, 0.6 미만이면 미흡하다고 판단할 수 있다.

3. 설문지의 작성

1차 자료를 수집하기 위해 사용할 설문지를 적절하게 작성하는 일은 마케팅 조사결과의 유용성에 결정적인 영향을 미칠 뿐만 아니라, 수집된 자료에 적용될 수 있는 통계적 분석기법도 제한하므로 조사자는 정보욕구를 근거로 하여 마케팅 조사로부터 얻어내고자 하는 정보의 내용과 자료분석을 위해 적용하려는 통계적 분석기법을 사전에 고려해야 한다.

즉 모든 조사문제에 적용할 수 있는 표준적인 설문지 작성법은 없으며, 마케팅 조사에서 발견되는 많은 오류가 그릇된 설문지에 기인한다는 사실을 생각할 때 올바른 설문지의 작성은 마케팅 조사에 있어서 가장 중요한 일의 하나임을 기억해야 한다.

3.1 설문지 작성의 기본적인 지침

조사자와 응답자 간의 명료한 커뮤니케이션만이 유일한 설문지 작성의 지침은 아니다. 비록 명료한 커뮤니케이션이 기본적인 요건이기는 하지만, 훌륭한 설문지는 그 이상의 것들을 필요로 한다.

① 설문지가 포괄하는 내용의 범위는 조사목적을 충족시키기(조사과제의 수행)에 필요한 것 이상도 이하도 아니어야 한다. 간혹 꼭 필요한 질문이 누락되었다는 사실을 사후에 발견할 수 있는데, 이때 조사자가 할 수 있는 일은 고작해야 본래 의도했던 조사목적을 변경시키는 일뿐이다.

이에 반해 불필요한 질문은 응답자들의 심기를 불편하게 만들 뿐만 아니라 피곤하게 만들어 대단히 무성의한 응답을 발생시켜 꼭 필요한 질문에 대한 응답의 진실성도 의심받게 만든다.

② 질문의 방법은 결국 수집된 자료에 적용할 수 있는 통계적 분석기법과 분석결과로부터 도출될 결론에 영향을 미친다는 사실을 명심해야 한다. 예를 들어, 많은 조사자들은 소득수준과 화장품의 구매량 사이의 관계를 분석한다고 할 때 소득수준에 관한 질문을 〈표 7-5〉와 같은 세 가지 중의 한 형태로 제시할 것이다.

똑같이 소득에 관한 자료를 수집하기 위한 질문이지만 첫 번째 질문은 명목자료를 산출하기 때문에 각 범주에 속하는 응답자의 빈도만을 계산할 수 있을 뿐이다. 또한 두 번째 질문은 서열자료를 산출하기 때문에 회귀분석이나 상관분석 등을 적용할 수 없고, 세 번째 질문은 비로소 비율자료를 산출하기 때문에 모든 통계적 분석기법을 적용할 수 있는 것이다.

표 7-5

소득자료를 수집하기 위한
질문예시

- 월소득 크기에 대해 응답하여 주시기 바랍니다.
  ① 만족스럽다 ____   ② 불만족스럽다 ____
- 월소득에 해당하는 난에 표시하여 주시기 바랍니다.
  ① 200만원 미만 ____   ② 200~300만원 미만 ____
  ③ 300~400만원 미만 ____   ④ 400만원 이상 ____
- 월소득의 금액은 얼마입니까? ____원

즉 어떠한 변수에 관한 질문을 설문지에 포함시킬 것인가에 덧붙여 그것을 어떻게 묻고 어떠한 수준에서 측정할 것인지가 중요하다.

③ 질문의 수와 질문형식, 질문순서 등도 실제의 자료수집 결과에 대해 많은 영향을 미칠 수 있기 때문에 이들에 대한 신중한 고려도 필요하다. 특히 적절한 어휘의 구사와 질문의 순서는 응답자들의 회상을 촉진하고 보다 정확한 응답을 유도해낼 수 있다.

3.2 설문지의 설계과정

이상과 같은 기본 지침에 따라 설문지를 설계하는 과정은 〈표 7-6〉과 같은 단계들을 필요로 한다.

① **무엇을 측정할 것인가를 계획한다**: 마케팅 조사, 특히 설문지의 설계과정에서 가장 어려운 단계는 어떠한 정보를 수집할 것인지를 정확하게 규정하는 일인데, 이 단계에서의 그릇된 판단은 조사목적에 관련되지 않거나 불완전한 조사결과를 의미한다.

표 7-6

설문지의 설계과정

1. 무엇을 어떻게 측정할 것인가를 계획한다.
2. 측정수준을 고려하여 질문을 구성한다.
3. 질문의 순서와 설문지의 배안을 결정한다.
4. 설문지를 사전시험하고 수정한다.

수집된 자료와 조사목적 사이의 관련성의 결여는 조사자가 ― 구체적인 조사목적을 참조하지 않고 ― 어떠한 정보조각이 수집하기에 '재미있을 것'이라는 생각을 가질 때 흔히 발생한다. 이러한 일은 설문지의 양을 불필요하게 늘려 불성실한 응답을 야기하고 자료수집과 분석의 비용을 증대시킨다.

② **측정수준을 고려하여 질문을 구성한다**: 구체적인 질문들을 구성함에 있어서 조사자는 측정수준을 고려할 뿐만 아니라, 응답자에게 응답범주를 사전에 지정해줄 것인지 또는 자유롭게 자신의 응답을 작성하도록 할 것인지를 결정해야 한다. 또한 응답범주를 몇 개로 구성할 것이며 범주를 어떤 순서로 제시할 것인지를 결정해야 한다.

③ 질문의 순서와 배안을 결정한다: 질문의 순서는 우선 응답자의 협동을 얻고 유지하기 위한 필요와 면접자의 실행편의를 고려하여 결정해야 한다.

④ 설문지를 사전시험하고 수정한다: 설문지의 초안은 지나치게 길면서도 중요한 변수들을 누락시켰거나 애매하고 오도성의 질문을 포함하기 쉬운데, 설문지에 대한 사전시험은 이러한 문제점을 발견하고 교정하는 것을 목적으로 한다. 효과적인 사전시험을 위해서는 조사자가 비판에 수용적이며 문제점을 바로 잡겠다는 의지를 가져야 하며, 가장 손쉬운 사전시험의 방법으로 조사자는 응답자의 관점에서 각 질문에 응답해 볼 수 있다.

3 절   표본조사

일단 조사자가 조사목적을 상술하고 적당한 조사설계와 자료수집 도구(설문지)를 개발하고 나면, 다음 단계는 자료를 수집할 대상들을 선정하는 일이다. 모집단의 특성을 알기 위해 조사자는 모집단에 속해 있는 전체 구성원에 대해 측정을 실시해야 하지만, 여러 가지 이유 때문에 마케팅 조사에서는 표본조사가 보편적으로 실시되고 있다.

1. 표본조사의 개념

1.1 모집단

일정한 특성(들)을 공통적으로 갖고 있는 개체들의 완전한 집합을 모집단(population, universe)이라고 한다. 예를 들어, 서울에 거주하는 취업주부라는 모집단은 서울에 거주하는 주부 중 직업을 갖고 있는 모든 사람을 집합적으로 지칭하는 말이다.

또한 그러한 모집단에 대해 서울에 거주한다는 조건과 주부라는 조건, 직장에 나가고 있다는 조건을 모두 충족시키는 개체들을 그 모집단의 구성원(element, member)이라고 한다.

1.2 전수조사와 표본조사

모집단의 특성을 파악하기 위한 가장 기본적인 방법은 모집단의 구성원 각각에 대해 측정을 실시하는 일인데, 이러한 조사를 전수조사라고 한다. 그러나 전수조사는 다음과 같은 부적절한 측면들을 갖고 있다.

① 모집단의 전체 구성원에 대해 측정을 실시하는 일은 대단히 많은 조사비용과 시간을 소요한다.

② 조사문제에 따라서는 전수조가가 불가능한 경우도 있다. 예를 들어, 냉동식품이 얼마의 기간 동안 신선도를 유지할 수 있는지 알기 위해 전수조사를 실시한다면 모두 부패되어 결국 판매할 상품이 하나도 남지 않게 될 것이다.

③ 일반적으로 전수조사가 매우 정확할 것으로 여겨지지만, 비표본추출 오차가 발생할 여지가 많기 때문에 적은 수의 구성원에 대해 측정하는 표본조사보다 오히려 부정확한 경우가 있다.

④ 광고 캠페인을 전후하여 소비자의 태도변화를 조사할 때와 같이, 마케팅 효과를 정확하게 측정하기 위해서 별도의 비교대상(통제집단, 대조군)이 필요한 경우에는 사전조사를 받지 않은 응답자를 남겨둘 필요가 있다.

이상과 같은 이유 때문에 마케팅 조사에서는 대체로 표본조사가 실시되는데, 조사자는 표본조사의 결과(표본의 통계량)를 이용하여 모집단의 특성치(모집단의 모수)를 추정하거나 모집단 분포에 관한 가설을 검증하게 된다. 따라서 표본조사에 있어서 주요한 과업은 모집단의 평균, 비율, 분산을 추정하는 일과 모집단내 변수 간의 관계나 분포특성에 관한 가설을 검증하는 일이다.

1.3 표본설계

표본설계 과정은 〈표 7-7〉과 같이 네 단계로 구분된다. 예를 들어, 서울지역 미혼 직장여성의 신상품 구매율을 조사한다고 할 때 모집단은 서울지역에서 직장에 근무하는 모든 미혼여성을 포괄하는 것인데, 이러한 모집단으로부터 직접 표본을 추출하는 일은 용이하지 않다. 따라서 조사자는 모집단을 대표한다는 조건을 충족시키면서 실제로 표본을 추출하기 위한 모집단 구성원의 목록으로서 정부기관이나 연구소에서 작성한 일종의 목록을 이용할 수 있는데, 이를 표본추출 목록이라고 하며 이러한 표본추출 목

표 7-7

표본설계 과정

1. 모집단의 정의
2. 표본추출 목록의 작성
3. 표본크기의 결정
4. 표본추출방법의 결정

록이 포괄하는 모집단을 조사모집단이라고 부른다.

한편 표본의 크기는 표본조사 결과의 정밀성을 결정짓는 중요한 요인이지만 표본의 크기가 커질수록 조사에 소요되는 비용과 시간도 증대하므로 표본조사의 효율성이라는 측면에서 판단해야 한다. 그리고 표본의 크기를 결정하고 나면 조사자는 표본추출 목록으로부터 구체적인 표본 구성원을 추출하기 위한 방법을 결정해야 한다.

2. 표본추출 방법

표본추출 방법은 〈표 7-8〉과 같이 크게 확률 표본추출(probability sampling)과 비확률 표본추출(nonprobability sampling)로 구분된다. 확률 표본추출에서 조사자는 모집단의 각 구성원이 표본의 구성원으로 선정될 확률을 사전에 알 수 있도록 추출하며, 그러한 확률에 따라 표본 구성원이 선정되므로 표본추출에 있어서 조사나 면접자의 주관적인 판단이 전혀 개입되지 않는다.

이러한 확률 표본추출은 표본자료로부터 오차를 제거해주지는 않지만 조사자로 하여금 있을 수 있는 표본추출 오차의 범위를 평가할 수 있도록 하며, 이는 정보이용에 있어서 매우 중요한 요건이다.

확률 표본추출	비확률 표본추출
① 단순 무작위 표본추출 　– 임의선정 표본추출 　– 난수 표본추출 ② 집락 표본추출 　– 계통 표본추출 ③ 층화 표본추출	① 편의 표본추출 ② 판단 표본추출 ③ 할당 표본추출

표 7-8

표본추출 방법

한편 비확률 표본추출에 있어서는 표본의 구성원들이 조사자나 면접자의 주관적인 판단에 의해 모집단으로부터 추출된다. 즉 모집단 구성원이 표본에 포함될 확률을 사전에 알 수 없기 때문에 표본이 모집단을 어떻게 대표하는지 확신할 수 없으며, 따라서 표본추출 오차도 평가할 수 없다.

3. 표본자료의 오차

표본자료와 연관된 오차는 표본추출 오차와 비표본추출 오차로 구분되며, 후자는 다시 응답자에 기인하는 오차와 면접자(관찰자)에 기인하는 오차로 나눌 수 있다. 조사자는 이러한 오차들을 극소화하고 측정하기 위해 오차의 본질을 충분히 이해해야 하며 정보 이용자들도 자료의 신뢰성을 판단하기 위해 오차를 이해해야 한다.

3.1 표본추출 오차

표본추출 오차(sampling error)란 표본조사의 결과에서 **표본이 — 확률 표본추출일지라도 — 모집단을 완전히 대표하지 않기 때문에 우연(chance)에 의해 발생될 수 있는 오차**로서 단순히 표본오차, 우연오차라고도 한다. 조사자는 표본을 모집단으로부터 무작위로 추출할 경우에 한해 이러한 표본오차를 추정할 수 있게 되므로 표본의 무작위성(randomness)은 표본추출에서 매우 중요한 고려사항이다.

3.2 비표본추출 오차

① 응답자 오차(respondent errors): 응답자 오차란 표본의 어떤 구성원이 정확한 응답을 제공해주지 못하는 데서 기인하는 오차로서 무응답, 오해, 의식적 및 무의식적 왜곡해석, 무지와 적절치 못한 예측에 의해 일어나며 간혹 잘못 설계된 설문지에 의해서도 발생한다.

② 면접자 오차(interviewer errors): 면접자 오차는 여러 가지 면에서 응답자 오차와 연관되어 있는데, 조사에서 면접자를 제거함으로써 완전히 제거할 수 있다(그러나 우편설문은 다른 오차를 발생함). 이러한 면접자 오차는 대체로 면접자와 응답자 사이의 상호작용, 해석과 전기(轉記)에 있어서의 실수, 면접자의 속임수 등에 기인하며 잘못 설계된 설문지로부터 유발되기도 한다.

한편 응답자나 면접자에 기인하는 비표본추출 오차들은 추정되거나 완전히 제거되기가 불가능하지만, 다음과 같은 몇 가지 지침을 통해 줄일 수 있다.

첫째, 표본조사를 가능한 한 수행하기 용이하도록 유지하라.
둘째, 조사목표와 일치하는 최소한의 표본을 사용하라.
셋째, 질문을 조사목적에 꼭 필요한 것만으로 국한하라.
넷째, 설문지를 사전시험하라.
다섯째, 응답자와 면접자를 적극적으로 조사에 참여시킬 절차를 확립하라.
여섯째, 면접자가 진정으로 대답할 수 없는 질문은 하지 마라.
일곱째, 면접자에게 불가능한 일을 요구하지 마라.

전략적 계획 수립과 마케팅

제8장 전략적 계획 수립과 마케팅

이미 3장에서 설명한 바와 같이 마케팅 조직은 다양한 환경 속에서 활동하는데, 그러한 환경요인들은 끊임없이 변화하면서 새로운 마케팅 기회를 창출하거나 위협으로 작용한다. 따라서 마케터는 **환경요인들의 현황을 정확하게 파악하고 변화추세를 예측함으로써(환경탐사) 환경변화에 능동적으로 대처하고 마케팅 목표를 효과적으로 달성할 수 있다(창조적 적응).**

결국 마케팅 조직은 미래를 예견하고 대응할 수 있어야 하는데, 환경요인들의 변화를 심각하게 고려하여 장기적인 계획을 수립해야 한다. 그러나 어떠한 계획도 모든 마케팅 조직에 걸쳐 최적의 것이 될 수 없으므로 마케터는 자신의 조직을 둘러싸고 있는 환경, 기회, 목표 및 자원할당에 관해 최선의 전략적 계획을 수립해야 한다.

이와 같이 환경변화를 심각하게 고려하여 조직의 장기적 생존과 성장을 추구하기 위해 '전사적 차원'에서 계획과 전략을 수립하는 관점을 전략적 계획수립이라고 한다.

일단 ① '전사적 차원'의 전략적 계획(3~5년의 장기계획)이 확정되면 각 기능부서별로 계획수립에 들어가므로 ② 마케팅 부서는 마케팅 계획(marketing plan)을 수립하고, ③ 이어서 개별 상품계획(individual product plans)으로 구체화할 것이다. 결국 **계획수립의 과정은 상호의존적인 성격을 갖는 세 가지 계획의 범위를 포괄하며 계획들은 '계층적 구조'를 이룬다.**

특히 조직 내에서 마케팅 기능은 전략적 계획을 수립하는 데 필요한 시장관련 정보를 제공하기 때문에 기업과 환경간의 연결고리 역할을 수행하면서, 각 부서를 위해 정보를 제공하고 부서별 계획들을 조정한다는 점에서 마케팅 기능과 전사적 차원의 전략적 계획은 매우 밀접한 관계를 갖는다.

따라서 본장에서는 우선 전사적 차원의 전략적 계획 과정을 살펴보고, 마케팅 부문의 전략수립과 그것을 실행하고 통제하는 과정을 살펴본다.

1 절 전략적 계획수립의 과정

전략적 관점에서 계획을 수립하는 일(창조적 적용)은 〈표 8–1〉과 같은 단계들로 구성되며 마케터에게 몇 가지 혜택을 제공해준다. 즉 '전사적 수준의 전략적 사업계획'을 수립하는 일은 최고경영자의 책임으로서 다섯 가지 기능을 수행한다.

- 기업사명(목적)의 정의
- 전사적 수준의 상황분석(SWOT 분석)
- 기업목표의 설정
- 최적의 사업 포트폴리오 설계
- 기능분야별 계획수립 및 전략조정
  → 마케팅 계획 → 개별 상품 계획

표 8–1

전략적 계획수립(창조적 적용)의 요소

① 조직의 현재 상태와 추구방향을 제시해주는 기능을 수행하며, 책임소재를 명확히 하고 과업을 효율적으로 조정한다.

② 미래의 환경변화를 체계적으로 예견하고 조직이 당면한 기회/위협/강약점을 인식하여 기업목표와 전략에 대해 체계적이며 현실적으로 접근하도록 허용한다. 특히 유관성 계획(contingency plans)을 사용하여 변화에 대해 신속하고 효과적으로 대응하도록 허용한다. 예를 들어, 국제 유가(oil price)가 조직의 성과에 미치는 영향이 크다면 그것이 80달러 이상의 경우, 50달러 이하의 경우, 그 중간가격의 경우로 나누어 계획을 수립한다(what–if plans).

③ 합리적인 목표와 정책을 수립하고 구체화하기 위한 근거를 제공하기 때문에 마케팅 관리자들이 의사결정의 준거로 활용할 수 있다.

④ 다양한 부문의 활동을 조정하고 통제하기 위한 성과표준(부서별 목표)을 제시하는 기능을 수행한다.

⑤ 팀정신(TS, team spirits)을 통해 동기부여와 생산성을 제고한다.

그러나 계획수립 자체에는 간과할 수 없는 다음과 같은 함정들이 있으므로 유의해야 한다.

① 관리자들의 많은 시간과 정신적 에너지를 소모한다.
② 그릇된 가정을 근거로 하기 쉽다.

③ 장황하며 실행이나 평가상의 문제를 간과하기 쉽다.

④ 구성원들의 이해와 참여도가 낮을 수 있다.

⑤ 다른 부서의 투입요소들을 간과하는 경향이 있다.

⑥ 단순한 재무예측 또는 수요예측과 혼동되는 경우가 많다.

⑦ 불충분한 자료수집과 주요 변수의 누락 가능성이 있다.

⑧ 지나치게 단기적 목표를 강조하는 경향이 있다.

한편 계획을 성공적으로 수립하고 실행하기 위해서는 다음과 같은 요건들이 충족되어야 한다.

① 변화 필요성에 대한 명확한 인식

② 최고경영층에 대한 변화 주창자들의 설득

③ 조직 구성원들의 의견과 관심을 반영함으로써 신뢰성 구축

④ 가용한 자원과 능력을 충분히 고려하여 현실성을 확보

⑤ 계획 및 계획변경에 관한 커뮤니케이션

⑥ 계획수립 절차에 대한 철저한 훈련

⑦ 간결하고 조직화된 계획문서를 통해 목표와 과업을 명확하게 전파

일반적으로 계획은 연차계획과 장기계획으로도 구분할 수 있는데, 연차계획(annual plan)은 당해 연도에 대한 현재의 환경, 그러한 환경 속에서 추구하는 목표, 그러한 목표를 달성하기 위한 전략, 전략을 실행하기 위한 실행계획, 예산, 통제를 포함하는 단기적인 계획이다.

이에 비해 장기계획(long-term plan)은 향후 3년 내지 5년간에 걸쳐 마케팅 조직에 영향을 미칠 중요한 환경요인들을 평가하고 장기목표와 주요 전략의 방향, 그에 소요되는 자원 등을 포함하는 장기적인 계획을 의미한다(통상 실행계획과 통제는 없음). 대체로 장기계획은 매년 환경변화에 맞도록 조정되어야 하는데(연동계획 rolling plan), 장기계획 중 당해 연도분을 구체화한 것이 바로 그 해의 연차계획이 된다.

따라서 **전략적 계획수립이란 조직의 목표와 능력을 변화하는 환경에 적합하도록 개발하고 유지시키려는 관점에서 장기계획을 마련하는 일**이다. 이때 마케팅은 계획수립에 필요한 정보를 제공해주고, 조직 내에서 마케팅이 수행할 역할을 규정하여 다른 부문들이 협력하도록 격려한다.

1. 기업사명의 정의

전략적 계획수립의 첫 번째 단계는 기업사명을 정의하는 일이다. 모든 조직은 목적 (purpose 설립취지 또는 창업취지)을 가지며 그것을 효과적으로 달성하기 위해 활동하는데, 그러한 목적이 사회적으로 환영받을 때 번창할 수 있다.

이때 조직이 추구하는 그러한 목적을 기업사명(company's mission, purpose)이라고 하며, 대체로 명문화된 기업사명문(mission statement)의 형태로 존재하며, 신입 조직원에 대한 오리엔테이션에서 중요한 학습내용이 된다.

따라서 기업사명이란 〈표 8-2〉에서와 같이 **조직이 생성되어 없어질 때까지 궁극적으로 추구하려는 존재가치를 비교적 추상적으로 나타낸 것**이며 예를 들면, 어느 제약회사의 '질병퇴치를 통한 삶의 질 향상'이라든가 화장품 메이커의 '아름다움의 꿈, 꿈의 실현' 등이 그 기업의 사명이라고 할 수 있다.

> **기업사명**
> 조직이 생성되어 없어질 때까지 궁극적으로 추구하려는 존재가치를 비교적 추상적으로 나타낸 것.

• 우리는 사무효율을 증진시켜 신속 · 정확한 업무처리를 지원한다.
• 우리는 인류의 질병을 퇴치하고 건강한 삶을 창출한다.

※ 현재 생산하고 있는 '전동타자기의 성능을 혁신한다'는 기업사명은 상품이나 기술의 측면을 참조하는 근시안적 관점이며, 그러한 기업사명은 보다 효과적인 새로운 욕구충족 수단의 출현가능성이 있을 때마다 변경되어야 할 것이다.
다른 예로, 자사의 고객이나 사업영역을 묻는 질문에 대해 "성탄카드를 사는 사람/성탄카드를 생산하여 판매하는 일"이라고 답하는 마케팅 조직은 마케팅 근시안에 빠져 상품지향적 접근(product-oriented approach)을 취하는 것이며, "카드를 사는 사람/카드를 생산하여 판매하는 일"이라고 답한다면 중간 정도에 해당하지만, "감정을 표현하려는 사람/감정표현의 수단을 생산하여 판매하는 일"이라고 답한다면 마케팅 근시안에서 탈피한 시장지향적 접근(market-oriented approach)를 취하는 것으로 가장 바람직하다.

> **표 8-2**
> 기업사명문의 예시

이러한 기업사명은 **개별 구성원이나 하부조직들이 독립적으로 활동하면서도 그들의 노력이 한 방향으로 모여질 수 있도록 지침하는 기능**을 수행하기 때문에 조직 내에서 보이지 않는 손(invisible hand)으로 작용한다. 기업사명은 또한 조직이 마케팅 환경요인에 적절히 대응할 수 있도록 현실적이어야 하며 동시에 조직 구성원들에게 동기를 부여할 수 있어야 한다. 더욱이 마케터는 기업사명을 정기적으로 검토하여 환경변화에도 불구하고 그것이 여전히 유효한지의 여부를 평가해야 한다.

한편 기업사명문은 다음과 같은 세 가지 질문에 대한 명확한 응답을 포함해야 한다.

① What are we as a company? (조직의 실체적 목적)

② What business are we in? (사업영역)

③ Who are our customers? (고객)

즉 기업사명문들은 대체로 사업의 종류와 사업영역, 고객에 관한 정의를 포함하고 있는데, 사업의 종류나 사업영역, 고객을 정의할 때에는 상품이나 원료, 기술의 측면이 아니라 잠재고객들의 **기본적인 욕구**(basic needs)**의 측면을 참조함으로써 근시안적인 관점을 회피**해야 한다.

예를 들어, 화장품 또는 그것을 생산하기 위한 원료나 기술은 결국 '아름다움의 열망'이라는 비교적 변함없이 지속적으로 추구되는 기본적 욕구를 충족시키기 위한 하나의 일과적(一過的) 수단에 불과하다. 따라서 기업사명을 그러한 측면에서 정의한다면 보다 효과적인 욕구충족 수단이나 원료, 기술 등이 출현할 때마다 조직의 존재가치를 나타내는 기업사명을 수시로 변경해야 할 뿐만 아니라 새로운 경쟁자나 마케팅 기회를 간과하기 쉽다.

한편 기업사명이 상품, 원료, 기술 등을 참조하여 지나치게 협소하지 않아야 하듯이, '모든 사람을 위한 모든 것'처럼 지나치게 광범위하다면 목적이 애매하여 보이지 않는 손의 역할을 제대로 수행하지 못할 위험이 있다.

즉 지나치게 광범위하게 정의된 사명문을 예시하면 "우리의 기본적인 목적은 고객들이 보다 나은 가치를 얻고 종업원과 사업 파트너들이 우리의 성공을 공유하며 주주들이 지속적이고 탁월한 투자수익을 얻을 수 있도록 훌륭한 품질의 상품과 서비스를 산출하는 것이다"와 같다.

또한 훌륭한 기업사명문은 자사의 능력과 자원을 고려함으로써 현실적이어야 하며 종업원, 주주, 고객 등 이해관계자들에 대한 언급을 포함하는 편이 바람직하다.

2. 전사적 수준의 상황분석(SWOT 분석)

상황분석

환경변화가 제공하고 일단 누구나 활용할 수 있는 환경기회들로부터 자신이 경쟁우위를 갖는 기업기회를 발견하기 위한 과정

상황분석은 전략적 의사결정을 위해 필요한 정보를 산출하는 중요한 과업으로서 조직의 전체 역량을 집중하여 수행해야 함에도 불구하고, 많은 마케터들은 상황분석을 너무 기초적이라고 생각하며 스스로 충분히 알고 있다는 오만에 빠져 실패를 자초한다. 여기서 전사적 수준의 상황분석이란 **환경변화가 제공하고 일단 누구나 활용할 수 있는 환경기회들로부터 자신이 경쟁우위를 갖는 기업기회를 발견하기 위한 과정**이다.

계획수립을 위한 상황분석은 대체로 내부적 자원에 대한 분석을 포함하므로 단순한 환경분석에 비해서는 범위가 더 넓다.

즉 상황분석의 범위는 이미 마케팅 시스템에서 살펴보았듯이 외부적 환경요인과 내부적 자원을 포괄한다. 단지 여기서는 몇 가지 중요한 것들만 검토할 것이지만 이들은 계획을 수립하기 위해 정량적이든 정성적으로 고려되어야 할 최소한의 것들로서 필요

에 따라 가감할 수 있다.

각 변수에 관해 일련의 질문들에 응답하면서 마케터는 특히 확신을 갖고 응답할 수 없는 항목들을 주목해야 한다. 아마도 자료의 부족이 전략을 개발하는 데 있어서 얼마나 많은 불확실성과 위험을 일으키며, 그러한 자료부족을 메우기 위해서는 얼마나 많은 조사가 필요한지를 인식하게 될 것이다.

2.1 외부적 환경요인

환경요인들은 조직 외부에 있으며 통제가 곤란한 요인들로서 마케터는 이러한 변수들이 자사에 미치는 영향을 가급적 완전하게 이해해야 하는데, 계획의 성공은 그들의 영향을 얼마나 잘 추정하느냐에 달려 있다. 외부적 환경요인들에 대해서는 이미 3장에서 살펴보았지만, 특히 중요한 사항들을 강조하면 다음과 같다.

(1) 수 요

수요는 **일정한 기간과 조건 하에서 고객들이 구매하려는 특정한 상품이나 서비스의 양**이라고 정의되는데, 광고 프로그램이나 생산 스케줄, 상품개선, 재고, 자본비용, 필요한 스태프의 수 등을 결정하는 데 근거가 되므로 가장 중요한 단일변수이다.

(2) 경 쟁

경쟁이라는 환경요인에 대한 정보가 없다면 성공적인 마케팅 계획도 개발될 수 없다. 조직들 사이의 경쟁은 직접적(동일한 지역시장의 다른 기업)이거나 간접적(우편주문 판매기업)이며 부분적으로 가격을 근거로 할 수 있다. 그러나 서비스, 상품차별화, 품질, 지원 서비스 등의 비가격경쟁들도 고객에게 똑같이 중요하다는 점에 유의해야 한다.

특히 마케터는 현재의 경쟁을 분석하는 일에 집착하여 새로운 시장 참여자의 위협이나 기존경쟁사의 확장전략은 간과하기 쉬운데, 다음과 같은 측면에서 새로운 경쟁자의 시장참여를 주목해야 한다.

- 다양화를 통한 시장참여
- 시장개척을 통한 시장참여
- 상품계열 확장을 통한 시장참여
- 전방적 통합을 통한 시장참여

(3) 경제적 여건

마케팅 성과는 경제여건으로부터 많은 영향을 받는다. 즉 많은 기업들은 1970년대 OPEC이 원유금수조치를 취했을 때 곤욕을 치렀으며 1970년대 말과 1980년대 초 높은 이자율로 수익성이 손상되었고 소비자 가처분소득의 감소는 일부 산업에 부정적인 영향을 미쳤다.

그 후 우리 경제는 1997년 말 외환위기를 맞기 전까지 호황을 누리다가 다시 장기적인 침체에 들어갔으며, 국민소득이 다시 5천 달러 수준까지 떨어지는 위기에 몰리기도 하였다. 최근에는 세계적인 금융위기를 맞아 전반적인 경기침체에 빠졌다가 다소의 회복세를 보이고는 있지만, 소비와 투자 모든 분야에서 침체국면을 벗지 못하고 있다.

2.2 내부적 자원

내부적 자원(내부적 역량)이란 조직이 통제할 수 있는 조직 내부의 자원으로서 특허권이나 입지 등을 포함하지만 다음 두 가지가 특히 중요하다.

① 인적 자원: 종업원들의 숙련도와 경험은 마케터가 목표를 설정하는 데 영향을 미치며, 목표를 달성하기 위해서는 충분한 인적 자원이 필요하다.
② 재무 자원: 재무 자원은 사업운용 상의 현금흐름, 부동산 수입, 유가증권 수익, 재고, 현금, 외상매출금, 자금줄 등을 포함한다.

2.3 기타 내부/외부 요인

내부/외부적 요인들은 조직의 내부와 외부에서 마케팅 성과와 성공에 영향을 미치는 요인인데, 일부는 통제가 가능하지만 다른 일부는 통제가 곤란하다.

① 수명주기 분석: 인간의 수명주기와 마찬가지로 산업, 기업, 상품들은 일반적으로 네 단계로 구성된 수명주기를 거치는데, 각 단계는 독특한 특성과 일반적인 전략방향을 암시한다. 또한 산업 수명주기, 기업 수명주기, 상품 수명주기는 서로 영향을 미친다.
② 산업의 원가구조: 산업의 원가구조는 경쟁상의 강약점, 가격결정, 이윤에 직접적인 영향을 미치므로 마케터는 현재의 원가구조와 그것의 변화전망을 분석해야 한다.
③ 법적 제약: 법적 환경요인은 끊임없이 변화하는데, 바람직한 마케팅 계획은 반독점금지법, 가격제한, 공정거래법, 산업 내의 규제 등 여러 가지 법적인 틀 속에서 수립되어야 하므로 마케터는 법적 제약을 이해해야 한다.

All-in-one Principles Integrated Marketing

④ 경로: 기업은 대체로 자신의 상품을 취급하는 경로에 대해 통제를 갖고 있으며, 간혹 경로의 일부를 소유하기도 한다.

한편 마케터는 상황분석에서 포착된 중요한 정보들로부터 새로운 마케팅 기회(Opportunities)와 위협(Threats)이 되는 시사점들을 도출해내야 하며, 그러한 시사점들을 다시 마케팅 조직의 강점(Strengths)과 약점(Weaknesses)에 비추어 평가해야 한다. 이러한 과정은 그림 8-1과 같이 묘사될 수 있는데, 여기서 환경기회와 기업기회가 명확하게 구분되어야 한다. 즉 환경요인들의 변화는 여러 가지 기회를 창출할 것인데, 그러한 모든 기회는 누구에게나 개방되어 있는 환경기회(environmental opportunities)이다.

예를 들어, 취업주부의 증가라는 인구통계적 요인의 변화는 가사대행 서비스, 탁아소, 요양원, 노동 및 시간절약 상품, 일회용품 등의 새로운 환경기회들을 창출한다. 그러나 모든 조직들이 이러한 환경기회들을 똑같이 활용할 수 있는 것은 아니며, 각 조직의 목적이나 강·약점, 환경 상의 추세, 목표 이미지 등에 비추어 볼 때 유용한 기회와 그렇지 못한 기회로 평가될 수 있다.

즉 요양원이라는 새로운 환경기회는 아마도 노인 전문병원에게는 새로운 기회가 될지 몰라도 제철회사나 해운회사가 성공적으로 활용하기에는 곤란할 것이다. 즉 모든 환경기회는 그것을 성공적으로 활용하기 위해 필요한 성공요건들을 갖고 있는데, 그러한 성공요건에 부합되는 자원과 능력을 갖춘 기업들만이 경쟁우위(competitive advantege, 차별적 우위 differential advantage)를 가질 수 있다.

이와 같이 경쟁우위를 갖는 기회만이 해당 마케팅 조직의 기업기회(company opportunities)

www.marketingschool.com
차별적 우위에 관한 예시는 **마케팅스쿨의 홈페이지**를 참고하기 바랍니다.

기업기회
환경기회를 활용하기 위한 요건에 자신의 능력과 자원이 부합하여 경쟁우위를 누릴 수 있는 기회

그림 8-1
환경기회와 기업기회

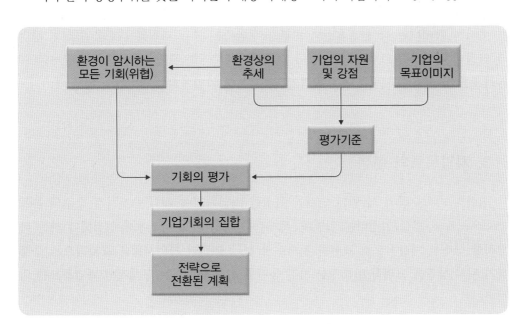

제 8 장   전략적 계획 수립과 마케팅   **189**

그림 8-2

전사적 수준의 SWOT 분석표

강점(Strengths)	내부적 자원	약점(Weaknesses)
• 기능분야별 경영관리능력 • 경쟁력 있는 기술과 혁신능력 • 충분한 자금, 인적 자원, 특허권, 입지 등 • 고객충선과 고객우대 • 선도적 시장지위(원가, 매출, 이윤 등) • 명성 • 기타 마케팅 믹스 등의 강점		(강점의 각 항목이 결여되어 있음)
기회(Opportunities)	외부적 환경요인	위협(Threats)
• 시장 확대 또는 새로운 시장 출현 • 새로운 시장으로 진출 가능성 • 상품의 개발 및 출시 가능성 • 유통경로상의 효율개선 가능성 • 외부 미시적 환경과의 협력 가능성 • 외부 거시적 환경의 유리한 변화		• 시장의 쇠퇴 또는 침체 • 경쟁자의 출현 또는 경쟁자의 역량강화 • 전반적인 경기 후퇴 • 유통환경의 악화 • 원재료 및 부품 조달의 장애 발생 • 외부 거시/미시 환경요인의 불리한 변화

로 인정될 수 있는 것이다.

한편 환경요인들의 변화가 일으키는 위협이란 **환경요인에 있어서 비우호적인 추세나 부정적인 사태의 발생으로 일어날 문제**로 정의되는데, 발생가능성이 크거나 영향의 크기가 클수록 심각한 것으로 평가된다.

따라서 마케터는 각 환경요인의 변화가 수반하는 모든 기회와 위협을 자신의 강점과 약점에 대비하여 그림 8-2와 같이 각 셀에 5~10개의 관련항목들을 포함한 SWOT 분석표를 작성해야 하는데, 이는 **환경기회들로부터 기업기회를 찾아내기 위한 것**이다.

목표
일정한 미래 시점에서 성취해야 하는 바람직한 상태를 계량적으로 표현한 것으로서 결국 조직이 기업사명을 효과적으로 수행하기 위해 상황을 고려하여 특정한 기간 동안에 성취해야 하는 구체적인 과업목표

3. 기업목표의 설정

전략적 계획수립의 세 번째 단계는 특정한 기업기회에 대하여 전사적 수준의 목표 (objectives or goals)를 설정하는 일인데, 목표란 **일정한 미래 시점에서 성취해야 하는 바람직한 상태를 계량적으로 표현한 것**으로서 결국 **조직이 기업사명을 효과적으로 수행하기 위해 상황을 고려하여 특정한 기간 동안에 성취해야 하는 구체적인 과업목표**를 의미한다.

3.1 훌륭한 목표의 요건

조직에서 목표는 **구성원들의 노력을 조정·통합하고 또한 성과를 평가하기 위한 기준으로 작용**하기 때문에 단순히 시장점유율의 증대라든가 매출액 증대 등의 목표는 막연하여 목표로서 기능을 제대로 수행할 수 없다. 따라서 훌륭한 목표의 요건은 다음과 같다.

① 기간성: 목표를 달성해야 하는 마감일이 명시되어야 한다.

② 계량성: 성취한 결과를 측정하고 평가할 수 있는 기준이 되어야 한다. 즉 매출액, 시장점유율 등 분명하게 정의되고 측정될 수 있어야 한다(specific & measurable).

③ 현실성: 인적 및 물적 자원의 제약 속에서 조직이 달성할 수 있어야 한다.

④ 일관성: 간혹 마케팅 조직은 동일한 기간 동안 두 개 이상의 목표를 동시에 추구할 수도 있지만 단기이익의 증대와 시장점유율의 확대는 동시에 달성하기 곤란한 목표들이므로 마케터는 목표를 설정할 때 목표들이 상충되지 않도록 일관성을 유지하거나 호환적 선택(trade-off)을 제시해야 한다.

따라서 마케터는 목표를 설정할 때 이러한 기준들에 입각하여 다음과 같은 질문들을 자문해야 한다.

- 이것은 현실적이며 달성 가능한 목표인가?
- 이 목표는 우리가 개발한 다른 목표들과 일관되는가?
- 이러한 목표들이 우리의 책임영역 내에 있는가?
- 우리 소비자들의 욕구와 필요를 철저하게 평가했는가?
- 현재 시장이 우리 목표가 제시한 생산량을 흡수하기에 충분히 큰가?
- 현재 생산설비가 경쟁적 가격으로 예정된 양의 상품을 실제로 생산할 수 있는가?
- 경쟁사들로부터 어떤 반응을 예상할 수 있으며, 그것은 우리의 목표달성에 어떤 영향을 미치는가?
- 이러한 목표달성이 기업 내 다른 상품, 부서, 기능에 어떤 영향을 미치는가?
- 우리가 제안하고 있는 신상품은 기업의 장기성장 목표와 어울리는가?
- 우리의 상품들이 바람직한 마진을 얻기에 수명주기가 너무 진행되지 않았는가?

이러한 기준들은 마케터가 목표들을 선정하고 그것을 충족시킬 전략을 개발하기에 앞서서 자신의 사고를 검증하는 데 이용될 수 있다. 뿐만 아니라 필요하다면 유관성 목표들을 설정해야 하는데, 그러한 목표들은 건전한 조사와 분석을 근거로 해야 한다.

3.2 목표설정을 위한 전제조건

마케팅 계획 상의 목표들은 그것의 근거가 될 전제조건을 먼저 가정한 후에나 언급될 수 있는데, 여기서 전제조건이란 **마케팅 계획을 위해 미래여건을 추정한 것**이다. 즉 마케터는 무엇이 일어날지 정확하게 예측할 수 없을지라도 다양한 가능성을 다루어야 한다.

이러한 전제조건들은 역으로 각 마케팅 목표들이 왜 설정되었는지를 설명해줄 수 있는데, 기본적인 전제조건의 부당함은 실행단계에서 심각한 문제를 일으킬 수 있으므로 각 부서책임자와 스태프들의 협동을 근거로 해야 한다.

마케팅 계획에서 언급되는 전형적인 전제조건은 대체로 다음과 같은 사항들이다. 물론 마케팅 계획 상에서 전제조건을 언급할 때에는 그들을 범주화하고 가급적 구체화해야 한다.

- GNP의 변화
- 주요 경쟁사들의 현황과 예상
- 소비자의 가처분 소득
- 정부규제
- 시장규모

- 예상된 인플레이션율
- 원재료의 가용성과 원가
- 예상되는 이자율
- 예상되는 혁신
- 경쟁사의 행동

(1) 전제조건의 범주화

전제조건들을 범주화하는 단계에서는 모든 범위의 여건을 포괄할 필요가 없으며, 단지 기업의 목표달성에 영향을 미칠 전제조건만을 다루는 것으로 충분하다. 예를 들어, 마케터는 경제와 경쟁사에 대한 전제조건들을 다음과 같이 범주화할 수 있다.

일반적인 경제여건에 관하여 다음과 같이 가정한다.

- GNP는 앞으로 3년 동안 매년 2.9%씩 증가한다.
- 이자율은 앞으로 3년 동안 매년 0.2%씩 하락한다.

경쟁사들에 관해 다음과 같이 가정한다.

- 현재의 상품계열들을 차별화하지 않을 것이다.
- 올해에는 어느 신규참여자도 시장에 뛰어들지 않을 것이다.

(2) 전제조건의 구체화

전제조건들을 범주화한 다음 마케터는 각 전제조건을 구체화해야 하는데, 구체성의 수준은 세 가지로 나눌 수 있다.

- 일반적 수준: 상품 A의 시장은 확대될 것이다.
- 구체적 수준: 상품 A의 시장은 올해 8% 확대될 것이다.
- 계량적 수준: 상품 A의 시장은 3.9%의 GNP성장과 6.4%의 무역수지개선으로 올해 8% 확대될 것이다.

이 단계에서 마케터는 유관성이나 'what if?' 전제조건을 가정할 수도 있는데 예를 들어, '경쟁사가 시장에 먼저 들어온다면?', '에너지 가격이 계속 떨어진다면?' 등의 **대체적인 전제조건과 목표를 개발**해야 한다.

〈표 8-2〉와 같이 기업사명을 정의한 기업은 〈표 8-3〉과 같이 내년도의 목표를 설정할 수 있다.

- 고해상도 프린트와 팩스, 복사기의 복합기를 연내에 개발한다.
- R&D 자금조성을 위해 매출액을 상반기에 15% 향상시킨다.

- 후천성 면역결핍증의 치료제에 대한 효과검증을 연내 완료한다.
- 3,000억 원 규모의 의약품 연구소를 상반기 중에 완공한다.

표 8-3
기업목표의 설정

---

4. 최적의 사업 포트폴리오 설계

포트폴리오(portfolio)란 본래 **증권이나 채권에 투자한 자산의 목록**이지만 사업 포트폴리오(business portfolio)란 **마케팅 조직을 구성하고 있는 사업단위나 상품의 집합**을 의미한다. 사업 포트폴리오 분석은 단일 품목이나 사업부에 대한 분석(미시적 관점)에서 탈피하여, 전반적인 기업의 모습을 검토하기 위한 거시적 관점이다.

특히 이러한 분석은 다수의 사업부와 상품을 가진 마케팅 조직이 ① 모든 자원을 한 분야에 투자하기보다 각 사업단위나 상품별 잠재력을 조화시켜 가장 효과적으로 할당하고, ② 기업 또는 사업부 수준에서 통합된 전략적 계획을 개발할 수 있도록 허용한다.

사업 포트폴리오
마케팅 조직을 구성하고 있는 사업단위나 상품의 집합

예를 들어, 다양화된 마케팅 조직은 소프트웨어 사업부를 확장하기 위해 전자게임 사업부의 성장을 늦출 수 있는데, 그러한 통합적 계획은 전체적인 기업성과를 증대시키기 위해 한 사업부의 활동을 신중하게 조정해준다.

따라서 마케터는 외부적 환경요인들의 현황과 변화추세에 적응하기 위해 자신의 강점과 약점을 면밀하게 평가한 후, 그에 적합한 사업 포트폴리오(최적의 사업 포트폴리오)를 설계하고 각 사업단위별로 대응전략을 수립해야 하는데, 이러한 일은 첫째, 현재의 사업 포트폴리오를 평가하는 일과 둘째, 필요하다면 새로운 사업단위를 추가하고 각 사업단위에 적합한 전략을 수립하는 일로 구성된다.

이러한 포트폴리오 접근방법의 특징은 다음과 같다.

① 상품의 시장성장률과 상대적 시장점유율을 근거로 하여 각 상품이 수행할 전략적 역할을 할당한다.

② 주요 경쟁자들의 사업 포트폴리오를 고려하면서 개별상품이나 사업부의 역할을 통합하여 전체 사업 포트폴리오를 위한 전략을 수립한다. 즉 성장성과 상대적 점유율에 따른 현금흐름의 잠재력을 분석함으로써 어느 상품이나 사업부가 투자기회를 제공하거나 투자자금을 공급하고 포트폴리오에서 제거되어야 하는지를 암시해준다.

4.1 사업 포트폴리오의 평가와 대응전략

전략적 사업단위
독립적인 사명과 목표를 가진 마케팅 조직 내의 사업단위로서 전체 조직을 구성하고 있는 계열사나 사업부, 사업부 내의 상품계열, 단일상품, 단일상표

마케터는 우선 현재의 사업 포트폴리오를 구성하고 있는 전략적 사업단위들을 확인해내야 한다. 전략적 사업단위(SBU, strategic business unit)란 **독립적인 사명(목적)과 목표를 가진 마케팅 조직 내의 사업단위**로서 전체 조직을 구성하고 있는 계열사나 사업부, 사업부 내의 상품계열, 단일상품, 단일상표가 될 수 있다.

그러나 아예 마케팅 조직 자체가 출판과 식료품과 같이 아주 상이한 산업으로 구성된다면 각 산업분야에 대해 별도의 사업 포트폴리오 분석을 실시할 수도 있다.

따라서 사업단위는 기업에 따라 또는 분석의 목적에 따라 상이한 수준에서 정의될 수 있으며, 대체로 별도의 마케팅 목표와 그것을 달성하기 위한 전략이 수립되는 독립된 영역이며, 자체의 별도 사명문을 가질 수도 있다.

둘째, 전략적 사업단위들을 확인해낸 다음에는 각 사업단위가 현재 전체기업의 입장에서 어떻게 기여하고 있으며 얼마의 추가적인 투자를 받아야 하는지 결정하기 위해 가 사업단위의 매력도(attractiveness)를 평가해야 한다.

이러한 과업은 직관적인 판단에 의존하여 수행될 수도 있지만 대체로 계량적인 모델을 이용하여 공식적으로 수행된다. 가장 널리 이용되는 공식적인 평가모델은 보스

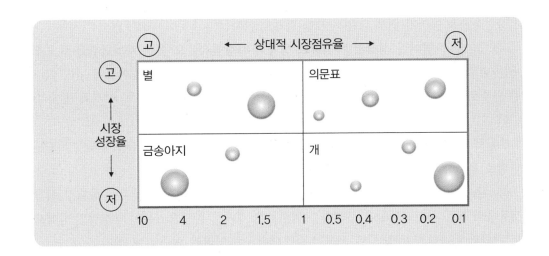

그림 8-3

BCG의 성장–점유율 행렬

톤 컨설팅 그룹(BCG, Boston Consulting Group)이 제안한 성장–점유율 행렬(growth–share matrix)인데, 그것은 그림 8-3과 같이 현재의 포트폴리오를 구성하고 있는 각 사업단위들을 그것에 관련된 시장 또는 사업의 성장전망과 상대적 시장점유율의 측면에서 평가하는 모델이다.

여기서 성장률이란 특정한 시장 내의 산업매출액이 최근 변화한 비율이며, 상대적 시장점유율은 동일상품(또는 대체성이 강한 상품)에 있어서 **최대경쟁자의 매출액에 대한 자사상품의 매출액 비율**이다. 예를 들어, 자사 매출액이 38인데 시장선도자의 매출액이 100이라면 상대적 점유율은 0.38이다.

그러나 자사가 시장선도자인 경우에는 상대적 시장점유율이 1보다 클 것이다. 간혹 경쟁자의 매출액을 모르거나 자사의 상대적 시장점유율을 계산하기가 곤란하다면 수평축을 단순한 시장점유율로 표시하는 수정된 성장–점유율 행렬(modified growth– share matrix)을 사용하기도 한다.

그림 8-3에서 각 원의 크기는 각 사업단위의 상대적 매출규모를 나타내며, 위치는 성장률과 상대적 시장점유율의 측면에서 평가한 각 사업단위의 매력도를 나타내는데, 보스톤 컨설팅 그룹은 사업단위들을 매력도에 따라 네 범주로 구분하였다.

① 의문표(question mark, problem child, wild cats): 의문표란 **성장전망은 밝지만 아직 상대적 시장점유율이 낮은 사업단위들**을 포괄하는 범주인데, 대체로 후발 신상품들이 이러한 범주에 속한다.

즉 마케터가 성장전망을 확신하여 신상품을 출시했지만 후발주자의 경우라면 경쟁자보다 인지도가 낮고 구매도 왕성하게 일어나지 않을 것이므로, 경쟁자를 쫓는 모든 후발 신상품은 일단 이러한 범주로부터 출발한다. 이러한 범주에 속하는 사업단위들은

의문표
성장전망은 밝지만 아직 상대적 시장점유율이 낮은 사업단위들의 범주

시장점유율을 높이기 위해 많은 자금을 필요로 한다.

별
성장전망이 밝고 상대적 시장점유율도 높은 사업단위들의 범주

② 별(stars): 별이란 **성장전망이 밝고 상대적 시장점유율도 높은 사업단위들을** 포괄하는 범주인데, 의문표 범주에 속하던 사업단위들이 시장점유율을 높여감에 따라 이러한 범주로 바뀌거나 시장의 선발주자로서 신상품을 도입했을 경우에 곧 여기에 속할 수 있다.

마케터는 이들의 성장기회를 더욱 활용하기 위해 많은 자금을 더 투자하든가 또는 현상을 유지하기 위한 전략을 추구할 수 있다.

금송아지
성장전망은 미약하거나 어둡지만 상대적 시장점유율이 높은 사업단위들의 범주

③ 금송아지(cash cows): 금송아지란 **성장전망은 미약하거나 어둡지만 상대적 시장점유율이 높은 사업단위들을** 포괄하는 범주로서 대체로 환경요인들이 부정적인 방향으로 변화함에 따라 별의 범주에 속하던 사업단위들이 이러한 범주로 바뀐다.

마케터는 이들에 대해 투자를 확대하여 다시 별의 범주로 바꾸기보다는 일단 전체 시장의 성장전망이 밝지 않기 때문에 대체로 투자를 중단하고 자금을 회수하는 전략을 추구한다.

개
성장전망도 미약하며 상대적 시장점유율도 낮은 사업단위들의 범주

④ 개(dogs): 금송아지에 속한 **사업단위로부터 투자를 중단하고 적극적으로 자금을 회수하려는 전략을** 추구한다면 결국 상대적 시장점유율도 급격하게 떨어져 이러한 범주로 바뀔 것인데, 이들에 대해 마케터는 사업단위 자체를 철수시키기 위한 전략을 추구할 수 있다.

셋째, 마케터는 그림 8-3에서와 같이 각 사업단위들이 갖는 매력도를 평가한 후, 각 사업단위에게 적합한 투자전략(resource allocation strategies)을 결정해야 한다. 그러한 전략의 유형은 대체로 다음과 같은 네 가지로 제안되고 있으나 각 전략유형이 특정한 범주의 사업단위에 고정된 것은 아니다.

① 상대적 시장점유율을 높이기 위하여 자금을 투자한다(build). — 의문표에 대해서는 스타로 이끌기 위해 육성전략을 구사하거나 전망이 밝지 않다면 수확전략이나 철수전략을 적용할 수 있다. 물론 스타에 대해서도 그러한 시장지위를 지키고 향상시키기 위해 육성전략을 구사할 수 있다.

② 상대적 시장점유율을 유지하기 위한 수준으로 자금투자를 유지한다(hold). — 금송아지의 경우에는 대체로 투자는 유지하면서 이익 실현을 극대화하려는 유지전략을 구사한다.

③ 투자를 감축함으로써 자금의 유입을 개선한다(harvest). — 개의 범주에 대해서는 투자를 감축하는 수확전략이나 청산전략을 적용한다.

④ 투자를 중단할 뿐 아니라 사업단위를 청산한다(divest).

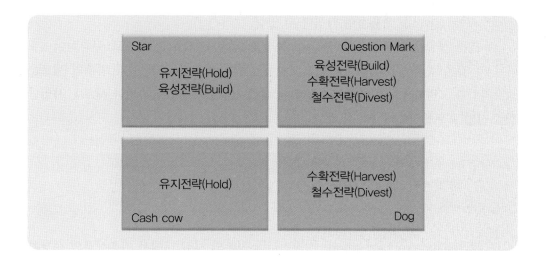

그림 8-4
범주별 대응전략

보스턴 컨설팅 그룹이 제안한 모델은 각 사업단위별로 매력도(시장전망과 경쟁지위)를 평가함으로써 마케팅 조직의 자원할당과 미래의 전략방향을 제시해준다. 그러나 시간과 비용이 많이 소요될 뿐 아니라 성장전망을 예측하는 일 자체가 불확실성을 내포하고 있으며, 미래의 전략방향을 수립하기 위한 구체적인 절차를 제시해주지는 못한다.

물론 이러한 포트폴리오 분석에서는 성장률이 현금소요와, 시장점유율이 현금창출과 강한 상관관계를 갖는다고 가정해야 함을 알아야 한다. 즉 상대적 시장점유율이 높을수록 현금창출이 크고, 빨리 성장하는 시장의 상품일수록 현금소요가 크다는 가정이다.

또한 단순히 성장전망이 좋다는 이유만으로 마케팅 성공이 보장되지는 않을 것인데, 마케팅 조직 자체의 강·약점을 제대로 고려하지 않고 있으며, 각 전략대안들의 적용시점에 대해서 구체적인 지침이 결여되어 있다. 물론 하나의 사업단위를 청산하는 일이 다른 훌륭한 사업단위의 수익성을 약화시킬 수도 있으므로 사업단위 사이의 시너지효과도 간과하고 있다.

GE(General Electrics)사는 이와 유사한 모델로서 business screen이라는 3×3행렬을 개발했는데, 어느 마케팅 조직이든 조직내부에 자료가 충분히 축적되어 있다면 각 사업단위의 매력도를 평가하기 위한 모델을 자체적으로 개발하고 대응전략도 독창적으로 모색하는 편이 바람직하다.

4.2 새로운 성장기회의 발견

마케터가 새로운 전략적 사업단위를 추가하여 사업 포트폴리오를 확대하기 위해서는 우선 마케팅 환경요인이 제공하는 새로운 성장기회를 포착해야 할 것인데, 그러한 성장기회는 Ansoff가 제안한 상품-시장 확장행렬(product/market expansion grid, productmarket growth matrix)을 이용하여 탐색할 수 있다.

즉 그는 상품을 기존상품과 신상품, 시장을 기존시장과 신시장으로 구분하여 〈표 8-4〉와 같은 상품-시장 확장행렬을 제안하였는데, 마케터는 네 가지 범주의 새로운 성장기회를 고려함으로써 **기존 사업단위에 대한 성장전략을 개발하거나 새로운 사업단위를 사업 포트폴리오에 추가**할 수 있다.

표 8-4
상품/시장 확장행렬과 새로운 성장기회

	기존시장	신시장
기존상품	시장침투	시장개척
신상품	상품개발	다양화

시장침투
기존의 시장 내에서 기존상품의 성장기회를 모색하는 일

① 시장침투(market penetration): 시장침투란 **기존의 시장 내에서 기존상품의 성장기회를 모색하는 일**이다. 즉 현재 표적시장으로 규정된 집단 내에서 모든 구성원들이 실제로 상품을 구매하고 있지 않을 경우 마케터는 우선 새로운 성장기회로서 표적시장 내 비구매자들의 구매를 유도하거나 경쟁상표의 구매자로 하여금 상표대체를 하도록 유도할 수 있다.

또한 기존의 고객들에게 사용빈도나 사용률(usage rate)을 증대시키도록 유도하고 기존상품의 새로운 용도(use)를 개발할 수 있다. 마케터가 시장침투라는 전략을 추구하기 위해서는 새로운 사업단위가 필요하지 않으며 대체로 가격인하, 촉진활동의 강화, 유통망의 확충 등 마케팅 믹스 요소 중 상품을 제외한 나머지 요소들(상품의 품질개선은 포함)에 마케팅 노력을 집중시킨다.

시장개척
기존상품을 그대로 새로운 시장에 적용시킴으로써 성장기회를 모색하는 일

② 시장개척(market development): 시장개척이란 **기존상품을 그대로 새로운 시장에 적용시킴으로써 성장기회를 모색하는 일**이다. 시장은 대체로 지역을 기준으로 하여 분할되지만 마케터는 자신의 표적시장을 정의할 때 연령·직업·소득수준의 인구통계적 특성을 기준으로 규정하거나 구매목적에 따라 소비자 시장과 산업 시장(생산자 시장, 정부 시장, 재판매업자 시장)으로 규정하기도 한다.

따라서 마케터는 이제까지 마케팅 노력을 집중하지 않았던 지리적 및 인구통계적 특성이나 구매목적을 갖는 새로운 세분시장을 표적시장으로 선정함으로써 성장기회를 모색할 수 있다. 예를 들어, 내수에 치중하던 전통음식의 마케터는 해외시장을 개척함으로써 새로운 지역시장에 진출하거나 표적시장을 청소년에까지 확대하여 새로운 인구통계 시장에 진출할 수 있으며, 기업의 단체급식에 참여한다면 산업 시장에 진출하는 것이다. 또한 기존상품의 새로운 용도를 개발한 후 시장개척에 나설 수도 있다.

상품개발
신상품을 개발하든지 또는 기본상품을 수정하여 기존시장에서 성장기회를 모색하는 일

③ 상품개발(product development): 상품개발이란 **신상품을 개발하든지 또는 기본상품을 수정하여 기존시장에서 성장기회를 모색하는 일**이다. 이미 설명한 여덟 가지 수

요관리의 과업 중에서 잠재적 수요의 상태에서 개발적 마케팅(developmental marketing)은 바로 이러한 성장기회를 암시하는 것인데, 간혹 상품의 규격이나 포장, 상표의 변경만으로도 상품개발의 효과를 누릴 수 있다.

④ **다양화**(diversification): 다양화란 간혹 다각화, 다변화라는 용어와 혼용되고 있으며 **새로운 시장에 새로운 상품을 제공함으로써 성장기회를 모색하는 일**이다. 점차로 많은 마케터들이 전통적인 상품분야의 성숙시장에서 고객확보를 위해 경쟁하기보다는 새로운 시장에 신상품을 출시하여 성공하고 있다.

다양화
새로운 시장에 새로운 상품을 제공함으로써 성장기회를 모색하는 일로서 간혹 다각화, 다변화라고도 한다

5. 기능분야별 계획수립 및 전략 조정

마케팅 조직 내에는 마케팅 이외에도 연구개발, 생산, 자금, 인사 등 다양한 기능분야가 있는데, 이들은 전사적 차원의 전략적 계획을 수립하는 데 필요한 정보를 제공해 주는 반면에 그러한 계획으로부터 자신의 역할을 부여받는다.

따라서 전략적 계획수립의 과정을 통해 최적의 사업 포트폴리오가 설계되면 **각 전략적 사업단위마다 연구개발, 생산, 자금, 인사 등 기능분야별로 계획을 수립**해야 하는데, 이러한 일은 목표가 다르고 이해관계가 상충되는 기능분야들 사이에서 필연적으로 갈등을 일으킬 수 있다.

기능분야들 사이의 갈등은 각 부서가 자신의 목표를 효과적으로 달성하기 위한 계획과 전략만을 고집하기 때문에 일어나는 것으로서 결국 전사적 수준의 궁극적인 목표를 달성하는 데 방해가 될 수 있으므로 반드시 조정되어야 한다.

예를 들어, 〈표 8-5〉는 생산효율과 원가절감의 목표를 갖고 전문화 · 표준화 · 단순화(3S)라는 전략을 추구하는 생산부문과 시장요구에 따른 선택의 다양성 보장이라는 목표를 갖고 다양화 · 차별화라는 전략을 추구하는 마케팅부문 사이의 갈등을 보여준다.

그러나 두 부문의 목표와 전략을 조정한다면 **고객만족을 통한 매출이나 이익 목표의 달성**이 전사적 수준의 목표가 될 수 있으며 그러한 전사적 수준의 목표를 달성하기 위한 전략은 **옵션을 허용하는 모듈**(module)**생산**이 될 것이다. 즉 표준화된 모듈을 생산하여 저원가를 실현하면서 그들을 조합할 때 고객의 옵션을 반영함으로써 선택의 다양성도 어느 정도 허용할 수 있게 된다.

	생산부문	마케팅부문
부문목표	생산효율과 원가절감	선택의 다양성 보장
전략	전문화 · 표준화 · 단순화	다양화 · 차별화
부문 간 조정	• 전사적 수준의 목표: 고객만족을 통한 매출이나 이익목표의 달성 • 전사적 수준의 전략: 옵션을 허용하는 모듈(module) 생산	

표 8-5
기능분야 사이의 갈등과 조정

2 절 마케팅 계획수립

마케팅 환경요인들은 끊임없이 변화하면서 새로운 기회와 위협을 제공한다. 전략적 관점에서 마케팅 계획이란 **변화하는 환경요인에 전략적으로 적합하도록 마케팅 부문의 목표와 능력을 개발하고 대응시켜 나가기 위한 계획**을 의미한다. 따라서 여기서는 각 전략적 사업단위에 대한 부서별 계획수립의 예시로서 마케팅 계획을 수립하는 절차를 살펴보자.

1. 마케팅 상황분석(SWOT 분석)

모든 형태의 계획은 상황분석으로부터 시작되는데, '전사적 수준'의 전략적 계획을 마련하는 과정에서도 상황분석이 실시되었다. 그리고 전사적 수준의 목표를 달성하기 위한 전략의 일환으로서 마케팅 기능부문에 할당된 목표를 효과적으로 달성하기 위해서도 조직의 마케팅 활동에 직접 관련되는 외부적 환경요인(환경분석)과 내부적 자원(내부 역량 분석)에 대해 구체적인 관점의 상황분석이 필요하다.

즉 마케터는 ① 마케팅 활동의 초점이 되는 잠재고객들이 '원하는 바'나 구매행동 특

표 8-6

마케팅 부문의 SWOT 분석표(프리미엄 아이스크림 '나뚜루'의 예)

내부적 자원 / 외부적 환경요인	강점(S) 고급스럽고 부드러운 이미지 신선하여 깔끔한 맛 국내 자체 개발 브랜드 전문점에 대한 지원 전문점과 편의점 이중유통망 롯데라는 모기업의 이미지	약점(W) 소비자 접근이 불리 (점포의 수, 입지선정 등) 높은 상품가격 상품의 선택폭이 좁음 내점객 서비스의 미비 고객과 커뮤니케이션 부족 롯데라는 모기업의 이미지
기회 (O) 고급 아이스크림에 대한 선호 증가 국내 브랜드에 대한 높은 재평가 상품개념이 환경중시 추세에 적합	S/O 경쟁우위를 근거로 기회에 편승 시장선점, 신시장/신상품개발, 다양화	W/O 약점 보완으로 기회를 활용 공동마케팅, 전략적 제휴, VMS, 계열보충전략
위협 (T) 기존 수입브랜드와 경쟁 환율상승에 따른 가격경쟁 불리 저지방 아이스크림 브랜드의 강세 (떼레 데 글라스, 돌로미티 등)	S/T 강점을 이용하여 위협에 대응 계열연장전략, 상표확장전략, 개별상표전략, 저가정책	W/T 생존이나 출구의 모색 집중전략, 유지전략, 폐기전략, 회수전략

성의 현황 및 변화추세를 분석하고, ② 자신의 마케팅 활동과 직접적으로 관련된 외부적 환경요인들의 현황 및 변화추세를 좀더 구체적으로 분석해야 한다. 또한 ③ 전체시장과 주요 세분시장별로 규모와 변화추세를 분석하고, ④ 상품별 매출액이나 시장점유율의 변화추세도 분석해야 한다. 물론 이전 기간의 마케팅 활동도 검토할 필요가 있다.

그 다음 이러한 환경요인의 현황과 변화추세가 시사하는 기회와 위협을 찾아낸 후, 마케팅 조직의 내부적 자원을 평가하여 알게 된 자신의 강점과 약점을 대비시켜 그림 8-2를 확장한 〈표 8-6〉과 같이 일반적인 전략방향을 고려한 SWOT 분석표를 작성해 본다.

2. 마케팅 부문의 목표 설정

2.1 마케팅 목표의 포괄내용

마케터가 일단 특정한 전략적 사업단위에 대해 상황분석을 마치고 어떠한 기회를 활용하기로 결정하였다면 그러한 기회를 통해 달성하려는 목표를 설정해야 하는데, 그러한 목표를 달성하는 데 수반되는 문제점들도 함께 고려해야 한다. 결국 마케팅 부문의 목표란 전사적 수준의 목표로부터 '전략의 형태'로 개발된 각 기능부문의 역할중 마케팅 부문에 할당된 역할(목표)이 되는데, 이를 **목표와 전략의 계층적 구조**라고 한다.

물론 목표가 제대로 기능을 발휘하기 위해서는 앞에서 설명한 훌륭한 목표의 요건을 모두 갖추어야 한다. **마케팅 목표가 포괄해야 하는 내용**은 대체로 다음과 같은 사항에 관련된다.

① 현재 및 미래 시장에 있어서 기존상품과 서비스
② 수익성이 없는 상품 또는 서비스에 있어서 투자회수
③ 새로운 시장으로의 참여
④ 현재 시장들에 있어서 새로운 상품과 서비스
⑤ 경로구조
⑥ 광고 프로그램
⑦ 가격결정 프로그램
⑧ 신상품 설계와 기존상품의 개선
⑨ 서비스 성과와 품질표준

한편 목표들 사이의 갈등을 해소하고 균형을 갖추기 위해 마케터는 다음과 같은 측면에서 각 목표를 가중해야 한다. 예를 들어, 마케터는 매출확대와 높은 투자수익율 중 어느 것이 더 중요한지 결정해야 할 것이다.

① 현재와 미래에 달성할 수 있는 수익성
② 현재수요 vs. 미래수요에 대한 강조
③ 각 분야별 바람직한 성과(목표)들의 호환적 관계

2.2 마케팅 목표들의 예

여기서는 마케팅 믹스의 각 분야별로 목표를 예시하는데, 마케터는 자사의 상황에 맞도록 이러한 목록을 조정해야 한다.

(1) 상품관련 목표

• 2020년까지 상품 A와 B를 차별화하여 성장기로 돌려보낸다.
• 1년 동안 생산비를 3% 절감한다.
• 1년 동안 K지역에서 시장침투율을 7% 증대시킨다.
• 9개월 이내에 M지역으로 확대하여 17%의 시장점유율을 차지한다.
• 15% 이하의 이윤을 내는 상품들의 폐기효과를 검토한다.

(2) 가격관련 목표

• 내년도 ROI를 1.6% 증대시킨다.
• 상품 A의 가격이 탄력적이라고 전제하여 수요를 자극하기 위해 가격을 4% 인하한다.
• 현재의 신용정책을 3/10, net/30으로 바꾸어 평균 대금회수기간을 60일에서 30일로 단축한다.
• 가격은 주요 경쟁사들에 비해 7% 저렴함으로써 경쟁적이어야 하며 최소한 단위당 12%의 공헌이익을 내야 한다.
• 텔레마케팅 기법을 이용하여 잠재고객을 선별함으로써 방문판매의 수익성을 개선한다.
• 고소득 세분시장에서 경쟁하기 위해 상품 A의 가격을 8만원으로 변경한다.

(3) 촉진관련 목표

- 연말까지 상품 A와 B에 대한 잠재고객 인지도를 17% 증대시킨다.
- 자사상품들에 대해 문의당 만원 비용의 고품질 상품문의를 개발한다.
- 금송아지 상품의 광고비를 2억원 줄여 마진이 17%를 넘는 상품들에 지출한다.

(4) 경로관련 목표

- 연말까지 P지역에 세 개의 새로운 판매점포를 개설한다.
- 수익성이 낮은 판매경로를 제거하고 중앙에서 관리한다.

(5) 기타 목표

마케터는 신규사업 개발, 예산 및 통제, 서비스 프로그램, 고객관계, 기업에 필수적인 여타 분야들에 대해서도 목표를 설정해야 하는데, 목표의 목록이 완전할수록 계획을 실행할 때 결과를 더욱 명확하게 점검할 수 있다.

2.3 유관성 목표

모든 기업의 내적·외적 환경은 끊임없이 변하므로 유관성 계획은 성공적인 마케팅 계획의 중요한 측면이다. 예를 들어, 경쟁사가 다른 기업들을 시장에서 몰아내려고 손익분기점 이하의 가격을 구사할 수 있는데, 이때에는 살아남기 위해 신속한 대응책이 필요하게 된다.

결국 유관성 계획이란 'what if'에 근거하여 다수의 행동방안을 고려하는 것으로 예를 들어, "주요 공급자가 노동파업으로 생산활동을 중단한다면?", "유통비용이 예상외로 증가한다면?" 등을 고려하는 계획이며, 이때의 제시되는 목표를 유관성 목표라고 한다. 따라서 유관성 계획에서 전제한 가정이 맞아 떨어질 때 유관성 목표는 그대로 새로운 마케팅 목표가 된다.

3. 마케팅 전략의 수립

모든 계획에 목표(what)가 있다면 항상 그것을 달성하기 위한 전략(how)도 있기 마련이다. 즉 전략이란 **목표를 달성하기 위한 행동방안**(course of action)으로서 각 하위조직이 수행할 역할을 할당하는데, 그러한 역할은 그대로 하위조직의 목표가 된다.

따라서 상위계획의 전략은 하위계획의 목표이며, 하위수준의 목표와 전략일수록 상세하고 구체적이다. 이를 **목표와 전략의 계층적 구조**(company planning hierarchy)라고 한다.

3.1 마케팅 전략의 구성요소

마케팅 부문에게 할당된 목표를 달성하기 위한 행동방안, 즉 마케팅 전략은 크게 표적시장의 선정과 그들이 '원하는 바'를 효과적으로 충족시키기 위한 마케팅 믹스의 개발이라는 두 가지 측면으로 구성되어 있다.

단지 표적 마케팅의 관점에서 표적시장을 선정하기 위해서는 시장 세분화가 전제되어야 하며, 마케팅 믹스를 개발하기 위해서는 포지셔닝이 전제되어야 하기 때문에 실제에 있어서는 그림 8-5에서와 같이 시장 세분화 → 표적시장의 선정 → 포지셔닝(STP)에 이어지는 마케팅 믹스의 개발을 의미한다.

그림 8-5

마케팅 전략의 구성요소

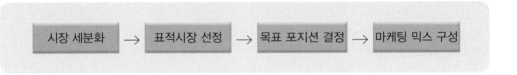

3.2 마케팅 전략수립시 고려사항

마케터는 마케팅 전략을 수립할 때 다음과 같은 사항들을 고려해야 한다.

① 시장 내 자사의 포지션
② 기업의 사명, 정책, 목표, 자원
③ 경쟁사들의 마케팅 전략
④ 표적시장 내 고객들의 구매행동
⑤ 수명주기 상에서 자사상품의 현재 및 예상되는 단계
⑥ 일반적인 경제여건

마케팅 전략의 유일한 목적은 목표의 달성이므로 각 전략은 목표에 연관되어야 한다. 예를 들어, 목표가 상품 A의 시장점유율을 14% 증대시키는 것이라면 전략은 상품을 어떻게 리포지션할 것인지, 표적시장 내에서 보다 많은 고객들에게 어떻게 도달할 것인지, 가격구조를 어떻게 개편할 것인지 등에 관해 윤곽을 그려야 할 것이다.

4. 실행계획의 수립

전략이 제안한 '목표달성 방안의 윤곽'을 실행에 옮기기 위해서는 그것을 **구체적인 하위과업으로 분할하고 각 하위과업을 누가, 언제, 어디서, 어떻게 수행할 것인가를 계획**해야 하는데, 이를 전술적 계획수립(tactical planning)이라고 한다. 이때 예상되는 문제점 및 유관성 대안도 함께 구체적으로 고려해야 한다.

이러한 결정들은 마케팅 전술(marketing tactics)이라고 하는데, 마케팅 전술의 '행동성'을 강조하기 위해 실행계획(action program)이라는 용어를 보편적으로 사용하고 있다.

5. 예산편성

마케팅 전략과 그에 따른 실행계획은 대체로 두 개 이상의 대안(代案)으로 검토되는데, 마케터는 각 전략대안에 대해 예상되는 비용과 수익을 대비하여 예산을 편성해야한다.

6. 통제의 방법과 피드백 메커니즘 설계

통제를 위한 가장 보편적인 방법은 목표와 예산을 월이나 분기별로 나타내고 구체적인 통제의 방법을 제시하여 문제점을 적시에 발견해내고 적절한 교정조치를 취할 수 있도록 하는 것이다.

이상의 절차에 따라 마케팅 계획서를 실제로 작성할 경우에는 주요한 상황분석과 목표 및 전략의 개요를 정리한 요약서를 첨부하게 되는데, 요약서(executive summary)는 마케팅 조직 내의 최고 경영자나 관련된 인사들이 마케팅 계획의 요지를 신속하게 파악할 수 있도록 도와주기 위한 것이다.

3절 마케팅 계획의 실행과 통제

아무리 성공적인 마케팅 계획을 수립해도 그것을 제대로 실행하지 않는다면 마케팅 조직의 목표는를 달성할 수 없게 된다. 따라서 마케터는 일단 마케팅 계획을 수립하여 최고 경영층의 승인을 얻고 나면 실행에 옮겨야 하는데 전체 계획기간이 진행되는 동안 실제의 마케팅 활동과 성과들이 일정별로 계획된 내용에서 벗어나지 않도록 통제를 가해야 한다.

1. 마케팅 계획의 실행

1.1 실행상의 문제점

실무에서는 마케팅 계획이 전혀 실행에 옮겨지지 않거나 제대로 실행되지 않는 경우들이 허다한데, 그 원인은 다음과 같이 몇 가지로 생각해볼 수 있으며 마케터는 계획의 수립단계에서부터 그러한 점들을 충분히 고려해야 한다.

① 많은 조직 내에서 마케팅 계획은 최고 경영층에 의해 자의적으로 수립되거나 계획수립을 전문적으로 담당하는 기획부서에 의해 수립되고 있다. 그러나 이들은 마케팅 계획을 실행할 실무자들이 실제로 당면하는 문제들을 충분히 이해하거나 고려하지 못하기 때문에 지나치게 일반적인 계획을 수립하는 경향이 있다. 또한 계획수립에서 배제된 실무자들은 계획 자체의 내용을 충분히 이해하지 못하거나 참여의식이 부족한 경우가 많다.

② 장기적인 마케팅 계획과 전략은 대체로 3년 내지 5년의 기간을 포괄하고 있는데 반해 마케팅 계획을 실행해야 하는 실무자들은 단기적인 매출액 성과나 이윤에 따라 보상받는 경향이 있기 때문에 장기적인 계획을 무시하고 단기적인 목표에 집착하게 된다.

예를 들어, 미래고객의 개발이라는 장기적인 계획에서는 예비 소비자인 어린이들에 대해 이미지 광고나 홍보 등의 활동을 강조할 것이지만 현재의 매출액이나 이윤을 증진시키려는 실무자의 단기적 목표는 오히려 기존고객들에 대한 직접적인 판매활동을 강조하게 만든다.

③ 환경요인 변화에 대처하기 위한 마케팅 계획은 마케팅 조직 내에 새로운 부서나

팀을 출현시켜 기존 조직부서의 인적 자원이나 권한 및 예산을 잠식할 수 있는데, 기존 조직부서들은 이러한 현상에 반발하여 마케팅 계획 자체에 대해 부정적인 시각을 갖는 경향이 있다.

1.2 효과적인 실행방안

마케팅 계획을 효과적으로 실행하기 위해서는 몇 가지 사항에 유의해야 하는데, 대체로 다음과 같이 정리된다.

① 마케팅 계획을 제대로 수행하기 위해서는 우선 구체적인 실행계획을 작성하여 어떠한 마케팅 활동을 누가, 언제, 어디서, 어떻게 수행할 것인지를 분명히 함으로써 각 마케팅 활동의 실행책임을 개별 실무자에게 할당해야 한다.

② 마케팅 계획을 수립하는 단계에서도 그렇듯이, 일단 계획이 승인되어 실행단계에 들어갈 때에는 계획내용에 관해 다시 한번 실무자들을 충분히 이해시키고, 더 나아가서는 마케팅 활동과 관련되는 연구개발, 생산, 자금, 구매 등의 부서와도 원활한 커뮤니케이션을 확립하여 협조를 구해야 한다. 물론 필요하다면 외부미시적 환경을 구성하는 고객, 공급자, 중간기관, 공중 등의 협조도 지속적으로 받아야 한다.

③ 간혹 마케팅 계획이 기존의 조직구조와 의사결정 체계로서는 제대로 실행되기가 곤란한 경우가 있다. 즉 새로운 계획에 의해 마케팅 전략이 달라질 것이며 그것을 효율적으로 실행하기 위해서는 조직구조와 의사결정 체계의 개편이 필요할 수 있다.

예를 들어, 신상품 개발계획은 보안을 유지하면서도 최고 경영층의 신속한 판단을 수시로 요구할 것이므로 보고와 승인이 기존의 라인조직을 통해 이루어지는 일은 바람직하지 않다. 따라서 마케팅 계획상 필요에 의해 조직을 개편하여 별도의 팀을 만들든가, 최고 경영층에 대한 직접보고 또는 전결(專決) 등의 새로운 의사결정 체계를 갖추어야 한다. 이와 마찬가지의 맥락에서 간혹 인사고과와 보상체계 등의 변경이 필요하기도 하다.

④ 마케팅 계획은 '사람'이 실행하는 것이기 때문에 실행상 가장 중요한 문제 중의 하나는 역시 적절한 인적 자원을 개발하고 적소에 배치하여 마케팅 활동을 수행하도록 하는 것이다. 적절한 인적 자원이란 마케팅 조직의 각 수준에서 업무를 담당하는 데 필요한 능력과 동기부여, 개인적 특성 등을 갖춘 실무자를 의미하며 내부적으로 양성하거나 외부로부터 영입해 올 수 있다.

⑤ 마케팅 계획을 실행하는 데 도움이 되는 경영풍토와 기업문화를 확립해야 한다. 경영풍토란 **최고 경영자 또는 중간 관리자들이 부하직원과 업무를 추진해나가는 스타**

일(경영 스타일)을 말하는데 모든 여건에 걸쳐 최선인 경영풍토가 무엇인이라고 말할 수 없지만 부하직원의 동기부여 및 성과, 조직 충성도 등에 커다란 영향을 미친다.

이에 비해 기업문화란 **마케팅 조직의 구성원들이 공유하고 있는 가치로서 그 조직의 총체적인 정체성을 반영**하는데, 대체로 구성원들의 행동을 비공식적으로 지배하는 경향이 있다(invisible hand). 예를 들어, 우리가 여러 기업들을 방문하여 각 기업마다 다른 전반적인 느낌을 받을 때, 그러한 느낌은 대체로 기업문화를 반영하는 것이다.

만일 농업생산성의 향상이라는 기업의 존재가치에 상당한 긍지를 갖고 있는 농약제조기업이라면 수익을 증대시키기 위해 저렴한 해외농산물을 수입하려는 계획을 수행하기가 곤란할 것이다.

1.3 실행을 위한 조직구조

마케팅 목표를 효과적으로 달성하기 위해서는 마케팅 계획을 실행할 조직구조가 필요한데, 대체로 네 가지의 기본적인 형태로 구분된다.

① 기능별 조직구조(functional structure): 기능별 조직구조는 조직이 수행해야 할 **마케팅 기능을 광고, 공중관계, 마케팅조사, 물적 유통, 판매, 신상품 개발, 고객 서비스 등으로 세분하고 각 기능별로 책임자를 두는 조직구조**이다. 이러한 기능별 조직구조는 관리가 단순하기 때문에 가장 보편적으로 채택되고 있다.

그러나 특정한 상품이나 시장에 대해 누구도 책임을 지지 않기 때문에 일부 상품이나 시장이 소홀하게 취급되며 계획실행상 책임소재도 불분명하다는 단점을 갖는다.

② 지역별 조직구조(geographic structure): 지역별 조직구조는 **지역시장마다 책임자를 두는 조직구조**로서 각 지역 책임자는 자신이 담당하는 지역시장의 잠재고객들이 '원하는 바'를 정확하게 이해함으로써 마케팅 기능을 지역특성에 맞도록 조정하고 수행할 수 있다.

이와 유사한 맥락에서 최근에는 전체시장을 지역이 아니라 고객특성에 따라 세분하고 각 세분시장별로 책임자를 두는 시장관리 조직구조(market management structure)도 널리 채택되고 있다.

③ 상품별 조직구조(product structure): 상품별 조직구조는 **상품이나 상표별로 책임자**(상품 관리자 또는 상표 관리자)**를 두는 조직구조**로서 각 상품이나 상표가 상이한 세분시장에 소구하는 경우에 효과적이다. 특히 어떠한 상품이나 상표도 소홀히 취급되지 않으며 잠재고객들의 욕구변화에 신속하게 대처할 수 있는데, 비용이 많이 소요된다는 단점을 갖고 있다.

④ 행렬조직구조(matrix structure): 행렬조직구조는 전통적인 조직구조에 비해 여러 관리자 사이의 역할관계가 대단히 다르다. 즉 수직적인 권한·책임구조에 따라 배열되는 것이 아니라, 라인과 스태프기능이 뒤섞여 있어서 **한 개인은 라인으로서 기능을 수행하면서 동시에 스태프로서의 기능도 수행하는 조직구조**이다.

예를 들어, 상표 관리자들은 상품 관리자와 라인관계에 있지만 광고나 고객서비스, 마케팅 조사, 물적 유통의 기능부서에 대해서는 스태프관계에 놓이는데, 이러한 조직구조는 조직 내에서 가용한 마케팅 자원을 최대한으로 활용할 수 있다는 장점을 갖는다.

2. 마케팅 활동의 통제

통제란 **실제의 사상(事象)을 계획에 일치시키는 일**로서 구체적인 마케팅 활동들이 계획에 따라 수행되도록 계획기간 동안 끊임없이 작용하여 마케팅 목표의 달성을 보장한다. 따라서 통제는 그림 8-6에서와 같이 명확하게 정의된 목표로부터 시작되며 성과측정, 그러한 성과의 평가, 교정조치, 목표의 재평가로 연결되는 일련의 과정이다. 통제는 통제목적에 따라서 세 가지 유형으로 대별된다.

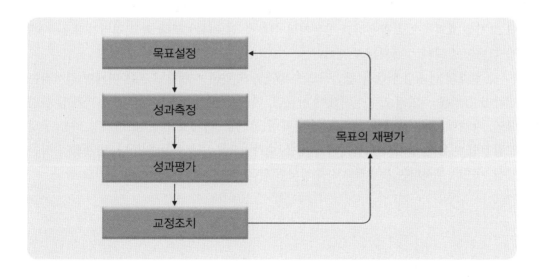

그림 8-6

통제과정

2.1 연차계획 통제

연차계획 통제란 연차계획에서 **월별 또는 분기별 중간목표로 규정된 특정한 상품이나 시장의 매출액, 시장 점유율, 마케팅 비용, 고객태도가 제대로 달성되고 있는지의 여부**를 결정하고 필요에 따라 교정조치를 수행하는 일이다.

따라서 중간목표로 계획된 성과를 검토하기 위해서는 매출액 분석, 시장점유율 분석, 마케팅 비용 분석, 고객태도 분석 등이 통제수단으로 이용되며 이러한 연차계획 통제의 주요 책임자는 최고경영자 또는 중간관리자이다.

2.2 수익성 통제

수익성 통제란 특정한 상품이나 시장에 대해 어떠한 마케팅 활동을 확대·축소 조정해야 하는지 결정하기 위해 **상품별·시장별·유통경로별 등으로 수익성을 평가**하는 일로서 대체로 마케팅 콘트롤러의 책임영역이다.

수익성 통제를 위해서는 우선 판매나 촉진, 유통 등에 관련된 전체 비용항목들을 확인하여 상품별·시장별·유통경로별로 할당해야 하는데, 이러한 비용을 전체 매출액에 대한 상품별·시장별·유통경로별 기여도와 비교함으로써 수익성의 우열을 결정하고 적절한 교정조치를 취할 수 있게 된다.

2.3 전략적 통제

전략적 통제란 **마케팅 조직이 변화하는 환경 속에서 최선의 마케팅 기회를 포착하고 그것을 효과적으로 활용하고 있는지의 여부**를 검토하기 위해 최고 경영자 또는 마케팅 감사인에 의해 수행되는 통제이다.

즉 현재의 마케팅 활동을 전반적으로 평가하기 위해 마케팅 조직은 마케팅 감사라는 전략적 통제를 주기적으로 실시해야 하는데, 마케팅 감사(marketing audit)란 마케팅 환경요인, 마케팅 전략, 마케팅 조직구조, 마케팅 시스템, 마케팅 생산성, 마케팅 기능 등의 포괄적인 범위에 걸쳐서 그들의 적절성을 주기적으로 검토하는 일이다. 마케팅 감사는 통상 마케팅 부서와는 독립적으로 수행되며 간혹 외부 전문가에게 위탁되기도 한다.

제 **9** 장

상품 수명주기와 신상품 개발

제 9 장
상품 수명주기와 신상품 개발

이미 설명한 바와 같이 상품이란 **잠재고객들의 기본적인 욕구를 충족시키거나 문제를 해결해줄 수 있는 모든 수단을** 의미하며, 마케터는 마케팅 콘셉트(마케팅 관리 철학의 한 유형)에 따라 우선 잠재고객에게서 충족되지 않은 욕구나 문제를 확인해내고 그것을 해결해 줄 최적의 마케팅 믹스를 제공함으로써 고객만족을 창출하고 그 대가로 장기적인 이윤을 획득하게 된다. 이와 같이 마케팅 개념을 실천하는 과정에서 상품은 그 자체가 고객에게 만족을 제공하기 위한 마케팅 믹스의 중심적인 위치에 있으며, 비록 상호 영향을 미치지만 대체로 마케팅 믹스의 다른 요소들에게 미치는 영향이 크다.

그런데 마케팅 조직의 **외부적 환경요인은 끊임없이 변화하면서 특정 상품의 수요에 영향을 미쳐 상품 매출액의 성장과 성숙, 감퇴의 현상을 야기**하기 때문에 마케터는 그러한 수요수준 변화에 따라 새로운 마케팅 관리 과업에 당면하며 적절한 대응전략을 수립해야 한다.

따라서 본장에서는 상품의 수요수준 변화를 묘사하는 상품수명주기의 개념을 살펴보고 각 단계별로 적합한 마케팅 전략의 기본적인 방향을 검토하기로 한다.

외부적 환경요인의 변화는 또한 새로운 마케팅 기회를 창출함으로써 신상품을 개발하도록 격려한다. 즉 많은 마케터들이 환경변화가 창출하는 새로운 마케팅 기회에 부합되는 신상품을 통해 성공을 거두고 있는데, 본장에서는 이러한 신상품 개발과 관련된 마케터의 과업과 신상품에 대한 잠재고객들의 반응을 살펴본다.

1절 상품이란 무엇인가

상품이 무엇인지에 관해 일반인의 견해는 매우 다양하고 복잡하지만, 마케팅을 제대로 이해하기 위해서는 마케팅 믹스의 핵심이 되는 상품에 관해 명확한 개념을 갖추어야 한다.

1. 상품의 정의

상품의 본질을 이해하기 위해서 우리는 "상품이란 무엇인가?"라는 질문을 생각해봐야 한다. 우리는 흔히 상품을 '돈 주고 사는 것' 또는 '일상생활에서 우리가 필요로 하는 것', '농어민이 생산하거나 공장에서 제조한 것'이라고 간단히 생각한다.

그러나 마케팅 관점에서 상품은 **대가의 지불을 전제로 교환에 자발적으로 참여함으로써 마케터로부터 제공받는 모든 욕구충족 수단**을 의미한다. 사실 상품을 이와 같이 교환의 객체로 파악한다면 당연히 이미 설명한 바와 같이 유형의 상품·서비스·사람·장소·조직·아이디어·활동 등 인간의 기본적인 욕구와 필요를 충족시켜주는 모든 수단을 포괄하며, 잠재고객의 주의를 끌고 구매되어 소비 또는 사용될 수 있는 대상들을 지칭한다.

물론 마케터는 잠재고객의 욕구나 필요를 충족시키기 위해 단순히 발가벗겨진 상품 자체만을 제공하지 않는다. 왜냐하면 잠재고객은 상품이 제공하는 기능적인 효익(functional benefits) 이외에도 심리적 효익(psychological benefits)과 사회적 효익(social benefits)을 동시에 추구하기 때문이다.

따라서 마케팅 관점에서 상품을 정의하기 위해서는 협의의 상품과 광의의 상품을 구분할 필요가 있다.

즉 협의의 상품이란 상품을 **단순히 물리적·화학적 측면을 중심으로 '기능적 속성들만의 결합체'로 파악하는 관점**이다. 이러한 협의의 관점에서 향수라는 상품은 단순히 일종의 오일에 좋은 향기가 나는 화학물질을 혼합하여 만든 것(香水)이며, 옷들은 단순히 염색된 섬유를 오려붙여 몸을 가리거나 체온을 유지하는 것으로 인식된다.

더욱이 협의의 관점은 물리적·화학적 측면에서 기능적 속성들이 유사한 결합체를 대체로 같은 상품으로 간주하므로 각 상품은 일반적으로 통칭되는 향수, 옷, 구두, 자동차 등과 같이 상품의 보통명칭(generic names)으로 지칭될 수밖에 없다.

상품

대가의 지불을 전제로 교환에 자발적으로 참여함으로써 마케터로부터 제공받는 모든 욕구충족 수단

▲ 상품 구매시 고객이 원하는 서비스를 하나 더 해 주기도 한다.

따라서 협의의 상품들은 대체로 물리적·화학적 측면들이 제공하는 기능적 속성 상에서나 차별화될 수 있으며, 만일 심각하게 차별화되지 않는다면 동일한 상품으로 간주된다. 예를 들어, 자동차 중고시장에서 거래되는 것은 모두 '자동차'이며, 의류 아웃렛에 진열되어 있는 것은 모두 '옷'으로 지칭될 뿐이다. 그러나 향수를 구매하는 고객은 단순히 오일과 좋은 향기의 혼합물이 제공하는 기능적 효익만 구매하는 것이 아니라 특정한 상표가 제공하는 심리적 또는 사회적 효익을 함께 추구하며, 옷을 구매하는 고객도 특정한 상표나 디자인의 옷이 제공해주는 심리적 또는 사회적 효익을 함께 추구한다.

물론 이러한 심리적 또는 사회적 효익은 상품의 물리적·화학적 측면인 기능적 속성들로부터 영향을 받기도 하지만 주로 상징적 속성들로부터 지각되는 경향이 있다.

상징적 속성의 대표적인 예는 상표, 디자인, 색상, 포장 등이며 기능적 효익보다는 주로 심리적 및 사회적 효익을 제공하는 요소들이다. 특히 상표는 향수나 고급상품들의 심리적 또는 사회적 효익을 제공함으로써 그러한 상품의 가치를 결정짓는 데 매우 중요한 역할을 한다.

따라서 기능적 속성들이 동일할지라도 상표나 디자인과 같은 상징적 속성이 다른 상품들은 상품가치(즉 잠재고객들이 '원하는 바'를 충족시켜주는 형태와 크기)에서 차이를 보인다. 예를 들어, 중소생산업체의 제조업자 상표를 부착한 의류와 유명 백화점의 중간상인 상표를 부착한 의류, 세계적으로 유명한 디자이너의 상표를 부착한 의류를 비교하면 기능적 속성은 동일할지라도 상징적 속성이 다르고 옷의 가치와 그것이 고객에게 주는 만족도 다를 것이다.

심지어 **상품을 취급하는 점포의 특성도 고객들에게 심리적 또는 사회적 효익을 제공할 수 있는 상징적 속성**으로 작용하므로 동일한 상품일지라도 그것을 취급하는 점포의 특성이 다르다면 상품가치도 다르게 지각될 수 있다.

또한 상품의 배달이나 설치, 품질보증 등의 부대 서비스도 잠재고객들의 어떠한 욕구를 충족시켜 고객만족에 기여하는 한, 상품의 필수적 요소로 인정되어야 한다. 예를 들어, 동일한 기능의 승용차라도 상표(상징적 속성)에 따라서 가치가 다른 것은 물론이고, 나아가서 무상보증기간의 조건(부대 서비스)에 따라 상품가치와 고객만족이 달라진다.

따라서 마케팅에서는 그림 9-1에서와 같이 상품을 **잠재고객의 욕구와 필요를 충족시켜 고객만족을 창출하기 위해 설계된 기능적 속성 및 상징적 속성과 부대 서비스의 결합체**로 정의하는 광의의 관점을 취한다.

이때 기능적 속성 및 상징적 속성의 결합체를 제조업에서는 기본상품(primary product), 서비스업에서는 기본 서비스(primary service)라고 하며 전통적으로 사용되던 '상

광의의 상품
잠재고객의 욕구와 필요를 충족시켜 고객만족을 창출하기 위해 설계된 기능적 속성 및 상징적 속성과 부대 서비스의 결합체

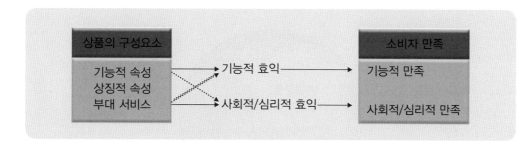

그림 9-1

마케팅 관점에서의 상품
(광의의 상품)

품'이라는 단어에 해당한다. 물론 부대 서비스(supportive service)는 양측에 동일하다. 이제까지 마케팅 실무에서 '신상품 아이디어'라고 하면 대체로 물리적·화학적 측면의 기능적 속성을 개선하는 데 집중해 왔고 그 결과 아이디어의 빈곤을 느끼고 있지만, 사실 신상품 아이디어는 상징적 속성과 부대 서비스의 분야에서도 얼마든지 찾아낼 수 있음에 유의해야 한다.

더욱이 기능적 속성은 경쟁자에 의해 쉽게 모방되지만, '샤넬'의 명성이나 '디즈니랜드'의 서비스 명성은 상징적 속성으로서 쉽게 모방될 수 없고 장기간 수익성에 탁월하게 기여하고 있다.

결국 마케팅 관점에서 상품의 본질을 이해하기 위해서는 두 가지 점에 유의해야 하는데, 첫째는 이미 설명한 바와 같이 **상품에 관해 확장된 개념**(the broadened concept of the product)에서 유형의 상품은 물론이고 무형의 서비스, 정치인이나 배우와 같은 사람, 관광지나 쇼핑센터와 같은 장소, 적십자사나 학회와 같은 조직, 민주주의나 환경보호 등의 아이디어, 시민운동이나 자원봉사와 같은 활동 등을 포함한다는 것이다.

둘째는 상품을 정의하는 데 있어서는 단순히 물리적·화학적 측면에서 기능적 속성의 결합으로 파악하는 협의의 관점이 아니라 고객의 욕구와 필요의 충족이라는 점에서 **기능적 속성 및 상징적 속성과 부대 서비스를 함께 고려하는 광의의 관점**을 취한다는 것이다.

2. 상품의 세 가지 수준

이미 설명한 대로 마케팅 관점에서 상품이란 잠재고객의 욕구와 필요를 충족시켜 고객만족을 창출하기 위해 설계된 기능적 속성 및 상징적 속성과 부대 서비스의 결합체를 지칭하는데, 이러한 상품(결합체)은 그림 9-2에서와 같이 세 가지 수준으로 나누어 생각해볼 수 있다.

즉 핵심상품(core product)이란 **잠재고객의 기본적인 욕구를 충족시키거나 문제를 해**

핵심상품
잠재고객의 기본적인 욕구를 충족시키거나 문제를 해결해주기 위해 제공되는 효익의 다발

그림 9-2

상품의 세 가지 수준

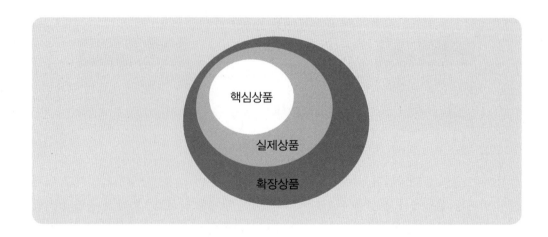

실제상품

잠재고객들에게 바람직한 효익의 조합을 효과적으로 제공할 수 있도록 물리적·화학적 측면들을 참조하는 기능적 속성과 여타의 상징적 속성을 결합한 관점의 상품

확장상품

실제의 구매 및 소비 활동과 관련하여 고객만족을 증대하기 위한 여러 가지 부대 서비스까지 포함한 범위의 상품

결해주기 위해 제공되는 효익의 다발(bundle of benefits)을 의미하는데, 잠재고객은 결국 전체적인 상품의 가장 핵심부분인 이러한 효익들을 획득하기 위해 특정한 상품을 구매하는 것이다.

예를 들어, 화장품을 구매하는 사람은 '아름다움'이라는 효익을 희구하는 것이며, 그러한 효익을 얻기 위한 한 가지 수단으로서 화장품을 구매한다. 따라서 마케터는 상품을 설계하는 데 있어서 우선 잠재고객들의 기본적인 욕구(basic needs)에 관련된 효익을 파악한 후, 효익들의 어떠한 조합을 제공할 것인지 결정해야 한다.

그 다음 마케터는 핵심상품을 실제상품으로 전환시켜야 하는데, 실제상품(actual product)이란 **잠재고객들에게 바람직한 효익의 조합을 효과적으로 제공할 수 있도록 물리적·화학적 측면들을 참조하는 기능적 속성과 여타의 상징적 속성을 결합한 것**(bundle of attributes)이다.

예를 들어, 경제성과 편리성이라는 효익을 희구하는 잠재고객에게 승용차의 마케터는 각자 나름대로 연비, 구매가격, 부품가격, 최소회전반경, 주차공간, 날렵하고 활동적인 이미지의 상표 등을 독특하게 결합함으로써 **잠재고객들에게 바람직한 효익들을 속성의 결합으로 구체화한 실제상품**을 개발할 수 있다. 따라서 실제상품에 대한 열망은 필요(wants)에 해당한다.

더욱이 마케터는 잠재고객들이 상품의 구매로부터 충분한 만족을 얻을 수 있도록 **실제의 구매 및 소비 활동과 관련하여 여러 가지 부대 서비스를 제공**해야 하는데, 부대 서비스까지 포함하는 수준의 상품을 확장상품(augmented product)이라고 부른다.

예를 들어, 상품사용법을 교육시켜 주거나 품질을 보증하고, 할부판매 조건을 제시하는 등의 부대 서비스는 모두 상품가치와 고객만족을 부가적으로 증대시키기 위한 방안으로서 중요하다.

특정한 상품에 있어서 세 가지 수준을 예시해 보자. 즉 여러 가지 옷들은 핵심상품의 수준에서 피부보호, 보온, 멋 등의 효익이 독특하게 결합된 것으로 간주되며, 특정한 옷이 고객에게 제공하려는 효익은 그 내용에 따라 다시 독특한 속성들의 결합인 **실제상품으로 전환되어 상품마다 독특한 특징**(features)을 갖게 된다. 그리고 마케터에 따라서는 무료수선이나 할부판매 등의 부대 서비스를 제공하여 고객만족을 증대시킬 수 있을 것이다. 다른 예로서, 핵심상품의 수준에서 볼 때 경찰은 치안유지와 생명 및 재산 보호 등의 효익으로 구성된다. 그러나 경찰은 그러한 효익들을 효과적·효율적으로 제공하기 위해 국가나 지방의 여건에 따라 독특한 속성을 결합하여 각 나라 또는 지방 경찰의 특성을 보여주고 있는데, 이를 실제상품 수준의 경찰의 모습이라고 할 수 있다.

▲ 핵심 상품 수준에서 경찰의 역할(치안유지, 생명 및 재산 보호) 이외에도 확장 상품 개념으로도 볼 수 있다. 세종경찰서는 건전한 청소년 문화 분위기 조성을 위해 지난 27일 세종시 종촌동 소재 '제천뜰' 공원에서 에듀폴(Edu-Pol) 밴드 공연을 가졌다.

더 나아가서 경찰이 시민의 지지와 호응을 얻기 위해 지역 청소년에게 호신술을 가르치거나, 은퇴자들의 도움을 받아 청소년 지도를 위임하거나, 자원봉사 조직을 운영하는 등 — 본연의 업무 이외에도 — 시민을 위한 서비스를 추가적으로 제공한다면 확장상품 수준의 경찰이라고 할 수 있다.

따라서 신상품을 개발하려는 마케터는 잠재고객들 사이에서 충족되지 않은 욕구를 파악하여 어떠한 효익의 다발(핵심상품)을 제공할 것인지 최우선적으로 고려해야 하며, 그 다음 그러한 효익을 어떠한 속성들의 결합을 통해 구체화하고 제공할 것인지를 생각해야 한다(실제상품). 그리고 마지막으로 고객만족을 향상시키기 위해 제공할 부대 서비스의 형태와 크기를 결정해야 한다(확장상품).

3. 상품과 관련된 용어

마케팅에서 상품과 관련하여 자주 등장하는 다음과 같은 용어들은 혼용되기도 하지만, 의미 차이를 구별하여 사용하는 편이 바람직하다.

① 머천다이징(merchandising): 머천다이징이라는 용어는 넓은 의미에서 적절한 장소와 적절한 시간에 원하는 수량의 적절한 상품을 공급하는 일에 관련된 제반활동을 의미하며, 마케팅과 동의어로 혼용되기도 한다. 그러나 협의로는 **중간상인의 상품관리**를 지칭하여 고객수요에 부응하도록 상품의 구색을 갖추기 위한 상품선정활동(구색 갖추기 merchandise selection)을 의미한다.

② 상품계획(product planning): 상품계획이라는 용어는 **생산자의 상품관리**로서 어떠

한 상품을 생산하여 시장에 공급할 것인지에 관한 활동이며, 상품개발을 포함한다.

③ 상품개발(product development): 상품계획보다는 좁은 의미로서 신상품을 개발하기 위한 조사와 상품설계 및 시험 등의 활동을 의미한다.

2 절 상품수명주기

모든 상품은 인간의 욕구와 필요를 충족시켜주지만, 그들의 유용성은 일과적(一過的)임에 유의해야 한다. 즉 상품은 잠재고객들이 '원하는 바'를 근거로 시장에 처음 도입된 후 고객만족을 창출하면서 인기를 끌다가 고객들의 기호변화나 마케팅 환경변화 등으로 인하여 가치를 잃게 되면 보다 효과적인 욕구충족 수단에게 자리를 물려주고 시장에서 물러나게 된다. 이러한 상품의 일생을 상품수명주기라고 하며, 마케터에게 많은 전략적 시사점을 제공해준다.

1. 상품수명주기의 개념과 특성

상품수명주기는 매우 단순한 개념이지만 상품의 성장과 발전전망을 검토하기 위한 개념적 근거가 될 뿐 아니라, 전략적 계획을 수립하기 위한 실천적 근거로 활용될 수 있다. 즉 마케터는 **상품이 수명주기를 거쳐 가는 동안 마케팅 목표와 전략을 조정**해야 한다.

더욱이 마케터는 각 상품이 처해 있는 수명주기 상의 단계를 확인하여 상품계열 내의 전반적인 수명주기 믹스(mix of PLCs)를 결정하고 그러한 수명주기 믹스의 구성과 변화추세를 평가해야 한다. 만일 마케터가 개별상품의 수명주기를 조정하여 상품계열 내의 전반적인 수명주기 믹스를 바람직한 모습으로 유지할 수 있다면 안정적이고 장기적인 수익성을 유지하거나 증대하는 데 도움을 받을 것이다.

상품수명주기
신상품이 시장에 도입된 후, 시간경과에 따라 매출액 수준을 나타내는 시장수요의 변화패턴

1.1 상품수명주기의 개념

활동수준에서 볼 때, 인간이 세상에 태어나서 성장하고 청년기와 장년기를 거쳐 노년

기에 이르는 것과 마찬가지로 시장에 처음 등장한 모든 신상품도 시간이 흐름에 따라 다양한 수요패턴을 겪게 된다. 이때 **신상품이 시장에 도입된 후, 시간경과에 따라 매출액 수준을 나타내는 시장수요의 변화패턴**을 상품수명주기(PLC, product life cycle)라고 한다.

이러한 시장수요의 패턴은 주로 수요특성(크기와 변화추세)에 따라 대체로 도입기, 성장기, 성숙기, 쇠퇴기의 네 단계로 구분되는데, 이러한 단계들은 전체로서 상품의 일생을 묘사하는 일종의 상품수명주기를 구성한다.

물론 상품수명주기의 개념은 기본적인 욕구충족 수단으로서 TV와 같은 상품범주(product category, 또는 상품계층product class)는 물론이고 컬러TV나 대형화면 또는 음성다중과 같이 상품형태(product form, 또는 상품유형product type), 상표(brand)에 대해 적용될 수 있으므로 마케터는 상품범주의 수명주기, 상품형태의 수명주기, 상표의 수명주기 등을 생각할 수 있다. 그러나 현실적으로는 마케터가 현재 관심을 갖고 있는 수준에서 **대체가 능한 유사상품들을 하나로 묶어 상품수명주기는 파악하는 일**이 보편적이며 유용한 마케팅 시사점을 제공해 준다.

물론 상품별 수명주기 상의 단계를 정확하게 확인하거나 각 단계의 지속기간 및 단계이행 요인, 매출액 등을 예측해주는 기법들이 아직은 충분하게 개발되어 있지 않기 때문에 상품수명주기의 개념은 단지 시장수요의 패턴을 묘사하는 데 유용할 뿐이며, 상품성과를 예측하거나 마케팅 전략을 수립하기 위한 도구로 이용하기에는 미흡하다.

더욱이 마케팅 전략은 상품수명주기에 따라 변경되기도 하지만, 반대로 상품수명주기를 결정짓는 요인이기도 하므로 상품수명주기는 유관성 분석(contingency analysis, what-if analysis)에 의해 평가되어야 한다.

1.2 상품수명주기의 특성

수명주기라는 개념은 유형의 상품·서비스·사람·장소·조직·아이디어·활동 등 광범위한 마케팅 대상에 적용될 수 있지만, 대체로 공통적인 여섯 가지의 특성을 보인다.

① 상품수명주기는 대체로 그림 9-3에서와 같이 기간별 매출액을 나타낸다(누적매출액은 S형 곡선임).

② 상품수명주기는 수요특성(크기와 변화추세)을 근거로 하여 도입기·성장기·성숙기·쇠퇴기로 구분된다. 그러나 일부 신상품은 도입기에서 실패하여 중도하차하거나 성장기에서 곧바로 쇠퇴기로 넘어가기 때문에 모든 상품이 반드시 네 단계를 거치는 것은 아니다.

③ 상품에 따라서는 전체 수명주기가 몇 주일로부터 수십 년에 이르기까지 다양한 기간을 포괄하며, 수명주기 상의 각 단계가 지속되는 기간도 상품에 따라

▲ 도입기에 실패한 시티폰

그림 9-3

상품수명주기

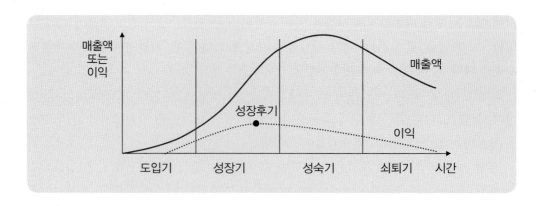

다르다.

④ 이익은 도입기에 없거나 적자였다가 성장후기에서 극대점에 이르며, 성숙기에 들어서면서 감소하기 시작한다.

⑤ 모든 상품은 결국 쇠퇴기를 맞이하는데, 이러한 사실은 신상품의 개발계획을 사전에 미리 수립하도록 촉구한다.

⑥ 성숙기는 대체로 수명주기 상에서 가장 긴 기간을 차지하는데, 오늘날 성공을 거두고 우리에게 친숙한 상품들은 대체로 이 단계에 처해 있으며 대부분의 마케팅 이론도 성숙기에 처해 있는 상품들을 위한 것이다. 따라서 다른 단계에 처해 있는 상품의 마케팅 실무에서는 마케팅 이론을 현실적으로 수정하여 적용해야 한다.

2. 각 단계의 특성 및 마케팅 전략 방향

상품수명주기는 학자에 따라 다양하게 세분되지만, 단계의 수는 별로 중요하지 않으며 단지 수요 및 경쟁특성이 유사한 단계를 구분하여 마케팅 전략의 일반적인 방향을 제시한다는 점이 중요하다.

따라서 각 단계별 특성과 그러한 특성이 제시해주는 일반적인 전략의 방향을 정리하면 다음과 같다.

2.1 도입기

도입기
신상품이 시장에 처음으로 등장하여 잠재고객들의 관심을 끌고 구매를 자극해야 하는 단계

도입기(introduction stage)란 **신상품이 시장에 처음으로 등장하여 잠재고객들의 관심을 끌고 구매를 자극해야 하는 단계**를 말한다. 일부 상품에서 도입기는 매우 긴 기간 동안 지속되며 매출액도 완만하게 증가하는데, 특히 도입초기 신상품이 뉴스가치를 갖는

짧은 기간을 론칭기(launching 期)라고 하여 신상품 발표회, 홍보 등이 활발하다.

(1) 도입기의 특성

- 상품의 인지도가 낮고 잠재고객들이 신상품 구매에 수반되는 위험을 지각하므로 수요가 많지 않다.
- 매출액이 적은 데도 불구하고 초기의 집중적인 촉진활동과 유통망 확보에 많은 비용이 지출되기 때문에 대체로 이익은 없거나 적자이다.
- 상품이 최초로 도입되는 단계이므로 상품실패의 가능성이 높으며, 시장반응에 따라 상품수정이 잦을 수 있다.
- 신상품이라는 특성 때문에 경쟁자가 없거나 적다.
- 시장실패의 염려 때문에 — 중간상인들이 상품취급을 꺼리므로 — 유통망 확보가 어려우며, 유통마진도 비교적 크게 책정되어야 한다.
- 생산과 유통에 있어서 규모의 경제를 누릴 수 없으므로 상품가격이 높은 편이다.
- 상품차별화는 아직 드물며 대체로 기본형(basic version)만으로 수요를 자극하는데, 구매는 주로 상품이 제공하는 효익과 자신이 '원하는 바'가 일치하는 잠재고객들(핵심시장 core market)에 의해서나 이루어진다. 예를 들어, 특정 신인가수의 CD를 구매하는 광팬들이 핵심시장이라고 할 수 있다.

(2) 도입기의 일반적인 전략방향

- 잠재고객들의 상품인지를 증대시키기 위한 촉진활동을 전개하며, 그러한 캠페인의 주제는 선택적 수요보다는 본원적 수요를 자극해야 한다. 여기서 선택적 수요(selective demand)란 특정 상표에 대한 수요이며, 본원적 수요(primary demand)란 상품범주에 대한 수요를 말하는데, 경쟁자가 없는 상태에서는 당연히 전체 파이라고 할 수 있는 본원적 수요의 증대만으로 충분하다.
- 유통망을 확보하기 위해 중간상인들을 대상으로 강력한 영업(인적 판매 personal selling)을 실시하고 유통마진을 충분하게 보장하거나 지역적 독점판매권(dealership)을 제공한다.
- 무료견본이나 쿠폰을 배포하여 잠재고객들의 시용을 유도하며(편의품의 경우), 강력한 영업과 교육적 광고를 통해 구매를 자극한다(전문품이나 선매품의 경우).

2.2 성장기

신상품의 매출액이 일단 완만한 증가단계(도입기)를 거쳐 체증적으로 증가하기 시작

성장기
신상품의 매출액이 일단 완만한 증가단계를 거쳐 체증적으로 증가하기 시작하기까지의 단계하면 성장기(growth stage)가 시작되는 것인데, 이러한 현상은 새로운 고객의 구매(신규수요)와 만족한 기존고객들의 반복구매(재구매, 대체수요)에 기인한다.

(1) 성장기의 특성

- 가속적인 구매확산과 대량생산을 통한 가격인하의 순환관계가 형성됨에 따라 전체시장의 규모가 급속하게 확대된다.
- 상품을 취급하려는 중간상인들의 수가 증가하고, 그들이 재고를 갖춰감에 따라 매출액은 더욱 신장되며 이익도 흑자로 돌아 증가하기 시작한다.
- 경쟁자들이 시장에 참여하기 시작하면서 상품차별화의 기회가 다양하게 모색되며, 가격인하 경쟁이 나타나기도 한다.
- 성장기 후반에는 가격인하 경쟁에 대응하고 선택적 수요를 자극하기 위한 촉진비용이 많이 소요되므로 이익은 정점에 도달했다가 감소하기도 한다.

(2) 성장기의 일반적인 전략방향

- 경쟁자들의 등장으로 인하여 광고의 초점을 본원적 수요로부터 선택적 수요로 전환한다.
- 장기적인 시장지위를 확보하기 위해 유통망을 확충하고 중간상인과의 관계를 강화한다.
- 경쟁에 대응하여 시장 점유율과 현재의 이익 사이에서 목표를 조정한다.

2.3 성숙기

매출액이 체감적으로 증가하거나 안정된 상태를 유지하는 단계를 성숙기(maturity stage)라고 하는데, 마케팅 전략의 초점은 대체로 유지적 마케팅이나 리 마케팅과 관련된 과업들을 통해 상품수명주기를 연장 또는 부활시키는 일이다.

(1) 성숙기의 특성

- 많은 시장참여자들과 과잉생산 능력에 의해 경쟁이 심화된다.
- 과도한 가격인하 경쟁과 유통망 확보 및 판매촉진 비용의 증대로 이익이 감소하며, 한계적인(취약한) 경쟁자들이 시장에서 탈락하기 시작한다.
- 다양한 상품을 공급하는 경쟁자가 많기 때문에 자사 상품의 수요를 확대하려는 노력이 빛을 보기 어려워진다.

(2) 성숙기의 일반적인 전략방향

- 현재의 표적시장 내에 속하는 비사용자(nonuser)에게 가격인하나 할부판매 등을 제의하여 사용자로 전환시킨다. 예를 들어, 미혼의 직장여성을 표적시장으로 하는 '이너웨어' 마케터는 표적시장 내의 비사용자들에게 시용이나 구매를 권유하여 수요를 증대시킬 수 있다.

- 현재 경쟁자의 상표를 구입하고 있는 소비자로 하여금 상표대체(brand switch)를 하도록 유인한다. 이는 가장 보편적인 경쟁전략으로서 경쟁자의 고객을 빼앗아 오는 다양한 유인책을 필요로 한다.

- 현재의 고객으로 하여금 상품을 더욱 많이 소비하도록 설득하여 상품사용률(usage rate)을 제고한다. 예를 들어, 점심식사 후에도 양치질할 것을 제안하는 '페리오 시간' 캠페인이나 '하루 한 컵이 아닌 1리터의 우유 마시기'를 제안하는 캠페인을 볼 수 있다.

- 상품에 대한 신용도(new use)를 개발하고 소비자에게 구매하도록 설득한다. 예를 들어, 옥수수를 식용유, 빵, 마가린, 과자의 원료로 사용하도록 한다. 또 보리빵이나 새로운 돼지고기 요리법의 개발 등도 이러한 예에 속한다.

- 새로운 시장으로 진출한다. 예를 들어, 국내시장에 해외시장을 추가하여 새로운 지역시장으로 진출하거나 20대의 표적시장에 30대를 추가하여 새로운 인구통계 시장으로 진출할 수 있다. 또한 소비자를 표적으로 하던 마케터는 정부기관이나 산업고객을 대상으로 산업시장에 진출할 수 있다(B to B).

- 상품의 포지션을 변경한다(repositioning). 상품 포지션의 변경은 상품속성의 조합을 실제로 수정하거나(신상품 수준이 아닌 상품수정) 상품에 대한 소비자들의 지각만을 변경시켜 달성될 수 있다.

2.4 쇠퇴기

모든 상품은 **다양한 요인으로 인해 수요가 지속적으로 감소**하는 쇠퇴기(decline stage)를 맞게 마련인데, 그러한 현상의 원인은 다음과 같다.

첫째, 소비자의 기호변화는 상품의 수요를 줄이거나 없앨 수 있다.

둘째, 성능이 우수하고 저렴한 대체품의 등장은 동일한 욕구에 소구하던 기존상품의 수요를 잠식한다. 예를 들어, 유성 페인트가 수성 페인트에게 시장지위를 넘겨주거나 철제 그릇이 플라스틱 그릇에게 시장지위를 넘겨주기도 한다. 연예계의 가수나 배우들이 그렇고 옛날 황제의 후궁들도 그러했다.

셋째, 경쟁자가 훨씬 우월한 마케팅 전략으로 결정적인 우위(decisive advantage)를 차

쇠퇴기
소비자의 기호 변화나 환경요인 등의 변화로 매출액이 지속적으로 줄어드는 단계

지할 수 있다.

넷째, 법적 요인이나 정치적 요인 등 외부적 마케팅 환경이 변화함에 따라 상품의
계속적인 판매가 불가능하게 바뀔 수 있다.

(1) 쇠퇴기의 특성

- 매출액이 지속적으로 감소한다.
- 경쟁자들이 시장에서 철수하거나 마케팅 활동을 축소하기 시작한다.

(2) 쇠퇴기의 일반적인 전략방향

- 상품의 생산을 즉시 중단하여 폐기시킨다(폐기전략).
- 상품은 계속 생산하면서 현재의 마케팅 활동도 그대로 유지한다(유지전략).
- 표적시장의 범위를 축소하여 현재 수준의 마케팅 노력을 유리한 세분시장에만 집
  중시킨다(집중전략).
- 마케팅 투자와 노력을 점진적으로 축소시켜 현재의 이익을 증대시킨다(회수전략).

3. 계획적 진부화와 유행

마케터는 상품의 수명주기를 전략적 필요에 따라 어느 정도 조정할 수 있으며, 유행
과 초유행은 일반적인 상품과는 다소 상이한 수명주기를 갖는다.

3.1 계획적 진부화

오늘날 소비자들은 끊임없이 이전의 것과는 다른 새롭고 효과적인 상품들을 갈망하
고 있으며 그것을 위해 기꺼이 많은 돈을 지출하려고 든다. 즉 모든 상품은 시중에서 오
랫동안 구매되어 왔다는 이유에서 **심리적 싫증을 일으키거나 기능이 약화되는 등의 자
연스런 진부화의 현상**을 보인다.

마케터의 입장에서는 의도적으로 자신의 상품을 늙고 병들게 하는 '진부화'를 시도
할 수 있는데, 이러한 전략적 의지를 함축하기 위해 '계획적' 진부화(planned obsolescence)
라는 용어를 사용하여 '자연스런' 진부화와 구별한다.

즉 마케팅에서 사용하는 진부화라는 용어는 상품수명주기의 쇠퇴기와는 달리 시장
수요의 변화로부터 마케터에게 주어지는 자연스런 현상이 아니라, 대체로 **상품 또는 상
품계열의 수명주기믹스를 조정하기 위해 신상품의 도입을 지연시키거나 기존상품의 수**

계획적 진부화
상품 또는 상품계열의 수
명주기믹스를 조정하기 위
해 신상품의 도입을 지연
시키거나 기존상품의 수명
을 단축하려는 전략

명을 단축하려는 전략적 개념이므로 계획적 진부화(전략)이라는 용어가 더욱 어울린다.

이러한 계획적 진부화는 기존상품에 대한 구체적인 전략적 목적이나 적용상황에 따라 크게 네 가지 유형으로 나눌 수 있다.

① 기술적 진부화(technological obsolescence): 기술적 진부화란 **기술혁신을 통해 더욱 효과적인 상품을 제공함으로써 기존상품을 대체하여 수명주기를 단축하는 전략**이다. 이는 생활수준을 향상시키는 데 기여하므로 사회적 및 경제적으로 널리 환영받기도 하는데, 기능적 진부화(functional obsolescence)라고도 한다. 그러나 일부에서는 지나치게 짧은 수명주기를 비난하는 경우도 있다.

▲ 기술적 진부화는 기술혁신을 통해 더욱 효율적인 상품을 제공함으로써 기존 상품을 기술적으로 대체하려는 전략인데, 그림은 애플 아이폰의 발전과정을 보여준다.

② 물리적 진부화(physical obsolescence): 물리적 진부화란 상품의 기능이 일정한 기간 동안만 작용하고 그 기간이 경과하면 물리적으로 기능을 잃도록 상품수명을 제한하는 전략으로서 수명주기보다는 **상품 자체의 물리적 수명**에 관련된다. 예를 들어, 승용차의 배터리나 전구 등의 구매자는 고가격의 긴 수명과 저가격의 짧은 수명 사이에서 호환적 선택(trade-off)을 해야 하는데, 대체로 고가격의 긴 수명은 일시적 부담이 크거나 긴 수명에 대한 보장이 어려우므로 당장의 구매가 기피되는 경향이 있다. 따라서 마케터는 적절한 수명과 가격의 조화를 추구하는 물리적 진부화를 선택해야 한다.

▲ 물리적 진부화: 흔히 장미전구라고 하는 삼파장 전구는 색이 자연스럽고 수명도 무척 길지만 가격이 비싼 것이 흠이다.

③ 스타일 진부화(style obsolescence): 스타일 진부화란 상품의 기능적 특성을 변경하기보다는 단지 새로운 상품이 기존의 것과 쉽게 구분되도록 **상품의 외견상 특성만을 변경하는 전략**인데, 간혹 심리적 진부화 또는 유행 진부화라고도 한다. 마케터는 스타일 진부화를 통해 기존상품의 고객들에게 시대에 뒤떨어졌다는 느낌을 갖게 하여 구매를 촉구하는 경우가 많기 때문에 많은 사람들로부터 비난받기도 한다. 그러나 첫째, 구매자가 스스로 구매결정을 내릴 수 있도록 자유로운 의지(free will)를 가진 사람이라는 점과 둘째, 다양성과 변화는 고객에게 추가적인 만족을 제공한다는 점(variety-seeking need)에서 여전히 가치를 갖는다.

④ 연기된 진부화(postponed obsolescence): 연기된 진부화는 다른 전부화 전략과 달리 기존상품의 수명주기를 연장하는 일과 관련된다. 즉 **현재의 기술능력으로 신상품을 충분히 생산할 수 있으나, 기존상품에 대한 시장수요가 쇠퇴하고 새로운 시장자극이 필요할 때까지 신상품의 개발을 연기하는 전략**이다. 예를 들어, 마케터는 신상품에 대한 열망이 무르익어 시장수요가 충분히 커질 때까지 신상품개발을 연기하기도 하는데, 간혹 충분한 수요가 형성될 때까지 기다리지 못하고 성급하게 신상품을 시장에 도입했다

가 실패를 겪기도 한다.

3.2 유행의 주기와 확산과정

유행은 스타일과 혼용되기도 하지만 미세한 의미 차이가 있다. 우선 스타일이란 예술이나 상품, 활동(노래 부르기, 놀이, 행동 등)에 관해 다른 것과 구분되는 양식(mode)으로서 우리는 승용차(세단, SUV)와 수영복(비키니), 춤(디스코, 라틴댄스) 등에서 스타일을 구분할 수 있다.

이에 비해 유행(fashion)이란 **비교적 장기간 동안 집단의 여러 사람들에 의해 널리 수용되고, 구매되는 스타일**을 말한다. 따라서 모든 스타일이 유행되는 것은 아니며, 특정한 스타일이 유행되기 위해서는 일단 대중에게 널리 수용되어야 한다.

유행도 역시 수명주기를 갖는데, 대체로 그림 9-4와 같이 세 단계로 구성된다.

① 특이화 단계(distinctiveness stage): 특이화 단계에서 일부 소비자는 다른 사람들이 소유 또는 사용하고 있는 것과는 다른 스타일의 상품을 찾게 되어, 주문생산품을 구매하거나 소량으로만 공급되는 상품을 구매한다. 이러한 소비자들은 새로운 스타일을 주도하는 스타일 선도자(style leaders)이다.

② 모방단계(emulation stage): 특정한 스타일이 스타일 선도자들에 의해 제시되면 다른 소비자들은 스타일 선도자를 경쟁적으로 모방하기 시작하는데, 이때 비로소 새 스타일은 유행이라고 불릴 수 있다. 이러한 단계는 일반적인 상품수명주기의 성장기에 해당한다.

③ 경제적 모방단계(economic emulation stage): 모방단계가 진행되어감에 따라 많은 마케터들이 유행하는 스타일을 저가격에 대량으로 공급하기 시작하여 대중적으로 확산시키게 되는데, 이러한 단계는 상품수명주기의 성숙기에 해당한다.

그림 9-4

유행의 수명주기

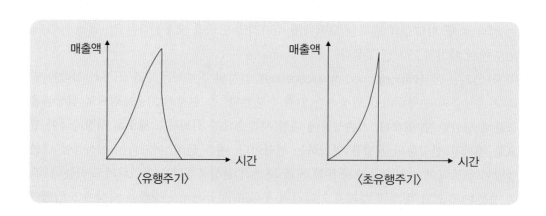

어떠한 스타일이든 유행주기의 두 번째(또는 세 번째)단계에 이르면 이미 본래의 스타일 선도자(original style leaders)들에게는 매력을 잃게 될 것인데, 그에 따라 스타일 선도자들은 다시 새로운 스타일을 찾게 되어 새로운 유행의 주기가 시작된다.

한편 유행의 확산과정에 관해서는 세 가지의 설명이 있는데, 이들은 모두 사람들이 동일한 사회계층이나 이웃하는 사회계층의 구성원을 모방하려는 경향을 갖는다고 주장한다.

① 하향적 유행설(trickle-down theory): 사람들은 신분상승의 욕구로 인해 자신이 속한 사회계층의 바로 상위계층을 모방하는 경향이 있기 때문에 유행이 여러 사회계층을 통해 하향적으로 퍼져나간다는 전통적인 견해이다. 예를 들어, 왕실의 요리나 의상, 음악, 춤 등이 상류층에게 모방되어 퍼지고 다시 평민들에게 확산되어 유행한다.

② 상향적 유행설(trickle-up theory): 하향적 유행설과는 반대로, 하위계층이 누리는 격식으로부터 자유로움 · 자연스러움 · 편리함 · 저렴함 등을 누리기 위해 사람들은 자신이 속한 사회계층의 바로 하위계층을 모방하려는 경향이 있기 때문에 유행이 낮은 사회계층에서 시작되어 보다 높은 소득과 사회적 지위를 갖는 집단으로 퍼져나간다는 견해이다. 예를 들어, 청바지는 광산 노동자들의 작업복이었지만, 이제는 중류층은 물론이고 상류층에게도 편리한 복장으로 자리를 잡았다.

③ 수평적 유행설(trickle-across theory): 여러 사회계층 내에서 유행의 주기가 동시에 수평적으로 퍼져나간다는 견해이다. 즉 오늘날에는 생산 기술과 교통 및 통신의 발달로 인해 비록 가격이나 품질은 다를지라도 근본적으로 동일한 스타일의 상품들이 거의 모든 사회계층에서 재빨리 퍼져나간다. 예를 들어, 다양한 품질과 가격대로 시장에 제공되는 새로운 패션, 인라인 스케이트, 노래방, 외식문화 등을 볼 수 있다.

한편 초유행(fad, 超流行)이란 유행만큼도 수명주기를 유지하지 못하는 상품으로서 큐빅 맞추기, 숨은 그림 찾기, 수석수집, DDR 및 펌프 등과 같이 주로 잠재고객의 충동적 동기를 충족시키는 신기성(新奇性)을 특징으로 한다.

마케팅 조직들은 고객이 '원하는 바'나 그들의 문제를 효과적으로 충족시켜 고객만족을 창출할 수 있을 때 비로소 생존과 번영을 누릴 수 있는데, 이러한 사회경제적 사명은 대체로 신상품의 개발을 통해 효과적으로 수행된다. 더욱이 대부분 기업에 있어서 주요한 목표는 전체 상품믹스로부터 얻을 수 있는 잠재수익을 극대화하는 일이므로 신상품 개발은 매우 중요하다.

1. 신상품의 개념과 중요성

'신상품이란 무엇인가?', '승용차의 새로운 모델이 신상품인가?', 'SPSS의 새로운 버전이 신상품인가?', '아니면 커피의 새로운 상표가 신상품인가?' 등과 같이 신상품의 범위를 결정하는 일은 쉽지 않다. 그러나 신상품에 대해 고객들이 보여주는 소비자 행동은 기존상품의 경우와 다르며(구매 의사결정 과정과 혁신 수용과정), 그에 따라 마케터의 전략적 대응도 달라져야 하므로 신상품을 정의하는 관점은 매우 중요하다.

아무튼 특정한 상품이 신상품인지 아닌지를 결정하는 가장 중요한 기준은 표적시장의 고객들이 상품을 지각하는 양상인데, 만일 그들이 기능적 및 상징적 속성과 부대 서비스 어느 면에서라도 기존상품보다 더욱 바람직하다고 지각한다면 신상품으로 간주될 수 있다.

여기서 '바람직하다'는 단서는 신상품이란 단순히 다르다는 것뿐 아니라 가치가 크다(가성비가 높다)는 의미를 내포한다는 뜻이며, 개악(改惡)되는 경우는 신상품이 아니다. 예를 들어, 원형에서 사각형으로 상품의 형태를 변경하는 일도 상품가치(가성비 또는 고객만족)를 개선하는지의 여부에 따라 신상품인지 아닌지가 결정된다.

이러한 신상품은 간혹 혁신(innovation)이라는 용어와 혼용되기도 하지만 혁신은 신상품뿐만 아니라 신시장, 신기술, 신원료, 신조직 등을 포괄하는 보다 넓은 의미의 용어이며, 본래 혁신의 정도는 연속체(continuum)의 개념이지만 편의상 세 개의 범주로 구분한다.

▲ 지속적인 혁신

① 지속적인 혁신(continuous innovation): **현재의 상품을 약간 변경한 혁신**으로서 승용차의 새로운 모델이나 소시지의 신상표, 박하담배 등이다.

표 9-1

신상품 개발의 딜레마와
대응

① 혁신적인 신상품 아이디어의 부족

기존상품의 개량은 꾸준히 계속되고 있으나 진보적 또는 단속적인 신상품 아이디어가 부족하다. 따라서 마케터는 상품의 기능적 속성 이외에 상징적 속성이나 부대 서비스 분야에서도 아이디어를 모색해야 하며, 새로운 기술분야(정보기술 · 환경기술 · 생명기술 · 나노기술 등)의 도움을 구해야 한다.

② 신상품 개발비용의 증대

상품실패율이 대단히 높아짐에 따라 성공적인 신상품을 개발하기에 많은 비용이 소요된다. 따라서 마케터는 시장을 철저하게 이해하기 위해 체계적인 조사를 실시하고 시장정보를 활용해야 하며, 특히 신상품 개발과정에 대한 철저한 관리를 통해 시장성 없는 상품의 개발을 조기에 중단해야 한다.

③ 상품수명주기의 단기화

성공적인 신상품일지라도 많은 경쟁자들이 즉시 모방상품을 생산하고 잠재고객들의 기호가 급변하기 때문에 상품수명주기가 짧아지고 있다. 기술공유 현상이 확산됨에 따라서 새로운 기술이 독점적 지위를 누릴 수 있는 기간은 지속적으로 단축되고 있으므로 마케터는 자신의 명성이나 서비스 등의 다양한 요소를 포괄하는 '욕구충족 수단'의 개념으로 접근하여 수명주기를 연장해야 한다.

④ 시장의 분할

경쟁이 치열해지고 잠재고객들의 기호가 다양해짐에 따라 하나의 상품이 포괄할 수 있는 시장범위가 매우 좁아졌다. 그러나 최근 개발된 생산기술과 정보기술의 통합으로 점차 '대량 고객화(mass customization)'를 저렴하게 실현할 수 있으므로 시장의 분할이 위협이라기보다 기회로 받아들여 능동적인 일대일 마케팅을 전개해야 한다.

⑤ 사회 및 정부의 규제

소비자보호나 환경보호 등에 대한 관심이 증대됨에 따라 각종 사회단체와 정부가 신상품 개발에 영향을 미치고 있다. 따라서 마케터는 사회지향적 마케팅 콘셉트에 따라 사회적으로 책임있는 행동양식에 소요되는 부담을 비용이 아닌 투자로 인식하고 오히려 적극적인 자세가 투자수익성을 높일 수 있음을 터득해야 한다.

② 진보적인 혁신(dynamically continuous innovation): 이미 형성된 **구매 및 소비행동의 변화**를 요구하는 혁신으로서 TV, 팩스, 복사기, 전동칫솔 등이다.

③ 단속적인 혁신(discontinuous innovation): 이미 형성된 **라이프스타일, 업무처리 방식 등의 커다란 변화**를 요구하는 혁신으로서 무선 노트북 컴퓨터, 휴대전화, 디지털 카메라, 승용차, 피임약 등이 좋은 예이다.

▲ 진보적인 혁신

한편 신상품의 중요성은 몇 가지 측면에서 검토될 수 있다. 첫째, 상품 자체는 수익의 결정요인이며, 이익은 수명주기의 성장후기에 극대점에 도달하였다가 점차로 감소하기 시작한다. 따라서 마케터는 전반적인 매출과 이익을 바람직한 수준으로 유지하기 위해 적절한 시점마다 지속적으로 신상품을 도입해야 한다.

더욱이 P.F. Drucker가 **모든 기업이 갖는 두 가지의 기본적 기능은 마케팅과 혁신**이라고 지적하였듯이, 많은 마케팅 조직들은 상당한 매출과 이익을 자신의 신상품을 통해 실현하고 있으며, 기업의 성공담에는 반드시 새로운 마케팅 기법이나 혁

▲ 단속적인 혁신

신이 소개되기 마련이다.

둘째, 경제가 발전하고 산업화되어감에 따라 소비자들의 소득수준이 향상되고 그들의 기호가 빠른 속도로 변할 뿐 아니라 기대수준도 상승하고 있다. 따라서 마케터들은 고객들의 새로운 열망에 부응하기 위해 신상품 개발에 태만할 수 없다.

예를 들어, 초창기 호텔들은 베개 옆에 놓아둔 초콜릿만으로 고객을 충분히 환영할 수 있었지만, 점차로 과일, 화환이 필요하게 되었고 그것도 고객화된(개별고객의 취향에 맞춘) 과일이나 화환이 필요한 지경에 이르렀다. 이제는 고객만족의 모든 분야에서 끊임없는 업그레이드(신상품)가 필수적이다.

셋째, 여러 가지 자원과 노동력의 원가는 지속적으로 상승하고 있는데, 이러한 현상을 고려하여 점차로 에너지 및 노동력, 시간 등의 측면에서 절약형 상품이 요구되며 환경에 대한 관심증대는 마케터로 하여금 환경영향을 고려한 신상품(환경친화상품)을 개발하도록 촉구한다.

이상과 같이 고객과 환경요인들은 끊임없이 신상품 개발을 촉구하고 있으며 오늘날 신상품은 기업의 존속을 위해 필수적인 요건이 되었다. 그러나 신상품의 개발은 〈표 9-1〉에서와 같이 대단히 위험할 뿐만 아니라, 날이 갈수록 비용이 많이 소요되고 실패율도 높기 때문에 성공적인 신상품 개발은 더욱 어려워지고 있다.

한편 마케터는 **신상품을 개발하고자 할 때 그 상품을 취급하거나 사용하는 모든 사람을 고려**해야 한다. 즉 상품설계자는 최종고객뿐 아니라 중간상인(middlemen, 또는 중간고객 intermediary customers)도 고려해야 하는데 예를 들어, 슈퍼마켓의 선반높이나 선적과 수송에 있어서 일어나는 문제들이 상품규격에 반영되어야 할 것이며, 요즘 종업원들이 육체적인 노동을 기피하다 보니 각종 상품의 포장규격도 작아지고 있다.

또한 사회지향적 마케팅 콘셉트에서 마케터는 장기적인 소비자 및 사회 복지를 생각해야 하므로, 일단 신상품은 전반적인 기업목표에 기여해야 하지만 이러한 사회적 책임도 완수해야 한다. 이러한 관점에서 신상품의 기회를 분류하면 〈표 9-2〉와 같은데, 사회적 책임을 심각하게 고려하는 기업은 D의 신상품 기회보다 A의 신상품 기회들을 발견해내려고 노력할 것이다.

물론 소비자들은 간혹 A의 상품보다 가격이 저렴한 C의 상품을 원할지도 모르며, 일부 경쟁자들은 C의 상품을 기꺼이 제공하려고 할 것이다. 그러나 사회적 책임을 고려

표 9-2 신상품 기회의 분류		(크다) 즉각적인 만족	(작다)
	(크다) 장기적인 복지 (작다)	이상상품(A)	유익상품(B)
		쾌락상품(C)	결함상품(D)

하는 기업은 신상품 계획에 있어서도 장기적인 소비자 및 사회복지를 고려해야 한다.

2. 신상품 개발을 위한 조직

신상품을 개발하는 일은 매우 전문화된 과업으로서 많은 분야의 전문지식을 필요로 하기 때문에 신상품 개발을 자극하고 조정하기 위해서는 적절한 조직구조를 갖추어야 하는데, 대체로 다음과 같은 조직이 신상품 개발업무에 관여한다.

① 상품 관리자(product managers): 많은 기업에 있어서 신상품 기회를 발견하고 상품개발 과정을 독려하는 일은 상품 관리자가 담당하는데, 실제로 그들은 일상업무에 쫓길 뿐 아니라 대체로 신상품 개발에 필요한 구체적인 기능이나 지식이 결여되어 있다.

② 신상품 관리자(new-product managers): 신상품 관리자는 특정한 상품계열에 대해 책임을 지며, 그러한 상품계열 내의 상품수정이나 상품계열의 연장 및 보충 등을 검토한다.

③ 신상품 부서(new-product department): 신상품 부서란 최고경영자의 직속기관으로 새로운 아이디어의 창출 및 여과, 연구개발과업의 조정 및 지휘, 시험 마케팅 등의 책임을 맡는다.

④ 신상품 위원회(new-product committee): 신상품 위원회는 마케팅, 재무, 생산, 연구개발, 마케팅 조사 등 다양한 기능분야의 대표자들로 구성되는데, 대체로 신상품 아이디어의 개발보다는 신상품 계획을 검토하고 승인한다.

⑤ 신상품 프로젝트 팀(new-product venture team): 신상품 프로젝트 팀이란 구체적인 신상품이나 신규사업을 개발하기 위해 다양한 기능분야의 대표자들로 구성되는데, 신상품이나 신규사업의 개발에 관련된 전반적인 업무를 책임진다.

3. 신상품의 개발 과정

마케팅 조직이 신상품을 확보할 수 있는 방법은 ① 신상품을 갖고 있는 다른 기업을 흡수·합병하거나, ② 특허권이나 생산 판매권(라이센스)을 취득하는 일, ③ 연구개발(R&D, research and development)을 통해 자체적으로 개발하는 일 등으로 대별할 수 있다.

신상품은 간혹 우연히 개발되기도 하지만(물에 뜨는 Ivory soap이나 Post-it) 대체로 신중한 계획과 전략에 의해 개발되며 비용과 시간도 많이 소요된다. 신상품을 자체적으로

1. 신상품 개발의 목표 설정
2. 신상품 아이디어의 창출
3. 아이디어의 여과
4. 신상품 개념의 개발과 개념시험
5. 임시적 마케팅 전략의 개발과 사업성 분석
6. 시제품의 생산과 기능시험
7. 시험 마케팅
8. 상품화

개발하려는 경우에 거쳐야 하는 단계는 〈표 9-3〉과 같이 신상품 개발의 목표를 지향하는 일곱 단계로 구성되는데, 아이디어의 여과 단계에서 시험 마케팅까지의 각 단계에서의 의사결정은 신상품 개발 과정을 지속할 것인지 또는 중단할 것인지 여부이다(go or drop).

3.1 신상품 개발의 목표 설정

우선 신상품 개발의 목표란 **신상품을 개발함으로써 달성하고자 하는 미래의 바람직한 모습**으로서 대체로 기업의 전체 상품들로부터 기대되는 잠재수익을 극대화하는 것이지만, 실무적으로 추구되는 신상품 개발의 목표는 대체로 〈표 9-4〉의 항목들과 관련된다.

• 매출액신장	• 시장점유율 확대	• 이익증대
• 마진의 개선	• 가격조정	• 주당수익률 개선
• 위험분산	• 이미지 개선 및 유지	

3.2 신상품 아이디어의 창출

신상품 아이디어를 창출하는 단계(idea generating)에서는 가급적 많은 아이디어들을 모아야 하지만, 이후의 단계들에서는 상품화 가능성을 기준으로 아이디어의 수를 계속 축소해나간다. 신상품 개발에 있어서 아이디어의 중요한 원천은 고객·과학자·경쟁자·마케팅 중간기관·최고 경영자 등이다.

① 고객: 고객들은 상품을 직접 사용할 뿐 아니라 상품 자체가 그들이 '원하는 바'를 해결하기 위한 수단이므로 가장 가치 있는 신상품 아이디어를 제공해줄 수 있다. 즉 고객들로 하여금 기존의 상품이 충분히 해결해주지 못하는 욕구나 문제를 제안하도록 요

구함으로써 다양하고 유용한 신상품 아이디어를 수집할 수 있는데, 초점집단토론(FGD, focus group discussion)·심층면접·고객제안제도·상품 포지셔닝 분석 등을 이용할 수 있다.

② 과학자: 신상품 아이디어는 과학자의 연구결과로부터 얻어질 수도 있는데 예를 들어, 새로운 소재나 반도체 칩 등의 연구결과들은 많은 신상품의 근거가 된다.

③ 경쟁자: 신상품의 실패율과 개발비용이 급증함에 따라 최근에는 완전히 새로운 상품을 개발하는 위험과 비용을 회피하기 위해 경쟁자를 흉내내는 모방상품(me-too product)을 시장에 도입하는 예가 늘어나고 있다. 아무튼 경쟁자는 신상품 아이디어의 중요한 원천이 될 수 있다.

④ 중간상인: 중간상인들은 직접 생산자의 상품을 취급함으로써 상품의 개선점을 포착할 수 있다. 또한 고객과 직접 접촉하기 때문에 그들의 불평이나 새로운 상품에 대한 열망을 가장 생생하게 들을 수 있는데, 그러한 불평과 욕구불만은 매우 훌륭한 신상품 아이디어가 된다.

⑤ 기업 내 인사: 상품을 직접 생산하거나 판매하는 내부인사들도 신상품 아이디어의 좋은 원천이 되며, 특히 최고 경영자의 신상품 아이디어는 기업 전체를 통해 강력한 지원을 받을 수 있다.

이밖에도 외부의 발명가·특허권자·대학 연구실·광고 대행사·공급자 등도 훌륭한 신상품 아이디어를 제공해줄 수 있는 원천이다.

3.3 아이디어의 여과

신상품 아이디어의 수를 줄여나가는 첫 번째 단계는 아이디어의 여과(idea screening)인데, 각 아이디어에 대해 다음과 같은 질문을 검토함으로써 비공식적으로 수행될 수 있다. 이러한 질문들은 대체로 마케팅 환경이나 표적시장 및 마케팅 믹스의 각 요소들에 관련된 것들이다.

- 맞벌이 가정의 반찬용으로 적절한가?
- 냉장시설이 없는 식품점을 통해서 판매될 수 있는가?
- 1kg에 15,000원 이하로 판매될 수 있는가?
- 독특하게 포장되고 진열될 수 있는가?
- 매월 2억 원 이상의 매출액을 달성할 수 있는가? 등

상품성공의 요건	(A) 가중치	(B) 기업의 능력수준											평점 A×B
		.0	.1	.2	.3	.4	.5	.6	.7	.8	.9	1	
마케팅 요건													
기업이미지와 조화	0.20							V					0.120
유통경로의 활용도	0.20										V		0.180
상품계열과 시너지	0.20								V				0.140
생산요건													
기술수준	0.05									V			0.040
입지와 설비	0.05				V								0.015
원재료 구매와 조달	0.05										V		0.045
기타요건													
인사	0.15							V					0.090
재무	0.10										V		0.090
합계	1.00												0.720

표 9-5
아이디어의 평가를 위한 표준양식(아이디어 #13)

※평가기준(0.00~0.40 좋지 않음, 0.41~0.75 보통, 0.76~1.00 좋음, 최소수용평가점 0.70)

그러나 신상품 아이디어의 공식적인 평가는 〈표 9-5〉와 같은 표준양식에 의해 수행되기도 한다. 즉 **아이디어가 성공적인 신상품**(marketable product)**으로 전환되기 위한 요건에 따라 마케팅 조직이 각 아이디어를 실현할 수 있는 정도**(자원과 능력)**를 평가**해봄으로써 성공의 가능성이 낮은 아이디어를 배제하는 방식이다. 예를 들어, 아이디어 #13은 평점이 0.720이므로 아이디어의 여과과정을 통과하여 다음 단계로 넘어간다.

3.4 신상품 개념의 개발과 개념시험

신상품 개념
신상품 아이디어를 잠재고객의 관점에서 구체화한 것으로 몇 가지 대안으로 제시된다

신상품 아이디어란 그것을 상품으로 전환시킬 때 수익성이 있다고 판단되어야 하는데, 신상품 개념(new product concept)이란 **신상품 아이디어를 잠재고객의 관점에서 구체화한 것**이다. 즉 신상품 아이디어의 창출이나 여과과정에서는 신상품에 관한 일반적인 측면을 평가하였지만, 이 단계에서 각 신상품 아이디어는 다음과 같은 질문들(6O's와 같은 시장분석 차원들)을 통해 신상품 개념으로 구체화된다.

- 신상품을 누가 구매할 것인가?
- 신상품이 고객에게 제공하려는 기본적인 효익은 무엇인가?
- 어떠한 여건에서 신상품이 사용될 것인가? 등

물론 하나의 아이디어가 반드시 하나의 신상품 개념으로만 구체화되는 것은 아니며, 필요에 따라서는 다수의 대체적인 신상품 개념들을 개발하고 평가한다.

- 신상품 개념 1: 1인 가구용, 용량 5Kg, 통돌이 세탁기
- 신상품 개념 2: 옷감 손실방지, 엉킴방지, 용량 10Kg, 통돌이 세탁기
- 신상품 개념 3: 삶는 기능, 예약기능, 용량 12Kg, 드럼 세탁기

일단 신상품 개념이 구체화되면 개념시험에 들어가게 되는데, 개념시험(concept tests)이란 **잠재고객들에게 신상품 개념을 묘사해주고 그들의 선호나 태도 등의 반응을 평가하는 일**이다. 만일 개념시험에서 잠재고객들의 좋은 반응을 얻지 못한다면 그 아이디어는 이 단계에서 폐기된다. 물론 개념시험의 결과를 검토하여 신상품 개념을 바꾸거나 표적 잠재고객을 변경하여 개념시험을 다시 실시할 수도 있다.

개념시험
잠재고객들에게 신상품 개념을 묘사해주고 그들의 선호나 태도 등의 반응을 평가하는 일

3.5 임시적 마케팅 전략의 개발과 사업성 분석

만일 잠재고객들이 신상품 개념에 대해 호의적인 반응을 보였다면, 마케터는 다음 단계로서 그러한 상품의 사업성을 평가해야 한다. 사업성 분석에는 수요예측(demand forecast)이 매우 중요한 역할을 하는데, 수요예측은 일정한 가정을 전제로 이루어지므로, 마케터는 우선 표적시장을 선정하고 마케팅 믹스를 구성하는 등 **임시적으로 마케팅 전략을 개발**해야 한다.

즉 임시적 마케팅 전략의 내용을 전제(가정)로 수요를 추정한 다음, 신상품의 수익과 원가를 대비하여 사업성을 분석한다. 예를 들어, 상품의 수익은 시장수요의 규모와 성장률, 경쟁적 우위 등을 추정하여 결정하며, 상품의 원가와 비용은 신상품을 개발하고 생산하기 위한 계획을 설정하여 추정한다. 최종적으로 마케터는 사업계획의 예상되는 결과를 신상품 개발 목표에 비추어 평가하고, 시제품 생산의 여부를 결정해야 한다.

3.6 시제품의 생산과 기능시험

사업성 분석 단계를 통과한 신상품 개념은 이제 비로소 시제품으로 제작되는데, 시제품(prototype, 試製品)이란 **신상품 개념이 포함하고 있는 주요한 속성들을 갖추고 있으며 정상적인 환경에서 상품의 기능을 충분히 발휘할 수 있도록 제작한 시험용 상품**을 말한다.

마케터는 시험 마케팅에 앞서서 이러한 시제품이 개념시험 단계에서 잠재고객들에게 제시했던 기능과 성능을 충분히 제공하고 있는지 확인하기 위해 기능시험(functional tests)을 실시해야 한다. 물론 기능상 개선 아이디어를 얻게 된다면 그러한 아이디어를 적용하고 기능시험을 다시 실시한다.

시제품
신상품 개념이 포함하고 있는 주요한 속성들을 그대로 갖추고 있으며 정상적인 환경에서 상품의 기능을 충분히 발휘할 수 있도록 제작한 시험용 상품

3.7 시험 마케팅

시험 마케팅
실제 시장환경 내에서 잠재고객들의 반응을 평가하기 위해 시험시장에서 실시하는 반응조사

일단 시제품들이 기능시험을 통과했다면, 마케터는 대량생산을 통해 신상품을 본격적으로 시장에 출시하기 앞서서 최종적으로 **실제 시장환경 내에서 잠재고객들의 반응을 평가**해봐야 하는데, 이러한 일을 시험 마케팅(test marketing)이라고 한다.

즉 마케터는 개념시험 단계와 사업성 분석의 단계에서 이미 상품수요를 어느 정도 예측할 수 있지만, 상품을 포함한 마케팅 프로그램을 실제의 시장여건에 적용해봄으로써 신상품의 시장 수용도를 보다 정확하게 평가할 수 있다.

이러한 시험 마케팅은 신상품 개발에 많은 자금이 투자되었거나 마케팅 위험이 높을 때 광범위하게 실시되지만, 신상품 도입이 시간적으로 긴박하거나 시험 마케팅의 비용이 많이 소요된다면 소규모로 실시된다.

시험시장
상품수요와 밀접하게 관련된 변수들에서 전체시장과 분포특성이 유사하여 전체시장의 축소판이라고 할 수 있는 지역

시험 마케팅은 대체로 전체시장을 대표하는 시험시장에서 실시되는데, 시험시장(test market)이란 연령이나 소득 또는 교육수준 등 **상품수요와 밀접하게 관련된 변수들에서 전체시장과 분포특성이 유사하여 전체시장의 축소판이라고 할 수 있는 지역**(도시)을 말한다.

일부 마케팅 조직들은 시험 마케팅 대신에 패널시험(panel test)을 실시하기도 하는데 소비자 패널을 사용하는 일은 시험 마케팅에 비해 비용이 적게 들고 경쟁자로부터 신상품에 관한 정보를 보호할 수 있다는 이점이 있으나 자료의 신뢰성은 떨어진다.

일반적으로 소비용품의 시험 마케팅에서 채택되는 평가기준은 매출액에 영향을 미치는 요소로서 신상품의 시용률·최초 구매량·신상품 수용률·구매빈도 등이다. 이에 비해 산업용품의 경우에는 상품의 성능·구매 의사결정 조직의 구성·가격변화에 대한 반응·잠재시장의 크기·가장 유망한 세분시장 등이 확인된다.

3.8 상품화

시험 마케팅의 결과가 마케팅 목표를 달성하기에 바람직하여 마케터가 신상품을 시장에 도입하기로 결정하였다면 우선 완전한 생산설비를 갖추어야 할 뿐 아니라 신상품 출시와 관련하여 다음과 같은 부수적 의사결정을 내려야 한다.

① 시기(when): 신상품이 시장에서 신속하게 뿌리내리기 위해서는 **적절한 도입시기가 중요하며 그것은 신상품 실패율과도 관련**된다. 만일 신상품이 기존상품의 수요를 대체할 것으로 예상된다면 신상품의 도입시기는 기존상품의 재고수준이 낮아질 때까지 연기해야 하며, 수요가 계절성(seasonality)을 보인다면 비수기를 피해야 할 것이다.

② 장소(where): 마케터는 신상품의 표적시장을 지역이라는 측면에서 정의하기 위해 각 지역시장의 규모와 성장전망, 경쟁의 강도 등을 평가해야 한다.

③ 고객(to whom): 마케터는 신상품을 시장에 도입하기 위해 표적시장을 매우 신중하게 선정해야 하는데, 신상품 도입단계에서 유망한 잠재고객들은 혁신수용성향이 강하고(innovators) 대량으로 소비하며(heavy users) 기업에게 호의적인 의견선도자의 역할을 수행하되 적은 비용으로 접근될 수 있어야 한다.

④ 방법(how): 마케터는 표적시장에게 신상품을 도입하기 위한 구체적인 실행계획을 수립해야 하는데, 이러한 실행계획은 마케팅 믹스의 각 요소별로 마케팅 자원을 어떻게 배분할 것인지를 지침해준다.

4. 신상품의 수용과 확산

마케터가 신상품을 개발하고 나면 잠재고객 측에서는 수용과정이 시작된다. 즉 혁신에 대한 소비자 수용과정(consumer adoption process)이란 **개인이 혁신(신상품)에 관해 처음으로 알게 된 후 그것을 수용하기까지 거치는 일련의 정신적 단계**를 말하며, 인지·관심·평가·시용·수용 등의 다섯 단계로 구성된다.

이에 비해 혁신 확산과정(innovation diffusion process)이란 **한 사회 시스템의 구성원들 사이에서 혁신이 확산되어 가는 과정**을 말한다. 따라서 소비자의 혁신수용이 개인에 의한 의사결정(individual decision making)임에 반해 혁신확산은 집단 구성원들 사이에서 일어나는 사회적 현상(social phenomenon)이다.

4.1 소비자 수용과정의 단계

잠재고객들은 수용과정을 거쳐감에 따라 신상품에 대해 알게 되고 시용한 후, 그것을 채택하든가 또는 거부한다. 즉 신상품을 수용할지 결정해나가는 과정에서 잠재고객은 〈표 9-6〉과 같은 다섯 단계를 거치며, 수용 후 자신의 결정에 대한 구매후 확신(post-purchase confirmation)을 하기도 한다. 이러한 과정은 1967년 미니스커트라는 새로운 패션에 처음으로 노출된 소비자가 어떠한 단계를 거쳐 착용하게 되었는지를 생각해 보면 쉽게 이해할 수 있다.

〈표 9-6〉과 같은 혁신수용 과정이 마케팅 전략상 갖는 시사점은 신상품의 마케터가 **잠재고객들로 하여금 각 단계를 차례로 신속하게 거쳐 나가도록 격려**하기 위한 방안을 모색해야 한다는 점이다.

소비자의 혁신수용과정
소비자가 처음으로 신상품에 대해 알게 되어 그것을 수용할지의 여부를 결정해나가는 개인적 의사결정 과정

표 9-6

혁신에 대한 소비자 수용
과정

단계	활동
인지 (awareness)	처음으로 혁신에 관해 알게 되지만 정보는 부족하다. (비자발적 노출이면서 수동적 정보수용)
관심 (interest)	혁신에 관한 정보를 탐색하기 위해 노력한다. (자발적 노출이면서 능동적 정보탐색)
평가 (evaluation)	신상품의 상대적 이점이나 욕구 적합성을 고려한다.
시용 (trial)	신상품의 유용성을 결정하기 위해 소규모로 사용해본다.
수용(adoption)/ 거부(rejection)	시용결과가 만족스럽다면 신상품을 대량으로/지속적으로 구매하기로 결심한다.
수용후 확신 (postadoption confirmation)	인지 부조화를 줄이기 위해 결과를 재확인한다.

즉 신상품의 마케터는 소비자의 혁신수용 과정을 이해함으로써 잠재고객들을 마지막 수용(구매결심)단계까지 유도하기 위한 효과적인 전략을 개발할 수 있다. 예를 들어, 새로운 디지털 카메라에 대해 많은 잠재고객들이 관심의 단계에 있다면 신상품에 관한 정보를 충분히 제공하면서 시용해볼 수 있도록 3일간씩 대여해줄 수 있다.

또한 우리는 새로운 화장품의 견본들을 흔히 볼 수 있는데, 그러한 견본은 신상품의 평가와 시용의 단계에서 잠재고객들이 지각하는 그릇된 구매의 위험을 줄여 수용의 단계로 단시일 내에 유도하기 위한 것이다.

4.2 수용자 범주

잠재고객이 혁신에 관해 처음으로 알게 된 후, 그것을 수용하기까지 걸리는 기간은 사람에 따라 크게 다르다. 즉 일부 사람들은 신상품을 인지하자마자 재빨리 구매하지만 다른 사람은 구매에 앞서서 정보를 광범위하게 수집하거나 먼저 구매한 사람들의 구매결과를 신중히 평가한다. 이와 같이 **한 사회시스템의 다른 구성원과 비교하여 혁신을 상대적으로 빨리 수용하려는 경향**을 혁신수용성향(innovativeness)이라고 하는데, 퍼스낼리티의 한 차원이며 개인에 따라 큰 차이를 보인다.

따라서 잠재고객이 하나의 혁신을 받아들이기까지 소요되는 상대적인 시간을 개인별로 측정함으로써 그림 9-5와 같은 수용자 분포를 구할 수 있는데, 상대적으로 신속하게 혁신을 수용하는 경향(혁신수용성향)에 따라 혁신층(innovators), 조기수용층(early adopters), 조기다수층(early majority), 후기다수층(late majority), 후발수용층(laggards)의 다섯 범주로 구분할 수 있다.

신상품의 마케터는 특히 **신상품 도입초기에 혁신층을 표적시장으로삼아 마케팅 노**

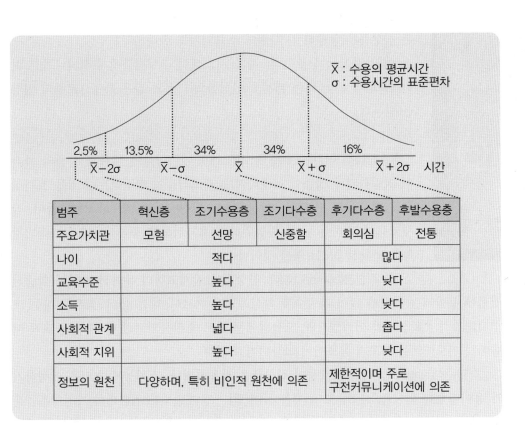

그림 9-5

수용자 범주

범주	혁신층	조기수용층	조기다수층	후기다수층	후발수용층
주요가치관	모험	선망	신중함	회의심	전통
나이	적다			많다	
교육수준	높다			낮다	
소득	높다			낮다	
사회적 관계	넓다			좁다	
사회적 지위	높다			낮다	
정보의 원천	다양하며, 특히 비인적 원천에 의존			제한적이며 주로 구전커뮤니케이션에 의존	

력을 집중하고 그들의 반응을 신중하게 검토해야 하는데, 그것은 ① 혁신층 자신이 상품도입단계에서 직접 구매해줄 뿐 아니라 신상품 포지션의 적합성을 검토해주며, ② 그들은 해당상품에 대해 관여도가 높은 경향이 있기 때문에 상품수정 등의 개선 아이디어들을 기꺼이 제안해주며, ③ 대체로 자신이 속한 집단 내에서 의견선도자의 역할을 수행함으로써 ― 구전이나 사용후기를 통해 ― 신상품에 대한 다른 사람들의 태도와 구매행동에 많은 영향을 미치기 때문이다.

한편 한 상품분야에서 혁신수용성향이 강한 사람이 반드시 다른 상품분야에서도 혁신수용성향이 강하지는 않지만, 혁신수용성향은 대체로 젊음, 높은 사회적 지위나 교육수준, 많은 소득과 관련된다. 또한 혁신층은 직장과 주소를 자주 옮기는 등 이동성이 현저하며 비인적 정보원천(특히 인쇄매체)을 널리 이용하는 경향이 있다.

4.3 신상품의 특성과 확산속도

잠재고객이 혁신을 받아들이는 수용속도는 집합적으로 신상품의 확산속도를 결정짓는데, 신상품의 특성에 따라 확산속도는 커다란 차이를 보인다. 예를 들어, 일부 상품은 시장에 도입된 지 불과 몇 개월만에 잠재고객들 사이에서 널리 수용되는 데 반해 다

확산속도

한 사회시스템 내에서 신상품이 널리 퍼져나가는 속도

른 신상품은 상당히 긴 세월이 소요되기도 한다.

이와 같이 신상품이 한 사회 시스템의 구성원들에게 퍼져나가는 확산속도(diffusion rate)는 대체로 신상품의 다음과 같은 특성으로부터 영향을 받는다.

① 상대적 이점(relative advantage): 기존상품에 비해 신상품의 가격이 저렴하거나 성능이 우수하여 잠재고객들이 희구하는 효익을 효과적으로 제공해줄 수 있을 때 신상품의 확산속도는 빠르다. 예를 들어, 잠재고객이 '원하는 바'를 광범위하게 효과적으로 충족시키면서 가성비가 높다면 확산속도는 빠를 것이다.

② 적합성(compatibility): 신상품이 **잠재고객의 문화적 가치나 학습된 경험에 부합**되는 특성을 많이 가질수록 확산속도가 빠르다. 예를 들어, 짧은 치마는 조선시대까지는 확산되기 어려웠지만, 오늘날에는 빠르게 확산되고 있다. 또한 종교적 이유에서 인도에서는 쇠고기 통조림이 확산되기 어렵다.

③ 단순성(simplicity): 잠재고객들이 **신상품을 사용하거나 그 기능과 효익을 이해하기가 용이**할수록 확산속도는 빠르다. 예를 들어, 최근에 개발되는 컴퓨터나 가전상품들은 가급적 고객들이 이해하고 사용하기 쉽도록(user-friendly) 설계되고 있는데, 아무리 기능과 성능이 탁월한 상품이라도 잠재고객이 이해할 수 없다면 구매도 역시 어려울 것이기 때문이다.

④ 시용가능성(trialability): 잠재고객들은 신상품을 구매할 때 필연적으로 구매결과에 대해 확신할 수 없으므로 어느 정도의 위험을 지각하는데, 자금위험(financial risk)을 크게 부담하지 않고도 신상품을 시용해볼 수 있다면 확산속도가 빠르다. 이러한 시용가능성은 조금만 맛보기를 할 수 있는지에 관한 것이기 때문에 간혹 분할가능성(divisibility)이라고도 한다. 예를 들어, 새로 개발된 과일의 맛보기나 학습지의 체험학습, 화장품의 견본 등이 있으며 내구재의 경우에는 대체로 일정기간의 대여가 가능하다.

⑤ 전파가능성(communicability): 잠재고객들이 신상품을 보유 또는 소비하여 얻을 수 있는 바람직한 결과를 다른 사람들로부터 쉽게 관찰하거나 전달받을 수 있다면 확산속도가 빠르다. 이는 간혹 관찰가능성(observability)이라고도 하는데 예를 들어, 실크를 소재로 한 블라우스나 넥타이 등의 효익은 쉽게 관찰되어 빨리 확산될 수 있으나, 정력에 좋다거나 간암을 예방하는 데 좋다는 건강식품은 쉽게 확산되기 어렵다.

이상의 상품특성들은 마케터가 신상품을 개발하거나 마케팅하는 데 있어서 확산속도를 높이기 위한 전략방향을 암시해준다.

즉 마케터는 정보제공 또는 교육적 광고를 통해 상품의 복잡성을 극복하고, 잠재고객들이 희구하는 효익을 기존상품보다 효과적으로 제공할 수 있는 방안을 모색해야 한다. 또한 자금부담을 크게 느끼지 않고도 시용할 수 있도록 허용하며 내구재의 경우에는 가내시범(家內示範)을 실시하거나 시용을 위해 몇 일간씩 대여해줄 수도 있다.

이상의 상품특성 이외에도 신상품의 확산속도에 영향을 미치는 요인으로는 표적시장의 특성(젊고 유복하며 교육수준이 높은 집단에서 수용적), 의사결정의 형태(집단적 의사결정보다 개인적 의사결정일 때 수용적), 마케팅 노력의 크기, 기본적 욕구와의 연관성(신상품의 효익을 명백하게 인정할 때 수용적), 지각된 위험(신상품 수용의 위험을 적게 지각할수록 수용적) 등이 있다.

상품 의사결정과 마케팅 전략

제 10 장 상품 의사결정과 마케팅 전략

마케팅에서 상품이란 이미 설명한 바와 같이 잠재고객들의 욕구를 충족시켜주는 모든 수단을 지칭하기 때문에 간혹 **욕구충족 수단**(need–satisfier, want–satisfier)이라고 불리며, 욕구를 충족시킨다는 사실은 결국 **상품이 효익의 다발**(bundle of benefits) **또는 효용의 다발**(bundle of utilities)임을 의미한다.

또한 상품은 잠재고객들에게 효익을 제공하기 위해 여러 가지 속성들이 독특한 형태로 결합된 것이기 때문에 **속성의 다발**(bundle of attributes)이라고도 불린다.

마케터가 잠재고객이 '원하는 바'를 충족시키기 위해 내려야 할 의사결정 분야는 크게 상품의사결정, 가격의사결정, 경로의사결정, 촉진의사결정이다. 이들 중에서도 특히 마케터가 잠재고객들에게 제공하려는 상품에 대해 신중히 분석하는 일은 마케팅 믹스를 구성하는 데 있어서 적절한 출발점으로 인식된다.

즉 마케터는 전체적인 마케팅 믹스를 구성하기에 앞서서 우선 잠재고객이 '원하는 바'를 충족시키기 위한 실체로서 상품의 개념을 이해해야 하며, 그러한 상품의 가치에 영향을 미치는 의사결정들은 무엇이며 어떠한 방향으로 내려져야 하는지를 이해해야 한다.

따라서 본장에서는 우선 소비용품의 본질을 검토하고 상품의사결정의 각 분야에 관해 살펴보기로 한다.

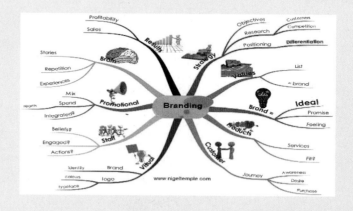

1절　소비용품의 분류

수많은 상품들을 몇 개의 동질적인 집단으로 분류하는 일(범주화 categorization)은 집단별로 마케팅 전략의 일반적인 방향을 발견하기 위한 것이며, 마케터는 이를 근거로 하여 구체적인 전략을 수립하게 된다. 사실 우리는 고객들을 범주화하는 시장 세분화를 비롯하여 혁신의 정도에 따라 신상품들을 범주화한다든지 혁신수용자들을 범주화하는 등 빈번하게 범주화를 시도한다.

물론 이러한 범주화가 항상 효과적인 것은 아니지만, 다양한 마케팅 개념을 설명하고 이해하는 데 도움이 되며 실무적으로는 정보처리와 의사결정을 효율적으로 수행할 수 있다는 장점이 있다.

1. 상품분류의 목적과 방법

어느 기업은 고급 화장품을 전문적으로 생산하며, 다른 기업은 관광지 숙박과 문화행사를 마케팅하는 등 마케팅 조직이 제공하는 '욕구충족 수단'은 빵으로부터 전동차, 의료 서비스 등에 이르기까지 대단히 다양하다.

물론 이러한 상품들을 성공적으로 마케팅하기 위해서는 각 상품과 시장에 대하여 조사를 실시해야 하고 적합한 마케팅 전략을 상품마다 연구해야 할 것이지만, 마케팅 원리를 학습하는 데 있어서 대단히 다양한 상품들에 대해 그러한 일은 불가능하다.

따라서 우리는 다양한 상품들에 대해 공통된 특성을 찾아 여러 집단으로 범주화하고 각 범주에 대해 일반적으로 적합한 전략방향을 검토하게 된다(물론 실무를 담당하는 마케터는 독특하게 설계된 마케팅 조사를 통해 구체적인 전략을 수립해야 한다).

상품들은 우선 구매목적에 따라 분류될 수 있다. 개인 또는 가계라는 최종 소비자(ultimate consumers)가 사적인 용도(私用)를 위해 구매하는 상품을 소비용품(consumer goods)이라고 하는데 반해 동일한 상품일지라도 다른 상품이나 서비스를 산출하기 위해 생산자 · 정부기관 · 비영리 조직 · 재판매업자 등이 구매할 경우에는 산업용품(industrial goods)이라고 한다.

또한 상품은 사용기간에 따라 내구재와 비내구재, 가격수준에 따라 사치품과 생활용품으로도 구분된다.

2. 소비용품의 분류

소비용품은 다양한 기준에 따라 분류되지만, 마케팅 활동이 잠재고객들의 욕구와 필요를 충족시키려는 데 초점을 두므로 아마도 그들의 **구매행동 특성**을 근거로 소비용품을 분류하는 일이 가장 합리적일 것이다.

즉 소비용품은 장보기를 하기에 앞서서 소비자가 **상품범주에 관해 이미 알고 있는 정도와 장보기에 투여하려는 탐색노력의 정도**에 따라 그림 10-1과 같이 세 가지 유형으로 구분할 수 있다(삼원분류 three-way classification).

그림 10-1

소비용품의 3원분류

모든 상품	소비용품	* 편의품	필수상품 긴급상품 충동상품
		* 선매품	동질적 선매품 이질적 선매품
		* 전문품	
		미탐색품	
	산업용품		

2.1 편의품

편의품

소비자가 상품의 범주에 관해 거의 완전한 지식을 갖추고 있으며 최소한의 노력으로 구매하려는 소비용품

소비자가 장보기에 앞서서 구매하려는 **상품범주에 관해 거의 완전한 지식을 갖추고 있으며 최소한의 노력으로 적합한 상품을 구매하려는 행동특성**을 보일 때 그러한 상품을 편의품(convenience goods)이라고 한다.

즉 편의품을 구매하는 데 있어서 소비자들은 사전에 구매를 계획하거나 점포 내에서 여러 상표를 비교하기 위해 별로 노력하지 않기 때문에 구매상황은 대체로 습관적 반응행동의 특성을 보인다.

소비자들은 편의품의 구매 필요성을 느끼면 **가장 가까운 곳에서 가능한 한 빠르고 쉽게 구매**하려고 하는데, 물론 특정한 상표를 선호할 수 있으나 그것을 구매할 수 없을 때에는 손쉽게 구할 수 있는 다른 상표로 기꺼이 대체한다.

이러한 특성을 갖는 편의품들은 대체로 단위당 가격이 저렴하고 표준화되어 있다. 대부분 소비자의 입장에서 편의품에 속하는 상품은 포장식품, 담배나 술 등의 기호품, 목욕용품, 일상용품 등으로 대체로 상표명(brand name)에 의한 지명구매가 나타나며 널리 알려진 상표들 사이에서는 선호도의 차이가 뚜렷하다.

또한 크리스마스 카드와 같이 일 년에 한 번 구매되는 경우도 있지만 대부분의 편의품은 빈번히 반복적으로 구매된다.

편의품은 다시 필수상품, 긴급상품, 충동상품으로 나눌 수 있다.

① 필수상품(staple goods): 필수상품이란 소비자가 **일상적으로 구매하여 소비하는 상품**으로서 대체로 상표가 중요하며, 가까운 장소에서 최소한의 노력으로 구매된다. 식품이나 저축의 경우처럼 약간의 구매계획이 있을 수 있지만 대체로 필수상품의 구매에서는 새로운 정보탐색이 거의 일어나지 않는다.

② 긴급상품(emergency goods): 어떠한 편의품이든지 그것이 **긴급하게 필요한 상황**에서 구매된다면 긴급상품이 되는데, 긴급상품은 시간과 장소효용이 중요하므로 가격에 대해 수요가 비탄력적이다. 예를 들어, 갑자기 비가 내릴 때 우산은 긴급상품이며, 시간과 장소효용이 크기 때문에 어느 정도 비싼 가격은 문제가 되지 않는다.

③ 충동상품(impulse goods): 충동상품이란 **사전계획 없이 충동적으로 구매되는 상품**(unplanned purchase)으로서 소비자에 대한 상품노출과 가용성이 매우 중요하다. 즉 소비자는 이러한 상품에 노출될 때 미래의 상품 필요성을 즉석에서 연상하게 되어 구매하는 경향이 있다.

따라서 편의품의 마케터는 소비자들이 최소한의 노력으로 구매할 수 있도록 가급적 많은 점포에 상품을 취급시켜 **상품의 시장노출을 극대화**해야 한다. 또한 편의품은 대체로 재고회전율이 높기 때문에 낮은 마진으로 유통시킬 수 있다.

그러나 소매점은 대체로 여러 상표의 편의품을 함께 취급하고 있으므로 특정한 상표를 후원하지 않으며, 다른 소매점들도 취급하는 상품을 위해 나서서 광고하지도 않을 것이므로 편의품의 광고는 주로 생산자가 할 일이다. 한편 소매수준에서는 통상 셀프서비스제로 판매되므로 소비자의 욕구에 효과적으로 소구할 수 있는 포장이 중요한 촉진적 의미를 가진다.

2.2 선매품

소비자들이 여러 점포를 방문하거나 다양한 상품들의 **가격수준 · 품질 · 스타일 · 욕구에 대한 적합성을 현장에서 비교한 후 최종적으로 구매결정하는 행동특성**을 보일 때 그러한 상품을 선매품(shopping goods)이라고 한다.

소비자는 장보기에 앞서서 상품범주에 관한 완전한 지식을 갖고 있지 않기 때문에, 구매를 계획하는 데 시간을 할애하고 **상품들을 비교하면서 최적의 대안을 탐색**한다는

선매품
소비자가 가격수준 · 품질 · 스타일 · 욕구에 대한 적합성을 현장에서 비교한 후 최종적으로 구매하려는 소비용품

점이 편의품과 다른 뚜렷한 특성이다. 물론 상품의 비교 및 평가로부터 얻어지는 이득이 추가적인 탐색에 필요한 시간과 노력보다 크다면 이러한 탐색노력은 더욱 증대될 것이다.

또한 선매품은 대체로 편의품보다 비싸며 자주 구매되지 않고, 상표충성도가 낮은 편인데, 크게 동질적 선매품과 이질적 선매품으로 구분된다.

① 동질적 선매품(homogeneous shopping goods): 동질적 선매품이란 냉장고, 가스레인지, TV와 같이 상품대안들이 **결정적 속성들에서 매우 유사하여 소비자들이 별로 차별화되지 않았다고 지각하는 선매품**이다. 이러한 상품에 있어서는 가격수준이 중요한 선택기준으로 이용되며 가격에 대해 수요가 매우 탄력적이므로 가격경쟁이 심하다.

② 이질적 선매품(heterogeneous shopping goods): 이질적 선매품이란 고급의류, 고급가구, 고급승용차와 같이 소비자들이 **결정적 속성들에서 상품 간의 차이를 명확하게 지각하고 상품가치를 인정**하는 선매품이다.

이러한 상품에 있어서는 가격보다는 품질이나 스타일, 욕구에 대한 적합성(suita-bility)이 중요한 선택기준으로 이용되므로 상품의 특징을 설명해주기 위한 판매원의 역할이 중요하며, 차별화된 상품의 특징은 가격 프리미엄을 허용하므로 가격에 대해 수요가 비탄력적이다. 따라서 마케터는 주로 판매촉진이나 부대 서비스 등의 비가격경쟁(non-price competition)에 의존한다.

선매품에 대한 소비자들의 구매행동 특성은 생산자는 물론이고 중간상인의 경로전략과 촉진전략에 영향을 미친다. 우선 소비자들이 그가 원하는 것을 얻기 위해 어느 정도의 탐색노력을 할 것이므로 자신의 상품을 취급하는 소매점의 수가 다소 적어도 생산자에게는 큰 문제가 되지 않는다.그러나 선매품의 마케터는 판매점을 경쟁자가 없는 지역에 홀로 개설하기보다는 소비자들의 비교장보기(comparative shopping)가 편리하도록 경쟁상품을 취급하는 다른 점포들과 인접하여 개설함으로써 고객유인력을 공동으로 강화해야 한다. 예를 들어, OO동 가구거리, 식자재 전문시장 등은 **동일한 선매품을 취급하는 점포들이 지역적으로 집중함으로써 오히려 고객유인력을 높이고 각 점포의 매출액도 증대**시킨다.

또한 선매품의 마케터는 편의품의 경우보다 적은 수의 소매점을 이용하기 때문에 그들과 긴밀한 협력관계를 개발하고 유지해야 하는데, 소매점들은 도매상이 아니라 생산자로부터 대량으로 구매하기를 원한다. 끝으로 생산자의 이름보다는 판매점의 명성이 구매자들에게 더욱 중요한 경우가 많다.

▲ 가구점들이 모여 있는 가구거리

2.3 전문품

소비자들이 **특정한 상표를 완전히 이해하고 있으며 그것을 구매하기 위해서 상당한 탐색노력을 투여하려는 행동특성**을 보인다면 그러한 상품을 전문품(specialty goods)이라고 한다.

전문품은 대체로 고급의류, 카메라, 가전상품 등에서와 같이 가격이 비싼 경향이 있지만 반드시 그렇지는 않으며, 전문품을 구분하는 특징은 특정한 상표만을 수용하려는 상표집착(brand insistence)의 여부이다. 따라서 가격이 그리 비싸지 않은 크리스마스 카드라도 소비자가 특정한 상표의 구매를 고집한다면 전문품이다. 전문품은 대체로 적은 수의 판매점에서만 유통되고, 자주 구매되지 않기 때문에 높은 마진이 허용되는 경향이 있다.

특히 생산자가 지역시장마다 하나 또는 소수의 점포만을 이용하므로 생산자의 마케팅에서 그들의 역할이 매우 중요하며, 간혹 독점판매권(지역독점권 exculsive dealership)을 제공하거나 프랜차이즈 시스템을 이용하기도 한다.

전문품의 마케팅에서는 **상표가 중요하며 상품을 취급하는 점포의 수도 적기** 때문에 생산자와 소매점은 모두 광고를 광범위하게 사용한다. 더욱이 생산자는 소매점의 광고비를 분담해주거나 그들의 광고 속에 상품을 취급하는 소매점들을 소개하는 협동광고(cooperative advertising)를 실시하기도 한다.

▲ 최근 유커들 사이에서 MCM은 한국의 명품 브랜드로 인식되어 있으며 신라면, 하기스 기저귀, 락앤락 밀폐용기, 설화수 화장품, 참이슬 소주 등에 대해서도 상표집착을 보이며 여행 중 꼭 구입해야 하는 브랜드라고 한다.(www.9complex.co.kr)

전문품
소비자가 특정한 상표를 완전히 이해하고 있으며 그것을 구매하기 위해서 상당한 탐색노력을 투여하려는 소비용품

2.4 미탐색품

본래 소비용품의 3원분류에는 포함되지 않지만 미탐색품이라는 소비용품의 범주도 생각해볼 수 있는데, 미탐색품(unsought goods)이란 **소비자들이 상품에 관해 알든 모르든 평소 상품에 관한 정보를 수집하고 활용하려는 탐색노력을 거의 보이지 않은 상품**을 말한다.

미탐색품
소비자가 상품에 관해 알든 모르든 평소 상품에 관한 정보를 수집하고 활용하려는 탐색노력을 거의 보이지 않은 소비용품

① 신규 미탐색품(newly unsought goods): 촉진활동과 유통경로를 통해 신상품에 대한 소비자의 인지를 충분히 개발하기 전에는 소비자들이 상품에 대해 전혀 모를 것이므로 당연히 상품을 탐색하려고 노력하지도 않을 것이다. 따라서 모든 신상품은 당분간 이러한 범주로 분류된다.

② 정규 미탐색품(regular unsought goods): 비석, 백과사전, 보험 등과 같이 상품에 관해서는 소비자가 이미 이해하고 있지만 **평소에는 상품에 관한 정보의 수집이나 기억 등 상품탐색을 위해 노력하지 않는 상품**을 말한다.

미탐색품의 마케터는 **상품정보를 광범위하게 유포하고 설득적인 광고와 적극적인 영업**(인적 판매)**을 통해 구매를 촉구**해야 한다. 소비자들은 대체로 미탐색품을 자발적으로 찾아나서지 않기 때문에 마케터는 판매원이나 직접우편을 통해 소비자에게 직접 접근해야 하는데, 특히 판매원들은 만족한 기존고객들의 추천을 받아 잠재고객의 구매를 설득한다면 좋은 성과를 얻을 수 있다.

3. 소비용품 분류의 문제점

이상과 같이 소비용품을 여러 개의 범주로 분류하는 일은 각 상품범주에 대해 적합한 마케팅 전략의 일반적인 방향을 설정하는 데 유용하다. 예를 들어, 잠재고객들의 구매행동 특성을 분석해볼 때 한 상품이 편의품 또는 선매품, 전문품으로 분류될 수 있다면 〈표 10-1〉에서와 같은 마케팅 전략의 방향을 제안받을 수 있다.

표 10-1

소비용품의 범주별 마케팅
전략의 일반적 방향

	편의품	선매품	전문품
① 경로의 길이	길다	짧다	매우 짧다
② 단일 소매상의 중요성	중요하지 않다	중요하다	매우 중요하다
③ 취급점포의 수	매우 많다	적다	매우 적다
④ 재고회전율	높다	낮다	낮다
⑤ 마진	낮다	높다	높다
⑥ 광고 책임자	생산자	소매상	공동
⑦ POP광고의 중요성	매우 중요하다	중요하다	덜 중요하다
⑧ 광고의 유형	제조업자 광고	중간상인 광고	양자
⑨ 상표명/점포명의 중요성	상표명	점포명	양자
⑩ 포장	매우 중요하다	중요하다	중요하다
⑪ 점포 이미지	중요하지 않다	중요하다	중요하다

그러나 분류체계 자체에는 크게 두 가지 문제점이 있다. 즉 하나는 모든 상품을 산뜻하게 세 가지 중에서 한 범주로 구분할 수 없다는 점이다. 예를 들어, 편의품과 선매품의 특징을 모두 갖고 있는 상품이 있는데, 이는 원래 소비자 탐색노력의 정도가 연속체임에도 불구하고 몇 개의 범주로 구분하는 과정에서 필연적으로 발생하는 문제이므로 각 범주에 적합한 일반적 전략방향을 조정하여 적용해야 한다. 그리고 다른 하나는 하나의 상품에 대해 소비자마다 구매행동 특성이 다르기 때문에 일부 소비자에게 편의품인 것이 다른 소비자들에게는 선매품이 될 수도 있다는 점이다. 예를 들어, 화장비누나 개 사료의 구매에서 각 소비자의 구매행동은 크게 다를 수 있는데, 이러한 경우 마케터는 표적시장의 대다수 구성원들의 구매행동 특성을 근거로 하여 마케팅 전략을 수립하거나 구매행동 특성에 따라 시장을 세분하고 표적 마케팅을 적용할 수 있다.

2 절 주요 상품의사결정

마케터가 일단 잠재고객들에게 제공할 효익들을 선택하고 나면 곧이어 그러한 효익들을 구현할 기능적 및 상징적 속성, 부대 서비스에 관해 의사결정을 내려야 한다. 그러한 의사결정들은 대체로 품질결정·상표결정·포장결정·표찰결정·부대 서비스 결정으로 구분할 수 있다.

1. 품질결정

품질(quality)이란 **기능적 및 상징적 속성과 부대 서비스 상에서 상품이 갖는 구체적인 특성이 소비자의 기본적인 욕구나 문제를 해결하는 데 기여하는 정도**를 말하며 상품가치와 유사한 의미를 갖는다.

즉 상품을 평가하거나 비교할 때 참조하는 측면들을 그 상품의 속성(attributes)이라고 하는데 그러한 속성들이 구체적인 값을 취함으로써 소비자에 의해 그 상품의 특성으로 지각된다. 예를 들어, 키나 체중 등은 사람을 비교하는 속성이 될 수 있고 한 개인이 각 속성에 대해 구체적인 값을 취할 때 그 사람의 특성이 되는 것이다.

이러한 상품특성이 고객이 '원하는 바'에 부합되는 정도를 상품의 가치(시장에서의 품질)라고 하므로, 마케터는 품질결정에 있어서 잠재고객들이 원하는 바를 참조하면서 우선 상품에 부여할 기능적 및 상징적 속성과 부대 서비스를 선정하고 각 속성별로 제공하려는 수준들을 구체적으로 결정해야 한다. 이러한 점에서 품질은 고객지향성을 보인다.

그러나 잠재고객이 여러 대안 중에서 선택할 때에는 상대적인 품질이 중요하므로 마케터는 경쟁자가 시장에 제공하려는 품질도 고려해야 하는데, 이러한 점에서 품질은 경쟁지향성을 보이기도 한다. 따라서 마케터는 잠재고객들이 '원하는 바'는 물론이고 경쟁상품의 특성도 심각하게 고려해야 하는데, 그 결과 품질은 중요한 포지셔닝 도구로 활용될 수 있다.

물론 총체적 품질관리(TQC, total quality control)의 관점에서 품질은 통계적 품질을 강조하는데, 그것은 사전에 설정된 표준(standards)에 일치하는 정도를 나타내며 '공장에서의 품질'이라고 할 수 있다. 그러나 이보다는 '시장에서의 품질'이 더욱 고객지향적이며 '공장에서의 품질'도 배제하지 않는 통합적 관점이므로 마케팅에서 품질이라는 용어는 '시장에서의 품질'을 지칭한다.

품질
기능적 및 상징적 속성과 부대 서비스 상에서 상품이 갖는 구체적인 특성이 소비자의 기본적인 욕구나 문제를 해결하는 데 기여하는 정도로서 '시장에서의 품질'을 의미

2. 상표결정

상표
자신의 상품임을 확인하
고, 경쟁상품과 구별하기
위해 판매자가 사용하는
단어, 상징, 디자인 또는
이들의 결합

상표(brand)란 **자신의 상품임을 확인하고, 경쟁상품과 구별하기 위해 판매자가 사용하는 단어, 상징, 디자인 또는 이들의 결합**이다. 그리고 상표의 구성요소 중에서 소리로 표현될 수 있는 부분(단어, 문자, 숫자)을 상표명(brand name)이라고 하며 그 외의 요소를 상표표지(brand mark)라고 한다. 특히 우편 서비스나 택배 등의 서비스에 대해서는 서비스표지(SM, service mark)라는 용어도 한다.

또한 상표설정(branding)이란 **상표명이나 상표표지 등 실질적으로 상품확인을 위한 수단(identifier)을 선정하여 사용하는 행위**를 말하는데, 상표를 설정하는 일은 〈표 10-2〉와 같이 고객과 상표설정자(생산자와 중간상인) 모두에게 유익하다.

2.1 상표정책과 상표전략

상표결정 분야에 관련된 상표정책과 상표전략은 다음과 같이 여섯 가지 의사결정을 포함한다.

(1) 무상표(no brand) 정책

상표설정은 〈표 10-2〉와 같이 많은 이점을 제공하지만 그 대신 **일관성 있는 품질유지와 상표촉진을 위해 기술력과 많은 비용**을 필요로 한다. 따라서 일부 마케터는 그러한 기술력이 미흡하거나 비용을 절감하기 위해 상표를 설정하지 않는다. 또한 동질적인 상품의 마케터들은 차별화가 어렵고 상표설정이 특별히 유익하지 않으므로 상표를 설정하는 대신에 단순히 옷핀, 배추, 황산(H_2SO_4) 등으로 통용되는 상품의 보통명칭(generic names)을 사용한다.

그러나 상표설정에 수반되는 문제를 해결할 수 있다면 상품의 가치를 제고하고 경쟁에 대응하기 위해 다양한 마케팅 활동이 필요할 것인데, 그러한 마케팅 활동의 몸통(trunk)이 되는 것이 바로 상표이다.

(2) 통합상표와 개별상표 정책

두 개 이상의 품목을 시장에 제공하는 마케터는 각 품목에 동일한 상표를 설정하는 통합상표(blanket brand, family brand) 정책을 취하든지 또는 각 품목에 상이한 상표를 설정하는 개별상표(individual brand) 정책을 취할 수 있다.

통합상표는 품목들이 유사한 특성과 품질을 가질 때 적합한데, 소비자들이 일부 품목에 대해 갖고 있는 호의가 다른 품목에까지 파급되어 촉진비용을 절감할 수 있고 상표충성을 형성하며 새로운 품목의 시장도입이 용이하다. 예를 들어, IBM이나 초창기의 삼성, LG 등 가전회사들이 통합상표 정책을 취하면서 촉진활동에서 개발상표보다는 회사명을 강조했다.

이에 반해 개별상표는 품목별 특성과 품질이 매우 상이할 때 이용되는데, 일부 품목의 명성을 보존하면서 저가격의 가격경쟁용 품목(투쟁상표 fighting brand)을 시장에 도입할 경우나 한 품목의 시장실패가 다른 품목의 명성을 손상시킬 위험이 있을 경우에 적합하다. 또한 독자적인 포지션을 구축하고 차별화된 마케팅 활동을 전개할 수 있고 제품 실패의 위험이 해당 품목에 국한된다.

표 10-2
상표설정의 이점

고객에 대한 이점

① **장보기를 용이하게 한다**(makes shopping easier): 오늘날 각 상품범주는 수없이 많은 품목들로 구성되는데, 장보기를 할 때마다 소비자는 상품더미 속을 헤맬 수 없다. 따라서 상표는 소비자가 원하는 상품을 쉽게 확인할 수 있도록 도와줌으로써 장보기를 용이하게 한다.

② **정규적인 만족을 보증한다**(assures regular satisfaction): 고객들은 새로운 것을 구매하고 싶어 하며 위험을 감수하지만, 일단 만족하게 되면 그러한 상품을 반복하여 구매하기를 원한다. 따라서 상표는 소비자가 기대할 수 있는 만족을 보증해주는 수단이 된다.

③ **동일한 품질을 보증한다**(assures comparable quality): 어느 장소에서 구매하든지 동일한 상표는 동일한 품질을 약속해준다. 따라서 상표설정자는 품질의 일관성을 유지해야 한다.

④ **심리적인 만족을 제공한다**(provides psychological satisfaction): 일부 고객은 상품의 기능적 측면보다는 상징적 측면에 더 많은 관심을 가지며 특정한 상표를 사용함으로써 사회적 및 심리적 만족을 얻으려는 경향이 있다.

⑤ **상품품질이 개선되도록 한다**(forces quality improved): 상표설정자는 시장지위를 제고하기 위해 계속적으로 상품을 개선하므로 결국 고객들은 좋은 품질을 구매할 수 있게 된다.

상표설정자에 대한 이점

① **반복구매를 조장한다**(encourages repeat buying): 앞에서 언급한 고객에 대한 이점으로 인해 상표는 고객의 반복구매를 촉진한다. 또한 상표는 고객의 장보기를 빨리 끝낼 수 있도록 도와주므로 마케터의 판매시간 및 노력을 절약해준다. 또한 고객이 상표에 의해 반복구매한다면 촉진 비용은 감소하고 매출은 증대될 것이다.

② **상표충성을 개발시켜준다**(develops brand loyalty): 상표는 고객의 상표충성이 형성될 근거를 제공하며 상표설정자로 하여금 충성스런 고객(loyal customer)들을 분리해내도록 도와준다. 또한 상표충성(brand loyalty)은 경쟁으로부터 상표설정자를 보호해주며, 어느 정도 독점적 지위를 허용하므로 상표설정자에게 시장통제 능력을 제공한다.

③ **시장세분화를 도와준다**(helps segment markets): 상표설정자는 시장을 세분하고 다양한 중간 상인의 요구를 충족시키기 위해 여러 가지 상표를 사용할 수 있다. 예를 들어, 고객들이 요구하는 여러 품질등급에 따라 상이한 상표를 사용한다든가, 도·소매상(또는 상이한 형태의 소매점)들에게 상품은 같지만 상이한 상표를 제공함으로써 그들 사이에 직접적인 경쟁을 피하도록 허용한다. 예를 들어, 생산자가 직접 판매하는 상품과 '할인점용'처럼 주문자 상표부착(OEM)방식으로 생산하는 상품에 대해 상이한 상표를 부착한다.

④ **가격 프리미엄을 구사하게 해준다**(returns more than costs): 고객의 입장에서 상표는 일정한 품질의 보증이므로 상표설정에 소요되는 비용보다 큰 가격 프리미엄을 요구할 수 있다. 예를 들어, 고객들은 비싼 값을 치루면서도 친숙한 상표를 구매한다.

⑤ **기업 이미지를 형성해준다**(builds corporate image): 좋은 상표는 기업의 명성을 높여 주고 추가적인 신상품의 도입을 용이하게 한다. 즉 고객으로부터 훌륭한 명성을 얻은 마케팅 조직은 그러한 이미지로 인해 신상품의 도입 등 다양한 기업활동을 용이하게 수행할 수 있다.

즉 통합상표는 품목들의 연관성을 강조하는데, 기업명을 흔히 연결고리로 사용하는 경향이 있으며, 개별상표는 각 품목의 개별성을 부각하고 강조하는 것이다.

최근에는 소비자들이 기업의 전반적 명성보다는 품목별 명성을 더욱 중시하는 경향이 커감에 따라 기업도 개별상표 정책에 많은 비중을 두고 있다. 예를 들어, 기업의 명성을 강조하지 않고 성공적으로 개별상표의 이미지를 확립한 파브, 지펠, 하우젠, 엑스캔버스, 휘센 등의 상표를 볼 수 있다. 물론 예전 이랜드의 언더우드, 쉐인, 헌트, 로엠 등도 개별상표의 전형적인 예가 되며, 중국시장에 진출해서도 ENC, 스코필드, 스캣, 로엠, 프리치, 티니위니, 에블린 등의 개별상표를 갖고 있다.

(3) 제조업자 상표와 중간상인 상표 정책

생산자나 중간상인은 상품의 확인 수단(product identifier)으로서 생산자를 밝힐 것인지(제조업자 상표 manufacturer's brand, 전국상표 national brand) 또는 유통을 담당하는 중간상인을 밝힐 것인지(중간상인 상표 middlemen's brand, 사적 상표 private brand or private label, 지역상표 local brand)를 결정해야 한다. 중간상인을 밝히는 중간상인 상표의 원래 생산자를 예시하면 〈표 10-3〉과 같다.

표 10-3
중간상인 상표의 공급자

	이마트의 '이플러스'	홈플러스의 'Home Plus'	롯데마트의 'LOTTE Mart'
우유	매일유업	해태유업	롯데우유
화장지	한국 P&G	모나리자	M2000
기저귀	대한 펄프	포유 인터내셔널	포유 인터내셔널
라면		한국 야쿠르트	
식용유		웰가	롯데 삼강

▲ 중간상인 상표의 우유들

상표설정에는 일관성 있는 품질유지와 상표촉진이라는 과업을 수행하기 위해 기술력과 많은 비용이 필요하므로 대체로 제조업자 상표는 광범위한 상품계열과 확고한 유통 시스템을 갖추고 높은 시장점유율을 차지하는 대규모 생산자에 의해 선택된다. 중간상인의 입장에서 제조업자 상표와 중간상인 상표의 장단점을 비교하면 〈표 10-4〉와 같은데, 특히 중간상인 상표는 다음과 같은 여건에서 효과적이다.

- 제조업자 상표가 다수 존재하지만 어느 것도 강력한 고객충성을 형성하지 못하고 있을 때
- 적절한 품질과 가격으로 상품의 공급을 신뢰할 수 있을 때
- 상표촉진의 비용을 부담하고도 저렴한 판매가 가능하여 가격 경쟁력을 가질 때

- 본원적 수요가 충분히 개발되어 있으며 잠재고객들이 감각적 검토와 시용을 통해 상품품질을 쉽게 판단할 수 있을 때
- 수요가 매우 탄력적이어서 낮은 가격이 매출액을 크게 증대시킬 수 있을 때

	제조업자 상표(NB) 정책	중간상인 상표(PB) 정책
장점	• 고객의 상표충성을 개발하기 위한 촉진활동이 불필요하다. • 유명상표는 새로운 고객을 유도하고 중간상인의 명성을 제고해준다. • 생산자의 지속적인 촉진활동에 힘입어 매출이 증대되고 재고 보유량을 적게 하여 운전자금의 압박을 없앤다. • 상품품질의 책임을 지지 않는다.	• 30% 정도까지나 저가격에 판매하면서 높은 이윤을 얻을 수 있고, 고객의 점포충성을 개발할 수 있다. • 공급자로부터 통제를 받지 않는다. • 공급자를 필요에 따라 바꿀 수 있다. • POP나 점포내 진열을 임의로 유리하게 조정할 수 있다.
단점	• 마진이 낮다. • 공급자로부터 여러 가지 통제를 받는다. • 상품공급을 받지 못할 경우 점포충성까지 잃을 수 있다.	• 스스로 상표촉진의 비용을 부담한다. • 가격경쟁을 위해 대량으로 구매하므로 재고와 운전자금의 압박이 있다. • 품귀시 적절한 공급자를 찾기 어렵다. • 상품품질에 대한 책임을 부담한다.

표 10-4

제조업자 상표와 중간상인 상표의 비교(중간상인의 입장)

(4) 상표확장전략

상표확장전략(brand-extension strategy)이란 **이미 시장에서 성공을 거둔 기존상품의 상표명을 신상품이나 개선된 상품에 활용**함으로써 자신의 성공적인 상표에 대해 소비자들이 이미 갖고 있는 인지도, 호의, 상표충성을 그대로 활용하여 신상품의 시장도입을 용이하게 하기 위한 것이다.

이러한 상표확장의 공식은 대체로 (개선되었다는 의미의 단어)+**기존상표** 또는 **기존상표**+(첨가어)의 형태를 취하는데 상표확장전략은 새로운 규격, 새로운 향기, 새로운 모델 등의 단순한 상품수정에도 적용시킬 수 있다.

상표확장전략

이미 시장에서 성공을 거둔 기존상품의 상표명을 신상품이나 개선된 상품에 활용려는 전략

(5) 복수상표전략

복수상표전략(multibrand strategy)이란 **본질적으로 동일한 상품에 대해 두 개 이상의 상이한 상표를 설정하여 별도의 품목으로 차별화**하려는 것이다. 예를 들어, 본질적으로 별 차이가 없는 아이스크림이지만 아이스크림의 마케터들은 전형적으로 매우 다양한 상표로서 차별화시키고 있다(속성 상의 큰 차이를 두지 않는 심리적 차별화). 복수상표전략의 이점은 ① 상이한 상표명을 갖는 품목들을 시장에 공급할 때 자신의 상품이 소매점에서 보다 많은 진열공간을 차지할 수 있으며, ② 새로운 상표를 시용하려는 잠재고객들의 구매를 유인하고, ③ 비록 상품 자체에는 차이가 미미하더라도 심리적 차별화를 통해 각 품목들이 상이한 세분시장에 소구할 수 있고, ④ 상표 관리자들 사이에 선의의 경

복수상표전략

본질적으로 동일한 상품에 대해 두 개 이상의 상이한 상표를 설정하여 심리적으로 차별화하려는 전략

쟁을 유발시켜 마케팅 조직 내에 진취적인 분위기와 활력을 제공한다.

(6) 상표의 리포지셔닝 전략

이미 상표의 포지션이 마케팅 목표에 부합되도록 설정되었을지라도 잠재고객들의 기호변화나 마케팅 환경요인들의 변화, 새로운 경쟁자의 출현 등은 기존의 상표 포지션(소비자가 지각하는 상표의 모습)을 변화시키거나 목표 포지션(마케터가 원하는 상표의 모습)을 변경할 필요성을 일으킬 수 있는데, 이때 마케터는 상표의 리포지셔닝(brand repositioning)을 고려해야 한다.

따라서 마케터는 잠재고객들이 '원하는 바'와 경쟁상품들의 포지션에 대비하여 자신의 현재 포지션을 검토하고, 새로운 목표 포지션(desired position, ideal position)을 결정한 다음, 그러한 목표 포지션을 형성하기 위해 마케팅 믹스를 조정해야 한다.

2.2 상표전쟁

상표전쟁
제한된 진열공간을 차지하기 위하여 제조업자 상표와 중간상인 상표 사이에 벌어지는 공간차지 경쟁

상품들은 오랜 세월 동안 제조업자 상표로 시장에 공급되어 왔으나 대규모의 중간상인들이 출현하여 중간상인 상표가 등장하기 시작하였다. 이러한 중간상인들이 자신의 상표로 상품을 확인시키고 시장지위를 확보하려고 시도함에 따라 생산자와 중간상인 사이에는 **제한된 진열공간을 둘러싸고 다툼이 야기**되는데, 이를 상표전쟁(battle of the brand)이라고 한다.

그러나 상표전쟁에서는 유통경로를 장악하고 있는 중간상인이 당연히 유리하며, 다음과 같은 현실이 중간상인에게 더욱 유리하게 작용한다.

① 소비자들은 제조업자 상표를 보편적인 생활용품으로 지각하는 반면에 중간상인 상표는 가격이나 품질 면에서 '특별한 상품'으로 지각하는 경향이 있다.

② 판매점의 진열공간이 제한되어 있으므로 생산자가 제조업자 상표로서 신상품을 유통경로에 취급시키기가 점차 어려워지고 있다.

③ 이제는 중간상인들도 품질관리를 통해 점포충성뿐 아니라 독자적인 상표충성을 확보해나가고 있으며, 30% 정도까지 저렴한 가격으로 상품을 공급할 수 있게 되었다.

④ 더욱이 중간상인들은 자신이 개발한 유통업체 자체상표(PB, private brand, 私的 商標 또는 기획상표 original brand)를 보다 훌륭하게 진열하며 재고를 확실하게 준비한다.

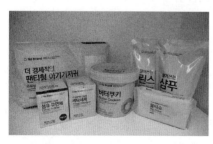

▲ 이마트의 PB상품인 '노브랜드'

이에 반해 생산자의 입장에서 제조업자 상표를 사용하는 일은 상표충성을 개발하고 유지하기 위해 막대한 촉진비용을 지출해야 하므로 상품가격도 높아지며, 유통경로를 제대로 확보하기 위해서는 과도한 할인이나 공제를 요구받기도 한다.

결국 제조업자 상표를 사용하는 생산자는 이런 저런 이유에서 유통경로를 확보하는 데 많은 애로를 겪게 되었는데, 이러한 현상을 **제조업자 상표에 의존하는 생산자의 딜레마**(national brand manufacturer's dilemma)라고 한다.

그러나 최근에는 인터넷의 자사 홈페이지나 쇼핑몰을 이용하여 새로운 형태의 판매공간을 개척하는 생산자가 늘어감에 따라 이러한 생산자의 딜레마는 크게 완화될 것이며, 오히려 생산자가 명성을 구축한다면 **중간상인 상표에 의존하는 유통업체의 딜레마**를 일으킬 수도 있을 것이다.

2.3 훌륭한 상표명과 상표권

마케터가 이용할 수 있는 상징적 속성 중에서 상표명은 단일요소로는 가장 큰 영향력을 가지며 바람직한 이미지를 전달하는 수단으로서 매우 귀중한 자산이다. 따라서 마케터는 심사숙고하여 적절한 상표명을 선정해야 하는데, 대부분 마케팅 조직은 상표명을 결정하고 평가하기 위한 공식적인 체계를 갖추고 있다.

바람직한 상표명의 요건은 대체로 〈표 10-5〉와 같다. 마케터는 자신의 상표명이 널리 인지되고 호의를 담고 있어서 소비자들이 욕구를 인식할 때마다 자신의 상표를 효과적인 욕구충족의 수단으로 연상해주기를 바란다.

그러나 간혹 상표명이 너무나 널리 알려져 특정한 상표라기보다 오히려 상품범주를 의미하는 보통명칭(descriptive generic name)으로 변하기도 하는데 예를 들어, 국내에서도 클리넥스(Kleenex)나 미원(味元)은 이미 특정한 상품의 상표가 아니라 화장지나 조미료를 지칭하는 데 관습적으로 사용되는 관용하는 상표의 성향이 크므로 독특한 상표로서의 역할과 가치를 잃게 될 위험이 있다. 실제로 1974년 오리온 초코파이가 상표등록을 했으나 1977년 초코파이가 보통명사라는 판결을 받았다.

이러한 여건 하에서 상표촉진활동은 유사한 경쟁상표들의 매출을 증대시킬 수 있으

• 상품의 특성(상품효익이나 용도, 사용법 등)을 암시해야 한다. 예를 들어, 선쿨, 아이차바, 3분 카레 등이 있다.
• 발음하고 기억하기가 용이해야 한다. 또 영문표기의 경우에는 한 가지로 발음되어야 한다.
• 개성이 있어야 한다. 예를 들어, 강력, 표준, 골드 등의 상표명은 뚜렷한 개성이 결여되어 있다.
• 상품계열에 추가되는 신상품에도 이용이 가능해야 한다.
• 가능한 많은 광고매체에 적용될 수 있어야 한다. 독특한 발음은 인쇄매체에 사용하기가 곤란하다.
• 좋지 않은 의미가 연상되지 말아야 한다.

표 10-5
바람직한 상표명의 조건

며 더욱이 그러한 상표명을 배타적으로 사용할 수 있는 권리를 박탈당할 수도 있기 때문에 마케터는 자신의 상표가 상품범주를 의미하는 보통명칭으로 사용되지 않도록 유의하면서 상표충성을 강화해나가야 한다(상표법 제6조 상표등록을 받을 수 없는 상표).

한편 자신의 상표명이 일반적으로 사용되는 것을 막기 위해서 마케터는 다음의 세 가지 방법을 취할 수 있다.

① 상표명의 배타적인 사용권을 널리 알린다. 예를 들어, 자신의 상표가 등록되었으며 자신만이 배타적으로 사용할 수 있다는 사실은 알리기 위하여 ®이라는 기호(registered)또는 tm(trademark)을 사용한다.

② 상품의 보통명칭이나 관습적으로 통용되는 관용하는 상표는 아예 등록조차 되지 않지만, 설사 교묘하게 등록에 성공했을지라도 결국 일반화될 것이므로 상표명으로 사용하기 위해서는 새로운 단어(신조어)를 만들어 내야 한다.

예를 들어, 청바지, 호도과자, 콘칩은 보통명칭이며 정종(청주류), 텍스(직물류), 깡(과자류)은 관용하는 상표이므로 피하는 것이 좋다. 그러나 ULTRA-BRITE, LAZBOY와 같은 신조어는 아마 마케터에 의해 영원히 배타적으로 사용될 수 있을 것이다.

③ 산지, 품질, 원재료, 효능, 용도, 형상, 가공방법, 생산방법, 시기를 표시하는 상표도 배타적인 사용권을 인정받을 수 없다. 예를 들어, 울릉도 오징어, 일품카레, 콩라면, 건강매트, 학생가방, slim 우유, 훈제햄, 수제구두, 전천후 타이어 등은 누구나가 일반적으로 사용할 수 있기 때문에 상표명으로 적합하지 않다.

3. 포장결정

포장(package)은 상품의사결정의 중요한 요소이면서 간혹 마케팅 믹스의 **다섯 번째** P로 간주되기도 한다.

3.1 효과적인 포장의 요건

전통적으로 포장은 내용물을 뭉치로 하거나 유통과정에서 상품을 보호하는 기능을 반영하는 것으로 파악되어 왔으나 마케팅 지향적인 오늘날에는 훨씬 다양한 기능을 수행해야 하므로 다음과 같은 특성을 갖추어야 한다.

▲ 왕궁병과의 포장(www.wanggung.co.kr)

① 시각적 소구(visual appeal): 효과적인 포장은 진열대에서 고객들의 눈

길을 끌고 관심을 환기시켜야 한다.

② 감성적 소구(emotional appeal): 상황에 따라서 효과적인 포장은 상품을 저렴한 것으로 보이게 하거나 고급품질로 보이게 하는 등 적절한 이미지를 전달해야 한다.

③ 정보(information): 효과적인 포장은 내용물의 특성과 효익, 사용법 등을 암시해 줄 수 있어야 한다.

④ 취급용이성(ease of handling): 효과적인 포장은 열고 닫기 쉬우며 취급하기 용이해야 한다.

3.2 포장의 기능

포장의 기능은 단순히 상품을 용기에 넣거나 종이로 싸는 것 이외에도 기본적으로 네 가지 기능을 수행함으로써 전체 상품의 중요한 부분을 구성한다. 즉 포장은 상품을 외부적 자극으로부터 **물리적으로 보호**(physical protection)할 뿐 아니라 상품의 특징이나 용도, 효익, 이미지 등의 정보를 소비자들에게 커뮤니케이션함으로써 **상품 자체를 촉진**(promotion)한다. 특히 셀프 서비스제도가 보편화된 소매점에서는 포장이 스스로 잠재고객의 관심을 유인하고 구매를 설득해야 하므로 포장을 '말없는 판매원(silent salesperson)'이라고도 한다.

또한 포장은 유통과정에서 일어날 수 있는 파손이나 퇴색, 도난 등을 감소시켜 전체 유통비용을 절감하며(cubic efficiency) 포장규격의 다양화는 소비자들로 하여금 꼭 필요한 만큼의 상품량을 구매하도록 허용하므로 **경제성**의 혜택을 주기도 한다(economy).

포장의 또 다른 기능은 **편의성**(convenience)의 제공이다. 예를 들어, 원터치 캔은 청량음료, 맥주, 기타의 식품에 편의성을 제공해준다.

한편 최근 들어 마케터들은 포장을 설계할 때 **재사용의 가능성**(recycling)을 심각하게 고려하여 자원재생에 방해가 되는 물질의 합성이나 코팅 등을 자제하고 있다. 또한 상품을 사용한 후에 포장을 다른 용도로 활용할 수 있도록 설계하기도 하는데 예를 들어, 플라스틱 상품용기는 다른 용도로 활용되고 있으며, 어린이용 로션 등은 플라스틱 인형모양의 용기에 포장되어 장식품으로 활용되기도 한다. 끝으로 포장은 표찰(label)과 마찬가지로 상품에 대한 **정보를 제공**하는 기능도 수행할 수도 있다(information).

포장의 기능
물리적 보호, 촉진, 경제성, 편의성, 재활용, 정보제공

3.3 포장결정의 고려사항

전통적으로 포장에 관한 의사결정은 대체로 상품을 담고 보호하는 기능을 중심으로

'원가의 측면'을 강조해 왔지만, 이미 설명한 바와 같이 포장은 다양한 기능을 통해 **상품가치를 증대시키고 잠재고객의 구매를 설득**하므로 중요한 상품구성요소로서 역할을 고려해야 한다.

따라서 마케터는 포장을 개발할 때 가장 먼저 포장개념(packaging concept)을 확립해야 하는데, 포장개념이란 **포장이 수행해야 하는 기능을 구체화하고 상품의 특성이나 마케팅 목표에 비추어 볼 때 포장이 어떠해야 하는지에 관한 인식**을 의미한다. 그 다음 마케터는 포장재질이나 디자인 등의 측면에서 대체적인 포장들을 개발하고 평가해야 한다.

최근 보편화되고 있는 다종포장(multiple packs)은 청량음료, 맥주, 비탄산 음료 등을 소비자가 한 번에 구매하기 좋은 수량만큼씩 다양하게 묶어 소비자에게 많은 편의를 제공하고 있을 뿐만 아니라 취급하기가 용이한 포장은 가격표시를 신속하게 하고 취급과 진열을 개선하며 공간을 절약할 수 있게 한다.

한편 마케터는 하나의 상품계열에서 각 품목의 포장들 사이에 어느 정도의 일관성을 유지할 것인지를 결정해야 하는데, 이점에 대해서는 모든 품목의 포장을 유사하게 하거나 하나의 중요한 디자인요소를 공유케 함으로써 전반적인 기업 이미지를 강화하려는 노력이 점차로 두드러지고 있다(family packaging).

4. 표찰결정

과거에는 표찰이 포장에 별도로 부착되어 왔지만, 오늘날에는 포장의 일부로서 표찰을 포함하는 경향이 있다.

4.1 표찰의 기능과 유형

▲ 와인의 표찰

표찰(label)은 정보제공과 촉진이라는 기본적인 기능을 수행하는데, 물론 상표만으로도 상품이 확인될 수 있으나 표찰이 제공하는 상품의 본질과 용도에 관해 상세한 정보는 상품확인을 도와주고 있다.

또한 일부 상품은 표찰을 통해 단위가격(unit price, 다양한 포장규격의 가격비교가 용이하도록 표준단위당 가격을 표시)이나 유통기간 · 상미기간 · 유효기간 등을 알려주기도 한다.

표찰은 그것이 강조하는 기능에 따라 다음과 같이 세 가지 유형으로 구분된다.

① **품질표찰**(grade label): 육류나 농산물 등 주로 자연 생산물의 품질등급을 나타내

는 표찰

② 정보표찰(information label): 원산지, 생산이력, 취급 및 사용 방법, 상품의 준비방법, 보관방법 등에 관한 정보를 제공해주는 표찰

③ 소구표찰(descriptive label): 상품의 중요한 특성이나 효익을 설명해줌으로써 구매시점 촉진의 기능을 수행하는 표찰

4.2 바코드 시스템

바코드 시스템이란 **유통과정에서 상품의 취급을 자동화**하기 위해 상품의 생산자, 품명, 가격 등을 나타내는 일정한 코드를 각 품목의 표찰로 표시해 놓고 필요에 따라 전자탐지장치(electronic scanner)로 신속·정확히 읽혀 판매 및 재고관리의 효율성을 제고하기 위한 방법이다.

이러한 바코드 시스템의 채택은 대규모 슈퍼마켓에서 계산대 업무를 신속하게 만들고 재고관리를 용이하게 할 뿐 아니라 품목별 가격표시 등의 비용을 절감해준다. 그러나 소비자의 입장에서는 점포 내에서 또는 구매후 가정에서 가격을 참조할 수 없다는 불편이 있다.

사실 바코드 시스템은 유통이나 재고관리 분야뿐 아니라 종업원의 근태관리, 선적출하관리, 도서관의 도서관리, 전자결제 등 대단히 다양한 분야에 적용되고 있는데, 아직도 세계적으로 완전히 통일되어 있지 못하고 공공기관이나 단체가 지정한 코드와 제조업체 또는 사용자가 자체적으로 개발한 코드들이 혼재되어 있다.

5. 부대 서비스 결정

상품의 한 요소로서 부대 서비스에 관한 결정은 상품 의사결정의 매우 중요한 부분이다. 특히 오늘날과 같이 고객만족(customer satisfaction)을 마케팅 관리의 핵심적 과제로 삼는 여건에서는 상품을 구매한 소비자에게 충분한 만족을 제공하기 위해 어느 정도의 부대 서비스가 필수불가결하다.

물론 상품에 따라서는 부대 서비스가 거의 필요 없기도 하지만, 부대 서비스(supportive service)란 **실제상품을 확장상품으로 전환시키는 과정에서 추가되는 서비스**를 지칭한다. 이러한 부대 서비스에 관한 의사결정은 크게 다음과 같은 세 분야로 나눌 수 있다.

① 서비스 믹스의 결정: 마케터는 잠재고객들에게 어떠한 부대 서비스를 제공할 것인지 결정하기 위해 무료전화나 건의편지를 통해 그들을 접촉하든가 불만족 조사를 정기

적으로 실시하여 그들의 서비스 욕구를 분석해야 한다.

즉 마케터는 신용제공, 배달의 신속성과 신뢰성, 기술 지원, 사용자 교육 등 잠재고객들이 요구하는 서비스 유형과 각 서비스에 대해 잠재고객들이 부여하는 중요도를 파악해야 한다.

② 서비스 제공방법의 결정: 마케터가 부대 서비스를 제공하는 방법은 대체로 서비스 설비와 인력을 유지하면서 직접 제공하는 방법과 중간상인에게 그러한 역할을 담당시키고 비용을 보상해주는 방법, 독립적인 사업자에게 그러한 기능과 역할을 대행시키는 방법 등 세 가지로 구분된다.

③ 서비스 담당부서의 설치여부: 부대 서비스의 중요성이 부각됨에 따라 많은 기업들은 고객 서비스를 중요한 마케팅 도구로 인식하여 전담부서를 조직 내에 설치하고 직접 통제하는 경향이 있으며, 더욱이 그러한 부서는 기존상품에 대한 소비자들의 반응을 조사하고 신상품 아이디어를 수집하기 위한 마케팅 조사의 기능을 수행하기도 한다.

상품관리
시장의 변화를 검토하여 시장의 욕구와 필요에 부응하도록 '상품의 구성'을 끊임없이 조정하는 일

3 절 상품관리

경쟁자에 비해 고객의 욕구를 효과적으로 충족시키고 적정한 이익을 얻을 때 기업은 비로소 생존과 번영을 누릴 수 있다. 그러나 고객이 '원하는 바'가 끊임없이 변할 뿐 아니라 경쟁자의 활동을 포함하여 마케팅 환경도 끊임없이 변하므로 마케터는 그러한 변화에 대응하여 자신의 상품구성을 조정해야 하는데 이러한 과업을 상품관리라고 부른다.

상품관리의 기본적인 목표는 마케터의 상품들이 시장에서 고객의 욕구와 필요에 효과적으로 대응하도록 하는 데 있다. 따라서 상품을 관리한다는 일은 **시장의 변화를 검토하여 시장의 욕구와 필요에 부응하도록 '상품의 구성** (상품믹스)'**을 끊임없이 조정하는 일**이며, 이는 구체적으로 다음과 같은 세 가지 일로 구성된다. 예를 들어, 10년 전 동네 가게에서 팔던 상품들과 오늘날 취급하는 상품을 보면 확연히 달라졌다는 사실을 알 수 있다.

▲ 시장이 변화함에 따라 고객에게 제공되는 상품믹스의 구성도 달라져야 하는데, 예전 동네가게의 상품들은 지금의 것들과 매우 다르다.

① 새로운 상품의 추가: 신상품의 개발
② 기존상품의 폐기: 상품수명주기 상의 쇠퇴기의 전략 및 계획적 진부화

③ 기존상품의 수정: 상품수명주기 상의 모든 단계

1. 상품계열과 상품믹스

오늘날 단 하나의 품목만을 생산하거나 마케팅하는 조직은 거의 없으며, 대부분의 마케팅 조직들이 소비자 측의 **소비 시스템에 부합되는 상품계열**로써 시장에 봉사하고 있다. 이때 상품계열(product line)이란 **기능, 고객, 경로, 가격범위, 원재료, 용도 등의 유사성을 근거로 하여 일련의 관련된 상품들을 집합적으로 나타내는 개념**인데, 식당의 메뉴판 구성이나 비디오 대여점의 비디오 목록 분류, 노래방 선곡집의 장르 분류를 참조하면 잘 이해할 수 있을 것이다.

▲ 서점의 도서 목록 분류는 상품계열에 해당한다.

그러나 마케팅 조직에 따라 하나의 상품계열에 속하는 품목들은 대단히 다르며, 대체로 그들의 마케팅 계획이나 전략을 참조함으로써 그 조직의 상품계열들이 포괄하는 상품범위를 알 수 있다.

한편 마케팅 조직이 단 하나의 상품보다 여러 상품으로 구성된 상품계열을 개발하려는 경향은 다음과 같이 몇 가지의 요인으로 설명할 수 있다.

① 성장의 욕망과 위험분산: 마케팅 조직이 단 하나의 상품만 가지고 있다면 성장 잠재력이 제한되며, 그러한 상품의 수명주기가 진행되어감에 따라 새로운 상품의 도입이 필요해진다. 또한 수익의 계절적 변동을 상쇄시키기 위해 새로운 상품이 필요할 수도 있다.

② 기업자원의 최적 활용: 기업활동의 간접비를 일련의 상품에 배분함으로써 모든 상품의 평균원가를 낮출 수 있다. 또한 생산시설들도 관련상품을 생산하는 데에 경제적으로 활용될 뿐 아니라 기업 내 인적 자원을 보다 널리 활용할 수 있다. 특히 판매원이나 광고는 계열 내의 모든 상품을 다룸으로써 효율을 개선할 수 있다.

▲ 등산이나 캠핑에 필요한 관련상품들을 함께 전시하여 판매하고 있다.

③ 시장 내 지위의 제고: 소비자와 중간상인들은 최종소비자의 소비 시스템을 반영하여 대체로 마케팅 조직이 다양한 관련상품들을 함께 제공해주기를 원한다. 따라서 상품계열을 갖는 기업은 소비자와 중간상인들에게 더 많은 소구력을 갖는데 예를 들어, 등산텐트를 구매하는 사람은 아마도 버너, 슬리핑백, 코펠 등의 품목을 함께 필요로 할 것이다.

한편 상품믹스(product mix)란 **제조업자든 중간상인이든 마케터가 시장에 제공하는 모든 품목들의 목록**을 말하며 폭과 깊이, 길이, 일관성이라는 네 가지 차원을 갖는다.

상품믹스
제조업자든 중간상인이든 마케터가 시장에 제공하는 모든 품목들의 목록

즉 상품믹스의 폭(width, variety)이란 마케터가 제공하는 상이한 상품계열의 수이며, 상품믹스의 깊이(depth, assortment)란 한 상품계열 내의 상표 수 또는 하나의 상표로 제공되고 있는 상이한 사이즈, 포장, 색상 등을 갖는 품목의 수를 말한다.

이에 비해 상품믹스의 길이(length)란 각 상품계열이 포괄하는 품목의 평균 수이다. 또한 상품믹스의 일관성(consistency)이란 고객이나 최종용도, 원재료, 생산공정, 유통경로 등의 측면에서 상품계열들이 갖고 있는 유사성 또는 관계의 밀접함을 나타내는 개념이다. 상품계열 사이에 일관성이 높다면 마케팅 활동의 효율성은 증대되지만(시너지 효과), 위험은 커질 것이다.

2. 최적의 상품믹스

상품믹스는 마케팅 조직의 수익성에 지대한 영향을 미치므로 마케터는 현재의 상품믹스가 매출 성장성 · 매출 안정성 · 수익성의 측면에서 더 이상 개선의 여지가 없는 최적상태를 유지하고 있는지 아닌지를 정기적으로 검토해야 한다.

최적의 상품믹스
상품의 추가, 폐기, 수정을 통해서도 마케팅 목표를 더 이상 효과적으로 달성할 수 없는 상태

즉 최적의 상품믹스(optimal product mix)란 **상품의 추가, 폐기, 수정을 통해서도 마케팅 목표를 더 이상 효과적으로 달성할 수 없는 상태**를 말하는데, 한때 최적이던 상품믹스일지라도 소비자의 기호변화나 경쟁 등 마케팅 환경의 변화는 마케팅 목표와 성과 사이의 격차를 일으키며 그러한 상품믹스가 최적이 아닌 것으로 전락시킨다.

마케터가 상품믹스의 최적성을 평가하는 데 사용하는 기준은 대체로 다음과 같다.

① 매출 성장성(future sales growth): 마케팅 조직의 생존과 번영은 미래 매출의 성장 전망에 의해 크게 좌우되는데, 이러한 기준을 적용함에 있어서는 각 품목이 현재 처해 있는 수명주기 상의 단계는 물론이고 신상품의 추가 및 상품폐기의 여부를 고려할 수 있다.

매출 성장성을 개선하기 위해서는 도입기나 성장기에 있는 품목은 성숙기로 유도하고, 성숙기의 품목에 대해서는 새로운 용도를 개발하거나 사용률을 증대하는 등의 리마케팅을 적용한다.

② 매출 안정성(sales stability): 매출이 큰 폭으로 변동하는 품목은 과잉 수요시 재고 고갈에 대비하기 위해 대규모 생산시설과 높은 재고수준을 유지해야 하는데, 이러한 일은 원가를 크게 상승시킨다. 따라서 마케터는 전체 상품믹스의 매출액이 안정성을 갖도록 매출의 계절적 변동이 큰 품목들을 적절하게 조합하거나 신크로 마케팅을 적용해야 한다.

③ 수익성(profitability): 현재의 상품믹스는 결국 마케팅 조직의 수익성을 결정하는데, 마케터는 우선 각 품목의 생산원가와 공헌이익, 위험 등을 고려하여 상품믹스를 개선하고 난 후 마케팅 전략을 조정해야 한다.

3. 상품관리의 내용(상품믹스 전략)

현재의 상품믹스가 최적이 아닌 것으로 평가되었다면 마케터는 다음과 같은 상품믹스 전략을 고려할 수 있는데, 그러한 전략들은 결국 상품관리의 내용을 구성한다.

3.1 새로운 품목의 추가

마케터는 필요에 따라 현재의 상품믹스에 새로운 품목을 추가함(expansion of product mix)으로써 상품믹스의 폭이나 깊이, 길이를 확장할 수 있다. 일부 마케터들은 아예 완전계열 기업(full-line company)으로 포지셔닝되거나 높은 시장점유율과 성장기회를 모색하기 위해 새로운 품목을 추가하려는 경향이 있다.

그러나 현실적으로 많은 마케팅 조직들이 다음과 같이 무계획적으로 새로운 품목들을 추가하는 오류를 범하므로 유의해야 한다.

① 상품계열의 관리자는 오직 과잉 생산능력을 활용하기 위해서 새로운 품목을 궁리해낸다.
② 상품계열의 관리자는 새로운 품목을 위한 마케팅 기회에 자주 노출되며, 그러한 기회의 잠재력을 과대평가하는 경향이 있다.
③ 기존품목을 약간 수정하여 새로운 품목을 디자인하는 것은 매우 용이하다.
④ 판매원과 중간상인들은 고객들이 완전한 상품계열을 요구한다고 무작정 믿고 있다.

더욱이 새로운 품목을 추가하여 상품믹스를 확장하려는 일은 다음과 같은 잠재적 문제점들을 내포하고 있으므로 충분히 고려해야 한다.

• 마케터들은 대체로 충분한 상품믹스의 깊이를 갖추기보다는 상품믹스의 폭을 추구하는 경향이 있는데, 이는 마케팅 노력을 많은 상품계열들에 걸쳐 분산시키므로 각 상품계열에 충분한 자원이 할애되지 못하고 고객이나 중간상인이 원하는 정확

한 상품을 제공하기가 곤란하게 만든다.

- 새로운 품목이나 상품계열을 추가하는 일은 대량생산을 통한 규모의 경제를 감소시킬 수 있는데, 마케터는 생산원가의 증가와 고객만족의 개선 사이의 균형을 유지하기 어렵다.
- 완전계열 기업이 되는 일은 소비자와 중간상인들의 욕구를 보다 잘 충족시키고 기업의 명성과 촉진활동의 유효도를 개선할 것이지만, 오히려 비효율적이며 불요불급한 품목을 추가하는 함정이 될 수 있다.
- 일부 마케터는 가격이나 품질을 근거로 전체시장을 세분하고 세분시장마다 별도의 마케팅 믹스를 제공하려고 노력하는데, 각 세분시장에 제공되는 품목들은 서로 다른 품목의 포지션(이미지)에 부정적인 영향을 미칠 수 있다.
- 상품믹스에 추가된 새 품목은 간혹 기존품목의 매출액을 잠식하기도 한다(제살깎기 cannibalization).

한편 새로운 상품계열 자체를 추가하거나 또는 새로운 품목을 추가하여 상품계열을 연장하고, 나아가서 상품믹스를 확장하려는 전략에는 세 가지 유형이 있다.

상품계열 연장전략
가격이나 규격, 품질수준에서 기존의 상품계열이 포괄하고 있는 범위를 벗어나는 새로운 품목을 추가하는 일

(1) 새로운 상품계열의 추가

8장의 다양화전략(diversification strategy)을 참조한다.

(2) 상품계열 연장전략

상품계열 연장전략(line-stretching strategy)이란 **가격이나 규격, 품질수준에서 기존의 상품계열이 포괄하고 있는 범위를 벗어나는 새로운 품목을 추가하는 일**이다. 여기서 상품계열이 포괄하는 범위(product range)란 가격을 기준으로 한다면 '최하 얼마로부터 최고 얼마까지' 또는 규격을 기준으로 한다면 '최소 얼마 크기로부터 최대 얼마 크기까지'처럼 현재 마케터가 제공하고 있는 **상품계열의 상한값**(high end item)**과 하한값**(low end item)으로 정의된다.

기존의 상품계열이 포괄하고 있는 가격이나 규격, 품질수준 등에 비하여 새롭게 추가되는 품목이 상한값을 넘어서면 상향적 연장(upward stretch), 하한값보다 낮으면 하향적 연장(downward stretch), 상한값을 넘어서는 품목과 하한값보다 낮은 품목을 동시에 추가하면 쌍방적 연장(two-way stretch)이라고 구분한다.

상향적 연장은 대체로 상품계열 전체의 이미지를 제고하여 기존품목들의 매출액을 증대시키려는 것(trading up)이며, 하향적 연장은 고가품·고급품을 구매할 수 없는 사람들이 기존품목의 지위와 명성을 누리면서도 저가품·저급품을

High-end TOP3	최대 속력
1 독일 8티어 경전차 Ru 251	80
2 독일 3티어 경전차 Pz.Kpfw. I Ausf. C	79
3 미국 5티어 경전차 M24 Chaffee	77

Low-end TOP3	최대 속력
1 영국 5티어 구축전차 Archer	12
2 미국 9티어 구축전차 T95	13
3 영국 6티어 중전차 Tog II*	14

▲ 상품범위

구매할 수 있도록 유도하려는 것(trading down)이다.

(3) 상품계열 보충전략

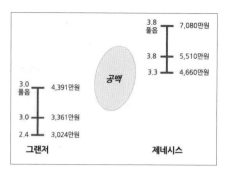

▲ 상품계열 보충전략

상품계열 보충전략(line-filling strategy)은 **기존의 상품계열이 포괄하고 있는 범위 내에서 누락된 가격대나 규격, 품질수준 등의 품목을 보충하는 일**인데, 이러한 전략은 대체로 다음과 같은 목적으로 채택된다.

• 전체 상품계열의 이익을 증대시키기 위해
• 기존상품의 판매가 저조한 시기에 과잉 생산설비를 이용하기 위해
• 주도적인 완전계열 기업이 되기 위해
• 기존의 품목들로 충족되지 않는 고객욕구를 해결하기 위해
• 경쟁자가 신규로 시장에 참여할 수 있는 여지를 사전에 봉쇄하기 위해

예를 들어, 도시락과 삼각 김밥 사이에 어떤 빈 곳을 발견하여 컵밥을 제공할 수 있을 것이다. 그러나 상품계열 보충전략을 구사하려는 마케터는 계열 내에 추가되는 새로운 품목이 기존의 품목들과 인식 가능한 최소한의 차이(JND, just noticeable difference)를 가짐으로써 기존품목과 혼동되거나 그 수요를 잠식하지 않고, 독자적인 포지션을 구축하고 자체의 수요를 창출할 수 있도록 유의해야 한다.

3.2 기존품목의 폐기

일반적으로 한 품목이 계속적으로 표적시장의 욕구를 제대로 충족시키고 마케팅 목표를 달성하는 데 무한하게 기여할 수는 없으므로 최적의 상품믹스를 유지하기 위해서는 오히려 일부 품목을 상품믹스로부터 제거해야 하는 경우(contraction of product mix)가 발생한다.

특히 최근의 원가 상승과 경기침체에 때문에 야기된 수요감소는 마케터로 하여금 상품계열 전체를 제거하거나 상품계열 내의 품목들을 단순화시킴으로써 상품믹스를 축소하도록 영향을 미쳐왔다. 즉 수익성이 낮은 허약한 상품을 계속 생산하고 마케팅하는 일은 다른 품목에 효과적으로 활용할 수 있는 마케팅 자원과 노력을 잠식하며, 더욱이 고객들 사이에 부정적인 이미지를 야기할 수도 있다. 예를 들어, 음식점에서 어쩌다 찾아오는 보신탕 고객을 위해 식재료를 준비해두고 방문시 대응하는 일은 오히려 수익성을 저해하며 그러한 메뉴 자체가 다른 고객들에게 부정적인 이미지를 줄 수도 있다.

따라서 마케터는 필요에 따라 상품믹스로부터 일부 품목을 제거하는 일(product

deletion)을 심각하게 고려해야 하는데, 다음과 같은 세 가지의 대안이 있다.

① 현재의 마케팅 전략을 그대로 유지하면서 문제가 되는 품목이 자연적으로 쇠퇴하도록 내버려 둔다.
② 특정한 세분시장에 마케팅 노력을 집중시키면서 광고비와 같은 비용지출을 제거하여 단기적인 이익을 증대시킨다. 대체로 기술적 진부화된 계산기, 컴퓨터, 가전상품 등에서 널리 이용되며 간혹 재고처분을 위해 가격을 인하하기도 한다.
③ 수익성이 없는 품목의 생산과 판매를 즉시 중단한다.

3.3 기존품목의 수정

마케터는 완전히 새로운 품목을 개발하기보다는 기존의 품목을 수정하여 상품믹스를 개선할 수도 있는데, 이러한 일은 신상품 개발에 비해 덜 위험하며 오히려 수익성이 좋을 수도 있다. 즉 상품수정(modification of existing products)이란 **상품의 특징 중에서 하나 이상을 변경**시키는 것으로 상품이 처음 시장에 도입되었을 때나 상표의 경쟁우위를 강화하기 위해 대체로 상품수명주기의 성숙기에서 사용된다. 상품수정의 방법은 크게 세 가지로 구분된다.

① 기능수정(functional modification): 기능수정이란 특히 **상품의 목적성과 관련된 '상품속성 자체의 유무'를 변경**하는 것으로 상품의 재설계를 필요로 한다. 기능수정이 빈번한 상품범주는 주방용구, 사무실 및 영농장비, 진공 청소기 등인데 경쟁품목이 제공하지 않는 기능을 제공함으로써 경쟁력을 확대하며 진보적인 이미지를 형성하고 유지해 줄 수 있다.
② 품질수정(quality modification): 품질수정이란 품질을 구성하고 있는 연비나 최고속도 등 **'상품속성의 수준'을 변경**하는 것으로 통상 재질이나 생산공정을 변경함으로써 수행된다. 상품의 품질을 낮추는 것은 가격을 인하하고 보다 많은 소비자에게 상품이 가용하도록 하며, 품질개선은 경쟁상표에 대한 경쟁우위를 제공함으로써 높은 가격을 허용한다. 예를 들어, 승용차, 주류, 직물류 등에 대해 소비자들은 점차 고품질을 원하는 경향이 있으므로 품질개선은 새로운 마케팅 기회가 될 수 있다.
③ 스타일 수정(style modification): 스타일 수정은 주로 **상품의 감성적 소구를 변경**하는 차별화 전략의 일환으로서 구사된다. 그러나 스타일 수정의 가치는 고객들에 의해 주관적으로 결정되며 간혹 스타일 수정이 고객들로부터 외면될 수도 있음에 유의해야 한다.

가격의 개념과 기준가격의 결정

가격의 개념과 기준가격의 결정

우리는 혼합된 자본주의 자유기업 사회(mixed capitalist free-enterprise society)에서 살고 있는데, 이러한 사회에서는 상품과 서비스 등 전체 생산물이 주로 가격 시스템에 의존하여 분배된다.

여기서 혼합경제란 공적 부문인 정부와 사적 부문인 민간조직들이 모두 경제적인 영향력과 통제력을 발휘함을 의미하며, 자유기업이란 누구든 업종을 자유롭게 선택하여 생산활동에 참여할 수 있음을 의미한다. 예를 들어 우리는 자격을 갖추면 의사, 변호사, 사업가 등 무엇이든지 될 수 있다.

오늘날에는 어떠한 자원(생산요소)들을 결합하여 무엇을 만들 것인지 결정하는 데 있어서 정부의 역할이 축소되고 대체로 소비자들이 그러한 역할을 떠맡게 되었는데, 이러한 일은 그들이 **제공받는 효익과 가격 사이의 관계**를 통해 수행된다.

즉 생산자는 여러 가지 자원들을 독특하게 결합하여 잠재고객의 욕구나 문제를 해결하기 위한 수단(상품)을 생산하지만, 이러한 자원들의 결합은 원가를 발생시켜 가격에 영향을 미친다.

이때 **잠재고객들은 오로지(if and only if) 자신이 지불해야 하는 대가 이상의 효익을 얻을 수 있다고 판단할 경우에만 생산자의 교환제의에 기꺼이 응할 것이며, 그 결과 생산자는 새로운 자원을 획득하여 기업활동을 계속할 수 있게 된다.**

그러나 잠재고객들이 지불해야 하는 대가보다 그가 얻을 효익이 작다고 지각한다면 교환은 일어나지 않고 생산자는 필요한 자원을 획득할 수 없으므로 기업활동을 지속할 수 없어 파멸할 것이다.

따라서 마케터는 잠재고객들이 '원하는 바'나 그들의 문제를 찾아내 그것을 해결하기 위한 수단으로서 상품을 개발하되, 결국 시장에서 교환에 성공할 수 있는지 아닌지는 그러한 **상품이 제공하는 효익과 그것을 생산하는 데 소요된 원가 내지 가격 사이의 비교**를 통해 결정되는 것이다.

가격결정의 이러한 중요성을 감안하여 본장에서는 우선 가격의 개념을 살펴보고 기준가격을 결정하기 위한 접근방법들을 검토한다. 단지 마케팅 믹스의 구성요소 중 가격의사결정이 비록 상품의사결정에 뒤를 이어 설명되고 있지만 교환가능성에 매우 중요한 영향을 미치며, 사실 마케팅 믹스의 요소들은 서로 영향을 주고받는 동시적인 관계를 갖는다. 예를 들어, 상품의 여러 가지 특성이 그러한 상품의 가격의사결정에 영향을 미치는 반면에 일단 가격수준을 결정해 놓는다면 그것이 상품의사결정에 제약으로 작용할 것이다.

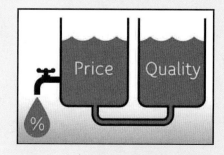

1절 가격의 본질과 가격결정의 중요성

거래에 있어서 순가치(net value)는 상품효익에 대해 잠재고객이 지각하는 가치와 그것을 획득하기 위해 지불하는 화폐의 가치를 비교하여 결정되며, 교환 가능성을 결정짓는다. 따라서 상대방에게 교환을 통해 무엇인가를 제공하려는 사람은 가격의 본질과 중요성을 충분히 이해해야 한다.

1. 가격의 본질

영리를 추구하는 기업 조직이든 정부나 사회단체와 같은 비영리 · 비기업 조직이든 지속적인 활동에 필요한 투입요소(자원 resources)를 확보하기 위해서는 자신이 생산한 상품과 서비스에 대해 적절한 대가를 요구해야 한다. 이때 그러한 대가를 가격이라고 하는데, 현실적으로는 〈표 11–1〉과 같이 다양한 명칭으로 표현된다.

표 11–1
가격의 다른 명칭

우리가 지불하는 것은 곧 우리가 얻는 것에 대한 가격인 것이다	
• 수강료	교육
• 임대료	건물 또는 시설의 사용
• 인지	정부기관의 민원서비스
• 우표	우편물 배달
• 통행료	유료도로의 통행
• 수수료	나의 일을 다른 사람이 대행
• 사례금	나를 위한 수고

즉 마케팅에서 가격이란 **자신에게 필요한 것을 제공받은 사람이 반대급부로 거래 상대방에게 주는 유형적 및 무형적 요소의 총합**이라고 정의되며, 대체로 화폐금액으로 표시된다. 더욱이 마케팅에서는 흔히 가격을 매가(賣價)라고 하며 그것을 결정하는 행위를 가격결정(pricing)이라고 하는데, 이것은 가격이 단순히 시장에서 주어지는 것(완전경쟁시장)이 아니라는 점과 가격의사결정에서 마케터가 취해야 할 다분히 능동적인 입장을 강조하는 것이다.

이미 설명한 바와 같이 상품의 효용(utility)이란 **소비자의 기본적인 욕구와 필요를 충족시키거나 문제를 해결해줄 수 있는 능력**을 의미하며, 상품의 가치란 그러한 능력에 대한 소비자들의 추정치로서 대체로 시장에서 한 상품과 교환될 수 있는 다른 상품의

가격
자신에게 필요한 것을 제공받은 사람이 반대급부로 거래 상대방에게 주는 유형적 및 무형적 요소의 총합

효용
소비자의 기본적인 욕구와 필요를 충족시키거나 문제를 해결해줄 수 있는 능력

양으로 표현된다(교환의 비율).

예를 들어, 우리는 어떤 옷의 가치가 탁상시계 두 개의 가치와 같다거나 포도 열 상자의 가치 또는 쌀 한 가마의 가치와 같다고 말할 수 있다. 물론 상품의 가치는 주관적으로 지각되므로 소비자마다 다르겠지만 대체로 욕구와 필요를 공유하고 있는 소비자들 사이에서는 유사하게 지각되는 경향이 있다.

그러나 물물교환 시스템이 화폐경제 시스템으로 대체됨에 따라 오늘날에는 화폐를 그러한 가치에 대한 공통분모로 사용하게 되었고 상품의 가치를 나타내기 위해 가격이라는 용어를 사용한다.

즉 모든 욕구충족 수단은 그것이 소비자에게 제공하는 효익(문제해결 능력) **때문에 효용과 가치를 가지며, 그러한 효용과 가치는 원이나 달러, 엔, 프랑 등과 같은 화폐로 측정되어 가격으로 표현**된다.

2. 가격결정의 중요성

전통적으로 가격은 판매자와 구매자 사이에서 협상(negotiation)을 통해 결정되어 왔다. 그러나 19세기 대규모 소매점들이 등장하여 많은 수의 품목을 다수의 종업원을 통해 판매하기 시작함에 따라 거래빈도가 많아져 협상을 통한 가격결정이 매우 비효율적이 되었다.

그 결과 구매자들에게 한 가지의 동일한 가격을 제시하는 일물일가(一物一價)의 현상이 나타났는데, 가격결정은 마케팅 믹스의 교환 잠재력을 결정짓는 중요한 요소로서 인식되며 다음과 같은 측면에서 그 중요성을 검토해 볼 수 있다.

① 생산요소들의 가격은 상품을 생산하기 위해 투입되어야 하는 여러 가지 생산요소(노동력, 자본, 기술, 토지 등)들의 결합형태에 영향을 미친다. 예를 들어, 노동력이 풍부하고 저렴한 사회에서는 노동집약적인 성격의 상품들이 많이 생산되는 경향이 있다.

② 가격은 부족한 자원을 무엇을 생산하는 데 활용할 것이며 생산된 상품을 누가 가질 것인지를 결정한다. 공급에 비해 수요가 많은 상품일수록 높은 가격에 거래될 것이므로 가격은 자연스럽게 희귀한 자원들이 수요가 많은 상품을 생산하는 데 이용되도록 유도하며, 이미 생산된 상품은 그 가격을 기꺼이 감당할 수 있는 사람에게 할당된다.

③ 가격은 상품의 시장수요와 그 기업의 경쟁지위, 시장점유율 등에 직접적이면서 즉각적인 영향을 미치며 기업의 수익 및 이윤과도 밀접하게 관련되어 있다.

④ 가격은 마케팅 믹스의 다른 요소들로부터 영향을 받기도 하지만 그들에게 많은

영향을 미칠 수 있다. 예를 들어 신상품을 개발하거나 기존상품의 품질을 개선하려는 상품의사결정은 그러한 조치에 수반되는 비용을 소비자들이 기꺼이 부담해줄 경우에나 수행될 수 있으므로 원가와 적정이윤을 보상하려는 가격결정은 마케팅 믹스의 다른 요소들에게 영향을 미친다.

⑤ 기업의 마케팅 활동 중에서 각종 법규로부터 가장 뚜렷하고 많은 규제를 받는 분야가 가격결정 부문이다.

⑥ 소비자들은 가격을 전통적인 교환비율에서 벗어나, 심리적으로 품질의 지표로 이용하기도 하므로 가격에 대한 소비자의 심리적 반응을 충분히 고려해야 한다.

⑦ 경기침체기에는 상품에 대한 소비자의 가치지각이나 구매행동이 가격변화에 민감해지므로 가격결정이 마케팅 성공에 더욱 중요하다. 특히 이러한 현상은 가격의식적인(price-conscious) 소비자 집단에서 더욱 두드러진다.

그러나 실무적으로는 마케터들이 가격결정을 별로 신중하게 다루지 않고 있으며, 다음과 같은 문제점들이 보편적으로 나타나고 있다.

- 가격결정이 지나치게 원가지향적이다.
- 시장변화에 신속하게 적응하기 위해 필요한 융통성이 부족하며, 일단 결정된 가격은 좀처럼 수정되지 않는다.
- 가격이 마케팅 믹스의 한 요소임에도 불구하고 다른 요소와의 상호작용이나 관계를 충분히 고려하지 않고 독립적으로 결정되는 경향이 있다.
- 세분시장별로 다양한 가격을 제시하지 않는 경우가 많다.

2 절 가격결정의 과정과 목표

가격결정도 다른 마케팅 활동과 마찬가지로 목표를 설정하는 일로부터 시작되는데, 그러한 목표는 가격결정의 전체 과정을 통해 각 단계별 의사결정에 많은 영향을 미친다.

1. 가격결정의 과정

일부 상품의 가격은 관습적으로 결정되거나 경쟁자들이 이미 구사하고 있는 가격을 그대로 모방하여 결정되기도 하는데 이러한 경우의 가격결정은 비교적 단순하다. 그러나 **신상품을 개발하였거나 기존상품을 새로운 유통경로나 시장에 도입할 때**와 같이 능동적으로 가격을 결정해야 하는 경우에는 가격결정이 매우 어렵고 복잡한데, 대체로 〈표 11-2〉와 같은 절차를 따른다.

<table>
<tr><td rowspan="3">**기준가격의 설정**</td><td>① 가격결정 목표의 설정</td></tr>
<tr><td>② 내적/외적 요인에 대한 검토</td></tr>
<tr><td>③ 기준가격 결정방법의 적용</td></tr>
<tr><td>**시장가격의 결정**</td><td>④ 가격정책을 통한 기준가격 조정</td></tr>
<tr><td>**가격변동과 대응**</td><td>⑤ 시장여건 변화에 따른 가격변경과 경쟁자 가격변경에 대한 대응</td></tr>
</table>

표 11-2

가격결정과정

2. 일반적인 가격결정의 목표

가격결정의 목표는 전반적인 마케팅 목표로부터 특정한 가격결정 정책과 절차에 이르기 위한 중간적 연결고리의 역할을 수행하는데, 마케터는 상품의 가격 자체를 결정하기에 앞서서 전반적인 마케팅 목표를 달성하기 위해 가격이 어떻게 기여해야 하는지를 검토해야 한다.

예를 들어, 국내시장에서의 선도적인 지위를 차지하려는 마케터는 가격을 결정하는 데 있어서 최대의 시장침투를 통한 시장점유율 극대화를 목표로 할 수 있다. 그 다음 시장점유율 극대화를 위해 적절한 기준가격을 결정한 후, 현금할인이나 거래할인을 수반한 가격정책을 채택할 수 있다.

마케터가 보편적으로 추구하는 가격결정 목표들은 대체로 〈표 11-3〉과 같다.

2.1 이익지향적 목표

이익지향적인 가격결정 목표로서 대표적인 것은 이익극대화를 추구하거나 목표이익을 설정하는 일이다.

표 11-3

보편적인 가격결정의 목표들

이익지향적 목표	이익극대화, 목표이익
매출지향적 목표	매출액, 시장점유율
기타의 목표	경쟁에 대응, 현상유지, 생존, 현금흐름, 바람직한 이미지

(1) 이익극대화

경제이론이 제시하는 전통적인 가격결정의 목표는 이익을 극대화하는 것인데, 이러한 접근방법은 한계수익과 한계비용이 같아지는 점에서 이익극대화(profit-maximization)가 이루어진다고 주장한다.

그러나 이익극대화라는 목표는 사전에 구체적으로 계량화할 수 없기 때문에 마케팅 성과를 평가하기 위한 실무적 기준을 제공하지 못할 뿐 아니라, 원가와 수요에 관한 정확한 자료는 구하기도 어렵다.

더욱이 이러한 목표는 이익극대화라는 용어가 지나치게 높은 가격, 독점, 이윤만 추구 등의 나쁜 이미지를 함축하고 있기 때문에 정부나 소비자 등의 공중들로부터 비난을 받기 쉽다. 따라서 마케터는 가격결정의 목표로서 이익극대화를 추구하기보다는 오히려 목표이익이나 매출액 및 시장점유율 목표를 선택하는 경향이 있다.

(2) 목표이익

많은 마케터들은 공중의 압력과 비난 때문에 이익극대화를 추구하기보다는 투자에 대한 목표이익(target profit)을 설정하여 가격결정에 반영하고 있는데, 목표이익은 흔히 투자액이나 매출액에 대한 비율로 나타내거나 적정이익(satisfactory profits)이라고 생각되는 절대액(가계기업의 생계비 등)으로 나타낸다.

예를 들어, 중간상인들은 대체로 운영비와 적정이익을 포괄하기에 충분한 마크 업으로서 매출액에 대한 목표이익률을 사용하는데 물론 업종이나 시장관습, 경쟁에 따라 차이가 있다.

한편 목표이익률은 해당 산업의 선도기업에 의해 결정되는 경향이 있는데, 그것은 선도기업들이 비교적 경쟁에 관계없이 독립적으로 가격을 결정할 수 있기 때문이다.

2.2 매출지향적 목표

매출지향적인 가격결정 목표는 전형적으로 매출액 증대나 시장점유율의 증대가 대표적이다.

(1) 매출액

기업의 기본적인 마케팅 목표는 성장이므로 매출액 증대(sales growth)는 가격결정에 있어서 합리적인 목표이다. 실제로 기업들은 상품가격을 결정함에 있어서 마진을 임의로 정하기가 곤란한 경우가 많기 때문에 **시장에서 수용되는 마진으로 매출액을 증대**시키기 위해 노력할 수 있을 뿐이다. 즉 장기적인 관점에서 지나치게 높은 마진보다는 최소한의 수용가능한 마진으로 매출액을 증대시키는 일이 바람직할 수 있다.

(2) 시장점유율

시장점유율(market share)이 크다면 대량생산·대량유통을 통해 원가를 낮추고 경쟁자보다 낮은 가격으로 다시 매출증대를 통해 시장점유율 확대할 수 있다. 즉 **시장점유율이 큰 기업은 규모의 경제를 통해 생산 및 마케팅에 있어서 효율성을 확보**할 수 있기 때문에 시장점유율의 증대도 가격결정에서 자주 채택되는 목표가 된다.

2.3 기타의 목표

마케터가 보편적으로 채택하는 가격결정의 목표로는 이익지향적 목표나 매출지향적 목표 이외에도 상황에 따라 다음과 같이 것들이 선택되기도 한다.

① 경쟁에 대응(competition): 일부 마케터는 단순히 경쟁에 대응하거나 가격경쟁을 회피하기 위해 **이미 시장에서 통용되고 있는 가격을 그대로 모방**하는데, 가격결정의 목표라기보다는 가격결정의 한 가지 방법이다.

② 현상유지(status quo): **일단 유리한 시장지위를 확보**한 마케터는 현재의 상태를 유지하려는 목표를 갖고 가격결정에 임하기도 한다. 이러한 현상유지의 목표는 시장점유율이나 경쟁지위, 가격안정성, 우호적인 공중이미지 등의 차원에서 정의될 수 있다.

③ 생존(survival): 경기침체나 경쟁심화, 소비자의 기호변화 등으로 어려움을 겪고 있는 마케팅 조직에게는 그러한 **어려움을 살아서 견뎌내는 일이 가장 중요**하다. 만일 그러한 어려움이 일시적인 현상으로 판단된다면 마케터는 생존을 목표로 하여 가격을 결정할 수 있는데, 가격은 대체로 조정하기가 가장 용이하고 직접적인 효과를 나타내는 변수이다.

④ 현금흐름(cash flow): 일부 마케터는 현금유입을 확대하려는 목표를 취하기도 하는데, 이러한 목표는 경기침체로 인하여 자금압박을 받을 때 자주 등장한다. 예를 들어, 상품개발과 생산에 소요된 자금을 빨리 회수하려거나 상품수명주기가 길지 않을 것으로 예상하는 마케터는 현금유입에 큰 관심을 가질 것이다. 그러나 현금흐름의 목표가 반드시 고가격을 암시하는 것은 아니며 기업의 여건이나 경쟁환경 등을 고려하여 저가격으로 결정될 수도 있다.

⑤ 바람직한 이미지(desired image): 마케터는 고객 사이에 고품질의 이미지 또는 경제성의 이미지를 형성하기 위해 상대적으로 높거나 낮은 가격을 구사할 수도 있다.

이밖에도 경쟁자의 시장참여를 사전에 봉쇄하기 위해, 소비자의 충성도를 유지하고 중간상인들을 지원하기 위해, 가격에 대한 정부의 통제를 회피하기 위해, 일시적으로 매출액이나 내점객의 수를 증대시키기 위해, 신상품의 시용을 촉구하기 위해, 상품계열 내 다른 품목의 매출액을 증대시키기 위해 등 여러 가지 목표들이 실제 가격결정에서 고려될 수 있다.

3. 가격결정시 고려사항

가격결정 목표는 전체적인 가격결정 과정을 통해 영향을 미치지만, 가격결정 목표 이외에도 〈표 11-4〉와 같이 많은 기업 내적 및 외적 요인들이 구체적인 가격결정에 영향을 미친다.

3.1 기업 내적인 영향요인

가격결정에 영향을 미치는 내적 요인은 크게 표적시장, 목표 포지션, 마케팅 믹스의 다른 요소들, 생산원가로 구분된다.

내적 요인	외적 요인
• 표적시장 • 목표 포지션 • 마케팅 믹스의 다른 요소들 • 생산원가	• 시장의 경쟁구조 • 수요의 성격과 탄력성 • 경쟁가격과 거래조건 • 기타 마케팅 환경요인

표 11-4

가격결정에 대한 영향요인

(1) 표적시장과 목표 포지션

마케터가 특정한 상품의 가격을 결정하는 데 있어서 고려해야 할 첫 번째 요인은 표적시장의 특성과 목표 포지션이다. 즉 마케터는 **마케팅 믹스를 구성하기**(4P's)**에 앞서서 표적시장에 대한 여러 가지 차원을 분석**(6O's)해야 하는데, 가격은 마케팅 믹스의 한 요소이므로 표적시장을 구성하는 소비자들의 경제적 특성이나 행위적 특성은 당연히 가격결정에 많은 영향을 미친다.

또한 **마케팅 믹스는 목표 포지션을 커뮤니케이션하기 위한 마케팅 도구**(4P's)**들의 독특한 결합**이므로 표적시장에서 어떠한 목표 포지션(목표 이미지)을 구축할 것인가에 따라 가격도 달라져야 할 것이다.

예를 들어, 새로운 스포츠카의 마케터가 고소득층을 대상으로 우수한 성능의 포지션

▲ 최근 들어 기업들은 VVIP 마케팅에 역량을 집중하고 있다.

을 목표로 한다면 고가격을 구사하는 편이 바람직할 것이며, 실속추구형의 여행자를 표적시장으로 삼아 경제적인 숙소라는 포지션을 모색하는 모텔이라면 최소한의 편의시설로서 저가격을 구사해야 할 것이다.

(2) 마케팅 믹스의 다른 요소들(3P)

가격결정은 마케팅 믹스의 다른 요소들에 관한 결정으로부터 영향을 받을 뿐 아니라 마케팅 믹스의 다른 요소들에게 영향을 미치므로 마케터는 상품가격을 결정하는 데 있어서 상품, 경로, 촉진 등 여타의 마케팅 믹스 요소(3P's)를 고려해야 한다.

예를 들어, 전속적 유통전략(exclusive distribution strategy)을 채택하는 마케터는 고가격을 구사하며, 개방적 유통전략(intensive distribution strategy)을 채택하는 마케터는 저가격을 구사하는 경향이 있다. 또한 후원전략(push strategy)을 채택하는 마케터는 고가격을 구사하며, 견인전략(pull strategy)을 채택하는 마케터는 저가격을 구사하는 경향이 있다.

(3) 생산원가

상품의 생산원가는 기업활동을 계속하기 위해 마케터가 소비자들에게 요구해야 하는 가격의 하한선이다. 따라서 생산원가는 가격결정에서 중요한 고려사항이며, 마케터들은 경쟁우위를 확보하기 위해 산업 내에서 가장 낮은 원가의 생산자가 되려고 노력할 수 있다.

3.2 기업 외적인 영향요인

가격결정에 영향을 미치는 외적 요인은 크게 시장의 경쟁구조, 수요의 성격과 가격탄력성, 경쟁가격과 거래조건, 기타 마케팅 환경요인으로 구분된다.

(1) 시장의 경쟁구조

마케터가 상품의 가격을 자유로이 결정할 수 있는 가격결정력은 시장의 경쟁구조에 의해 결정되는데, 경쟁구조는 대체로 네 가지 유형으로 구분된다.

완전경쟁(perfect competition)에서는 다수의 구매자와 판매자 사이에 완전히 동질적인 상품이 거래되며 완전한 시장정보가 이용될 수 있는 여건이다. 기업의 시장진출입이 용이하고 경쟁이 치열하여 일물일가(一物一價)의 법칙이 성립하므로 모든 마케터는 **가격결정력이 없고 시장 내의 수요와 공급관계에 의해 결정된 단일의 시장가격**을 그대로 받아들인다.

독점적 경쟁(monopolistic competition)이란 완전경쟁과 대체로 유사하지만, 식당이나 PC방, 미용실, 병원 등에서처럼 마케터가 **상품과 서비스의 차별화**를 통해 가격결정의 자유를 어느 정도 가질 수 있는 여건이다. 여기서 '독점적'의 단어는 바로 '차별화'를 의미한다.

과점(oligopoly)은 경쟁자의 가격과 마케팅 전략에 민감한 소수의 마케터들로 구성되는 여건인데, 동질적 상품(철강이나 화공약품 등)의 경우이든 이질적 상품(자동차나 이동통신, 가전상품 등)의 경우이든 경쟁자의 가격인상에는 항상 동조하지는 않는데 반해 가격인하에는 모두 동조하면서 전체의 매출액을 감소시키기 때문에 **독자적인 가격변경을 기피하는 경향**이 있다.

▲ 이동통신 시장은 3개 기업의 과점상태이며, 이때 어느 기업도 혼자 가격을 변경하기 곤란하므로 간혹 가격담합이라는 불법행위가 자행된다.

독점(pure monopoly)이란 한 기업이 시장수요를 독점하는 경쟁구조이다. 이러한 경쟁구조는 전기나 수도, 가스와 같이 정부가 전매권을 허용하거나 규모의 경제를 통해 경쟁자의 시장참여를 배제할 때 나타나며(자연독점) **고가격으로 최대의 이익을 추구**할 수 있다. 그러나 공기업의 경우라면 지불능력이 없는 소비자에게 복지차원에서 저가격으로 공급하거나 또는 수요를 억제하기 위해 고가격을 구사할 수도 있다.

(2) 수요의 성격과 가격탄력성

상품가격이 적절한지의 여부는 결국 소비자들에 의해 결정되는 것이기 때문에 가격결정도 소비자지향적이어야 한다. 즉 소비자가 상품을 구매하는 것은 그러한 상품의 가치를 향유하기 위해 자신의 중요한 자원(재산)을 포기하는 것인데, 물론 상품가치를 통해 소비자가 얻는 만족은 기능적이거나 사회적 및 심리적일 수 있다.

수요량이란 **일정한 가격에서 소비자들이 기꺼이 구매하려는 상품의 양**을 의미하는데, 그것은 대체로 가격이 높아짐에 따라 감소하는 경향을 보인다. 일반적으로 그러한 관계는 그림 11-1의 (a)와 같은 수요곡선으로 묘사된다.

그러나 간혹 기능보다 상징적 의미가 중요한 일부 상품이나 화장품, 의약품 등(위풍재 prestige goods)에 있어서는 그림 11-1의 (b)와 같이 P_3 이하의 가격범위에서는 오히려 가격이 낮을수록 수요가 감소하는 현상을 보인다.

한편 수요의 가격탄력성이란 **가격변화율에 대한 수요량의 변화율**인데, 이 값이 1보다 크면 수요가 탄력적이며, 1보다 작다면 수요가 비탄력적이라고 한다(1이면 단위 탄력적).

수요(량)
일정한 가격에서 소비자들이 시장전체로서 기꺼이 구매하려는 상품의 양

수요의 가격탄력성
가격변화율에 대한 수요량의 변화율

$$수요의\ 가격탄력성 = \frac{수요의\ 변화율}{가격의\ 변화율} = \frac{수요에\ 있어서\ \%변화}{가격에\ 있어서\ \%변화}$$

만일 수요가 탄력적이라면 가격인하시 가격인하율보다 큰 폭으로 수요가 증대되어

매출액이 증가할 것이고, 수요가 비탄력적이라면 가격인상시 가격인상률보다 작은 폭으로 수요가 감소하여 역시 매출액이 증가할 것이다. 그런데 전체 매출액(수익 revenue)은 가격에 수요량을 곱한 값이므로 수익을 증대시키기 위해서는 수요가 탄력적일 때에는 저가격을 구사하거나 가격을 인하하고, 수요가 비탄력적일 때에는 고가격을 구사하거나 가격을 인상해야 한다.

한편 수요는 다음과 같은 여건에서 비탄력적이 되는 경향이 있다.

• 대체품이나 경쟁자가 없다.
• 고객들이 가격변화를 쉽게 지각하지 못하거나 관심이 적다.
• 고객들이 구매습관을 바꾸거나 낮은 가격을 탐색하는 데 적극적이지 않다.
• 고객들이 가격인상을 정상적인 인플레이션이나 품질개선 등의 결과로 인정해준다.

그러나 가격탄력성을 실제로 이용하기 위해서는 두 가지 점에 유의해야 하는데, 첫째는 고려되는 가격변화의 범위에 따라 가격탄력성이 달라진다는 점이다. 즉 기준이 되는 가격변화의 범위를 어떻게 고려하는지에 따라서 수요변화율이 다르게 나타날 수 있다.

둘째는 장기적인 가격탄력성이 단기적인 가격탄력성과 다를 수 있다는 점이다. 예를 들어, 가격이 인상되었을지라도 고객이 새로운 공급자를 찾아내는 데에는 시간이 소요되므로 당분간 현재의 공급자와 거래를 계속하면서 나중에 공급자를 바꿀 것이다.

이러한 경우 수요는 단기적으로 비탄력이지만 장기적으로는 탄력적이다. 또한 가격인상 직후 공급자를 바꾸었다가 다시 돌아오는 경우라면 단기적으로 탄력적이지만 장기적으로는 비탄력적인 수요를 보일 것이다.

(3) 경쟁가격과 거래조건

소비자들은 상품의 가치뿐만 아니라 가격과 거래조건을 종합적으로 고려하여 구매

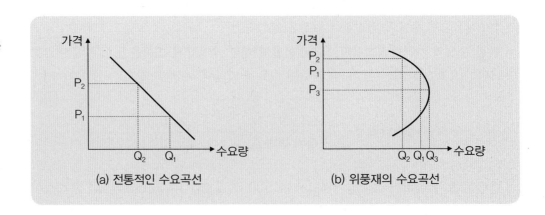

그림 11-1

전통적인 수요곡선과 위풍재의 수요곡선

여부를 결정한다. 더욱이 다수의 상품대안으로부터 선택해야 한다면 그들 사이의 상대적인 가격과 거래조건을 비교할 것이므로 마케터가 상품의 가격을 결정하는 데 있어서는 경쟁자들의 가격과 거래조건도 충분히 고려해야 한다.

(4) 기타 마케팅 환경요인

가격결정에는 이밖에도 많은 환경요인들이 영향을 미치는데 예를 들어, 인플레이션율이나 경기의 활성화 정도, 이자율 등의 경제적 요인들은 상품의 생산원가와 상품가치에 대한 소비자 지각에 영향을 미치므로 가격을 결정하는 데 매우 중요한 고려사항이다.

또한 미시적 환경요인 중에서 특정한 가격에 대한 재판매업자나 정부의 반응도 역시 중요하다.

3 절 기준가격의 결정방법

마케터가 가격결정의 목표를 설정하고 나면 여러 가지 가격구조의 근거가 되는 기준가격(base price)을 결정해야 하는데, 그러한 기준가격은 대체로 상품에 대한 원가와 수요수준을 추정하고 경쟁자의 가격을 분석하여 결정되며 시장가격을 결정하기 위한 기초가 된다.

즉 그림 11-2에서와 같이 경쟁자의 가격(대체품의 가격)을 중심으로 상품의 원가는 마케터가 구사할 가격의 하한선이며, 상품이 제공하는 독특한 효익에 대한 가치지각은 가격의 상한선이다. 이러한 하한선(판매자의 최저가격)과 상한선(구매자의 최고가격)을 유보가격(reservation price)이라고 하는데, 마케터는 그 사이에서 가격을 결정하게 된다.

따라서 마케터는 상품의 원가 또는 독특한 상품효익, 수요의 성격, 경쟁자의 가격 등

그림 11-2

가격결정의 메커니즘

을 고려하면서 기준가격을 결정하게 되는데 각 강조점에 따라 다음과 같이 세 가지로 접근할 수 있다.

1. 원가지향적인 접근방법

많은 마케터들은 원가지향적인 접근방법을 채택하여 기준가격을 결정하는데, 대체로 원가에 일정한 금액을 합산하여 기준가격을 결정하는 원가가산 가격결정(cost plus pricing)을 사용한다.

1.1 원가의 추정

마케터는 자신의 수고와 위험부담에 대한 적정한 대가를 포함하여 생산원가와 유통 및 판매의 비용을 보상해줄 가격을 부과해야 한다. 이러한 원가와 비용들은 생산량이나 판매량에 관계없이 일정하게 발생하는 고정원가(fixed costs)와 생산량이나 판매량에 비례하여 발생하는 변동원가(variable costs)로 대별할 수 있으며, 일정한 생산량이나 판매량에 대해 고정원가와 변동원가의 합계를 총원가(total costs)라고 한다.

마케터는 기준가격을 결정하는 데 있어서 일정한 생산량이나 판매량에 대해 적어도 원가를 보상해줄 가격을 부과해야 하는데, 이를 위해서는 무엇보다도 생산 또는 판매수준에 따라 원가가 어떻게 변화하는지(cost behavior)를 알아야 한다.

(1) 생산수준에 따른 원가의 변화

연간 1,000단위의 생산능력을 갖춘 공장을 생각할 때 평균원가(average cost=총원가/생산단위)는 생산량을 1,000단위에 가깝도록 증대시켜 감에 따라 감소한다. 그러나 만일 1,000단위 이상을 생산하려 한다면 초과근무에 대한 인건비가 상승하고 공장이 효율이 저하되어 평균원가는 다시 증가하기 시작할 것이다. 따라서 단기 평균원가곡선(SRAC, short-run average cost curve)의 전형적인 형태는 그림 11-3의 (a)와 같다.

만일 상품의 대한 수요가 지속적으로 증가한다면 마케터는 당연히 생산능력을 확장할 것이다. 예를 들어, 2,000단위의 생산능력으로 확장할 경우의 평균원가 B는 1,000단위의 생산능력을 가졌을 경우(a)에 비해 낮아질 것이다. 그러나 여기서 유의해야 할 점은 일정한 수준(예컨대, 4,000단위의 생산능력)을 넘어서는 확장은 오히려 간접원가가 급격히 증대하는 등의 규모의 불경제가 야기되어 다시 평균원가가 증가한다는 사실이다. 따라서 생산능력의 확장까지도 고려한 장기 평균원가곡선(LRAC, long-run average cost curve)은

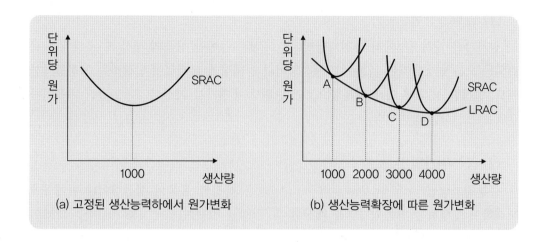

그림 11-3

생산수준에 따른 단위당
평균원가

그림 11-3의 (b)와 같으며, 여기서는 수요가 뒷받침되는 한 4,000단위의 생산능력이
최적규모임을 보여준다.

(2) 누적생산량에 따른 원가의 변화

생산량이 누적되어감에 따라 작업자는 요령을 터득하며, 원재료의 흐름이 개선되고
조달원가도 낮아지는 등으로 인해 평균원가는 누적생산량에 따라 낮아지는 경향이 있
는데, 이러한 현상은 경험곡선(experience curve) 또는 학습곡선(learning curve)으로 묘사될
수 있다.

만일 단위당 평균원가를 뚜렷이 감소시키는 경험효과나 학습효과가 존재한다면 마
케터는 저가격을 통해 수요를 증대시킴으로써 원가를 더욱 낮출 수 있게 되어 가격경쟁
상의 우위를 누릴 뿐 아니라 시장점유율을 크게 증대시킬 수 있다.

1.2 원가가산 가격결정의 형태

상품원가에 초점을 두면서 가격을 결정하려는 접근방법 중에서 가장 단순한 형태는
다음과 같이 원가에 일정한 비율이나 금액을 가산하여 기준가격으로 삼는 원가가산 가
격결정(cost plus pricing)이다.

원가가산 가격결정
원가에 일정한 비율이나
금액을 가산하여 기준가격
을 결정하는 방법

원가(총원가 또는 변동원가) + 일정한 비율(금액) ──────▶ 기준가격

여기서 총원가를 원가로 고려하는 형태를 총원가방법이라고 하며, 고정원가를 제외
하고 변동원가만을 원가로 고려하는 형태를 증분원가방법이라고 한다.

총원가방법
변동원가에 고정원가까지
도 '일정한 방식'에 의해
배분함으로써 단위당 총원
가를 계산한 후, 일정한 비
율이나 금액을 가산하는
방법

증분원가방법
특정한 품목의 생산량이나
판매량에 비례하여 발생하
는 변동원가만을 계산한
후, 일정한 비율이나 금액
을 가산하는 방법

(1) 총원가방법

원가가산 가격결정에서 총원가방법(full cost pricing)이란 상품의 생산 또는 판매와 관련되는 모든 변동원가는 물론이고 생산량이나 판매량에 관계없이 발생하는 **고정원가까지도 '일정한 방식'에 의해 배분함으로써 단위당 총원가를 계산**한 후, 일정한 비율이나 금액을 가산하는 방법이다.

(2) 증분원가방법

증분원가방법(incremental/marginal cost pricing)은 **특정한 품목의 생산량이나 판매량에 비례하여 발생하는 변동원가만을 계산**한 후, 일정한 비율이나 금액을 가산하는 방법이다. 이러한 증분원가방법은 다음과 같은 특수한 목적을 달성하기 위해 매우 낮은 가격을 구사하려는 경우에만 제한적으로 사용된다.

- 비수기 동안 노동력을 유지하거나 유휴 생산능력을 활용하기 위해
- 미끼상품의 경우와 같이 다른 상품의 판매유발효과가 큰 품목을 저가격으로 제공하기 위해 — 여기서 미끼상품이란 자체 판매로부터는 이익을 내지 않지만 내점객을 증대시켜 다른 품목의 매출을 증대시키기 위한 고객유도용 손실품(loss leader)을 말한다.
- 신상품의 도입단계에서 저가정책(시장침투 가격정책)을 뒷받침하기 위해
- 가격전쟁(price war)에서 경쟁자를 시장으로부터 축출하기 위해

그러나 실제로 증분원가방법에 의해 낮은 가격을 구사하기 위해서는 우선 한 세분시장 내의 낮은 가격이 다른 세분시장의 수요를 감소시키지 않아야 하며, 더욱이 가격차별화에 대해 법적인 제약이 없어야 한다.

1.3 원가가산 가격결정의 특징적 요소

총원가방법이든 증분원가방법이든 원가가산 가격결정의 장점은 크게 네 가지로 요약할 수 있다.

① 대체로 수요의 성격은 정확히 알 수 없지만 원가는 비교적 정확히 알 수 있다.
② 가격을 원가와 연계시킴으로써 가격결정이 단순하면서도 수요변동에 따라 가격을 빈번하게 변경할 필요가 없다.
③ 경쟁자들도 이러한 방법을 따른다면 가격이 유사하게 결정되는 경향이 있기 때

문에 가격경쟁이 최소화된다.

④ 마케터와 고객 모두가 원가가산 가격결정을 공정하다고 받아들이는 경향이 있다.

그러나 원가가산 가격결정은 근본적으로 고객이 지각하는 가치를 포함하여 수요의 성격이나 경쟁여건을 전혀 고려하지 않는데, 어쩌면 마케터가 정한 가격으로 상품을 구매하려는 고객이 한 명도 없을 가능성도 있다. 또한 판매량이 감소할 때 오히려 가격이 인상되는 경향을 보이며, 원가의 추정이나 간접원가(고정원가)의 배분이 부정확하거나 주관적인 경우가 있다.

원가가산 가격결정의 다른 특징적 요소는 원가에 더해지는 '일정한 비율 또는 금액'이다. 즉 마크업(markup)이란 본래 판매가격을 결정하기 위해 생산원가 또는 매입원가에 부가되는 비율을 말하지만, 대체로 판매가격에 대한 마크업(markup on selling price)이나 원가에 대한 마크업(markup on cost)이라는 비율의 형태로서 나타낸다.

그러나 특별한 지적이 없는 한 **통상 언급되는 마크업은 판매가격을 분모로 한 비율**을 나타낸다. 예를 들어, 8,000원에 구입한 상품을 10,000원에 판매한다면 마크업 금액이 2,000원이므로 (판매가격에 대한) 마크업은 20%이며, 원가에 대한 마크업은 25%가 된다.

결국 원가가산 가격결정이란 원가에 마크업을 합산하여 기준가격을 결정하는 방법인데, 대체로 산업분야마다 보편적으로 수용되고 있는 표준적인 마크업(common markup)이 전통적으로 존재하기 때문에 마케터는 마크업을 결정하기 위해 고민할 필요는 별로 없다.

단지 마케터는 그러한 표준적인 마크업을 적용하되, 과거경험에 덧붙여 고객들이 지

마크업

본래 판매가격을 결정하기 위해 생산원가 또는 매입 원가에 부가되는 비율

작은 마크업	고려사항	큰 마크업
적게 한다	촉진활동	많이 한다
일용소모품	상품형태	내구재
대량생산	생산형태	주문생산
개방적	시장포괄의 정도	선택적
길다	상품수명주기	짧다
느리다	기술적 변화	빠르다
자본집약적	주요 생산요소	노동집약적
크다	시장점유율	작다
짧다	유통경로의 길이	길다
성숙기	상품수명주기의 단계	도입기
장기적	이익계획의 범위	단기적
단일용도	상품용도	다용도
거의 없다	부수적으로 필요한 서비스	많다
짧다	상품의 내구성	길다
높다	재고회전율	낮다

표 11-5

마크업을 조정하기 위한 고려사항

각하는 상품가치, 마크업 수준에 대한 고객들의 반응, 상품의 계절성, 상품의 전통적 가격수준, 경쟁여건, 촉진활동의 유효도 등 〈표 11-5〉와 같은 요인들을 고려하여 마크업을 조정해야 한다.

예를 들어, 마지막 고려사항인 재고회전율을 어떻게 고려해야 하는지를 살펴보자. 재고회전율이란 **일정한 기간**(통상 1년)**동안 평균 재고량**(또는 재고금액)**이 판매되는 횟수**로서 다음과 같이 계산된다.

$$재고회전율 = \frac{총매출량}{평균재고량} \quad 또는 = \frac{총매출액}{평균재고금액}$$

식품이나 생활용품과 같이 재고회전율이 높은 경우에는 재고투자가 매출액에 비해 상대적으로 적고 보관비용도 적게 소요되므로 작은 마크업으로 충분하지만, 보석이나 고급가구와 같이 재고회전율이 낮다면 마크업이 커야 하기 때문에 마크업은 〈표 11-6〉에서와 같이 재고회전율에 따라 조정되어야 하는 것이다.

이와 같이 재고회전율에 따른 마크업의 조정은 **원가가산 가격결정에 수요특성을 도입**하기 위한 최소한의 노력임에도 불구하고 대부분 마케터는 재고회전율을 가격결정의 도구로서보다는 판매활동의 성과를 평가하기 위한 기준으로만 활용하는 데 그치고 있다.

그러나 재고회전율은 매출액이 동일할 경우라도 평균재고의 수준에 따라 다르게 계산된다는 점에 유의해야 하며, 효과적인 가격결정은 여러 가지 내적·외적 요인들로부터 영향을 받기 때문에 단순히 가격결정 공식을 적용하는 것만으로는 충분하지 않다는 점도 명심해야 한다.

표 11-6

재고회전율을 고려한 마크업의 조정

재고회전율	마크업
높다	작다
중간	중간
낮다	크다

2. 수요지향적인 접근방법

2.1 수요의 추정

마케터가 상품에 부과하는 가격은 수요의 크기를 결정함으로써 마케팅 목표를 달성하는데 직접적인 영향을 미친다. 마케터는 여러 가지 가격수준에 따른 수요의 크기를

〈표 11-7〉과 같은 수요 스케줄로 묘사할 수 있는데, 수요 스케줄(demand schedule)이란 **일정한 기간 동안 여러 가지 대체적인 가격에서 잠재고객들이 구매하려는 상품의 양을 나타낸 것**으로서, 그림으로 나타내면 수요곡선(demand curve), 즉 가격반응함수가 된다.

　　상품의 수요 스케줄을 작성하기 위해서는 대체로 잠재고객들에게 여러 가지 가격을 제시하면서 그들의 구매의향을 평가하는 접근방법을 이용하는데, 이러한 작업에 앞서서 마케터는 조사대상자인 **잠재고객들에게 상품특성을 충분히 이해시켜야 할 뿐 아니라 경쟁여건에 관한 가정**도 전제해야 한다.

　　또한 잠재고객들이 동일한 가격수준에서도 마케터와 경쟁자 사이에서 선택을 하며, 마케터의 가격결정에 반응하여 경쟁자가 가격을 변경할 수 있음에 유의해야 한다.

제시가격	수요량
60원	70,000개
80원	60,000개
100원	50,000개
150원	20,000개

표 11-7

수요 스케줄

2.2 손익분기점 분석

　　손익분기점(BEP, break-even point)이란 그림 11-4에서와 같이 **일정한 가격을 전제로 할 때 총수익이 총원가와 같게 되는 수익**을 의미하므로 그 이상의 수익에서는 이익이 실현되며 그 이하의 수익에서는 손실이 발생하는데, 다음과 같이 계산된다.

손익분기점

일정한 가격을 전제로 할 때 총수익이 총원가와 같게 되는 수익

$$손익분기점(단위) = \frac{총고정원가}{공헌이익}$$

　　여기서 공헌이익(contribution to profit)이란 **가격 중 변동원가를 차감하고도 우선적으로 고정원가를 보상하거나 그 다음으로 순이익에 공헌하는 부분으로서 '가격 – 단위당 변동원가'로 계산**된다. 손익분기점을 금액으로 나타내기 위해서는 양변에 가격을 곱하면 된다.

공헌이익

판매시 고정원가를 보상하거나 순이익에 공헌하는 부분으로서 '가격 – 단위당 변동원가'로 계산

$$손익분기점(금액) = \frac{총고정원가}{공헌이익률} = \frac{총고정원가}{(가격 – 변동원가)/가격}$$

　　예를 들어, 단위당 변동원가가 30원, 총고정원가가 250만 원, 판매가격이 단위당 80원이라면 손익분기점은 50,000개 또는 4,000,000원이 된다.

그림 11-4

손익분기점

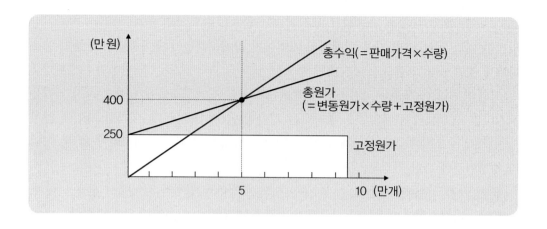

$$손익분기점(단위)= \frac{FC}{P-V} = \frac{2,500,000}{80-30}$$

따라서 마케터가 50,000개보다 많이 판매하거나 4,000,000원보다 많은 매출액을 달성한다면 순이익을 산출할 것이지만, 그렇지 못한 경우에는 순손실이 발생할 것이다.

물론 여기서 60원, 80원, 100원, 150원 등 여러 가지 판매가격에 대한 손익분기점을 계산할 수도 있다. 즉 〈표 11-8〉에서와 같이 판매가격이 60원일 경우엔 83,334개, 80원인 경우엔 50,000개, 100원인 경우엔 35,715개, 150원일 경우엔 20,834개 등의 손익분기점을 보임으로써 상이한 판매가격은 상이한 손익분기점을 도출하는데 **공헌이익이 클수록 손익분기점은 낮아진다.**

표 11-8

판매가격에 따른 손익분기점의 변화

판매가격	손익분기점(판매량)
60원	83,334개
80원	50,000개
100원	35,715개
150원	20,834개

한편 구체적인 목표이익을 달성하기 위해 몇 단위를 판매해야 하는지를 계산하려면 손익분기점을 구하는 공식 중 목표이익을 총고정원가에 합산하는 것만으로 충분하다.

$$손익분기점(단위)= \frac{총고정원가+목표이익}{공헌이익}$$

예를 들어, 고정원가가 250만 원, 판매가격이 80원, 변동원가가 30원일 때 150만 원의 목표이익을 실현하기 위해서는 80,000개를 판매해야 한다.

$$손익분기점(금액) = \frac{2,500,000 + 1,500,000}{80 - 30} = 80,000$$

2.3 수요 스케줄과 손익분기점의 결합

손익분기점은 손실도 이익도 산출하지 않고 총수익이 총원가와 같아지기 위해 달성해야 하는 판매량을 나타낼 뿐이며, 실제로 시장에서 상품이 얼마나 판매될 것인지의 여부는 알려주지 않는다. 일정한 가격에서 상품이 실제로 판매될 수 있는 양은 이미 설명한 수요 스케줄을 작성함으로써 파악될 수 있는데, 마케터는 여러 가지 가격에 대해 실제로 판매할 수 있는 수요량을 추정해야 한다.

즉 기준가격을 결정하기 위한 수요지향적인 접근방법은 일정한 가격으로 판매할 수 있는 양을 손익분기점과 비교하는데, 전자가 손익분기점을 초과하면 이익이 나타나며 손익분기점에 미달하면 손실이 나타난다. 아무튼 가격을 결정하는 데 있어서 마케터는 손익분기점에 못 미치는 실제수요에 관련된 가격을 배제해야 할 것이다.

예를 들어, 마케터가 단위당 판매가격을 60원, 80원, 100원, 150원으로 고려한다고 가정하여 〈표 11-7〉의 수요 스케줄과 〈표 11-8〉의 손익분기점을 비교하면 〈표 11-9〉와 같다. 우선 60원과 150원에 대해서는 실제수요가 손익분기점에 미달하므로 더 이상 고려하지 않기로 하고, 나머지 가격들에 대하여 이익을 계산하면 판매가격 80원에 대해서는 50만원의 이익이 나타나고 판매가격 100원에 대해서는 100만 원의 이익이 나타난다. 이때 마케터는 다른 제약이 없는 한 이익을 극대화시켜 주는 100원의 가격을 선택할 것이며, 물론 예시에서와 같이 네 가지보다 훨씬 다양한 가격대안을 고려할 수도 있다.

판매가격	수요량	손익분기점(판매량)	총수익	총원가	손이익
60원	70,000개	83,334개	—	—	—
80원	60,000개	50,000개	480만 원	430만 원	50만 원
100원	50,000개	35,715개	500만 원	400만 원	100만 원
150원	20,000개	20,834개	—	—	—

표 11-9

수요 스케줄을 근거로 한 가격결정

3. 경쟁지향적인 접근방법

상품에 대한 시장수요와 상품원가는 각각 가격의 상한선과 하한선을 제시해주지만 경쟁자의 가격과 그들로부터 예상되는 가격반응은 구체적인 가격결정에 영향을 미친다. 따라서 마케터는 경쟁상품의 가격과 품질에 대한 고객들의 지각을 분석함으로써 가격을 결정할 때 경쟁의 영향을 명백하게 고려해야 한다. 즉 마케터의 상품이 주요 경쟁자의 것과 유사하다고 지각된다면 역시 유사한 가격을 구사하지만, 열등하거나 우수하다면 다소 낮거나 높은 가격을 구사해야 할 것이다. 그러나 경쟁자들이 마케터의 가격에 대한 반응으로서 그들의 가격을 변경시킬 수 있음에 유의해야 한다.

경쟁자의 가격수준을 고려하여 기준가격을 결정하는 여건은 대체로 네 가지로 구분할 수 있다.

3.1 경쟁자 모방가격

마케터는 가격을 결정하기 위해 특별히 노력하기보다는 경쟁자가 현재 구사하고 있는 가격을 그대로 모방하거나 그것의 90% 또는 115% 등으로 결정할 수 있는데, 이러한 경쟁자 모방가격(going-rate pricing)은 대단히 경쟁적인 시장(독점적 경쟁)에서 비교적 덜 차별화된 상품을 마케팅할 때 보편적이다.

예를 들어, 농수산물이나 섬유원단, 잘 알려져 있고 거의 표준화된 생활용품 등의 생산자들은 대체로 경쟁자의 가격을 모방한다.

3.2 관습가격

▲ 오리온 초코파이 낱개(37g)의 가격은 1974년 50원, 1976년 100원, 1996년 150원, 1998년 200원으로 다양한 원재료비의 상승에도 불구하고 30여 년 동안 관습가격을 지켜왔다.

껌이나 우유, 청량음료, 자장면 등의 편의품에 대해서는 **오랫동안 마케터와 고객 사이에서 공정하다고 인정되어 온 가격이 관습적으로 형성되**어 있는데 이러한 가격을 관습가격(customary price) 또는 전통가격(traditional price)이라고 한다.

이러한 관습 가격은 마케터와 고객 사이뿐 아니라 경쟁자들 사이에서도 매우 오랫동안 지켜져 왔기 때문에 가격변화에 대해 고객들의 반응이 매우 민감하므로, 원가상승의 요인이 있을지라도 마케터는 가격을 인상하기보다는 오히려 상품의 크기나 품질을 저하시켜 관습가격을 유지하려고 노력한다.

과점가격
산업의 전체 매출액을 수개의 기업이 분할하여 점유하고 있는 시장구조(과점)에서 기업이 구사하는 가격

3.3 과점가격

단일 품목의 매출액이 500억 원을 초과하면서 한 기업의 시장점유율이 50%를 넘거나 상위 3개사의 시장점유율 합계가 75%를 넘을 때 시장지배적 사업자로 간주되는데,

이와 같이 **산업의 전체 매출액을 수개의 기업이 분할하여 점유하고 있는 시장구조**를 과점이라고 한다. 즉 가전 3사라든가 승용차 3사 또는 제과 3사 등의 지칭은 모두 과점의 시장구조를 암시하는 것이다.

이러한 과점상태에서 한 기업이 가격을 경쟁자보다 높게 구사한다면 경쟁자들은 현재 가격을 그대로 유지함으로써 자신의 시장점유율을 증대시키려고 하기 때문에 손실을 입게 될 것이다.

이에 반해 한 가격을 경쟁자보다 낮게 구사한다면 경쟁자들은 자신의 시장점유율을 방어하기 위해 가격인하를 따를 것인데, 어느 기업도 시장점유율을 증대시키지 못하면서 단지 가격인하에 따른 수익감소의 불이익을 받게 된다. 따라서 과점상태에서는 — **관습가격이 존재하는 경우와 매우 유사**하게 — 경쟁자들과 함께 이미 구사하고 있는 가격을 유지하는 경향이 있는데, 간혹 가격담합을 통해 이익을 확대하는 사례가 있으나 정부는 자진신고자 감면제(leniency program)를 실시하여 불법적인 담합을 제재하고 있다.

▲ 불법적 가격담합으로 과점가격을 보였던 라면시장을 보여준다. 2001년 기준으로, 농심-신라면, 삼양-삼양라면, 한국야쿠르트-왕라면, 오뚜기-진라면이 차례로 480원의 가격을 책정하였다고 한다.

3.4 경쟁입찰가격

산업고객이나 정부기관에 대한 판매는 경쟁입찰로서 가격을 결정하는 경향이 있는데, 경쟁입찰가격(competitive bidding price)을 결정하는 데에는 원가와 경쟁자의 행동이 중요한 고려사항이다. 따라서 경쟁입찰가격을 결정하기 위해서는 〈표 11-10〉과 같이 계산되는 기대순이익(ENP, expected net profit)의 개념을 적용해야 한다.

예를 들어, 원가가 2,000만 원으로 추정되는 계약에 대해 2,500만 원에 응찰할 때 낙찰받을 확률 P1은 60%이고, 3,000만 원에 응찰할 때 낙찰받을 확률 P2가 50%라고 한다면 마케터는 결국 기대순이익을 극대화하기 위해 3,000만 원에 입찰할 것이다.

이러한 개념을 적용하는 데 있어서 가장 어려운 문제는 **특정한 금액의 응찰에서 낙찰받을 확률을 추정**하는 것인데, 완전하지는 않더라도 과거경험과 구매자의 정책 등을 활용하여 추정할 수 있다.

기대순이익(ENP) = P × (입찰가격 − 원가)

여기서, P = 낙찰받을 확률
응찰대안 1: ENP = 0.6×(2,500만 원−2,000만 원) = 300만 원
응찰대안 2: ENP = 0.5×(3,000만 원−2,000만 원) = 500만 원

표 11-10

입찰가격 결정에 있어서 기대순이익

기준가격의 조정과 가격변경

기준가격의 조정과 가격변경

　기준가격이란 마케터가 상품의 시장가격을 결정하기 위한 근거로서나 활용될 뿐이며, 그러한 가격을 소비자들에게 그대로 요구하는 경우는 드물다. 즉 마케터는 가격결정목표, 지역별 수요 및 원가의 차이, 세분시장 사이의 수요특성 차이, 구매시기의 차이 등을 고려하여 기준가격을 조정함으로써 자신의 마케팅 믹스에 있어서 가격구조(price structure)를 구축해야 한다.

　또한 마케터는 마케팅 환경요인들이 변함에 따라서 능동적으로 기존의 가격을 변경하거나 경쟁자의 가격변경에 대해 적절하게 대응해야 하는데, 본장에서는 이와 같은 가격결정의 동적인 측면을 검토한다.

　우선 신상품의 가격정책을 살펴보고 보편적으로 활용되고 있는 할인과 공제정책, 지역적 가격정책, 심리적 가격정책 등을 설명하고 경쟁자를 포함하여 환경변화에 따른 가격변경 방안을 살펴본다.

1 절　기준가격의 조정

마케터가 일단 기준가격을 결정하고 나서 여러 가지 필요에 따라 기준가격을 조정하게 되는데, 기준가격을 조정하여 시장가격을 결정하기 위한 가격정책(pricing policy)에는 다음과 같은 것들이 대표적이다.

1. 신상품의 가격결정

신상품의 가격을 결정하기 위해 마케터는 시장의 성격과 소비자 반응특성을 심각하게 고려해야 한다. 예를 들어, 이미 시장에서 판매되고 있는 기존상품과 유사한 신상품이라면 대체로 그러한 시장가격을 받아들이지만, 완전히 새로운 신상품이라면 상층흡수 가격정책과 시장침투 가격정책이라는 두 가지 신상품 가격정책(new product pricing policies)을 고려할 수 있다.

물론 이들 사이의 선택은 상품이 궁극적으로 시장에서 수용될지의 여부와 시장에서 당면하게 될 경쟁에 영향을 미치기 때문에 신상품의 가격결정은 마케터에게 매우 중요하다.

1.1 상층흡수 가격정책

상층흡수 가격정책(skimming pricing policy)이란 신상품에 대해 대규모 촉진활동을 수행하면서 기준가격보다 비교적 높은 초기가격을 구사하는 정책(초기고가정책)으로서 시장에 경쟁자가 나타나기 전에 **신상품 개발비와 초기 촉진비용을 빨리 회수**하고자 하는 것인데, 소비 마케팅에서 보편적이지만 산업 마케팅에서도 널리 채택되고 있다.

예를 들어, 전자레인지나 오피스 마스터(삼성전자의 최초 A4용지 팩스기)가 그러하였는데, 제2차 세계대전 직후의 볼펜가격은 20달러나 하였으며, TV세트, 폴라로이드 카메라, 셀로판 등이 초기고가정책으로 시장에 도입되었다.

물론 상품수명주기 상의 성장후기나 성숙기에 이르면 경쟁자들의 압력과 시장확대의 필요성으로 인해 가격을 인하하게 되지만, 가격인하는 소비자들의 호응을 받기 때문에 한번 형성된 상표충성도를 그대로 유지하면서도 매출액을 증대시킬 수 있다.

이러한 상층흡수 가격정책은 추후의 가격인하가 가격인상보다는 용이하면서도 시

상층흡수 가격정책
신상품 개발비와 초기 촉진비용을 빨리 회수하고자 신상품의 도입기에서 구사하는 초기고가정책

장수요를 증대시킬 수 있으며, 상품개발이나 소비자 교육에 소요된 비용을 빨리 회수한다는 장점을 갖지만, 다른 한편으로 커다란 마진으로 인해 경쟁자의 신규 시장참여를 자극한다는 단점을 갖는다. 따라서 상층흡수 가격정책이 적합한 대표적인 상황은 다음과 같다.

① 신상품의 품질과 이미지가 높은 가격을 정당화하는 경우
② 높은 가격에 대해 수요가 비탄력적인 경우
③ 상품이 법적으로 보호되든가 또는 기타의 이유로 경쟁자의 시장참여가 어려운 경우
④ 자원의 부족이나 생산기술 상의 어려움으로 인해 대량생산이 곤란한 경우 등

1.2 시장침투 가격정책

시장침투 가격정책(penetration pricing policy)은 저렴한 초기가격으로 상품수용도를 높이고, 대량생산과 경험효과에 의한 생산원가의 하락으로 충분한 마진을 확보하든지 더욱 저가격을 구사하여 **초기에 시장점유율을 선점**할 수 있게 한다.

그러나 간혹 초기의 저가격을 나중에 기준가격 수준 이상으로 인상하려는 경우도 있는데, 이를 위해서는 상표충성을 사전에 확립해야 한다. 또한 대량생산과 대량마케팅의 단계별 매출액 목표를 제대로 달성하지 못하면 큰 손실이 발생할 수도 있으므로 상층흡수 가격정책보다 신중히 적용해야 한다. 따라서 시장침투 가격정책이 적합한 대표적인 상황은 다음과 같다.

① 시장수요가 대단히 탄력적이어서 저렴한 가격이 막대한 수요증대를 수반하는 경우
② 대량생산을 통해 단위당 생산원가가 현저히 낮아질 수 있는 경우
③ 저가격이 경쟁사의 시장참여를 효과적으로 저지해 줄 수 있는 경우

한편 시장침투 가격정책과 관련하여 경쟁제거 가격정책(extinction pricing policy)은 경쟁자들을 시장에서 축출하기 위해 매우 단기적으로 원가(간혹 변동원가) 이하의 가격을 구사하는 정책인데, 물론 한계경쟁자들을 시장에서 축출한 후에는 정상적인 가격을 구사한다.

		가격		
		고가격	중가격	저가격
품질	고품질	고품질 가격정책	초과가치정책	시혜가격정책
	중품질	초과가격정책	평균가격정책	가치상위정책
	저품질	착취가격정책	가격상위정책	경제성 가격정책

표 12-1

상대적 품질-가격에 의한 경쟁적 포지셔닝

1.3 경쟁적 포지셔닝에 의한 가격정책

신상품이 완전히 새로운 것이 아니라 이미 시장에서 마케팅되고 있는 기존상품과 유사하다면 ─ 가격을 결정하는 데 있어서 단순히 기준가격만을 고려하여 상층흡수 가격정책과 시장침투 가격정책 중에서 선택하기 보다는 ─ **경쟁상품의 품질과 가격을 동시에 고려하여 상대적인 포지션을 선택**하는 측면에서 가격을 결정해야 한다.

즉 품질과 가격을 근거로 한 경쟁적 포지셔닝의 대안은 〈표 12-1〉과 같은데 예를 들어, 경쟁자와 유사한 품질로서 높은 가격을 구사하는 일은 초과가격정책이라고 부른다.

2. 할인과 공제

할인과 공제(discounts and allowances)는 모두 고객들이 기준가격보다 적은 금액을 지불한다는 점에서는 동일하지만, 할인은 고객들에게 요구하는 시장가격 자체를 낮추는 정책인데 반해 공제는 시장가격을 그대로 유지하면서 단지 **일정한 조건 하에서 대금의 일부를 감면해주는 정책**이다.

2.1 할 인

마케터가 보편적으로 구사하는 할인은 현금할인 · 수량할인 · 기능할인 · 계절할인 · 선일자현금할인 등 다섯 가지가 있다.

(1) 현금할인

현금할인(cash discounts)은 가장 보편적으로 이용되는 할인의 형태로 **외상으로 결제한 상품대금을 일정한 기간 이내에 지불할 때 가격을 할인**해주는 것이다. 예를 들어, 그림 12-1과 같이 5월 15일자로 발행된 송품장에 대해 2/10, n/30이라는 현금할인조항을 적용한다면, 송품장 일자(5월 15일)로 부터 10일 이내(5월 25일 이내)에 대금을 지불하면 2%의 할인을 받게 되며, 그렇지 않으면 송품장의 액면가액을 30일 이내(6월 15일까지)에

현금할인

외상으로 결제한 상품대금을 일정한 기간 이내에 지불할 때 제공하는 할인

그림 12-1

현금할인 조항의 구성요소

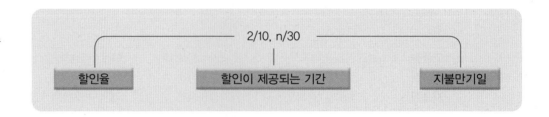

지불해야 한다는 의미이다.

또한 현금할인이 적용되는 대금은 정상가격으로부터 다음에 설명할 기능할인과 수량할인을 먼저 적용한 금액이다. 이러한 현금할인은 대금지불을 촉진함으로써 자금의 유동성을 개선해주고, 대금회수비용과 대손(bad debt)을 줄여준다는 점에서 정당화될 수 있다.

(2) 수량할인

수량할인

한 번에 대량으로 구매하는 고객이나 과거의 거래실적이 많은 고객에게 제공하는 할인

수량할인(quantity discounts)이란 **한 번에 대량으로 구매하는 고객이나 과거의 거래실적이 많은 고객에게 제공하는 할인**으로서 한번에 많이 구매하는 고객을 대상으로 하거나 일정한 기간 동안 거래액이 많은 고객을 대상으로 제공된다.

① 비누적 수량할인(noncumulative quantity discount): 비누적 수량할인이란 〈표 12-2〉의 (a)에서와 같이 개별주문의 크기에 따라 제공되는 수량할인인데, 대량구매가 상품의 판매나 주문처리, 수송, 보관 등 물적 유통에 관련된 비용을 줄여줄 수 있다는 점에서 정당화된다.

② 누적 수량할인(cumulative quantity discount): 누적 수량할인이란 〈표 12-2〉의 (b)에서와 같이 **과거의 일정한 기간 동안 전체 구매실적에 따라 제공되는 수량할인**인데, 고객의 애고동기를 개발하여 지속적으로 거래하도록 격려하므로 간혹 애고할인(patronage discount)이라고도 한다.

표 12-2

비누적 수량할인과 누적 수량할인

(a) 비누적 수량할인		(b) 누적 수량 할인	
1회 구매량	적용기간	과거 구매실적	적용할인율
1~10	기준가격	100만원 미만	1%
10~20	(기준가격-10%)	100만원~500만 원	3%
20~50	(기준가격-20%)	500만원~1,000만 원	5%
50 이상	(기준가격-25%)	1,000만 원 이상	10%

기능할인

생산자가 수행해야 하는 기능중 일부를 중간상인이 대신 떠맡아주는 데에 대해 제공하는 할인

(3) 기능할인

기능할인(functional discounts)은 마케팅을 위해 생산자가 수행해야 하는 기능 중 일

부를 중간상인이 대신 떠맡아주는 데에 대해 제공하는 할인으로서 영업할인(trade discounts)이라고도 한다.

예를 들어, 생산자가 50,000원의 소비자 가격과 45%와 8%의 기능할인을 규정한다면, 소매상은 그들이 수행하는 마케팅 기능에 대한 보상으로서 27,500원 (50,000−50,000×45%)에 구매하며, 도매상은 25,300원(27,500−27,500×8%)에 구매할 수 있음을 의미한다.

(4) 계절할인

계절할인(seasonal discounts)이란 에어콘이라든지 수영복과 같이 계절성이 뚜렷한 상품의 생산자가 **비수기에 구매하는 고객들에게 제공하는 할인**인데, 생산자로 하여금 생산설비나 인적 자원을 연중 지속적으로 활용할 수 있도록 허용할 뿐 아니라 여러 가지 재고비용(재고투자, 보관비와 보험료, 상품의 도난과 감실, 유행의 변화)과 위험을 줄여준다는 점에서 정당화된다.

계절할인
계절성이 뚜렷한 상품에서 비수기에 구매하는 고객들에게 제공하는 할인

(5) 선일자 현금할인

선일자 현금할인(forward dating cash discount)이란 **계절할인과 현금할인을 결합한 형태**이다. 예를 들어, 겨울옷의 생산자들은 여름철에도 주문을 받고 상품을 인도하지만, 송품장의 일자를 겨울옷의 성수기인 12월 1일로 하고 그 날로부터 현금할인 조항(예컨대, 2/10, n/30)을 적용한다.

선일자 현금할인
계절할인과 현금할인을 결합한 형태

2.2 공 제

마케터는 또한 대금의 일부를 감면해주는 형식으로 중고 교환공제·촉진공제·경로조성금·리베이트 등의 공제(에누리)를 제공할 수 있다.

(1) 중고 교환공제(보상판매)

중고 교환공제(trade-in allowances)란 흔히 컴퓨터나 가전상품 등 내구재의 교환판매에 있어서 소비자가 사용하던 중고품(통상 구매하려는 상품과 같은 범주)의 평가액을 대금에서 감면해주는 공제이다. 예를 들어, 새로운 컴퓨터를 구매하려는 소비자에게 그가 사용하던 컴퓨터의 평가액을 대금에서 공제하여 판매할 수 있다.

▲ 중고 교환공제(보상판매)

(2) 촉진공제

촉진공제(promotional allowances)란 중간상인들이 **생산자의 촉진활동을 지원하도록 유**

촉진공제
생산자의 촉진활동을 지원하도록 유도하기 위해 제공하는 공제

도하기 위해 제공하는 공제인데 예를 들어, 소매상이 실시하는 상품광고비의 일부를 상품대금에서 감면해주거나 진열용으로 사용하는 상품(Demo用의 상품)의 대금을 감면해주는 방법이다.

(3) 경로조성금

경로조성금(PM, push money/prize money, spiffs)이란 촉진공제와 유사한 성격을 갖는데, **자신의 상품을 특별히 진열해주거나 촉진해줄 것을 요구하면서 대금의 일부를 감면해주는 공제이다.** 이러한 경로조성금은 상품이 새롭거나 회전율이 낮아서 중간상인의 적극적인 촉진지원이 상품판매에 필수적인 여건에서 자주 이용된다.

(4) 리베이트

리베이트(rebate 할려금)란 대금의 일부를 되돌려주는 관행이나 그 금액을 말하는데, **구매 대금의 일정한 비율을 공제해 주거나 또는 거래가 끝난 후 특별 사례금의 형태로** 되돌려주는 방식(소급상환제)이다. 최근에는 건설공사나 제약업계의 리베이트가 뇌물의 수준(kickback)으로 과도하여 많은 비난을 받고 있으며 과도한 리베이트는 '부당고객유인행위'로 금지되어 있다.

3. 지역적 가격정책

상품의 유통에서 수송비가 점차 증가함에 따라 마케터는 시장의 지역적 위치, 생산시설의 입지, 지역시장별 경쟁상황 등을 고려하여 수송비를 효과적으로 다루기 위한 여러 가지 지역적 가격정책(geographic pricing policies)을 구사하고 있다.

3.1 생산지점 가격정책

생산지점 가격정책(FOB-origin pricing policy)이란 **수송비를 전혀 포함하지 않은 공장인도가격을 구사하는 정책이다.** 즉 마케터는 단지 고객이 선택한 수송수단에 선적하는 비용만을 부담하며 일단 선적이 완료되면 상품의 법적 소유권과 수송비와 보험료 등 모든 책임이 고객에게 넘어간다(FOB는 free on board의 약자).

일반적으로 이러한 가격정책은 모든 고객에게 공정한 것으로 간주되지만, 실제로는 거리에 따라 각 고객의 구입원가(상품가격＋수송비＋보험료 등)가 달라지며 가까운 생산자로부터 구매하도록 유도하므로 생산자에게 지역적 독점을 허용한다.

3.2 균일가격 인도정책

균일가격 인도정책(uniform-delivered pricing policy)이란 생산지점 가격정책과는 반대로 **생산자가 직접 수송업무를 관장할 것을 전제로 하여 각 고객들이 부담할 수송비를 평균하여 거리에 관계없이 상품가격에 포함시키고 직접 상품을 배달해주는 정책**이다 (postage stamp pricing).

따라서 생산자와의 거리에 상관없이 모든 고객의 구입원가가 동일하게 될 것인데, 생산자와 가까운 거리에 있는 고객은 생산지점 가격정책의 경우보다 오히려 추가적인 운송비(가공운송비 phantom freight)를 부담하는 셈이 된다.

중간상인에 대해서 이러한 균일가격 인도정책을 적용하는 일은 전국적으로 동일한 소비자 가격을 유지할 필요가 있거나 수송비가 전체 상품가격에서 차지하는 비중이 적거나, 무료배달 서비스가 원거리의 시장에서 경쟁우위를 확보하는 데 기여할 때 바람직하다.

균일가격 인도정책

생산자가 직접 수송업무를 관장할 것을 전제로 하여 각 고객들이 부담할 수송비를 평균하여 거리에 관계없이 상품가격에 포함시키고 직접 상품을 배달해주는 정책

3.3 지역별 균일가격 인도정책

지역별 균일가격 인도정책(zone pricing policy)은 **전체시장을 생산자로부터 유사한 거리의 범위로 여러 개의 지역시장으로 나눈후, 각 지역시장마다 균일가격 인도정책을 적용하는 정책**이다(parcel pricing).

지역별 균일가격 인도정책은 균일가격 인도정책의 가공운송비를 둘러싼 근거리 고객의 불만을 다소 해결해주지만, 여전히 동일한 지역시장 내에서는 근거리의 고객이 약간의 가공운송비를 부담하게 된다.

3.4 수송비흡수 가격정책

수송비흡수 가격정책(freight-absorption pricing policy)이란 **생산자가 실제 수송비의 전부 또는 일부를 부담하는 정책**으로서, 자신과 멀리 떨어져 있는 경쟁자에게 생산지점 가격정책이 허용하는 지역적 독점을 파괴하기 위한 것이다.

따라서 수송비흡수 가격정책에서는 고객에게 가장 가까운 경쟁자로부터의 수송비만을 가격에 반영하며, 실제 수송비의 나머지는 생산자가 부담하게 되는데 대체로 단위당 고정원가가 크고 변동원가가 작을 때 고정원가를 회수하기 위한 방안으로 이용된다.

수송비흡수 가격정책

생산자가 실제 수송비의 전부 또는 일부를 부담하는 정책

4. 심리적 가격정책

심리적 가격정책(psychological pricing policies)이란 **특정한 가격이나 가격범위가 다른 가격(범위)에 비해 고객들에게 심리적 소구력을 많이 갖는다**는 관념을 근거로 한다. 그러나 실증적 연구들에서는 상반되는 결론이 얻어지기도 하므로 유의해야 한다.

4.1 명성가격정책

명성가격정책
고급품질의 이미지를 유지하기 위해 비교적 높은 가격을 구사하는 정책

명성가격정책(prestige pricing policy)이란 **고급품질의 이미지를 유지하기 위해 비교적 높은 가격을 구사하는 정책**이다. 즉 잠재고객들이 화장품, 의약품, 고급 OO 등(위풍재 prestige goods)의 경우와 같이 상품가격을 품질의 지표로 사용한다면 낮은 가격에서보다 오히려 높은 가격에서 수요가 많을 것이며, 그러한 현상은 그림 11-1 (b)에서와 같이 뒤로 굽는 수요곡선(backward bending demand curve)을 보일 것이다.

4.2 단수가격정책

▲ 단수가격정책

단수가격정책(odd pricing policy)이란 **경제성의 가격 이미지를 제공하여 구매를 자극하기 위해 단수**(우수리가 있는 숫자)**의 가격을 구사하는 정책**이다. 예를 들어, 30만 원에 비해 단수가격인 29만 9천 원은 첫 자릿수가 낮기 때문에 훨씬 싸다고 지각됨으로써 소구력을 가질 수 있다(left digit effect).

4.3 개수가격정책

개수가격정책
고급품질의 가격 이미지를 제공하여 구매를 자극하기 위해 개수(우수리가 없는 숫자)의 가격을 구사하는 정책

개수가격정책(even pricing policy)이란 **고급품질의 가격 이미지를 제공하여 구매를 자극하기 위해 개수**(우수리가 없는 숫자)**의 가격을 구사하는 정책**이다. 예를 들어, 향수 한 병에 20만 원, 시계 하나에 40만 원, 밍크코트 한 벌에 300만 원의 예와 같이 개괄적인 수치의 가격은 고급품질을 암시한다. 따라서 기준가격이 99만 9,500원이거나 100만 1,500원일 때 개수가격인 100만 원을 시장가격으로 결정한다. 단지, 개수와 단수는 상대적 개념이므로 99만 원은 단수이고 45만 원은 개수로 지각될 수도 있다.

5. 촉진가격정책

촉진가격정책(promotional pricing policies)이란 점포의 내점객을 증대시키거나 잠재고객들의 구매를 자극하기 위해 한시적으로 저가격을 구사하는 정책이다.

5.1 고객유인 가격정책

고객유인 가격정책(leader pricing policy)이란 중간상인이 **고객의 내점을 유도하기 위해 일부 품목의 가격을 한시적으로 인하**(필요하다면 원가 이하의 가격으로)**하는 정책**인데, 이러한 가격정책에 의해 가격이 인하되는 품목을 미끼상품 또는 고객유도용 손실품(loss leader)이라고 부른다. 간혹 한 가지 안주를 아주 저렴한 가격에 제공하거나 홍합탕 '무한리필'의 경우도 결국 이와 같은 고객유인 가격정책인데 주류의 판매를 통해서 전체 매출액이나 이윤의 증대를 목표로 하고 있다.

▲ 고객유인 가격정책

고객유인 가격정책의 기본적인 원리는 전국적으로 잘 알려져 있고 자주 구매되는 품목을 저가격으로 구매하기 위해 점포를 방문한 고객이 정상적인 가격의 다른 품목들도 함께 구매하므로 전체적으로 매출액과 이익을 향상시킨다는 것이다.

5.2 특별염가정책

특별염가정책(cents-off pricing policy)이란 특정한 상표의 매출액을 증대시키기 위해 중간상인보다는 생산자가 일시적으로 가격을 인하하는 것인데, 대체로 편의품의 생산자가 널리 구사한다. 특별염가정책의 변형으로는 상품포장에 할인쿠폰을 부착하여 재구매시 일정한 비율을 할인해주는 방법이 있다.

5.3 미끼가격정책

미끼가격정책(bait pricing policy)이란 상품가격을 실제로 인하하는 고객유인 가격정책이나 특별염가정책과는 달리 기만적인 가격정책이다. 즉 미끼가격정책은 일단 허위 또는 오도하는 광고로 소비자를 점포 내로 끌어들인 다음, 정상가격의 비싼 상품을 구매하도록 고압적으로 강요하는 가격정책으로 법적인 제약을 받는다.

6. 특별 가격정책

이상에서 설명한 가격정책 이외에도 마케터는 다음과 같은 특별가격정책(special pricing policies)을 채택하여 기준가격을 조정한다.

6.1 가변가격정책

일반적으로 마케터는 같은 양의 상품을 같은 조건으로 구매하는 모든 고객에게 동일한 가격을 부과하는 단일가격정책(one-price policy)을 취하는데, 그것은 대규모 머천다이징을 용이하게 하므로 생활용품의 소매에 있어서 매우 보편적이다.

그러나 일부 마케터는 고객과의 개별적인 협상을 통해 가격을 결정하는 가변가격정책(variable pricing policy)을 취하기도 하는데, 대체로 산업 마케팅에서 흔히 나타나며 장단점은 〈표 12-3〉과 같다.

표 12-3
가변가격정책의 장단점

	단일가격정책(정찰제)	가변가격정책(흥정)
장점	• 판매자에 대한 고객의 신뢰 • 일관성 있는 마진 • 가격구조의 단순성 • 회계가 용이	• 경쟁에 대응하여 가격혜택 제공 • 미래거래를 위해 호의적 가격제시
단점	• 판매기회의 상실가능성	• 가격경쟁을 초래 • 고가로 구매한 고객의 불만

6.2 단위가격 표시정책

고속도로 휴게소의 호두과자의 포장가격을 보편 2,000원짜리가 310g, 5,000원짜리가 770g인데, 저렴하게 호두과자를 구매하려는 소비자는 매우 혼란스럽다. 단위가격 표시정책(unit pricing policy)이란 고객들이 **상이한 포장규격에 대해 g, cm, ml 등 내용물 표준단위당 가격을 비교할 수 있도록 포장규격의 가격과 함께 표준단위당 가격을 표시하는 정책**으로 국내에서는 이마트가 최초로 도입하여 많은 고객들로부터 환영받고 있다.

이러한 정책은 포장규격의 다양화와 관련된 소비자 단체의 요구와 소비자들의 가격의식화에 대한 반응으로 나타난 것이며 특히 슈퍼마켓의 식료품 분야에서 보편화되고 있다. 이러한 단위가격 표시제에 대해 정부와 소비자 단체는 호의적인 반응을 보이고 있으나, 중간상인들은 다음 같은 이유로 부정적 반응을 보이고 있다.

▲ 단위가격 표시정책

- 품질이 동일하지 않을 경우에는 혼란을 일으킨다.
- 생산자로 하여금 포장과 표찰을 변경하게 하며 비용을 발생시킨다.
- 가격변화시 또는 세일기간중 가격표의 빈번한 변경은 상품을 손상시킨다.
- 가격경쟁을 강화하고 상표충성을 약화시킬 수 있다.

6.3 가격단계정책

소매상은 대체로 다양한 품목들을 취급하고 있는데, 가격단계정책(pricing lining policy)은 **품목별로 개별가격을 구사하지 않고, 전체 품목들을 몇 개의 가격단계**(price line)**로만 구분하여 제시**하는 것이다. 예를 들어, 여성의류의 소매상은 그들이 취급하는 의류를 5만 원, 10만 원, 15만원짜리의 범주로 나누어 판매하면서 그 사이의 가격을 부과하지 않을 수 있다.

더욱이 모든 품목을 동일한 가격에 판매함으로써 단 하나의 가격단계를 가질 수도 있는데, 이를 균일가격정책(single-price policy)이라고 한다.

가격단계정책
품목별로 개별가격을 구사하지 않고, 전체 품목들을 몇 개의 가격단계로만 구분하여 제시하는 정책

▲ 균일가격정책

6.4 재판매가격 유지정책

일부 생산자들은 자신의 상품이 소매되는 가격을 통제하고 판매점들 사이의 가격경쟁을 막기 위해 권장 소비자가격이라는 이름으로 재판매가격을 중간상인에게 제시하고 그것을 근거로 하여 할인과 공제를 적용하고 있는데, 이를 재판매가격 유지정책(resale price maintenance policy)이라고 한다.

그러나 생산자의 이러한 가격정책이 중간상인들 사이의 가격쟁쟁을 제한하고 가격담합의 성격을 갖는다. 따라서 정부는 업체간 경쟁을 촉구하고 가격인하를 유도하기 위해 일부 품목에 대해서 재판매가격 유지정책을 불법행위로 규정하고 오픈 프라이스제를 도입하였다(open price system). 오픈 프라이스제란 소비자가격을 생산자가 정하지 않고 유통업체가 임의로 정하도록 허용하는 제도이다.

6.5 상품계열 가격정책

상품계열 가격정책(product line pricing policy)이란 **하나의 상품계열을 구성하는 품목들 사이의 독특한 관계를 고려하여 상품계열 전체의 매출액이 극대화되도록 품목별 가격을 결정하는 정책**인데, 다음과 같은 사항을 고려해야 한다.

상품계열 가격정책
상품계열내 품목의 보완적 관계를 고려하여 상품계열 전체의 매출액이 극대화되도록 품목별 가격을 결정하는 정책

- **품목 간의 관계**: 하나의 상품계열을 구성하는 품목들은 복사기와 복사지 또는 프린터와 잉크의 경우에서와 같이 보완적 관계(한 품목의 수요가 다른 품목의 수요를 동반)를 갖거나 인삼차와 쌍화차의 경우에서와 같이 대체적 관계(한 품목의 수요가 다른 품목의 수요를 대체)를 보일 수 있다. 물론 한 품목의 수요가 다른 품목의 수요와 관계없는 중립적 관계를 보일 수도 있다.

  여기서 문제가 되는 것은 보완적 관계에 있는 품목들의 가격결정인데, 대체로 복사기나 프린터 등의 기본상품에 대해 저가격을 구사함으로써 고객의 구매를 유도한 후, 복사지나 잉크 등의 종속상품에서 높은 마진을 구사하는 방법이 효과적이다(complementary pricing, captive pricing). 또한 테마파크에 있어서도 입장료, 시설이용료, 음식요금 등에 대해 이와 유사한 가격정책을 취한다.

- **공동원가**: 공동원가(joint costs)란 **상품계열의 생산이나 마케팅 분야에서 여러 품목에 걸쳐 공유되는 원가**로서 이러한 원가를 각 품목에 배분하는 방법은 가격결정에 많은 영향을 미친다. 예를 들어, 공통적인 공정을 통해 생산되는 등유, 경유, 가솔린, 나프타 등에 대해 공동원가를 어느 품목에 많이 배분할 것인지에 따라 각 상품의 가격이 달라지는데, 아무튼 공동원가의 배분방법은 **전사적 수준의 정책**에 달려 있다.

  예를 들어, 두 가지 품목 A와 B를 생산하면서 발생하는 공동원가를 〈표 12-4〉와 같이 각 품목의 무게(A는 1,000kg, B는 500kg)를 기준으로 하여 배분한다면 품목 B에 있어서 150만 원의 손실이 나타난다. 그러나 마케터에게는 전체 상품계열에서 350만 원의 이익을 내고 있다는 점이 중요하며, 공동원가의 배분방법을 바꿈으로써 품목별 손익은 얼마든지 조종된다.

6.6 내부이전 가격정책(transfer pricing policy)

기업은 규모가 커지고 활동이 다양해짐에 따라 경영관리를 분권화하고 영업활동을 통제하기 위한 장치로서 이익중심점(profit center)의 개념을 도입한다. 이때 이익중심점들은 기업활동에 필요한 자원들을 기업 내의 다른 이익중심점으로부터 조달하거나 다른 이익중심점으로 판매할 수 있는데, 이와 같은 내부적 거래에 적용할 사내가격을 결정하는 일도 다분히 **전사적 수준의 정책**에 관련되는 것이다.

표 12-4

상품계열 내 품목 간의 공동원가 배분

	상품A	상품B	전체
매출액	2,000만	600만	2,600만
매출원가	1,500만	750만	2,250만
총이익	500만	−150만	350만

2 절 가격 변경전략과 대응전략

마케터는 상품의 기준가격을 결정하고 가격정책을 근거로 조정하여 시장가격을 결정한 다음에도 **마케팅 목표를 변경하거나 환경요인들이 변화함에 따라 그러한 시장가격을 변경**할 수 있다. 이때 마케터는 가격변경이 적합한지의 여부와 가격변경에 대한 고객 및 경쟁자의 반응을 고려해야 한다.

또한 경쟁자의 가격변경은 중요한 환경요인의 변화이며 자사의 마케팅 능력과 시장지위에 큰 영향을 미칠 것이므로 마케터는 경쟁자의 가격변경에 대해서도 적절히 대응해야 한다.

1. 시장가격의 변경

1.1 가격변경이 필요한 여건

시장가격의 변경은 가격인하와 가격인상으로 구별되며, 마케터로 하여금 가격인하를 심각하게 고려하도록 촉구하는 여건은 다음과 같다.

- 과잉생산능력을 활용하기 위해 충분한 수요가 여타의 방법으로는 확보되기가 곤란할 때
- 치열한 가격경쟁에 당면하여 시장점유율을 유지하거나 대량생산을 통한 저원가를 실현하여 시장점유율을 증대시키고자 할 때

한편 가격인상은 고객이나 중간상인, 기업 내 판매원들에게 불만을 일으킬 수 있지만, 다음과 같은 여건에서 가격인상은 이익을 개선해줄 수 있다.

- 생산성 향상을 앞지르는 원가의 상승으로 인해 마진이 작아질 때
- 공급능력을 초과하는 과잉수요에 당면할 때

물론 시장가격의 인상은 대단히 부정적인 시장반응을 일으킬 수 있으므로 대체로 할인이나 공제정책을 폐지하든가 상품계열에 고가의 품목을 추가하는 등 은밀한 방법

으로 통해 가격인상이 추진되기도 한다.

1.2 가격변경에 대한 고객의 반응

시장가격을 변경하려는 마케터는 고객의 반응을 충분히 이해해야 한다. 더욱이 고객은 가격변경을 액면 그대로 객관적으로 받아들이기보다는 다분히 주관적으로 해석하는 경향이 있는데, **가격인하에 대한 고객의 지각**은 다음과 같이 나타날 수도 있다.

① 신상품이나 새로운 모델의 출시가 임박하여 재고를 처리한다.
② 상품에 결함이 있기 때문에 기대만큼 잘 판매되지 않는다.
③ 기업의 자금사정이 악화되어 있고 계속적인 부품공급이 불가능할지 모른다.
④ 추가적으로 가격을 더 인하할 것이므로 구매를 연기하자.
⑤ 품질이 이전의 것들만 못하고 나빠졌다.

이에 비해 가격인상은 대체로 구매의도를 저지할 것이지만 간혹 긍정적으로 지각될 수도 있다.

또한 내구재에 있어서 고객들은 단순한 상품가격보다도 그것을 획득하여 사용하고 유지하는 데 소요되는 전체 수명주기비용(life cycle cost)에 더 많은 관심을 보이는 경향이 있다.

1.3 가격변경에 대한 경쟁자의 반응

가격변경을 고려하는 마케터는 그러한 **가격변경에 대해 예상되는 고객들의 반응뿐 아니라 경쟁자들의 반응**도 함께 고려해야 한다. 특히 가격변경에 대한 경쟁자들의 반응은 전체 생산자의 수가 적고, 상품이 동질적이며, 잠재고객들이 충분한 시장정보를 갖고 있는 경우에 더욱 민감하다.

만일 가격변경에 대해 경쟁자들이 틀에 박힌 정형화된 방법으로 대처한다면 그들의 반응을 어느 정도 정확하게 예상할 수 있겠지만, 자신의 이익을 좇아 상이하게 반응한다면 각 경쟁자의 최근 매출액, 생산능력, 자금상태, 고객들의 충성도, 마케팅 목표 등을 검토하여 경쟁자의 입장을 분석해야 한다. 물론 가격변경에 대한 경쟁자의 해석이 주관적이라는 점은 이러한 문제를 더욱 복잡하게 만들 것이다.

2. 경쟁자의 가격변경에 대한 대응

경쟁자가 시장가격을 변경했을 때 상품이 동질적이라면 대체로 가격인상에는 반드시 동조할 필요가 없지만, 가격인하에는 동조하지 않을 수 없다.

그러나 **상품이 동질적이지 않은 경우에는 다양하게 대응**할 수 있을 것인데 예를 들어, 상품차별화나 포지셔닝을 통해 잠재고객들을 가격 차이에 대해 둔감하게 만들 수 있다. 아무튼 대응전략을 세우기에 앞서서 마케터는 우선 다음과 같은 항목들을 면밀히 검토해야 한다.

- 경쟁자가 가격을 변경한 이유가 시장점유율의 증대, 과잉생산능력의 활용, 원가변화에 대한 대응, 가격주도권의 장악 등 무엇인가?
- 경쟁자의 가격변경이 일시적인가 또는 영구적인가?
- 다른 기업들은 어떻게 대응하고 있는가?
- 내가 취할 수 있는 대응방법들에 대해 고객과 경쟁자 및 다른 기업들은 어떠한 반응을 보일 것인가?
- 해당하는 상품의 수명주기단계나 전체 상품 포트폴리오에서 그것의 역할은 무엇인가?
- 생산규모에 따라 원가가 어떻게 변화하는가?
- 내가 대안으로 검토할 수 있는 새로운 마케팅 기회는 무엇인가?

한편 **시장선도자들이 시장점유율을 잠식하려는 소규모 경쟁자의 가격인하에 대응**하는 일반적인 전략들은 대체로 다음과 같다.

① 가격유지(price maintenance): 경쟁자의 가격인하가 시장점유율을 크게 잠식하지 않을 것으로 판단되거나 가격인하로 대응할 때 이익희생이 크다면 현재의 가격을 그대로 유지한다.

② 가격유지와 비가격반격(price maintenance with non-price counterattack): 가격을 그대로 유지하면서 유통경로와 서비스, 커뮤니케이션 등을 개선하여 마케팅 믹스의 가치를 증대시킨다.

③ 가격인하(price reduction): 대량생산을 통해 원가를 더욱 낮출 수 있거나 경쟁자의 가격인하가 시장점유율을 크게 잠식할 것으로 예상된다면 경쟁자를 따라 가격을 인하한다.

④ 가격인상과 상품반격(price increase with product counterattack): 오히려 가격을 인상하면서 경쟁자를 압도할 수 있도록 상품을 개선하거나 신상품을 도입한다.

마케팅 경로와 마케팅 중간기관

마케팅 경로와 마케팅 중간기관

우리는 이미 마케팅 믹스의 구성요소 중에서 잠재고객이 원하는 바를 충족시키기 위한 '올바른' 상품 의사결정과 상품가치에 대해 공정하다고 지각되는 '올바른' 가격의사결정을 살펴보았다.

그러나 마케터가 잠재고객에게 제공하는 마케팅 믹스의 가치는 그러한 의사결정 이외에도 욕구충족 수단을 잠재고객에게 효과적으로 전달해주는 일(delivery process)에 관련된 의사결정들로부터도 많은 영향을 받는다.

즉 마케터는 잠재고객들의 욕구와 필요를 충족시키기 위한 수단을 그들이 **'바람직하다고 여기는'** 시간과 장소에서 가용하고 접근하기 용이하도록 여러 가지 경로의사결정을 내려야 한다.

상품을 잠재고객에게 전달하는 데에는 어떠한 문제와 활동이 관련되는가? 모든 고객들이 공장의 옆에 거주할 수 없고, 또한 생산의 시점과 소비의 시점도 반드시 일치하지는 않을 것이므로 필연적으로 생산과 소비 사이에는 괴리(gap)가 발생하기 마련이다.

따라서 잠재고객들이 '원하는 바'를 효과적으로 충족시켜 그들에게 만족을 제공하기 위해서는 상품의 설계나 생산에 덧붙여 이러한 **공간적 및 시간적 괴리를 해소하고 교환(거래)이 잘 일어나도록 마케터와 잠재고객을 연결해줄 수 있는 다리(bridge)가 필요**하게 된다.

결국 이러한 다리의 역할을 하는 것이 마케팅 경로인데, 마케팅 경로는 상품을 적절한 장소로 이동시키고 적절한 시기까지 보관할 뿐 아니라 소유권이 원활하게 이전될 수 있도록 도와줌으로써 잠재고객들을 위해 장소효용, 시간효용, 소유효용을 창출한다.

따라서 본장에서는 우선 마케팅 경로의 본질을 검토한 후, 마케팅 중간기관의 형태와 역할, 물적 유통관리의 내용을 살펴본다.

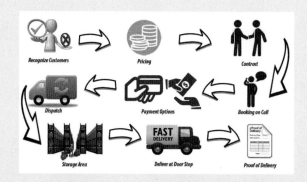

1 절　마케팅 경로의 본질

　마케팅 조직에서 마케팅이 담당하는 역할은 기본적으로 수요를 조절하는 기능(regulating demand)과 그러한 수요를 충족시키는 기능(serving demand)으로 대별되는데, 마케팅 경로는 간혹 수요를 조절하는 기능을 수행하기도 하지만 대체로 수요를 충족시키는 일에 관련된다. 아무튼 그러한 기능들을 수행하는 데에는 마케터와 잠재고객들 사이에 〈표 13-1〉과 같은 여러 가지 마케팅 흐름(marketing flows)이 원활해야 하며 그러한 흐름들이 지나가는 통로를 마케팅 경로라고 한다.

1. 마케팅 경로의 분리

　마케터의 상품이 잠재고객들이 '원하는 바'를 제대로 충족시키고 고객만족을 창출하려면 상품 자체를 물리적으로 고객에게 이전시켜야 할 뿐 아니라 고객이 자신의 욕구를 충족시키기 위해 그러한 상품을 자유롭게 사용하거나 소비할 수 있도록 법적 소유권을 넘겨주어야 한다. 즉 〈표 13-1〉에서 알 수 있듯이 상품의 물리적 흐름과 법적 소유권의 흐름은 마케팅 경로를 통해 이루어지는데, 이러한 두 가지의 흐름이 반드시 동일한 경로를 통해 이루어지거나 동시에 이루어져야 할 필요는 없다.

- **물리적 흐름 :** 원료공급자－수송/보관업자－생산자－수송/보관업자－도소매상－수송업자－고객
- **소유권 흐름 :** 공급자－생산자－도소매상－고객
- **대금의 흐름 :** 공급자－은행－생산자－은행－도소매상－은행－고객
- **정보의 흐름 :** 공급자－수송/보관업자, 은행－생산자－수송/보관업자, 은행－도소매상－고객
- **촉진의 흐름 :** 공급자－광고업자－생산자－광고업－도소매－고객
- **서비스 흐름 :** 공급자－생산자－도소매상－고객

표 13-1

마케팅 경로를 통한 여러 가지 마케팅 흐름들(예시)

　예를 들어, 상품은 물리적으로 이전되지 않으면서도 한 번 이상 소유자가 바뀔 수 있고, 소유자는 그대로 있으면서 상품이 다른 장소로 보내질 수 있는 것이다.

　따라서 대표적인 마케팅 경로는 우선 공간적 및 시간적 괴리를 해소하는 측면에서 상품의 물리적 흐름을 전담하는 물류경로(물적 유통경로 physical distribution channel)와 상품의 가치를 향유할 수 있는 권한인 법적 소유권의 흐름을 전담하는 거래경로(상적 유통경로 trade channel)로 분리된다.

즉 상품을 물리적으로 이전시키기 위한 활동은 소유권의 이전에 직접적으로 관련되는 활동과 다르며, 그 나름대로 독특한 기능적 전문화의 가능성을 보여준다. 따라서 물류경로는 상품의 물리적 이전에 관여하는 독립적인 조직이나 개인들로 구성된 네트워크를 의미하며, 마케팅 목표에 부응하여 장소효용과 시간효용을 창출한다.

이에 반해 거래경로란 거래협상, 계약수행, 거래 후 관리활동 등을 지속적으로 수행함으로써 상품의 소유권을 생산자로부터 고객에게 이전시키는 데 관여하는 독립적인 조직이나 개인들로 구성되는 네트워크로서 소유효용을 창출한다.

물론 대금의 흐름(대금경로)이나 정보의 흐름(정보경로), 촉진의 흐름(촉진경로), 서비스의 흐름(서비스 경로) 등도 별도의 경로로 구분될 수 있으나 대체로 거래경로와 중복되는 경향이 있다. 그리고 일반적으로 **마케팅 경로나 유통경로라는 용어는 소유권의 흐름인 거래경로**를 지칭한다.

마케팅 경로
생산자와 소비자 사이의 공간적 및 시간적 괴리를 해소하고 교환이 잘 일어나도록 마케팅 흐름들이 지나가는 통로

2. 전방경로와 후방경로

일반적으로 마케팅 경로라는 용어는 소유권 등이 생산자로부터 소비자에게 흘러가는 경로를 지칭하는데, 이와 같이 생산자로부터 소비자의 방향으로 연결되는 경로를 전방경로(forward channel)라고 하며 전통적인 경로관리의 대상이 되어 왔다.

그러나 최근 환경보호에 대한 관심이 고조됨에 따라 생태학적 목표를 추구하기 위해 상품을 소비한 후 고형 폐기물이나 부산물, 용기 등을 소비자로부터 다시 생산자에게 돌려보내기 위한 재순환 과정(recycling process)의 설계와 관리가 중요한 마케팅 문제로 등장하고 있다.

이러한 재순환 경로와 같이 소비자로부터 생산자의 방향으로 연결되는 경로를 후방경로(backward channel)라고 하는데, 대체로 전방경로를 따라 반대의 흐름으로 나타나지만 간혹 재생자원의 회수센터 등이 개입되기도 한다. 물론 대금의 흐름도 후방경로의 성격을 보이며 정보는 쌍방향 경로이다.

전방경로
소유권 등이 생산자로부터 소비자에게 흘러가는 경로

후방경로
전방경로와는 반대로, 소비자로부터 생산자의 방향으로 연결되는 경로

2절 마케팅 중간기관의 형태와 중요성

원재료를 가공하여 완제품을 생산할 때 부가되는 가치를 형태효용(form utility)이라고 하며 전통적으로 생산활동에 의해 창출되며 경영관리의 측면에서는 생산관리의 영역으로 간주되어 왔다.

그러나 '무엇을' 생산할 것인지의 결정은 마케팅 의사결정이므로 형태효용은 마케팅으로부터도 많은 영향을 받는다. 더욱이 마케팅 조직이 고객의 욕구와 필요를 충족시키기 위해서는 형태효용 이외에도 여러 가지 효용을 창출해야 하는데, 그러한 과업은 마케팅 중간기관을 활용함으로써 매우 효과적으로 수행될 수 있다.

1. 마케팅 중간기관의 형태와 기능

마케팅 중간기관은 〈표 13-2〉와 같이 중간상인과 조성기관 등 마케팅 경로에 참여하는 경로 참가자(channel participants, 넓게는 생산자를 포함)들로 구성되는데, 이들은 생산자와 소비자 사이의 여러 가지 마케팅 흐름이 원활하도록 지원하는 독립적인 기관들이다.

이중 중간상인(middlemen)이란 상품의 소유권을 최종소비자나 산업사용자와 같은 고객에게 이전시키기 위한 활동을 적극적으로 수행하는 독립기관으로서 스스로 상품에 대한 소유권을 보유하는지의 여부는 관계 없다. 즉 그들은 **마케팅 경로의 1차적 참가자로서 상품의 구매나 판매에 포함되는 '거래협상에서 적극적인 역할을 수행'**한다는 점이 조성기관과 다르다.

마케팅 중간기관의 다른 형태는 조성기관(facilitators)인데, 그들은 **상품에 대해 소유권을 갖지 않을 뿐 아니라 거래협상에도 적극적으로 개입하지 않고 단지 마케팅 흐름이 원활하게 이루어지도록 지원**해주는 2차적 참가자로서 은행이나 보험회사, 수송회사, 창고회사 등이 여기에 속한다.

한편 중간상인은 다시 상인 중간상(merchant middlemen)과 대리중간상(agent middlemen)으로 나눌 수 있다. 즉 상인 중간상이 상품을 스스로 구매하여 소유권을 갖고 자신의 책임 하에서 재판매함으로써 이윤을 획득하는데 비해, 대리 중간상은 마케터를 대리하여 고객을 탐색하고 거래협상을 수행하지만 상품의 소유권을 갖지 않으며 수수료를 받는다. 그러나 일반적으로 중간상이라고 할 때에는 상인 중간상을 의미한다.

결국 상인 중간상이란 우리가 흔히 알고 있는 도매상과 소매상이라는 재판매업자

중간상인
마케팅 경로의 1차적 참가자로서 상품의 구매나 판매에 포함되는 거래협상에서 적극적인 역할을 수행하는 경로참가자

조성기관
상품에 대해 소유권을 갖지 않을 뿐 아니라 거래협상에도 적극적으로 개입하지 않고 단지 마케팅 흐름이 원활하게 이루어지도록 지원하는 기관

표 13-2
마케팅 중간기관의 형태

1차적 참가자 (중간상인)	상인 중간상(도매상, 소매상)
	대리 중간상(중개인, 대리인, 위탁상 등)
2차적 참가자 (조성기관)	금융기관, 보험회사, 수송회사 등

(reseller)들을 지칭하는데, 다음과 같이 마케팅에서 사용되는 용어들은 일반적으로 사용되는 경우와 의미상 차이가 있으므로 유의해야 한다.

① 소매(retailing, retail sale): 소매란 개인적 소비를 위해 상품을 구매하는 가계나 최종소비자에게 상품이나 서비스를 판매하는 활동을 의미한다. 따라서 대부분의 소매는 소매상이 수행하지만, 생산자나 도매상도 소매를 할 수 있다.

② 소매상(retailer, retail store): 소매상이란 총매출액의 50% 이상을 소매활동으로부터 실현하는 상인 중간상이다.

③ 도매(wholesaling, wholesale trade): 도매란 재판매나 사업을 영위하기 위해 상품을 구매하는 산업고객에게 상품이나 서비스를 판매하는 활동을 의미한다. 예를 들어, 다른 생산자에게 자신의 상품을 판매하는 생산자나 부동산 중개사에게 사업용 소모품을 판매하는 소매상도 도매를 하는 것이다. 따라서 도매와 소매의 구분은 거래량의 규모나 가격수준에 따른 것이 아니라 구매자의 구매목적이 개인적 소비(personal use)로서 비사업용인지(소비용품)의 여부에 달려있다. 그러나 협의의 도매는 생산자와 소매상의 경우를 배제하고 주로 도매상에 의한 도매활동만을 의미한다.

④ 도매상(wholesaler, merchant wholesaling): 도매상이란 상품의 소유권을 갖고 도매에 종사하면서 총매출액의 50% 이상을 도매활동으로부터 실현하는 상인 중간상이다. 그러나 도매 중간상(wholesaling middlemen)이란 상품에 대한 소유권의 유무와 관계없이 주로 도매활동을 수행하는 독립적 기관을 의미하므로, 자연생산물의 중개상인이나 생산자 대리인은 상품에 대한 소유권이 없기 때문에 도매상은 아니지만 도매 중간상에 속한다.

한편 마케팅에 있어서 이러한 중간기관들은 생산자와 소비자 사이에서 마케팅 흐름이 원활하도록 다음과 같은 기능들은 수행한다.

① 마케팅 조사(marketing research): 교환을 계획하고 촉진하기 위한 정보를 수집한다.
② 접촉(contact): 고객을 탐색하고 접촉한다.
③ 구색(matching): 고객을 위해 상품들을 구색으로 조합한다.

④ 촉진(promotion): 상품에 관한 설득적 커뮤니케이션을 개발하고 실시한다.

⑤ 협상(negotiation): 교환이 원활하게 일어나도록 거래조건을 협상한다.

⑥ 금융(financing): 생산자나 고객을 위하여 자금을 지원한다.

⑦ 위험부담(risk taking): 생산자나 고객의 위험을 부담한다.

⑧ 물류(physical distribution): 수송과 보관을 담당한다.

2. 마케팅 중간기관의 중요성

마케팅 중간기관은 그들이 수행하는 활동을 통해 마케터와 고객 사이의 교환을 촉진함으로써 전체 경제 시스템의 효율과 개별고객의 만족도를 증대시키므로 사회적으로든 개별고객의 입장에서든 대단히 유용하다.

중간기관이 수행하는 역할의 중요성은 그들이 전혀 존재하지 않는 경우를 생각해보면 쉽게 이해할 수 있는데, 아마도 돈만으로 해결할 수 없는 비효율과 불만족이 상상하기 어려울 정도로 클 것이다.

즉 **중간상인을 제거할지라도 그들의 활동**(기능)**은 제거할 수 없다**(You can eliminate the middlemen, but you cannot eliminate their functions)는 말처럼 생산과 소비 사이에서 공간적 및 시간적 괴리를 해소하고 상품이 고객에게 편리하게 가용하도록 하기 위한 일은 생산자든 고객 스스로든 누군가 떠맡아야 하며, 기왕에 그러한 일을 수행하려면 전문적 기관(마케팅 중간기관)들이 담당하는 편이 훨씬 효율적이며 저렴하다.

중간기관의 필요성은 다음과 같이 교환의 구조적 측면과 교환의 활동적 측면에서 검토할 수 있다.

2.1 교환의 구조적 측면

산업혁명 이전까지 인류의 경제활동은 유랑생활로부터 정착농경생활로 이어져 왔으며, 생산활동도 자신의 욕구를 충족시키기 위한 재화(상품)들을 스스로 생산하는 자급자족의 특징을 보였고 노동분화나 생산전문화가 별로 나타나지 않았다.

그러나 산업혁명을 계기로 전문화 생산(노동의 분화)이 등장하기 시작함에 따라 인간의 욕구를 효율적으로 충족시키기 위해 체계적인 교환 시스템이 등장하였으며, 교환 시스템은 분권화 시장에서 집중화 시장으로 발전하였다.

그림 13-1

분권화 시장과 집중화 시
장의 교환구조

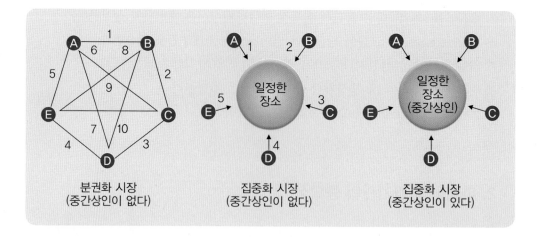

(1) 분권화 시장

분권화 시장

각 생산자가 자신의 다양
한 욕구를 충족시키기 위
해 다른 생산자(가계)들을
직접 방문하여 거래하는
교환구조

분권화 시장(decentralized market)이란 **각 생산자(가계)가 자신의 다양한 욕구를 충족시키기 위해 다른 생산자(가계)들을 직접 방문하여 거래하는 교환구조**를 의미한다.

교환구조는 그림 13-1과 같은 세 가지로 나타날 수 있는데, 예를 들어, 다섯 사람이 서로 다른 사람들이 생산한 재화(상품)를 필요로 한다고 가정하면 분권화 시장에서는 10회의 여행과 10회의 거래가 일어나야 한다.

(2) 집중화 시장

집중화 시장(centralized market)은 분권화 시장에 있어서 교환구조의 비효율성을 개선하기 위해 나타난 것으로 중간상인이 개입하지 않는 경우와 개입하는 경우 두 가지로 나눌 수 있다.

우선 중간상인이 개입하지 않는 경우에는 다섯 사람들이 **일정한 시간(장날)에 한 곳(장터)에서 만나기로 합의함**으로써 집중화 시장이 형성될 수 있는데, 오늘날 '장날'에 형성되는 장터가 이에 해당한다. 이 경우 비록 필요한 거래의 수는 그대로 10회지만 여행의 수는 5회로 감소하여 전체 교환구조 내의 비용을 절감할 수 있다.

특히 집중화 시장에 여러 가지 **상품의 구색과 재고를 확보하고 있는 중간상인이 개입**하게 되면 다섯 사람들은 자신이 필요할 때 중간상인을 방문하여 그와 거래하는 것만으로 충분하기 때문에 필요한 여행의 수가 5회, 거래의 수도 5회로 각각 감소하여 전체 교환구조의 경제적 효율이 더욱 향상된다.

이와 같이 중간상인이 개입하여 교환구조 내의 여행 및 거래의 횟수를 줄여 경제적 효율을 도모하려는 일은 총거래수 최소화의 원칙

▲ 중간상인이 없는 집중화 시장 – 농사를 지어 수확한 작물을 농부가 직접 장날에 장터에 갖고 나와 거래한다.

(principle of minimum transactions)이라고 한다.

(3) 다단계 유통구조

집중화 시장의 교환구조가 발전해 감에 따라 생산자는 생산활동에만 전념하고 상품을 집중화 시장에 공급하는 유통활동은 일부 중간상인에 의해 전문화되어 가는데, 그들은 생산자로부터 상품을 구매하여 집중화 시장에서 활동하고 있는 다른 중간상인(도매)이나 소비자(소매)에게 재판매한다(다단계 유통구조의 등장).

더욱이 집중화 시장 내의 중간상인들은 구매자들에게 편의성을 제공하기 위해 점차로 고객들 가까이 위치하기 시작하였는데, 이러한 입지상의 편의성을 모색하는 중간상인(주로 소매상)이 늘수록 유통구조가 다단계로 심화되어 오늘날에는 많은 수의 중간상인들이 유통경로 내에 존재하게 되었다.

즉 대부분의 생산자들은 자신의 상품을 직접 시장에 가져가지 않고 중간상인에게 의존하게 되었으며, 집중화 시장은 많은 수의 도매상과 소매상으로 대체되었다.

만일 이러한 다단계 유통구조(multistage structure)에 의존하지 않고 직접 고객들에게 판매하면서 입지 상의 편의를 제공하려는 생산자는 전국에 수없이 많은 판매점을 운영하기 위해 막대한 자금압박을 감수해야 할 뿐 아니라 고객들의 다양한 욕구를 충족시키기 위해 다른 생산자들의 상품까지도 함께 취급해야 할 것이다. 이에 비해 중간상인들은 소비자에 대한 경험·근접성·전문화·규모의 경제 등을 통해 생산자에 비해 유통활동을 효율적으로 수행할 수 있다.

2.2 교환의 활동적 측면

시장에서 생산자와 고객 사이의 교환이 원활하게 일어나기 위해 해결되어야 할 문제는 네 가지로 대별되며 그 해결방안은 〈표 13-3〉과 같다.

구색탐색활동	선별, 수집, 분할, 구색
공간적 괴리의 해소활동	수송
시간적 괴리의 해소활동	보관
수요자극활동	다양한 마케팅 흐름들의 원활화

표 13-3

교환의 활동적 측면

- 자연으로부터의 수확(자연 생산물) 또는 공장에서의 전문화 생산(가공 생산품)에 기인하는 공급의 특성과 소비자측의 수요 특성 사이의 차이를 해소할 필요성
- 생산장소와 소비장소 사이의 괴리에 대해 상품을 공간적으로 이동시킬 필요성
- 생산시점과 소비시점 사이의 괴리에 대해 상품을 시간적으로 보관할 필요성

총거래수 최소화
중간상인을 개입시킴으로써 교환구조 내의 여행 및 거래의 횟수를 줄여 경제적 효율을 도모하려는 일

다단계 유통구조
유통활동에 전문화하여 생산자로부터 구매하여 다른 중간상인이나 소비자에게 재판매하는 중간상인이 등장하여 형성되는 유통구조

• 치열한 경쟁여건 하에서 특정한 상품의 교환을 자극할 필요성

이제 상기의 각 문제를 해결하는 데 있어서 마케팅 중간기관들이 어떠한 역할을 수행하는지를 살펴보자.

(1) 구색탐색활동

구색탐색활동
상품의 공급 특성과 수요 특성 사이의 차이를 해소하기 위한 중간상인의 활동으로 선별, 수집, 분할, 구색을 포함한다

첫 번째 문제를 해결하기 위해 중간상인이 수행하는 활동은 〈표 13-4〉의 구색탐색활동(assortment-search activities)이다. 즉 오늘날 가공 생산품의 생산자(대체로 공장)는 전문화된 생산을 통해 소품종의 상품을 대량으로 시장에 공급하는데 반해 고객들은 그들의 여러 가지 욕구를 충족시키기 위해 다양한 상품을 비교적 소량으로 원하고 있다.

또한 자연 생산물(농산물, 수산물, 축산물, 임산물, 광산물)의 생산자는 자연으로부터 수확된 여러 가지 등급의 생산물을 시장에 공급하고 있으나 고객들은 필요에 따라 비교적 동질적인 등급의 자연 생산물을 구매하고자 한다.

따라서 생산자와 고객 사이에는 교환이 원활하게 일어나기가 어려운데, 중간상인들은 수량과 내용의 측면에서 고객들이 원하는 구색을 찾아내고 공급을 조정함으로써 이러한 문제를 해결하는 데 기여한다.

이러한 구색탐색활동은 다시 네 가지로 나눌 수 있다.

• 선별(sorting-out): 선별이란 여러 품질이나 규격이 섞여서 생산물이 공급되는 상황(주로 자연 생산물)에서 **동질적인 공급으로 나누는 활동**인데, 농산물이나 수산물의 등급판정(grading)이 좋은 예가 된다.

• 수집(accumulating): 수집이란 생산자마다 소량씩만 공급하는 상황에서 여러 생산자와 접촉하여 **공급량을 충분한 수준으로 확대하는 활동**이다. 특히 소량씩 생산되는 자연생산물이나 일부 공산품의 경우 대량으로 구매하려는 구매자의 요구를 충족시키기 위해서는 이러한 활동이 중요한데, 이러한 활동에 전문화한 중간상인을 수집상이라고 한다.

• 분할(allocation): 분할이란 상품이 시장에 대량으로 공급되는데 반해 고객들이 단지 소량으로 구매하기를 원할 때 **공급량을 소량으로 나누는 활동**이다. 흔히 가정용 소비량에 맞춰 농산물이나 수산물을 소형트럭에 실고 동네를 다니며 소량으로 판매하는 상인을 볼 수 있다.

• 구색(assorting): 개별고객의 다양한 욕구와 필요를 충족시키기 위한 소비 시스템과 단일점포 일괄구매(one-stop shopping)와 같은 구매행동 특성은 상호관련된 상품들을 동시에 공급할 필요성을 부각시킨다.

▲ 중간상인의 수집 기능은 대량 수요자(재활용업자)와 소량 공급자(소비자나 소형 사무실) 사이에서 교환이 원활하게 일어날 수 있도록 도와준다.

예를 들어, 김장을 하기 위해서는 배추, 무, 고추, 해산물, 용기(장독) 등 여러 생산자가 만들어낸 다양한 상품이 필요하며, 취미로 테니스를 시작하려해도 라켓, 볼, 테니스화, 모자, 손목보호대, 음료수통 등 여러 생산자가 만들어낸 다양한 상품이 필요하다. 그러나 중간상인이 없다면 소비자가 각 생산자를 만나야 하므로 비용과 시간을 감당하기 어려워 김장이나 테니스를 포기하고 교환은 원활하지 않게 될 것이다.

구색이란 바로 이와 같이 **상호관련된 상품들을 동시에 공급할 수 있도록 갖추는 중간상인의 활동**이다. 즉 중간상인은 구색갖추기 활동을 통해 소비 시스템에 맞는 관련품목들을 단일점포 일괄구매하려는 소비자와 전문화에 의해 단일품목을 생산하는 각 생산자 사이에서 교환에 관련된 장애를 극복시켜주는 일을 수행한다. 대체로 최종 소비자를 위한 구색은 소매상이 갖추며 소매상을 위한 구색은 도매상이 갖춘다. 만일 중간기관의 이러한 활동이 없다면 고객들이 여러 생산자들을 직접 방문하여 거래하거나 또는 생산자가 이러한 활동을 대신하기 위해 다른 생산자들의 상품을 구매하여 함께 공급해야 할 것이다.

(2) 공간적 괴리의 해소활동

생산 전문화는 대체로 생산자들을 지역적으로 집중시키는 경향을 갖는데 반해, 상품을 원하는 고객들은 광범위한 지역에 산재되어 있기 때문에 생산장소와 소비장소 사이의 괴리는 원활한 교환에 장애가 된다.

이러한 공간적 괴리의 문제는 상품을 생산장소로부터 소비장소까지 물리적으로 이전시켜 상품의 가용성을 증대시키는 수송문제와 집중화 시장에서 여행의 수를 줄여 이동비용을 감소시키는 문제로 구분되는데 아무튼 수송활동에 전문화된 마케팅 중간기관은 매우 효율적으로 이러한 문제를 해결하는 데 도움을 줄 수 있다.

(3) 시간적 괴리의 해소활동

생산은 반드시 소비와 동일한 시점에서 수행되지는 않는다. 따라서 시간적 괴리의 문제는 고객들이 요구하는 시점까지 이미 생산된 상품을 보관하는 문제와 고객들에게 편의성을 충분히 제공하기 위해 상품의 흐름을 시간적으로 연결하는 문제로 구분된다.

한편 중간상인이 많아질수록 마케팅 경로 내에 보관중인 상품의 양은 많아질 것이지만 다단계 유통구조에서는 전체 경제시스템의 보관비가 오히려 적어진다. 왜냐하면 만일 생산자만이 재고를 갖고 있다면 모든 고객은 구매의 불편함과 재고고갈 위험, 주문비용 등을 감소시키기 위해 각자가 스스로 재고를 보유해야 하는데, 최종고객의 수는 중간상인의 수보다 훨씬 많으므로 총재고가 더욱 커진다.

따라서 다단계 유통구조가 효과적으로 운용된다면 중간상인만이 재고를 갖는 것으로 충분하기 때문에 전체 경제시스템은 최소한의 총재고로서 모든 수요를 효과적으로 충족시킬 수 있게 되는데, 이러한 원리를 집중저장의 원리(principle of massed reserves)라고 한다.

(4) 수요자극활동

이제까지 설명한 활동들 이외에도 교환이 원활하게 일어나기 위해서는 대금의 흐름, 정보의 흐름, 촉진의 흐름, 서비스의 흐름 등이 효율적으로 관리되어야 하는데 이러한 흐름도 역시 중간기관들에 의해 원활해지는 것이다.

3 절 물적 유통관리

산업혁명 이래로 기업들은 단위당 생산비를 절감하는 등 생산효율을 향상시키는 데 많은 노력을 기울여 왔으며, 초과생산의 여건에 이르러서는 판매활동을 강화하고 상품 차별화와 품질개선을 성공적으로 수행해 왔다.

그러나 물적 유통의 문제만은 마케팅 콘셉트가 채택되고 있는 오늘날에도 많은 마케팅 조직들의 관심과 개선노력을 충분히 끌고 있지 못하다.

물적 유통관리
고객의 욕구를 충족시키기 위해 상품을 적절한 장소로 적시에 이전시키는 물리적 흐름을 PDS하는 모든 활동

물적 유통관리(PDM, physical distribution management) 또는 유통망 관리(SCM, supply chain management)란 고객의 욕구를 충족시키기 위해 **상품을 적절한 장소로 적시에 이전시키는 물리적 흐름을 PDS**(계획, 실행, 통제)**하는 모든 활동**으로 구성되는데, 보다 효율적인 물적 유통관리를 통해 고객만족을 향상시키는 일은 마케팅의 중요한 측면일 뿐 아니라, 마케팅 비용의 크나 큰 절약을 뜻한다. 따라서 물적 유통은 비용을 일으키면서도 새로운 수요를 창출하기 위한 훌륭한 잠재적 도구로 인식되어야 한다.

1. 물적 유통관리의 의의

1.1 물적 유통관리의 등장과 정의

물적 유통관리는 제2차 세계대전 중 적시에 원하는 장소로 필요한 군수물자를 공급하기 위한 병참관리(logistics management)에서 개발된 초기 개념들을 응용하여 출발하였지만, 다음과 같은 최근의 현상들은 물적 유통관리에 대한 관심을 더해주고 있다.

① 수송활동에 관련된 에너지 비용이 급속히 상승하여 재래식 물적 유통방법은 많은 비용을 수반하게 되었다.

② 생산 및 여타 부문의 효율성을 추구함에 있어서는 이제까지 상당한 진보를 가져왔기 때문에 더 이상의 개선이 곤란한 상태에 도달했지만 물적 유통분야는 아직도 효율개선의 여지가 많이 남아있다.

③ 재고통제방법의 발달로 마케팅 경로 내의 재고가 도매상에게 집중되는 경향이 있으며, 다단계 유통구조의 집중저장의 원리는 신뢰가능한 물적 유통을 전제로 한다.

④ 상품계열 확장에 따른 품목의 다양화는 재고관리와 수송 등 물적 유통의 문제를 가중시킨다.

이러한 추세들은 마케팅 비용을 절감하고 고객 서비스를 개선하여 마케팅 콘셉트를 실천하려는 마케터들에게 물적 유통관리에 대한 관심을 크게 불러 일으켰는데, 물적 유통이란 단순히 상품의 물리적 흐름을 의미하지만, 물적 유통관리란 **'효율적인 상품흐름 시스템의 개발과 운용'**을 의미한다.

이러한 의미에서 생산자의 물적 유통관리는 완제품을 생산라인으로부터 고객에게 이전시키는 일과 원재료를 공급자로부터 생산라인에 이르게 하는 흐름을 포괄한다. 또 중간상인은 자신의 점포까지뿐 아니라 점포로부터 고객의 가정(소매상의 경우)이나 소매상 또는 산업사용자(도매상의 경우)까지의 흐름을 효율적으로 관리해야 하는 과제에 당면한다.

1.2 물적 유통관리의 내용

물적 유통관리가 추구하는 목표는 무엇인가? 아마도 대부분의 마케터들은 최소의 비용으로 적절한 상품을 적절한 장소로 적시에 이전시키는 일을 보편적인 목표로 받아들일 것이다.

그림 13-2

물적 유통관리의 개념

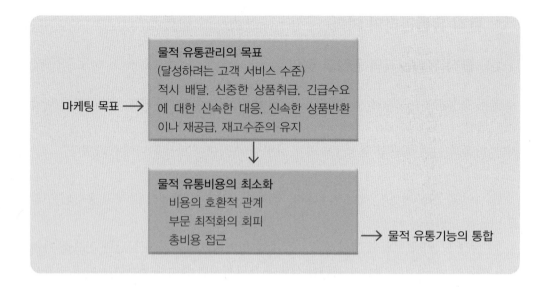

즉 보편적으로 추구되는 적시배달, 신중한 상품취급, 긴급수요에 대한 신속한 대응, 신속한 상품반환이나 재공급, 재고수준의 유지 등의 측면에서 특정한 고객 서비스의 수준을 달성하면서 공간적 및 시간적 차이를 해소하기 위해 상품을 물리적으로 이전하는 일에 수반되는 비용을 최소화시키는 것이다.

따라서 마케터는 그림 13-2에서와 같이 우선 마케팅 목표를 참조하여 특정한 고객 서비스의 수준을 결정함으로써 물적 유통관리의 목표를 상술한 후, 그러한 목표달성에 소요되는 활동들의 비용을 최소화시켜야 하는데 비용최소화는 다음과 같이 상호관련된 세 가지의 원리를 따른다.

① 비용의 호환적 관계(cost tradeoffs): 물적 유통활동에 소요되는 비용을 최소화하기 위한 세 가지의 원리들은 상호관련된 것인데, 비용의 호환적 관계란 한 기능분야의 비용절감은 다른 기능분야의 비용상승을 초래한다는 전제이다.

② 부문 최적화(suboptimization)의 회피: 부문 최적화란 물적 유통에 관련되는 각 기능분야의 관리자들이 자신이 담당하는 부문의 비용만을 최소화하려고 노력하는 것인데, 물적 유통활동 간의 연계성 때문에 전체 물적 유통 시스템의 성과가 반드시 최적이 되지는 않을 수 있다. 따라서 물적 유통 시스템의 효율을 극대화하기 위해서는 **부문별 최적화를 회피하고 각 기능을 조정**해야 한다.

③ 총비용 접근(total cost approach): 총비용 접근이란 상품을 물리적으로 이전시키고 관리하는 데 관련되는 **모든 활동들의 비용을 전체로서 고려**해야 한다는 전제이다. 예를 들어, 전국에 흩어져 있는 고객들에 대한 수송비를 절감하기 위해 각 동네마다 창고를 짓고 상품을 보관한다면 수송비는 절약하더라도 보관비가 엄청나게 증가할 것이므로

적절한 전략이라고 할 수 없을 것이다.

이와 같이 물적 유통관리에 있어서는 수송이나 보관 등 전체 활동에 걸쳐서 창고의 위치, 재고수준, 구내의 물자운반 등 다양한 활동에 소요되는 총비용을 고려해야 한다.

1.3 물적 유통관리의 유용성

마케터는 신중하게 설계된 물적 유통관리를 통해 고객만족을 증대시키고 물적 유통 비용을 절감하여 시장지위를 강화할 수 있으며, 또한 물적 유통관리는 상품계획이나 가 격결정, 촉진활동 등 마케팅 믹스의 다른 요소들에 영향을 미치므로 마케팅 전략을 수 립하는 데 중요한 변수가 된다.

효과적인 물적 유통관리가 마케터에게 제공해주는 이점은 대체로 다음과 같다.

① 물적 유통관리는 일정한 고객 서비스 수준에서 비용을 최소화하든가 일정한 물 적 유통비용에서 고객서비스 수준을 향상시키는 것을 목표로 하는데, 특히 차별화의 기 회가 제약받는 동질적 상품에서는 고객 서비스가 경쟁우위를 결정짓는 중요한 수단이 될 수 있다.

② 물적 유통관리는 재고수준을 적절하게 낮추거나 불필요한 보관시설을 제거함으 로써 물적 유통비용을 절감한다. 또한 수송방법의 적절한 선택은 수송에 관련된 물적 유통비용을 감소시킨다.

③ 물적 유통관리는 비용을 감소시켜 상품가격을 인하할 뿐 아니라 재고고갈의 여 건을 방지하고 주문처리 기간을 단축하여 고객만족을 증대시킬 수 있기 때문에 궁극적 으로는 매출액을 증대시킨다.

④ 수송과 보관은 각각 장소효용과 시간효용을 창출함으로써 상품가치를 증대시킬 뿐 아니라 지역적 및 시간적 공급량을 조절함으로써 가격안정에도 기여한다.

⑤ 마케팅 믹스의 다른 요소들에 대해 효율성 개선의 기회를 제공해준다. 예를 들어, 상품의 규격이라든가 포장의 개선을 촉구하기도 한다.

2. 물적 유통의 기능분야

물적 유통의 기능분야는 다음과 같이 상호관련된 다섯 개의 하위 시스템으로 구분 된다. 따라서 마케터는 고객 서비스의 목표수준을 달성하기 위해 이러한 기능분야들을

그림 13-3

물적 유통의 기능분야들

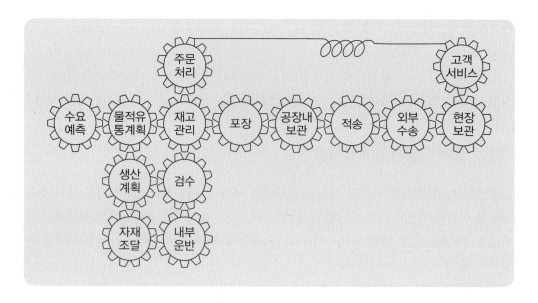

통합함으로써 총비용을 최소화시켜야 한다.

2.1 주문처리 시스템

물적 유통활동은 그림 13-3과 같이 고객의 주문처리로부터 시작되는데, 주문처리는 여러 가지 관련된 기능분야의 활동에 시동을 걸어 최종적인 고객 서비스를 산출한다. 즉 마케터는 신속하고 정확한 주문처리 시스템이 고객 서비스의 품질을 결정짓는 요인임을 인식해야 하며, 최근에는 컴퓨터를 이용한 자동 주문처리 시스템이 이용된다.

2.2 창고 시스템

물적 유통관리에 있어서 창고 시스템은 매우 중요한 기능분야이며, 다음과 같은 사항들을 고려해야 한다.

(1) 창고의 유형

보관기능은 생산시점과 소비시점 사이의 시간적 괴리뿐 아니라 공급과 수요 사이의 수량적 괴리를 해소하기 위해서도 필요하므로 창고는 그것이 수행하는 기본적인 기능에 따라 보관창고와 유통창고로 구분된다.

보관창고(storage warehouses)란 생산과 소비 사이의 시간적 차이를 해소하기 위해 비교적 장기간 상품을 보관하는 시설로서 주로 계절적 수요에 당면하는 마케터들이 이용한다. 이에 비해 유통창고(distribution warehouses)란 물류센터(physical distribution center)라고도 하는데 대체로 고객들(시장)에게 가까이 위치하며 지속적인 수요에 대응하기 위해 상품을 일시적으로 보관하면서 상품배달을 신속히 하고 전체 수송비를 절감하려는 것이 목적이다.

▲ 종합물류기업인 CJ대한택배의 물류센터

예를 들어, 서울의 마케터는 대전, 옥천, 금산 등 인접한 지역들의 고객에게 개별적으로 상품을 직접 선적할 수 있지만 특히 각 고객의 주문규모가 작고 개별적인 선적에 소요되는 수송비가 많이 소요된다면 대전과 같은 장소에 물류센터를 설립하여 물적 유통의 효율을 개선할 수 있다.

즉 행선지가 같은 방향인 선적물들을 통합하여 일단 물류센터로 보내면 그곳에서 다시 적은 양으로 분할하여 인근지역의 개별고객들에게 배달함으로써 보다 저렴하고 신속하게 상품을 공급할 수 있게 된다.

이와 같은 예의 물류센터는 거래량 분할센터(break-bulk center)라고 부르며, 반대로 여러 인근지역으로부터 한 곳으로 가는 상품들을 통합하여 하나의 선적물로 통합시키는 기능을 수행하는 물류센터를 거래량 통합센터(make-bulk center)라고 한다.

거래량 분할의 기능을 수행하든 거래량 통합의 기능을 수행하든 물류센터는 전체시장에서 필요한 창고의 수를 줄이고 총재고의 규모를 감소시켜 물적 유통비용을 감소시킬 뿐 아니라, 재고고갈의 여건을 제거하고 배달시간을 최소화하여 고객만족에도 기여한다.

창고는 또한 소유권에 따라서도 구분된다. 사유창고(private warehouses)란 계절적인 물량변동이 거의 없으면서 대량의 상품을 보관하는 마케터가 직접 소유하는 창고인데, 통제가 용이한 반면 자본투자가 필요하고 창고의 위치변경이 필요할 때 융통성을 제한받는다.

이에 비해 공용창고(public warehouses)는 보관시설과 취급시설을 원하는 개인이나 기업에게 임대해주는 창고인데, 이용자는 그들이 사용하는 공간에 대하여만 또 사용할 때만 비용을 지불하므로 공용창고의 비용은 변동원가가 된다. 여기서는 필요에 따라 검품, 포장, 선적 등을 의뢰할 수 있을 뿐 아니라 창고의 형태(냉동창고 등)와 위치에 대한 선택범위가 넓다.

(2) 재고의 집중보관과 분산보관

재고를 전체시장에 걸쳐서 분산시킬 것인지 또는 집중시킬 것인지의 여부는 창고의 위치를 결정짓는 기본적인 요소이다. 재고를 집중적으로 보관하는 일(집중재고 centralized inventory)은 총재고의 규모를 축소할 수 있을 뿐 아니라 재고통제도 용이하며 구내의 물자취급(material handling)도 효율적이다.

그러나 전체고객들에 대한 수송비가 증가하며 일부 고객들에 대해서는 배달시간도 지나치게 길어져 지역에 따라 경쟁력을 잃을 수 있음에 유의해야 한다. 이에 비해 재고를 여러 지역의 창고들에게 분산시켜 보관하는 일(분산재고 dispersed inventory)은 반대의 장단점을 갖고 있다.

(3) 창고 시스템의 확립

마케터가 창고 시스템을 확립하는 데 있어서 당면하는 가장 기본적인 의사결정은 **창고의 수와 위치**이다. 이러한 문제는 여러 가지 계량적 기법과 컴퓨터 프로그램을 이용하여 해결할 수 있지만, 근본적인 문제은 보관비용과 창고로부터 각 고객에 이르기 위한 수송비용 사이의 호환적 선택이다.

이중 단위당 보관비용은 규모의 경제를 따르므로 적은 수의 창고를 사용하여 창고 당 보관물량이 증가할수록 감소하는데 반해 수송비용은 창고의 수가 적어질수록 전체 지역에 산재해 있는 고객들에 대한 거리가 멀기 때문에 증가하는 경향을 보인다. 따라서 이러한 두 가지 비용 사이의 관계는 그림 13-4와 같이 묘사될 수 있으며 ★표는 총비용을 극소화하는 포괄지역의 크기(창고의 수)를 나타낸다.

한편 일정한 수의 창고를 구체적으로 어느 위치에 설치할 것인지 결정하는 일은 별개의 문제인데, 이때 고려해야 할 중요한 요인은 다음의 사항들을 포함한다.

- 지역별 수요의 크기
- 법률이나 조세 상의 규정
- 수송방법의 활용가능성
- 지역주민들이 태도
- 치안 및 방재 여건

그림 13-4

보관비용과 수송비용의 관계

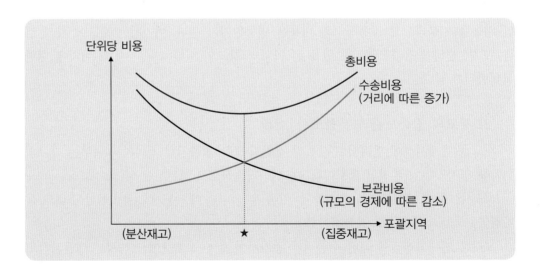

2.3 물자취급 시스템

물자취급(material handling)이란 **생산자의 공장, 창고, 수송회사의 터미널 내에서 상품의 이동과 관련되는 활동**들을 말하는데, 상품을 취급하기 위한 장비의 효율성과 운반에 소요되는 시간 등이 매우 중요한 요소이다.

최근 들어 물자취급 분야에는 단위화와 컨테이너화라는 두 가지의 혁신이 보편화되어 있다. 이중 단위화(unitizing)는 가능한 한 많은 상품을 하나의 짐꾸러미로 결합시키는 것으로 물자취급을 신속하게 할 뿐 아니라 노동력을 절감하고 손망실을 최소화시켜준다.

또한 컨테이너화(containerization)는 단위화된 여러 개의 짐꾸러미를 한데 뭉쳐서 컨테이너 속에 넣거나 광산물, 수산물, 액상상품을 컨테이너 속에 넣은 채로 운반하는 것을 의미한다. 컨테이너화도 역시 화물하역과 적재에 소요되는 시간을 크게 절약하며 장거리 수송에서 손망실을 최소화시켜주고 수송수단 간의 변경도 용이하게 한다.

2.4 재고관리 시스템

재고관리의 보편적인 목표는 고객의 주문을 신속하고 정확하게 충족시키면서 재고투자와 재고유지에 관련된 비용을 최소화시키는 것이다. 재고관리에서 고려해야 하는 비용은 〈표 13-4〉에서와 같이 재고를 보유하는 데 수반되는 재고비용과 재고고갈에 기인하는 기회비용, 재고를 보충하기 위한 주문비용으로 구성된다.

① **재고비용 (재고유지비):** 재고자산 투자에 대한 기회비용, 보관비, 보험료, 재산세, 도난 감가상각과 진부화 등
② **재고고갈로 인한 기회비용:** 판매기회의 상실, 고객의 불신감, 생산 또는 판매계획의 차질
③ **재고를 보충하기 위한 주문비용:** 발주비용, 선적 및 취급비용 등

표 13-4

재고관리에 관련되는 비용

효율적인 재고관리 시스템을 설계하는 데에는 다양한 계량적 기법들이 이용될 수 있으나, 가장 보편적으로 알려진 한 가지 기법은 경제적 주문량(EOQ, economic order quantity) 모델이다. 즉 경제적 주문량 모델은 그림 13-5에서와 같이 재고비용과 주문비용 사이의 호환적 관계를 근거로 양자의 합계가 최소화되는 주문량을 찾아주는데, 경제적 주문량은 다음과 같이 계산된다.

$$EOQ = \frac{2 \times \text{연간주문량} \times \text{주문비}}{\text{상품단위당 원가} \times \text{재고유지비율(\%)}}$$

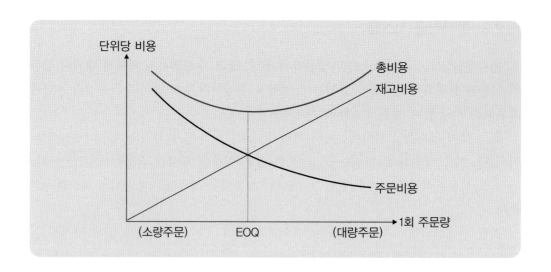

그림 13-5

경제적 주문량

그러나 적정재고의 규모는 재고비용이나 주문비용뿐 아니라 재고고갈에 기인하는 기회비용도 함께 고려해야 하는데, 재고고갈은 단순히 판매기회를 상실케 할 뿐 아니라 고객의 호의도 잃게 하며 생산과 판매계획에 차질을 일으킬 수도 있다.

2.5 수송 시스템

상품을 고객에게 선적하는 과업은 물적 유통관리의 중요한 기능분야인데, 마케터는 상품을 고객에게 선적하기 위해 사용할 수송수단을 선택하고 필요한 경우라면 수송수단들을 조합하여 이용한다. 대표적인 지역 간 수송수단들의 특징은 다음과 같다.

① 육로: 차량을 통한 육로수송은 고속도로의 건설과 더불어 급격히 성장하고 있다. 이는 상품을 원하는 지점까지 수송해줄 뿐 아니라 철도처럼 예정되어 있는 운행시간이 없으므로 대단히 융통성이 큰 방법이다. 그러나 비용이 많이 소요되므로 고가품의 단거리 수송에 적합하다.

② 철로: 철도수송은 부피가 큰 화물을 장거리 수송하는 데 있어서는 대단히 저렴한 수단이며 특히 농수산물, 석탄, 철광석 등의 수송에 적합하다.

③ 항로: 항공기를 이용한 항로수송은 장거리를 신속하게 수송해야 할 경우에 적합한 수단인데 비용이 대단히 많이 소요되며, 수송할 수 있는 상품의 종류가 제한받는다.

④ 수로: 배를 이용한 수로수송은 속도가 느리며 기상조건으로부터 영향을 많이 받지만, 부피가 큰 저가품의 수송에 적합하며 거의 모든 상품을 취급할 수 있다.

⑤ 파이프라인: 파이프라인은 석유나 가스 등의 상품수송에 적합하며 대체로 생산자

로부터 시장까지 이르는 전용수송수단으로 이용된다.

이러한 수송수단들을 몇 가지의 평가기준에 따라 서열을 부여한다면 〈표 13-5〉와 같다. 그러나 오늘날에는 단위화 및 컨테이너화와 더불어 **두 가지 이상의 수송수단을 조합하여 사용하는 일관수송방식**으로서 다음과 같은 수송형태가 널리 이용되고 있다.

- piggyback − 철로와 육로의 병행
- trainship − 철로와 수로의 병행
- fishyback − 수로와 육로의 병행
- airtruck − 항로와 육로의 병행

	육로	철로	항로	수로	전용
속도	2	3	1	4	5
수송시간에 대한 신뢰성	2	3	5	4	1
수송비용	4	3	5	1	2
수송의 빈도	2	4	3	5	1
이용가능지역	1	2	3	4	5
취급상품의 범위	3	2	4	1	5

표 13-5

수송수단의 특징비교(서열순위)

경로의사결정과 마케팅 전략

제**14**장

경로의사결정과 마케팅 전략

이미 설명한 바와 같이 경로의사결정들은 마케팅 믹스의 다른 요소들과 직접적으로 영향을 주고 받는데, 그들은 대체로 마케팅 경로(거래경로)의 설계 및 관리에 관련된다. 예를 들어, 가격은 상품유통에 사용되는 경로의 형태나 구성원의 여러 가지 특성에 따라 달라질 것이며, 영업(인적 판매)이나 광고 의사결정은 마케팅 중간기관들이 요구하는 보상과 협력관계에 의존한다.

더욱이 **경로의사결정은 다른 독립적인 기관과의 비교적 장기간의 계약을 포함함으로써 쉽게 변경하기 곤란**하므로 현재 및 미래의 마케팅 환경을 신중하게 고려한 후 내려야 한다.

한편 마케팅 경로 내에는 여러 가지 유형의 마케팅 중간기관이 활동하고 있으며, 그들도 역시 상품이 수명주기를 따라 일생을 거쳐가듯이 새로운 형태로 등장했다가 또 다른 형태의 중간기관으로 대체되어 가는 역학관계를 보여준다(the wheel of retailing).

더욱이 마케팅 경로란 마케팅 흐름으로 연결된 독립적인 기관들의 단순한 집합 이상의 의미를 갖기 때문에 경로 구성원들의 관계는 매우 미묘하다. 즉 마케팅 경로란 **개별적인 목표와 경로전체의 목표를 동시에 추구하면서 상호작용하는 독립적인 기관들의 복합적인 행동 시스템**이므로 간혹 갈등이 일어나기도 하며, 그것을 조정하기 위해 특별한 노력이 필요하다.

따라서 본장에서는 마케팅 경로 내에서 활동하는 중간기관들의 통합과 갈등을 살펴보고, 경로의사결정들을 통해 마케팅 경로를 설계하고 관리하기 위한 절차를 살펴본다.

1절 경로 구성원의 통합과 갈등

경로역학(channel dynamics)이란 **마케팅 환경요인들의 변화에 따라 새로운 형태의 마케팅 중간기관이 출현하여 기존의 중간기관들과 협동과 경쟁의 관계를 가지면서 마케팅 경로의 기능을 수행해 나아가는 현상**을 의미한다. 또 이러한 경로역학과 관련하여 경로 구성원들은 자신의 목표를 추구함과 동시에 마케팅 경로 전체의 목표달성에 기여해야 하므로 여러 가지 갈등에 당면하기도 한다.

1. 경로 구성원의 통합

본래 도매상과 소매상은 생산자와는 독립적으로 자신의 이익을 추구하기 위해 생산자의 마케팅 흐름 속에서 독특한 기능을 수행하고 있으므로 생산자가 통제할 수 없으며, 그들 사이에는 협동보다는 경쟁이 두드러져 많은 비효율을 일으킨다. 이러한 문제를 해소하기 위한 경로 구성원들의 통합 시스템은 크게 두 가지가 있다.

1.1 수직적 마케팅 시스템

재래식 마케팅 경로(conventional marketing channels)에서는 독립적인 경로 구성원들이 전체 유통 시스템의 이익보다는 자신의 이익을 극대화하려고 노력하며 어느 구성원도 다른 구성원에 대해 구체적인 통제를 구사할 수 없다.

결국 독립적인 경로 구성원들은 자기 나름대로 촉진이나 수송, 보관 등을 수행하기 때문에 **고객에 대한 마케팅 활동이 중복되거나 일관성이 결여**되고, 주먹구구식의 상품 유통으로 인해 **물적 유통관리 상의 비효율을 야기**한다. 이는 다시 전체 유통경로의 마케팅 비용을 증가시키고 상품가격에 전가되어 **수요감소와 생산활동의 위축을 초래**한다.

이러한 문제에 효과적으로 대응하기 위한 한 가지 방안은 마케팅 경로 상에서 지도자격인 구성원이 전문적으로 관리되고 집중적으로 계획된 유통망(unified system)을 주도적으로 형성하는 일인데, 상이한 단계에서 활동하는 경로 구성원들의 이러한 결합을 수직적 마케팅 시스템(VMS, vertical marketing system)이라고 하며 다음과 같은 이점을 갖는다.

① 생산-유통-소비에 이르는 전체 과정에서 독립적인 경로 구성원들이 수행하는

수직적 마케팅 시스템
고객에 대한 마케팅 활동의 중복과 비효율을 제거하기 위해 마케팅 경로상 지도자격인 구성원이 형성하는 전문적으로 관리되고 집중적으로 계획된 유통망

마케팅 활동의 중복을 제거하고 일관성을 도모하며 비효율을 제거한다.

② 운영상 규모의 경제를 실현하고 적시에 적량의 상품 유통을 보장한다.

③ 마케팅 비용을 절감하고, 전체경로의 시장 영향력을 강화한다.

수직적 마케팅 시스템의 유형은 다음과 같이 세 가지로 구분할 수 있다.

(1) 법인형 VMS

법인형 VMS

생산과 유통의 연속적인 단계를 하나의 소유권이나 자본참여를 통해 결합하는 형태

법인형 VMS(corporate VMS)란 생산과 유통의 연속적인 단계를 **하나의 소유권이나 자본참여를 통해 결합하는 형태**이다. 예를 들어, 생산자는 자신의 소매점들을 여러 지역에 개설할 수 있으며(협동연쇄점과 자유연쇄점을 제외한 법인형 연쇄점), 소매단계의 식품판매점이 식품가공 생산설비를 소유할 수 있다. 이러한 법인형 VMS에서는 경로 구성원 간의 역할과 갈등을 공식적인 규정에 따라 내부적으로 조정할 수 있다.

(2) 관리형 VMS

관리형 VMS

규모가 크거나 시장 영향력이 큰 구성원이 다른 구성원들에게 영향을 미쳐 생산이나 유통활동을 조정하는 형태

관리형 VMS(administered VMS)란 경로 구성원들 중에서 **규모가 크거나 시장 영향력이 큰 구성원**(경로지도자 channel captain)**이 다른 구성원들에게 영향을 미쳐 생산이나 유통활동을 조정하는 형태**이다.

예를 들어, 유명상표의 생산자는 상품의 진열, 촉진, 가격정책 등에 관련하여 도매상이나 소매상으로부터 특별한 협동과 지지를 받아낼 수 있으며, 대규모 소매상은 자신이 취급할 상품의 생산자에게 상품의 원재료, 사양, 품질 등에 관해 특별한 요구를 행사할 수 있다. 즉 관리형 VMS의 근거는 소유나 자본참여가 아니라 **규모나 시장에 대한 영향력**이며 그러한 영향력이 비공식적으로 작용할 수도 있다.

(3) 계약형 VMS

계약형 VMS

공식적인 계약을 근거로 생산과 유통의 연속적인 단계에 참여하는 경로 구성원들이 결합하는 형태

계약형 VMS(contractual VMS)란 **공식적인 계약을 근거로 생산과 유통의 연속적인 단계에 참여하는 경로 구성원들이 결합하는 형태**이다. 이러한 형태의 VMS는 규모의 경제와 마케팅 노력의 상호조정을 목표로 하지만, 관리형의 경우처럼 각 경로 구성원은 독립적인 기관들임에 유의해야 한다.

- 소매상 주재의 협동연쇄점(retailer-sponsored cooperative chains): 소매상 주재의 협동연쇄점이란 독립적인 소매점들이 생산자나 도매상에 대한 자신의 영향력을 증대시키고 마케팅 경로상에서 지도적인 역할을 개발하기 위해 계약을 근거로 연합하는 형태이다.

여기에 참여하는 소매점들은 공동으로 도매나 생산업무를 수행할 새로운 기관을 조직하거나 또는 공동구매와 공동창고를 운영하고, 간혹 공통적인 점포설계나 촉진 프로그램을 공유하며, 시장정보를 교환하는 등 여러 분야에서 협동한다. 따라서 독립적인 소매점들은 이러한 협동연쇄점으로서 이제까지 법인형 연쇄점들만이 누릴 수 있었던 경제적 우위성을 얻을 수 있다.

- 도매상 주재의 자유연쇄점(wholesaler–sponsored voluntary chains): 도매상 주재의 자유연쇄점이란 도매상이 생산자에 대한 자신과 소매상들의 영향력을 증대시키기 위해 계약을 근거로 독립적인 소매점들을 연합시키는 형태이다. 자유연쇄점을 형성하기 위해 도매상은 각 소매점의 구매 및 판매활동을 표준화·일원화하도록 요구하며 자체개발 상표와 공동적인 촉진 프로그램을 개발하고 다양한 경영관리기법을 지원해준다.

- 프랜차이즈 시스템(franchise system): 프랜차이즈 시스템이란 마케팅 경로상 상위단계의 경로 구성원(본부 franchisor)이 하위단계의 구성원(가맹점 franchisee)들과 계약을 통해 수직적 통합을 이룸으로써 마케팅 효율과 시장 영향력을 증대하려는 형태이다.

즉 가맹점들은 본부의 운영요건에 응하겠다는 계약을 맺고 본부로부터 상품, 상표명, 경영비법, 건축양식, 실내장식, 판매원 교육 등의 특혜(franchise)를 지원받는 대신에 가입비와 함께 매출액이나 기간에 대해 로열티를 지불한다. 이러한 형태는 최근 들어 거의 모든 업종에서 다양한 형태로 급속하게 확산되고 있다.

▲ 더페이스샵과 하루녹차의 공생 마케팅(수평적 마케팅 시스템)

1.2 수평적 마케팅 시스템

수평적 마케팅 시스템(HMS, horizontal marketing system)이란 새로운 마케팅 기회를 효율적으로 활용하기 위해 — 수직적 통합은 아니지만 — 두 개 이상의 경로 구성원들이 연합하여 공동으로 마케팅 전략을 설계하고 추진하는 형태를 말하는데, 간혹 공생적 마케팅(symbiotic marketing) 또는 공동 마케팅(co–marketing)이라고도 한다. 특히 연구개발과 생산 등 마케팅 활동의 범위를 넘어서 경영의 다른 분야에서도 유사한 제휴를 할 수 있는데, 이를 **전략적 제휴**(strategic alliance)라고 한다.

즉 새로운 마케팅 기회를 활용하는 일이 자본, 노하우, 생산설비, 인적 자원 등의 측면에서 한 기업의 능력을 넘어설 때나 위험을 다른 기업과 분담하고자 할 때, 다른 기업과 상호협동의 시너지즘을 얻고자 할 때 공동적으로 마케팅 기회를 발굴하고 활용할 수 있다.

상주시 농특산물 공동브랜드

▲ 공동상표—알려진 이름과 실제의 내용이 서로 꼭 맞는다는 의미의 명실상부(名實相符)와 상주를 합성하여 최대 농업도시의 이름에 걸맞은 최고의 품질과 이름값 하는 상주시를 표현함(www.hidp.com)

예를 들어, 중소제화업체들은 '貴足'이라는 공동상표(co-brand)로 공동 마케팅한 적이 있으며, 삼성과 LG가 각 기업의 일부 특허를 공동으로 이용하려는 조치에 합의한 적이 있다. 물론 어떤 상품의 경우에는 생산과 판매유통을 두 기업이 분담하여 마케팅 기회를 활용하기도 하는데, 중간상인 상표(PB, private brand)도 이러한 공동 마케팅의 한 형태이다.

2. 경로 구성원의 행동적 차원

경로 구성원들은 각자 개별적인 목표를 추구하지만 그러한 목표의 달성이 전체 마케팅 경로의 성과와 밀접한 관계가 있다는 사실을 알고 있기 때문에 협동한다. 그러나 경로 구성원들에게서 관찰될 수 있는 경로행동의 형태는 〈표 14-1〉과 같은데, 여기서는 경로관리 상의 문제를 일으키는 갈등만을 살펴보자.

표 14-1

경로 구성원의 행동적 차원

협동	경로 구성원 각자는 자신의 역할을 수행하고 목표를 달성하기 위해 다른 구성원에게 의존해야 하는 점을 인정하여 협동한다.
갈등	경로 구성원 각자는 자신의 목표를 효과적으로 달성하기 위해 역할의 범위를 확대해야 한다고 생각한다.
영향력	경로 구성원 각자는 다른 구성원들에 대한 영향을 확대하여 경로 지도자가 되려고 노력한다.

2.1 경로갈등의 유형과 영향

경로 구성원들 사이에서 나타나는 경로갈등(channel conflict)에는 다음과 같은 세 가지 형태가 있다.

수평적 갈등

마케팅 경로의 동일한 단계에서 활동하는 유사한 형태의 경로 구성원들 사이에서 일어나는 갈등

수직적 갈등

마케팅 경로의 상이한 단계에서 활동하는 경로 구성원들 사이에서 일어나는 갈등

• 수평적 갈등(horizontal conflict): 수평적 갈등이란 마케팅 경로의 **동일한 단계에서 활동하는 유사한 형태의 경로 구성원들** 사이에서 일어나는 갈등이다. 예를 들어, 아파트 단지의 한 슈퍼마켓과 그 근처의 다른 슈퍼마켓은 고객을 많이 차지하기 위한 경쟁에서 갈등을 느낀다. 물론 이러한 형태의 갈등은 가전대리점과 동네 전자상품점 사이에서도 나타난다.

• 수직적 갈등(vertical conflict): 수직적 갈등이란 마케팅 경로의 **상이한 단계에서 활동하는 경로 구성원들** 사이에서 일어나는 갈등으로서 전체 마케팅 경로 내의 협동적 관계를 위협한다. 예를 들어, 침구의 생산자가 직판점을 개설한다면 전통적

으로 침구를 취급하던 소매점들이 부정적인 반응을 보일 것이다.

- 형태 간 갈등(intertype conflict): 형태 간 갈등의 한 가지는 마케팅 경로의 **동일한 단계에서 활동하지만 상이한 형태의 기관들** 사이에서 일어나는데(수평적 경로경쟁 horizontal channel competition), 소매상들이 문어발식 머천다이징을 채택함에 따라 나타나기 시작하였다. 예를 들어, 수익증대를 위해 여성의류를 취급하기 시작한 대형 마트(마트의 의류코너)와 전통적으로 의류를 취급해오던 의류 전문점 사이에서 나타날 수 있다. 형태 간 갈등의 다른 것은 **동일한 시장에 접근하고 있는 상이한 형태의 전체 마케팅 경로** 사이에서 일어나는데(경로 시스템 경쟁 channel system competition), 주로 재래식 마케팅 경로와 수직적 마케팅 시스템(VMS) 사이에서 나타난다. 예를 들어, 할인점 체인과 백화점 사이나 상업지역의 음식점(독립형태의 소매점)과 배달도시락 프랜차이즈(계약형 VMS) 사이에 나타날 수 있다.

형태 간 갈등
마케팅 경로의 동일한 단계에서 활동하지만 상이한 형태의 기관들 사이에서 또는 동일한 시장에 접근하고 있는 상이한 형태의 전체 마케팅 경로 사이에서 일어나는 갈등

이러한 형태의 경로갈등들은 어느 정도 불가피한 것으로 두 가지 역기능을 보인다. 즉 하나는 수직적 갈등이 클수록 경로 구성원들 사이의 기능적 협동이 약화되고 경로 구성원 각자가 수행하는 마케팅 활동이 중복될 것이므로 전체 마케팅 경로의 효율과 성과수준이 낮아진다는 점이다.

그리고 다른 하나는 경쟁자의 목표달성을 방해하려는 노력은 자원을 낭비시켜 자신의 마케팅 성과도 낮아지게 만든다는 점이다.

그러나 경로갈등이 반드시 부정적인 것은 아니며 오히려 마케팅 경로에 순기능적인 영향을 미치기도 하는데, 경로 구성원들 사이에 건전한 경쟁은 혁신과 효율을 추구하도록 자극할 수 있다. 따라서 경로갈등을 제거하기보다는 순기능적으로 관리하기 위한 프로그램을 개발하여 실행하는 편이 바람직하다.

2.2 경로갈등의 관리

경로갈등을 효과적으로 관리하기 위해서는 〈표 14-2〉와 같은 절차가 유용하다. 우선 스스로의 시장 영향력을 강화함으로써 경로지도자의 지위를 확보한 후, 경로지도자로서 **전체 마케팅 경로에 대한 초기업적인 상위목표**를 설정한다.

그 다음 초기업적인 상위목표를 달성하기 위해 **각 경로 구성원들이 수행해야 하는 역할을 규정하고 그들이 그러한 역할들을 효과적으로 수행하도록 관리절차를 개발**한다.

예를 들어, 많은 영세 소매상이 혼재되어 있는 재래시장에서 자신의 시장 영향력을 강화하여 — 마치 상가번영회처럼 — 경로지도자의 지위를 확보한 후, "보관시설이나 수송수단을 공유하여 유통경비를 절감하고 통합된 커뮤니케이션으로 상가의 고객유인

력을 확보한다"는 초기업적인 상위목표를 설정할 수 있다. 즉 개별점포가 아니라 상가 전체의 집객력을 높이려는 목표에는 이제까지 경쟁과 갈등을 보이던 개별점포들이 동의하고 협력하지 않을 이유가 없는 것이다.

초기업적 목표에는 이밖에도 전체 유통비용이나 촉진비용을 절감하거나 마케팅 경로 내의 정보의 흐름을 개선하는 일, 업종의 조정이나 재배치 등을 포함하며 간혹 어린이집이나 위락시설의 개설, 금융기관의 유치도 포함할 수 있다.

그 다음 그러한 상위목표를 달성하기 위해 각 소매상이 수행할 역할을 분담하고, 그러한 역할들을 효과적으로 수행하기에 필요한 거래점 상담이나 교육, 경연, 특별사례 등을 제공해야 한다.

표 14-2 경로갈등의 관리절차	1. 경로지도자의 지위 확보 2. 초기업적인 상위목표의 설정 3. 경로 구성원들의 역할 조정 4. 경로 구성원들의 역할 지원과 관리

2 절 유통경로의 설계

마케터는 마케팅 목표를 효과적으로 달성하기 위해 전반적인 마케팅 계획의 측면에서 자신의 유통경로를 설계해야 한다. 잠재고객들이 '원하는 바'를 충족시키기 위한 수단으로서 상품이 제대로 그들에게 전달되기 위해서는 신중하게 계획된 유통경로가 필요할 뿐 아니라 그러한 유통경로가 항상 바람직한 기능을 제대로 발휘하도록 경로관리를 끊임없이 수행해야 한다.

유통경로를 설계하는 데 있어서 마케터는 이상적인 경로와 현실적으로 이용할 수 있는 경로를 함께 고려해야 하는데, 대체로 〈표 14-3〉과 같은 절차를 따른다.

견인전략
다양한 매체를 활용하여 최종고객들 사이에 상표선호를 형성하고 구매행동을 직접 자극함으로써 소비자가 경로를 통해 상품을 끌어당기도록 하는 전략

1. 유통경로의 설계에 대한 전략적 관점

유통경로를 설계하기에 앞서 마케터가 고려해야 할 전략적 관점은 크게 두 가지이다. 즉 소비용품의 마케터는 대체로 다양한 매체를 활용하여 최종고객들 사이에 상표선

표 14-3

유통경로의 설계와 관리 절차

> **유통경로의 설계**
>
> 1. 전략적 관점의 선택
> 2. 고객의 서비스 요구 분석
> 3. 경로목표의 설정
> 4. 경로구조의 선정
> 5. 시장포괄전략의 선정
> 6. 유통과업의 분담과 거래조건의 결정
>
> **유통경로의 관리**
>
> 1. 경로 구성원의 선발
> 2. 경로 구성원의 동기부여
> 3. 경로 구성원의 성과평가 및 통제

호를 형성하고 구매행동을 직접 자극하려고 노력하는데, 이러한 관점을 견인전략(pull strategy)이라고 한다.

이러한 전략의 목표는 **상표에 대한 소비자의 욕망을 충분히 자극함으로써 중간상인으로 하여금 생산자의 상품을 취급하도록 격려**하는 것인데, 최종고객들 사이에서 선호가 충분히 개발되면 중간상인들은 그러한 상품을 판매하기가 용이하다는 이유에서 기꺼이 취급할 것이다.

따라서 견인전략을 추구하는 마케터는 중간상인들에게 대체로 낮은 마진만을 허용하며 상품의 시장지위에 따라 중간상인들과의 협상에서 많은 영향력을 행사할 수 있다.

이러한 전략적 관점과는 달리 일부 마케터는 중간상인으로 하여금 자신의 상품을 취급해주도록 적극적으로 요청하는 후원전략(push strategy)을 채택할 수 있다. 즉 이러한 전략을 구사하는 **생산자는 도매상에게, 도매상은 다시 소매상에게 상품을 밀어붙이고 소매상은 소비자에게 상품을 권유**하는데, 생산자는 그러한 후원의 대가로 높은 마진, 무료상품, 대(對) 중간상인 판매촉진(각종 할인과 공제, 판매원 훈련 등)을 제공한다.

후원전략

강력한 영업을 통해 생산자는 도매상에게, 도매상은 다시 소매상에게 상품을 밀어붙이고 소매상은 소비자에게 상품을 권유하도록 생산자가 상품을 밀어내는 전략

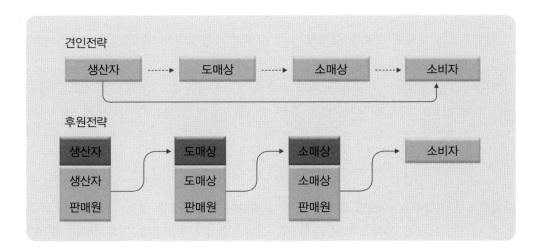

그림 14-1

견인/후원의 전략적 관점

후원전략은 대체로 강력한 영업(인적 판매)이 필요한 고급·고가품에 대해 널리 채택되지만 중간상인을 확보하려는 경쟁이 치열한 경우에도 흔히 나타난다. 또한 자금여유가 없는 소규모 기업들은 견인전략에 수반되는 대규모 광고비용을 감당할 수 없기 때문에 단순히 중간상인에 의존하려는 후원전략을 채택하기도 한다.

이러한 전략적 관점들은 그림 14-1과 같이 비교될 수 있다.

2. 고객의 서비스 요구 분석

경로의사결정들은 상품의사결정과 마찬가지로 전체적인 마케팅 믹스의 욕구충족 능력과 가치에 영향을 미치므로, 마케터는 바람직한 유통경로를 설계하기 위해 우선 **고객들이 유통경로의 기능**(역할)**으로부터 얻고자 기대하는 '경로 서비스의 형태와 수준'을 분석**해야 한다.

예를 들어, 고객들이 어떠한 상품들을 함께 구매하기를 원하는지, 시내 백화점 또는 주거지 근처의 상가에서 구매하기를 원하는지, 즉각적인 택배 서비스를 원하는지 등 경로의사결정과 관련하여 어떠한 형태의 서비스를 얼마만큼 원하는지 파악하는 일은 유통경로를 설계하기 위해 기초적인 과업이다.

그러나 고객들이 '원하는' 모든 서비스의 형태를 그들이 '원하는' 수준으로 제공하는 일은 간혹 기업의 능력을 넘어서거나 비용증가를 통해 가격인상을 일으키기 때문에 항상 가능하지 않고 또한 바람직한 것도 아니다.

3. 경로목표의 설정

경로목표는 마케팅 목표를 달성하는 데 있어서 유통경로가 어떠한 '역할'을 담당해야 할 것인지를 나타내 준다. 마케터는 고객의 서비스 요구를 분석하는 단계에서 이미 고객들이 원하는 경로 서비스의 형태와 수준을 분석하지만 그러한 경로 서비스를 제공하기 위해 필요한 자원과 능력, 비용 등을 평가함으로써 고객들이 원하면서 마케터가 스스로 감당할 수 있는 '서비스 요구'을 확인해내야 한다. 물론 상품의 특성과 환경요인들도 고려해야 한다.

즉 마케터는 앞에서 설명한 **고객의 서비스 요구와 자신의 자원 및 능력을 대비하고, 장기적으로 지향하는 마케팅 목표를 함께 고려하여 경로목표를 설정**하게 되는데 예를 들어, 마케팅 목표가 20%의 투자 수익률을 실현하면서 시장점유율을 유지하는 것이라고 할 때 경로목표는 고객들의 경로 서비스 요구를 고려하면서 다음과 같은 측면에서 기술될 수 있다.

- 기간별 및 세분시장별로 계획된 매출액
- 전체시장 및 세분시장별로 바람직한 시장포괄의 정도
- 바람직한 판매지원 및 서비스지원
- 바람직한 물적 유통의 지원
- 유통경로별 바람직한 투자 수익률

물론 경로목표는 전반적인 기업의 정책이나 상품의 특성, 중간상인과 경쟁자 등 다양한 환경요인들로부터 영향을 받는다. 즉 유통방법이나 수송수단의 선택을 지침하는 기업 정책이 경로목표에 영향을 미치는 것은 당연하며, 상품의 부패성이나 부피, 무게, 단위당 금액 등도 경로목표에 영향을 미친다.

또한 일부 중간상인은 특정한 상품을 취급하지 않을 수도 있고 상품취급과 관련하여 독특한 요구를 내세울 수 있다. 이밖에도 경쟁자의 수와 경쟁의 강도, 경제여건, 법적 규제 등이 경로목표를 설정하는 데 많은 영향을 미친다.

한편 소비용품의 범주별 일반적인 경로목표를 예시하면 〈표 14-4〉와 같은데, 목표로서의 기능을 발휘하도록 기간성과 계량성의 측면에서 구체화해야 한다.

표 14-4

소비용품의 범주별 일반적인 경로목표

편의품
- 필수상품: 최대의 시장노출이 필요하므로 낮은 비용으로 광범위하게 유통시킨다.
- 충동상품: 필수상품과 유사하지만, 특히 효과적인 진열을 구사한다.
- 긴급상품: 사용이 예상되는 시간과 장소에서 쉽게 가용하도록 유통시킨다.

선매품
- 동질적 선매품: 가격비교가 용이하도록 노출시킨다.
- 이질적 선매품: 주요 쇼핑지역에서 다른 판매점들의 이웃에서 노출시킨다.

전문품
- 품질과 명성을 유지하기 위해 극히 제한적으로 유통시킨다.

미탐색품
- 상품에 대한 주의를 환기시키고, 유사상품이 탐색되고 있는 시간과 장소에서 가용하도록 한다.

4. 경로구조의 선정

경로구조에는 다섯 가지 기본적인 유형이 있는데, 마케터는 반드시 이들 중 하나를 선택해야 하는 것은 아니며 경제성·통제성·적응성 등의 기준을 고려하여 자신의 여건에 맞도록 창의적으로 조정해야 한다.

4.1 경로구조의 기본적 유형

경로구조
상품을 최종고객에게 전달하기 위해 필요한 유통단계의 수와 각 단계를 구성하는 중간상인의 형태

경로구조(channel structure)란 **상품을 최종고객에게 전달하기 위해 필요한 유통단계**(channel level)**의 수와 각 단계를 구성하는 중간상인의 형태**로 이루어지는데, 유통단계의 수는 간혹 경로의 길이라고도 하며 직접 경로에서는 당연히 0이다.

즉 생산자는 일단 경로목표를 설정하고 현실적으로 어떠한 경로구조들을 이용할 수 있는지 확인한 후, 다음에 설명할 고려사항들을 참조하여 경로목표를 달성하기 위해 최적의 유형을 선정하든지 또는 기본적인 유형을 자신의 여건에 맞도록 조정해야 한다.

① 생산자 → 소비자/산업고객: 개인적 소비를 위해 구매하는 소비자나 다른 상품을 생산하기 위한 투입요소로서 구매하는 산업고객이 생산자와 직접 거래하는 형태의 경로구조를 직접경로(direct channel)하고 하며, 직접 마케팅(direct marketing)을 위한 경로로서 활용된다.

이러한 직접경로의 대표적인 예로는 온라인 판매, 카탈로그 판매, 방문판매, 직매점을 통한 판매 등이 있으며 생산자가 구매자와 협상하여 직접 거래하는 산업용품 분야에서는 보편적인 경로구조이다.

한편 서비스의 생산자는 대체로 보관과 수송의 문제를 해결하기 위해 직접경로를 이용하지만 간혹 항공사나 보험회사의 경우에서와 같이 중간기관을 이용하기도 한다.

② 생산자 → 소매상 → 소비자: 대규모 소매상들은 소비용품을 생산자로부터 직접 대량으로 구매하여 소비자에게 판매한다.

③ 생산자 → 도매상/대리인 → 산업고객: 산업용품이라고 할지라도 단위당 금액이 작거나 수송비의 비중이 큰 경우라면 시장을 경제적으로 포괄하기 위해 도매상을 활용하게 되는데, 이때 도매상들은 그 지역의 잠재수요에 대처하기 위한 재고를 유지한다. 그러나 단위당 금액이 크고 수송비의 비중이 작은 경우라면 대리인을 사용하여 산업고객에게 접근할 수 있다.

④ 생산자 → 도매상 → 소매상 → 소비자: 소비용품에 대해 가장 전형적인 유통경로는 도매상과 소매상을 포함하는데, 생산자는 수많은 소매상들에게 도달하기 위해 도매상

을 이용하며 소매상들은 여러 생산자들이 생산한 상품을 공급받기 위해 도매상을 구매대리인(buying agent)으로 이용한다.

⑤ 생산자 → 대리인 → 도매상 → 소매상 → 소비자: 상품이 여러 소규모 생산자들에 의해 생산되는 경우라면 구매자의 대량구매 욕구를 충족시켜주는 대리인(수집상)이 필요한데, 대체로 농수산물이나 축산물 등의 생산자가 도매상을 접촉하기 위해 이용한다.

상품을 유통시키기 위해 마케터가 고려할 수 있는 경로구조의 기본적인 유형은 이상과 같지만, 마케터가 반드시 이들 중에서 단 하나만을 선정해야 하는 것도 아니다. 즉 워드프로세서나 밀가루와 같이 **최종 소비자나 산업고객 모두에 의해 구매되는 경우** 또는 육가공품과 신발과 같이 **한 기업이 생산한 상품들이 전혀 상이한 형태와 용도를 가질 경우, 고객집중도가 상이한 지역시장들을 대상으로 하거나 동일한 지역시장 내에서도 거래금액이 크게 다른 고객들을 대상으로 할 경우** 등에서는 이중경로(dual channel) 또는 복수유통경로(multichannel marketing system)를 이용할 수 있다.

예를 들어, 소비용품의 생산자가 백화점과 체인점 등 대규모 소매상에게는 직접 판매하면서 소규모 소매상들에게 도달하기 위해서는 도매상을 이용하는 경우를 볼 수 있다. 또 산업용품의 생산자도 지역적으로 집중된 시장(집중시장 concentrated market)에 대해서는 자신의 판매원을 활용하면서 지역적으로 분산된 시장(분산시장)에 도달하기 위해서는 대리인을 이용할 수 있다.

복수유통경로
상품들이 전혀 상이한 형태와 용도를 갖거나 매우 상이한 시장을 지향할 때 채택하는 두 개 이상의 경로구조

4.2 경로구조를 선정하기 위한 고려사항

생산자는 경로목표를 달성하는 데 가장 적합한 경로구조를 선정하기 위해 우선 자신의 상품분야에서 전통적으로 사용되어온 경로구조를 신중히 고려해야 하는데, 그것은 고객들이 이미 그러한 경로구조를 이용하도록 학습되었기 때문이다.

그러나 U. S. TIME Company의 Timex 시계의 경우처럼 오히려 비전통적인 경로구조(수퍼마켓)가 성공적일 수도 있으므로 다음과 같은 요인들을 종합적으로 고려하여 경로구조를 선정해야 한다.

(1) 시장에 관련된 요인

- 고객의 구매목적: 경로구조를 선정하는 데 있어서 가장 분명하게 고려해야 할 요인은 당연히 고객들의 구매목적이며, 산업용품의 경우에는 소매상이 이용되지 않는다.
- 잠재고객의 수: 잠재고객의 수가 비교적 적다면 그들을 직접 접촉하기 위해 자신

제14장 경로의사결정과 마케팅 전략 **345**

의 판매원을 이용할 수 있지만, 잠재고객의 수가 많다면 보다 긴 경로구조(경로단계의 수가 많은 경로)가 바람직하다.

- 고객의 지역적 집중도: 섬유원단의 구매자인 의류생산자들은 대체로 일정한 지역에 집중적으로 입지되어 있으므로 그들에 대한 직접판매가 매우 효율적이며 판매지점을 설치할 수도 있다. 그러나 고객들이 분산되어 있는 시장에서는 보다 긴 경로구조가 바람직하다.
- 주문금액의 크기: 1회 주문금액과 전체 거래금액이 큰 고객들에게는 직접판매가 경제적이지만, 주문금액은 적으면서 거래빈도만 많은 고객들에게는 직접적인 주문처리와 상품수송 등이 비효율적이므로 중간상인을 이용하는 편이 바람직하다.

(2) 상품에 관련된 요인

- 상품단가: 단위당 상품가격이 높을수록 길이가 짧은 경로구조를 이용하는 경향이 있는데, 그것은 많은 이윤이 그러한 경로구조의 비용을 정당화시켜 주기 때문이다. 물론 단위당 가격은 낮지만 대량으로 거래되거나 다른 상품과 함께 거래됨으로써 전체 주문금액이 커질 경우에도 짧은 경로구조를 이용할 수 있다.
- 부패성: 물리적이든 심리적이든 변질되기 쉬운 상품의 마케터는 신속하게 고객들을 접촉하고 상품을 제공하기 위해 짧은 경로구조를 선택하는 경향이 있다.
- 상품의 기술성: 표준화가 되어 있지 않거나 설치 및 보수유지의 서비스가 필요하다면 상품의 생산자는 고객에게 충분한 기술적 지원을 제공하기 위해 그들을 직접 접촉하는 경향이 있다.

(3) 중간상인에 관련된 요인

- 중간상인으로부터 지원받을 서비스: 생산자는 스스로 수행할 수 없거나 경제적으로 수행하기가 곤란한 일부 기능을 대행해줄 중간상인을 경로구조에 통합해야 한다.
- 필요한 중간상인의 가용성: 생산자가 항상 필요한 중간상인을 이용할 수 있는 것은 아닌데 예를 들어, 중간상인이 경쟁상품을 취급하고 있거나 단순히 추가상품의 취급을 거절할 수도 있다.
- 기업정책에 대한 중간상인의 태도: 일부 중간상인들은 생산자의 정책에 부정적인 태도를 보이거나 일정한 지역에서 독점판매권(exclusive dealership)을 요구하기도 한다.

(4) 기업자체에 관련된 요인

- 자금능력: 자금능력이 풍부한 생산자는 자신의 판매원을 유지하면서 물적 유통기능도 스스로 수행할 수 있기 때문에 중간기관의 필요성을 적게 느낄 것이지만, 그렇지 못한 생산자는 이러한 업무를 대행할 중간기관을 필요로 한다.
- 경로관리의 능력: 마케팅 경험이나 능력이 부족하다면 중간기관의 도움을 받아야 할 것이다.
- 바람직한 경로 영향력의 크기: 적극적인 촉진활동을 전개하고 상품의 신선도와 소매가격을 직접 통제하려는 생산자는 당연히 짧은 경로구조를 선호한다.
- 제공하려는 서비스: 중간상인으로부터 지원되는 서비스에 덧붙여 생산자가 중간상인에게 제공하려는 서비스도 경로구조를 선정하는데 영향을 미친다. 예를 들어, 일부 중간상인은 생산자가 어느 정도 소비자 광고를 실시할 경우에만 상품을 취급한다.

(5) 경쟁에 관련된 요인

식품의 생산자들이 대체로 전통적인 경로구조를 선호하는 데 비해 화장품의 생산자들은 경쟁으로 인해 새로운 유통방식을 다양하게 개발하고 있다.

(6) 환경에 관련된 요인

경기가 침체되면 대체로 서비스를 축소하고 경제적인 경로구조를 모색하려는 경향이 나타나며, 법적인 규제와 제한에 따라 일부 경로구조가 금지될 수도 있다.

4.3 경로구조의 선정기준

생산자가 최종적인 경로구조를 선정하기 위해서는 일단 앞에서 설명한 고려사항들을 참조하여 상품과 관련된 주요 경로구조의 대안들을 확인한 후, 다음과 같은 기준에 따라 장기적인 마케팅 목표를 달성하는 데 적합한 경로구조를 선정해야 한다.

(1) 경제성 기준

생산자는 유통경로에 대한 통제력이나 환경변화에 대한 적응력을 원하지만, 본질적으로 이윤을 추구하기 때문에 경로구조를 선정하는 데 있어서 경제성 기준(economic criteria)이 가장 중요하다.

예를 들어, 생산자는 자신의 배송직원이나 택배사를 이용할 수 있는데, 단순히 마케팅 비용의 측면에서 볼 때 경제성 기준이 어떻게 적용될 수 있는지를 그림 14-2에서

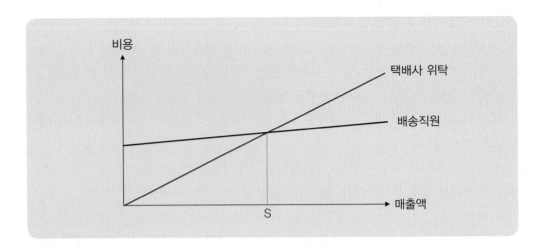

그림 14-2

경제성 기준에 따른 경로
구조의 선정

살펴보자. 생산자의 배송직원은 물량에 따라 (고정급+α)의 능률급으로 보상받는데 반해 택배사는 택배비만으로 보상받기 때문에 두 비용곡선은 S에서 교차한다.

여기서 S는 배송직원에게 제공할 보상과 택배사에게 제공할 보상이 같은 점을 나타내므로 경제성 기준에 따를 때 매출액이 S보다 크다면 생산자의 배송직원을 이용하는 편이 유리하고, S보다 적다면 택배사를 이용하는 편이 유리하다.

(2) 통제성 기준

경제성 기준에 따라 하나의 경로구조가 다른 경로구조보다 낫다고 평가되어도 생산자는 각 경로구조에서 허용되는 통제력의 정도(control criteria)를 고려해야 한다. 즉 경로에 대한 통제력이란 **장기적인 마케팅 목표를 달성하기 위해 경로 구성원들로 하여금 자신의 정책을 수용하고 따르도록 요구하거나 경로구조 내의 갈등을 관리할 수 있는 능력**을 말한다.

택배사는 자신의 이익극대화에 관심을 갖는 독립기관이므로 특정한 생산자를 후원하지 않을 것이며, 더욱이 상품에 관한 지식을 갖추거나 촉진 프로그램에 적극적으로 참여하도록 동기를 부여하기도 어렵다.

(3) 적응성 기준

적응성이란 **'환경변화에 따라 생산자가 경로구조를 변경할 수 있는 융통성'**을 말한다. 예를 들어, 대리점과 10년 기간의 거래계약을 맺었다면 그 기간 동안 환경요인들이 변하여 직접판매가 더 효율적인 것으로 판명되어도 생산자는 쉽게 그러한 환경변화에 적응하기가 곤란할 것이다.

5. 시장포괄전략의 선정

경로구조를 선정하고 나면 마케터는 **경로의 각 단계별로 상품을 취급시킬 중간상인의 수**를 결정해야 하는데, 중간상인의 수는 유통의 강도(intensity of distribution) 또는 시장포괄의 정도, 시장노출의 정도라고도 한다. 유통의 강도는 개방적 유통전략으로부터 전속적 유통전략에 이르는 연속체를 이루지만, 편의상 다음과 같이 세 가지 전략대안으로 범주화한다.

대체로 편의품의 성격이 강하면 개방적 성향의 유통전략이 적합하고 전문품의 성격이 강하면 전속적 성향의 유통전략이 적합하다.

5.1 개방적 유통전략

개방적 유통전략(intensive distribution strategy)이란 마케터가 **자신의 상품을 취급하려는 중간상인 누구에게나 상품취급을 허용하는 전략**이다. 이는 시장을 최대한 넓게 포괄하려는 전략으로서 대체로 편의품 유통에 적합하다.

예를 들어, 청량음료나 아이스크림과 같은 상품에 대해 대부분의 소비자는 즉각적인 욕구충족을 원하면서 굳이 특정한 상표를 찾을 때까지 구매를 연기하지는 않을 것이기 때문에, 생산자는 소비자가 최소한의 노력으로 상품을 구매할 수 있도록 가능한 한 많은 판매점에 취급시킴으로써 **극대의 시장노출과 입지상의 편의성**(장소효용)을 창출해야 한다.

이러한 개방적 유통전략을 채택할 경우 상품의 광고 등 촉진활동은 주로 생산자가 부담하는데, 그것은 중간상인이 다른 중간상인들도 취급하는 상품을 자신의 부담으로 광고하지 않기 때문이다.

개방적 유통전략
자신의 상품을 취급하려는 중간상인 누구에게나 상품 취급을 허용하는 전략

5.2 전속적 유통전략

전속적 유통전략(exclusive distribution strategy)이란 마케터가 **매우 엄격한 자격조건을 내세워 자신의 상품을 취급할 중간상인을 최대한 제한하는 전략**이다. 즉 특정한 도매상이나 소매상에게만 일정한 지역시장 내에서 상품을 독점적으로 판매할 수 있는 독점판매권(exclusive dealership)을 부여하는 전략인데, 독점판매권을 보장받는 중간상인은 대체로 다른 생산자의 경쟁상품을 취급할 수 없다.

이러한 전속적 유통전략은 소비용품 중 값비싼 전문품이나 설치 또는

전속적 유통전략
매우 엄격한 자격조건을 내세워 자신의 상품을 취급할 중간상인을 최대한 제한하는 전략

보수 서비스가 필요한 산업용품의 유통에 널리 이용되는데, 시장포괄의 정도가 희생되는 반면에 **상품의 품질이나 명성에 관한 바람직한 이미지를 개발하고 유지**하는 데 효과적이다.

전속적 유통전략을 채택할 경우에는 생산자와 소매상이 광고 등의 촉진활동이나 판매점의 재고수준, 가격에 관해 긴밀하게 협동한다. 또한 생산자는 소수의 거래처만을 가짐으로써 그들에 대한 통제가 용이하고 마케팅 비용을 절감할 수 있으며, 소매상에게는 통상 높은 마진이 제공된다.

5.3 선택적 유통전략

선택적 유통전략(selective distribution strategy)이란 마케터가 **약간의 자격조건을 내세워 소수의 판매점에게만 상품을 취급할 수 있도록 허용하는 전략**으로서 소비용품 중 선매품과 일부 전문품 또는 산업용품 중 보조장비품의 유통에 널리 이용된다.

이러한 전략은 또한 개방적 유통전략을 채택하던 생산자가 과다한 마케팅 비용을 절감하기 위해 또는 소량거래나 대손 등 업적이 불량한 중간상인들을 추방할 때에도 나타날 수 있다.

즉 선택적 유통전략은 개방적 유통전략에 비해 판매점의 수가 적기 때문에 생산자는 경로 구성원들과 원활한 사업관계를 형성하면서도 전체 마케팅 비용을 절감할 수 있으며, 상호이익을 증진시키기 위한 협동광고도 활용할 수 있다.

6. 유통과업의 분담과 거래조건의 결정

생산자는 상품을 고객에게 전달하는 일과 관련하여 여러 가지 유통과업을 수행해야 하며, 더욱이 고객의 서비스 요구(경로 서비스의 형태와 수준)에도 부응해야 한다. 물론 이러한 과업을 생산자가 스스로 충분히 수행할 수도 있지만, 적어도 일부의 과업이나마 경로 구성원들에게 분담시키는 것이 바람직한 경우가 많다.

즉 **경로구조 내에서 누가 각 유통과업을 수행하는 것이 가장 효율적인가에 따라 유통과업들을 분담**해야 하는데, 실제로 상품을 유통시키기 위한 과업은 수송, 보관, 광고, 고객접촉, 마케팅 조사, 인터넷 사이트 운영, 신용제공 등을 포함하여 대단히 다양하지만 편의상 다음과 같은 네 가지 범주로 나누어 살펴보자.

① T(transit): 상품을 최종 소비자나 유통경로의 다음 단계로 수송하는 과업

② A(advertising): 상품에 관한 정보를 제공하고 설득하는 과업

③ S(storage): 상품을 확보하고 재고로 보유하는 과업

④ K(contact): 구매자를 찾아내고 접촉하는 과업

예를 들어, 생산자(M)가 수송과 정보제공 및 설득을 담당하고 도매상(W)이 일부의 수송과 재고보유를 책임지며, 소매상(R)이 최종고객을 찾아내고 그들에 대한 정보제공 및 설득을 수행한다면 그러한 과업분담은 다음과 같이 표현한다(O는 수행하지 않는 과업을 나타내며, 수행하는 과업은 해당문자로 표시). 물론 과업분담의 형태는 이론적으로 $(2^4)^3=4096$가지에 이르지만 현실적으로 검토할 분담형태는 그리 많지 않다.

$$M(TAOO) \rightarrow W(TOSO) \rightarrow R(OAOK)$$

한편 이러한 과업분담에 덧붙여 생산자는 경로 구성원들과의 전반적인 거래조건 (trade relations mix)을 결정해야 하는데, 거래조건의 주요한 구성요소는 **가격정책, 판매조건, 지역적 독점판매권, 상호서비스 및 책임** 등이다.

3절 유통경로의 관리

유통경로의 설계란 일종의 계획과 같은 성격을 갖기 때문에 실제로 유통경로를 관리하는 일은 경로설계에서 결정된 내용에 따라 구체적인 경로 구성원들을 선발하고 동기부여하며 그들의 성과를 평가 및 통제하는 관리과정으로 이루어진다.

1. 구체적인 경로 구성원의 선정

생산자가 일단 고객의 경로 서비스 요구와 장기적인 마케팅 목표를 고려하여 경로목표를 설정하고 경로구조와 시장포괄의 정도, 과업분담을 결정하였다면, 경로관리의 첫 번째 단계로서 **각 유통단계별로 필요한 수만큼의 도매상과 소매상을 실제로 선발**해야 한다.

이를 위해 생산자는 우선 경로 구성원의 후보를 찾아내야 하는데, 경로 구성원의 자격을 갖춘 중간상인들은 다양한 원천으로부터 확인될 수 있다. 예를 들어, 고객이나 잠재고객이 선호하는 중간상인들의 이름을 확인할 수 있으며, 업종별 중간상인의 목록이나 업종별 출판물의 편집자, 업종별 협회의 간부, 원재료의 공급자, 교육기관 등이 모두 훌륭한 정보원천이다.

일단 경로 구성원의 잠재적 후보들을 확인한 후, 마케터는 그들 중에서 누가 자신의 경로목표에 가장 부합되는지를 평가하여 최선의 중간상인들을 선발해야 하는데, 〈표 14-5〉는 경로 구성원을 선발하기 위해 널리 이용되는 기준이다.

표 14-5

경로 구성원을 선정하기 위한 기준

① **규모:** 매출액, 자금능력, 판매원의 수
② **판매강점:** 판매능력과 기술능력
③ **상품계열:** 취급하는 상품계열의 품질, 경쟁관계 등
④ **명성**
⑤ **시장포괄의 정도**
  • 지역적 포괄: 지역당 점포의 수
  • 산업포괄: 고객의 유형
  • 방문빈도
⑥ **판매업적**
  • 관련된 상품계열의 판매업적
  • 일반적인 판매업적
  • 성장전망
⑦ **경영능력**
⑧ **광고 및 판매촉진 능력**
⑨ **훈련지원의 수용태세**
⑩ **수송능력**
⑪ **보관능력**

2. 경로 구성원의 동기부여

생산자는 구체적인 경로 구성원을 선발한 후, 그들이 생산자의 정책과 목표에 호의적인 태도를 갖고 적극적으로 협력하도록 끊임없이 동기를 부여해야 한다. 즉 중간상인을 생산자의 유통경로에 참여시키기 위한 거래조건 자체가 이미 어느 정도의 동기부여를 하고 있지만, 생산자는 **지속적인 감독과 격려로써 그러한 동기를 강화**해야 한다.

경로 구성원들은 독자적인 목표를 추구하는 독립적인 기관이다. 그들은 대체로 생산자를 위한 판매 대리인(selling agent)이기보다는 자신의 고객들을 위해 구매 대리인(buying agent)으로 행동하기 때문에 생산자는 중간상인들을 중간고객(intermediate customers)으로 인식하여 그들의 욕구를 파악하고 충족시키려고 노력해야 한다.

더욱이 경로 구성원들은 여러 경쟁자들의 상품을 구색으로 갖추며 특정한 생산자의 상품을 판매하기보다는 그러한 구색을 판매하는 데 더 많은 관심을 보인다.

생산자가 경로 구성원들과 호혜적인 관계를 형성하고 유지하기 위해 사용할 수 있는 방법은 다음과 같은 세 가지이다.

① 당근과 채찍 접근법(carrot and stick approach): 생산자는 높은 마진이나 특별할인과 공제, 협동광고, 판매경연 등 다양한 대(對) 중간상인 판매촉진을 통해 중간상인들의 동기를 부여하면서 마진의 감축, 배달지연, 거래단절 등의 위협을 가하여 중간상인들의 협동을 얻어낼 수 있다.

② 장기적 동반자 관계(long-term partnership): 상호 이해관계에 관해 협정을 맺고 준수함으로써 분쟁을 없애고 각자의 이익과 공동의 이익을 동시에 추구할 수 있다.

③ 수직적 마케팅 시스템(vertical marketing system): 법인형이든, 관리형, 계약형이든 생산자와 경로 구성원들을 수직적으로 통합함으로써 생산자와 경로 구성원들의 욕구를 통합하고 조정하는 프로그램을 개발한다.

3. 경로 구성원의 성과평가 및 통제

경로관리는 **유통경로가 효율적으로 작용함으로써 경로목표를 어느 정도 달성하고 있는지를 정기적으로 평가하는 일**을 포함한다. 즉 마케터는 각 경로 구성원의 매출액, 평균 재고수준, 상품 배달시간, 반품률, 고객에 대한 서비스 수준 등을 정기적으로 평가하여 기간별 경로목표와 비교하고 필요하다면 적절한 조치를 취해야 한다.

물론 여기서 적절한 조치란 성과가 우수한 중간상인에게 보다 많은 보상을 제공하는 일과 성과가 부진한 중간상인에게 더욱 분발하도록 격려하거나 퇴출시키는 일을 포함한다.

그러나 생산자가 정당한 근거도 없이 중간상인들을 소홀히 취급한다면 그들로부터 협력을 얻지 못할 뿐만 아니라 소송이 제기될 수도 있으므로 생산자는 항상 중간상인에 대해 세심한 주의를 기울여야 한다.

커뮤니케이션과 촉진관리

커뮤니케이션과 촉진관리

오늘날 소비자들은 다양한 상품이 대량으로 공급되는 시장 속에서 자신의 욕구와 필요를 충족시키기 위해 대단히 넓은 선택범위를 갖게 되었다. 즉 그들은 특정 기업의 상품을 소비하지 않고도 다른 기업이 생산한 경쟁상품을 구매함으로써 욕구를 충족시킬 수 있으며, 마케터가 아무리 훌륭한 상품을 생산하였다 할지라도 소비자 스스로 그러한 **상품의 존재나 그것이 제공하는 효익, 가격, 획득가능성 등에 대한 정보**를 얻으려고 특별히 노력하지 않는다.

더욱이 소비자들은 과거경험이나 제한된 정보만을 바탕으로 구매결정을 내리는 구매관성이 있기 때문에 새로운 상품에 대해서는 무관심하거나 구매저항을 보이기도 한다.

따라서 마케터는 **잠재고객들로부터 바람직한 행동을 유도하기 위해 적절한 지식과 정보를 효과적으로 제공하고 설득**해야 하는데, 이러한 과업은 마케팅 믹스 상에서 '촉진'으로 분류된다.

촉진활동은 커뮤니케이션 과정과 밀접하게 관련되어 있으며, 근본적으로 **커뮤니케이션의 실행**인 것이다. 이 점을 강조하여 본장에서는 우선 커뮤니케이션의 기본적인 과정과 촉진의 본질, 촉진관리의 여러 측면을 살펴본다.

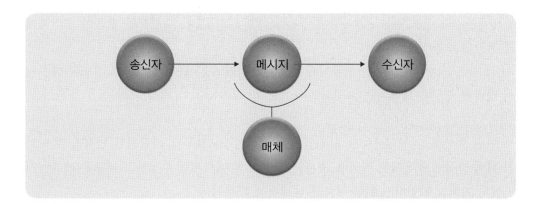

1 절 커뮤니케이션의 개념

커뮤니케이션이란 단어는 '공통(common)'이라는 뜻을 가진 라틴어 'communis'로부터 유래되었으며 **2명 이상의 사람들 사이에서 사고의 공통성(commonness)을 형성하는 과정**을 의미한다. 즉 커뮤니케이션이 성공적으로 완료되면 양측은 동일한 아이디어를 갖게 되는데, 사고의 공통성을 형성하기 위해 주로 언어나 문자라는 상징을 사용하는 형태를 명시적 커뮤니케이션(explicit communication)이라고 하며 표정이나 의상, 색상, 기호 등의 상징을 사용하는 형태를 묵시적 커뮤니케이션(implicit communication)이라고 한다.

특히 커뮤니케이션을 위해 사용한 상징들은 **관련된 사람들이 이해할 수 있고 동일한 의미로 해석해야 한다**는 점이 전제되므로 언어 · 연령 · 사회계층 · 인종 등이 다를 경우에는 커뮤니케이션이 어려워진다.

1. 커뮤니케이션 시스템(커뮤니케이션의 흐름)

커뮤니케이션 시스템은 다양하게 묘사될 수 있지만 기본적으로 그림 15-1과 같이 송신자, 메시지, 수신자, 매체 등 네 가지 요소를 포함한다. 여기서 송신자(communicator, source)란 **다른 사람(들)과 공유하려는 아이디어를 가진 측**으로서 예를 들면, 소비자들을 설득하려는 기업, 정책에 대한 지지를 호소하는 정치가, 인금인상을 요구하는 노조지도자, 헌혈운동을 벌이는 사회단체 등이다.

두 번째 구성요소인 메시지는 **송신자가 갖고 있는 추상적인 아이디어를 적절한 상징들의 조합으로 표현한 것**(symbolic expression)인데 상징으로는 언어나 문자는 물론이고

송신자
다른 사람(들)과 공유하려는 아이디어를 가진 측

메시지
송신자가 갖고 있는 추상적인 아이디어를 적절한 상징들의 조합으로 표현한 것

그림 15-1
단순한 커뮤니케이션 모델

그림 15-2

정교한 커뮤니케이션 모델

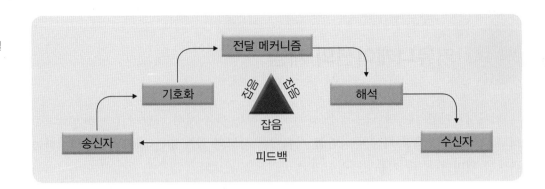

표정, 몸짓, 색채, 기호, 물건 등이 널리 이용된다.

세 번째 구성요소인 수신자는 **송신자가 자신의 아이디어를 공유하려는 상대방**인데 예를 들면, 소비자, 유권자, 기업의 경영자, 시민 등이다. 네 번째 구성요소인 매체는 **메시지를 담아 전달할 그릇**으로서 신문, 잡지, TV, 라디오는 물론이고 판매원을 포함하며 간혹 송신자 자신이 커뮤니케이션을 위한 매체가 될 수 있다.

한편 그림 15-2는 기호화, 해독, 피드백, 잡음 등의 요소를 추가하여 그림 15-1의 모델을 정교화한 것이다. 여기서 기호화(encoding, 또는 암호화)란 **송신자가 갖고 있는 추상적인 아이디어를 전달가능한 형태의 상징을 사용하여 구체적인 표현**(메시지)**으로 전환하는 과정**이며, 해석(decoding)이란 역으로 **메시지에 포함된 상징을 해석하여 추상적인 아이디어를 추출해내는 과정**이다.

따라서 커뮤니케이션이 있은 후, 양측 간의 사고의 공통성을 형성하려면 송신자는 아이디어를 기호화할 상징을 신중하게 선택해야 하는데, 그러한 상징들은 ① 수신자가 이해할 수 있어야 하며 동시에, ② 수신자도 송신자와 동일한 의미로 해석하는 것이어야 한다. 즉 언어나 문자를 사용할 경우에도 상대방에 따라서 영어, 어린이 언어, 노인 언어를 구사해야 하며, 같은 한자 문화권에서도 나라마다 愛人, 花子 등이 다른 의미를 갖는 데 유의해야 한다.

또 다른 요소로서 피드백(feedback)이란 송신자가 자신의 메시지가 어떻게 수신되고 있는지를 검토하고 커뮤니케이션 활동을 조정할 수 있도록 **수신자의 반응이 송신자에게 전달되는 과정**을 의미한다.

끝으로 잡음요소(noise)란 **커뮤니케이션 시스템의 모든 단계에서 본래 의도된 메시지의 정확한 전달을 방해하는 요인들**인데, 신문의 오자(誤字)나 대화 중의 소음 등을 포함한다.

한편 마케팅 커뮤니케이션 시스템이란 **표적시장으로부터 바람직한 반응을 유도하기 위해 그들에게 통합된 자극을 제시하며, 현재의 메시지를 수정하고 새로운 커뮤니케이션의 기회를 확인하기 위한 경로를 설계하는 과정**이다.

수신자

송신자가 자신의 아이디어를 공유하려는 상대방

매체

메시지를 담아 전달할 그릇으로서 신문, 잡지, TV, 라디오, 판매원, 송신자 자신 등

기호화

송신자가 갖고 있는 추상적인 아이디어를 전달가능한 형태의 상징을 사용하여 메시지로 전환시키는 과정

해석

수신자가 메시지에 포함된 상징을 해석하여 추상적인 아이디어를 추출해내는 과정

잡음요소

커뮤니케이션 시스템의 모든 단계에서 본래 의도된 메시지의 정확한 전달을 방해하는 요인들로서, 신문의 오자(誤字)나 대화 중의 소음 등

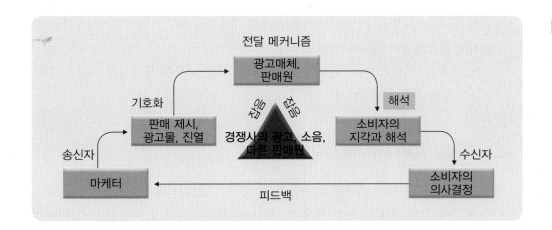

그림 15-3

마케팅 커뮤니케이션 시스템

따라서 마케팅 커뮤니케이션 시스템은 그림 15-3에서와 같이 예시될 수 있다. 즉 마케터는 잠재고객과 공유하려는 추상적인 아이디어를 판매제시, 광고물, 진열 등의 측면에서 여러 가지 상징들을 조합하여 메시지로 표현하는데, 그러한 메시지가 광고매체나 판매원을 통해 잠재고객에게 전달되면 잠재고객은 메시지를 해석하여 자기 나름대로 아이디어를 도출하고 특정한 반응을 보인다.

물론 이러한 반응들은 기업이 주도하는 마케팅 조사나 판매원의 보고서 등을 통해 마케터에게 피드백될 수 있다. 그리고 전체 커뮤니케이션 과정에 걸쳐 경쟁자의 광고, 소음, 다른 판매원 등은 성공적인 커뮤니케이션을 방해하는 잡음요소로 작용할 수 있다.

2. 마케팅 커뮤니케이션을 위한 도구

마케팅 믹스의 구성요소 중 '촉진(promotion)'은 본질적으로 **정보제공과 설득**이라는 두 가지 기본 기능을 수행하는 활동만을 지칭하며 간혹 협의의 촉진이라고 한다. 그러나 마케터가 구사할 수 있는 커뮤니케이션 도구를 광고나 영업, 홍보, 판매촉진 등과 같이 전통적인 촉진도구로 제한할 필요는 없다.

즉 우리가 송신자와 수신자 사이에서 아이디어를 공유하기 위해 사용할 수 있는 모든 상징들을 커뮤니케이션 도구로 간주한다면 상품, 가격, 경로, 촉진(협의의 촉진) 등 마케팅 믹스의 모든 구성요소들이 결국 마케터와 고객 사이에 사고의 공통성을 형성하기 위해 활용될 수 있는데, 이러한 관점을 광의의 촉진이라고 부른다. 따라서 마케팅 믹스의 각 요소들은 조화를 이루면서 수신자와 아이디어를 효과적으로 공유하는 데 기여하도록 조합되어야 한다(시너지 효과).

- 협의의 촉진: 4P중의 촉진을 의미하며 주로 촉진도구(광고, 홍보, 영업, 판매촉진)를 사용하여 정보제공과 설득을 목적으로 함
- 광의의 촉진: 커뮤니케이션을 의미하며 4P 등 가용한 모든 상징들을 사용하여 아이디어의 공유를 목적으로 함

2.1 마케팅 커뮤니케이션 도구로서의 상품

마케팅 커뮤니케이션의 맥락에서 상품의 각 측면은 일정한 의미를 함축하는 상징으로 간주될 수 있으며, 상품에 관한 어떤 아이디어를 소비자에게 전달해준다. 즉 마케터는 포장 및 상품 자체의 색상과 디자인, 재질 또는 상표 등과 같은 요소를 적절하게 선정함으로써 고객에게 전달하려는 추상적인 아이디어를 효과적으로 기호화할 수 있다.

(1) 상품포장에 관련된 요인

신상품이나 사용경험이 없는 상품을 구매할 때 소비자는 그 상품이 어떠한 것인지를 암시해주는 단서(상징)를 포장의 여러 측면으로부터 찾는 경향이 있다.

우선 상징으로서 색채는 대체로 인간 주변의 물리적 환경과 색채 사이의 연상을 통해 일정한 의미를 갖고 있으며(황색−태양을 연상하여 따뜻함, 적색−불을 연상하여 뜨거움, 청색−하늘이나 물을 연상하여 시원함), 간혹 심리적인 상태(청색−우울함, 회색−외로움)나 퍼스낼리티(황색−에고이스트, 오렌지색−낙천주의자, 적색−외향적, 청색−내성적)와도 연상된다.

둘째, 포장의 디자인도 선의 굵기나 기울기가 독특한 아이디어를 전달한다. 즉 굵은 선은 남성적임을, 가는 선은 여성적임이나 섬세함을 함축하며, 선의 기울기에 있어서 수평선은 안락함과 조용함 또는 평온함을 암시한다.

셋째, 포장 재질의 측면에서도 마케터는 금속재(강함, 내구성, 차가움), 플라스틱(새로움, 가벼움, 깨끗함), 비단/털(부드러움, 여성적임), 목재(남성적임) 등을 구사함으로써 원하는 아이디어를 표현할 수 있다.

끝으로, 포장규격이 큰 것은 내용물 단위당 저가격(덕용 economy size)과 연상된다.

(2) 상품자체에 관련된 요인

상품 자체의 색채, 디자인, 재질 등 물리적 특성들도 독특한 아이디어를 전달해준다. 예를 들어, 콘택 감기약은 투명캡슐을 통해 세 가지 색채의 입자를 보여줌으로써 약효지속시간이 기존 감기약의 4시간에 비해 세 배인 12시간임을 암시했고, 분말세제는 두 가지 색채의 분말을 혼합하여 때를 빼고

▲ 콘택 감기약은 세 가지 색채의 입자를 보여줌으로써 약효 지속시간이 기존 감기약의 4시간에 비해 3배인 12시간이라는 장점을 효과적으로 공유하였다.

동시에 표백할 수 있다는 두 가지 효익을 암시한다.

또한 치약은 줄무늬로서 충치예방과 구취제거를 동시에 강조하며, 화장
비누는 타원형으로서 여성적임과 부드러움을, 세탁비누는 장방형으로서 남
성적임과 강력함을 암시한다.

▲ Swan 비누는 부드럽고, 우아하며, 청순
한 아이디어를 전달할 뿐 아니라 물에 뜨는
비누라는 특징을 절묘하게 인식시켜 준다.

(3) 상 표

상표는 상품의 구성요소중 단독으로는 가장 중요한 상징인데, 시장에서
경쟁상품과 구별해주는 기본적인 기능을 수행하면서 동시에 독특한 이미지
를 형성하도록 도와준다. 예를 들어, Swan이라는 상표명은 부드럽고, 우아
하고, 청순함을 연상시키며, Eve라는 상표명은 그것이 여성용임을 암시해준다.

2.2 마케팅 커뮤니케이션 도구로서의 가격

가격은 단순히 상품가치의 척도로서 교환비율을 나타내는 데 그치지 않고 그 상품
의 품질수준을 암시하는 상징, 즉 품질의 지표(indicator of quality)로 해석되기도 한다. 특
히 가격이 품질의 지표로 활용될 수 있는 여건은 다음과 같다.

▲ Eve 담배는 상표명 자
체도 여성용이라는 아이
디어를 전달하지만 담배
자체도 가늘고 길어서 여
성이 섬섬옥수를 연상케
한다.

① 상품이 다음과 같은 특성을 가질 때 가격은 상징으로서 품질을 나타내는 경향이
있다.

- 한 상품범주에 속하는 상표들 사이에서 품질차이가 클 것이라고 생각될 때
- 다른 상품의 구성요소로 사용되지만 완성품에 대한 품질 기여도가 추가적인 원가
  부담보다 크다고 생각될 때
- 선물이나 결혼식 등 특별한 목적을 위해 구매될 때
- 품질평가의 기준이 확실하지 않은 신상품일 때

② 소비자가 다음과 같은 특성을 가질 때 가격은 상징으로서 품질을 나타내는 경향이
있다.

- 상품에 대한 사용경험이나 정보가 부족할 때
- 품질평가에 자신이 없을 때
- 자기과시의 욕망이 클 때

2.3 마케팅 커뮤니케이션 도구로서의 경로

소매점에 대한 소비자의 지각은 그의 점포선택뿐 아니라 그 점포가 취급하는 상품에 대한 지각에도 영향을 미치는데, 점포의 다음과 같은 측면들은 상호작용을 통해 소비자에게 독특한 아이디어를 전달하며, 그러한 아이디어들의 총체를 점포 이미지(store image)라고 한다.

(1) 건축형태 및 외양

점포의 건축형태와 외양은 소비자가 그 점포에서 무엇을 기대할 수 있는지 말해준다. 우선 규모가 큰 점포는 소비자들에게 거대한 자본력과 신용, 다양한 구색, 심지어는 저렴한 가격을 의미할 수 있으며 형태에 있어서도 피라미드 모습의 건축형태는 미래지향적이며, 진보적인 이미지를 전달하고 이국적인 건축형태는 그곳에서 취급하는 상품이 이색적임을 암시한다. 예를 들어, 소비자들은 가까이 접근하여 확인하지 않더라도 멀리서 식당의 전면을 보고도 일식집인지 중국집인지 쉽게 추측할 수 있다.

또한 상품이 많이 쌓여 있고 다소 복잡한 프론트는 가격이 저렴할 것이라는 생각이 들게 하며 입지, 건축자재, 외부조명 등도 점포가 우아한 곳, 아늑한 곳, 안전한 곳이라는 등의 독특한 아이디어를 전달할 수 있다.

(2) 내부 디자인

점포 내부의 색조, 내장재, 조명 등은 바람직한 구매 분위기를 창출하기 위한 기본적인 수단으로 활용될 수 있다. 예를 들어, 이러한 요소 중에서 일부는 따뜻한 느낌이나 시원한 느낌을 전달할 수 있고, 약국은 빈 약품 상자를 쌓아두어 손님과 약이 많다는 아이디어를 전달하고 일부 교수들은 읽지 않는 책까지 책장을 빼곡히 채움으로써 열심히 연구한다는 아이디어를 전달한다.

(3) 판매원

판매원은 점포 이미지의 가장 중요한 요소인데, 고객과 직접 접촉하면서 자신의 **개인적 특성과 행동**을 통해 소비자에게 여러 가지 아이디어를 전달할 수 있다. 예를 들어, 건강식품의 판매원은 그 자신이 활력이 넘치고 건강한 인상을 가져야 하며, 다이어트 보조제의 판매원이 비만하다면 상품에 관한 아이디어를 정확하게 전달하기 어려울 것이다.

(4) 간판과 로고 및 심볼

점포의 간판과 로고(logos) **및 심볼**은 단순히 소비자의 주의를 끌고 점포를 확인하는 것 이상의 중요한 기능을 수행한다. 즉 그들은 최신유행이나 저렴한 가격 등의 아이디어를 전달할 수 있으며 색상, 디자인, 단어로써 점포 또는 그곳에서 판매되고 있는 상품에 관해 무엇인가를 소비자에게 말해준다.

▲ 상품인 모자를 연상시킨다.

2.4 마케팅 커뮤니케이션 도구로서의 촉진

마케팅 믹스의 구성요소 가운데 촉진은 '정보제공과 설득'을 기본적 기능으로 삼기 때문에 커뮤니케이션에서도 중추적인 역할을 수행한다. 더욱이 촉진목표를 달성하기 위해 선정된 대변인(모델), 매체, 촉진활동의 타이밍, 메시지의 구성방법, 촉진믹스의 형태, 판매촉진의 방법 등은 메시지와는 별도로 소비자들에게 독특한 아이디어를 전달할 수 있다.

따라서 마케터는 이러한 촉진활동의 여러 가지 측면들이 메시지에서 전달하려는 아이디어와 일관성을 유지하고 그것을 강화시키도록 조화를 이루어야 한다.

3. 커뮤니케이션의 효율성

커뮤니케이션의 효율성에 영향을 미치는 요인은 대체로 〈표 15-1〉과 같이 나눌 수 있는데, 이러한 요인들에 관한 실증적 연구결과들을 요약하면 다음과 같다.

송신자	메시지	수신자
송신자의 신뢰성 • 진실성 • 전문성 • 사회적 지위 • 일치성 • 애호성	메시지의 양면성 주장제시의 순서 결론도출 메시지 소구의 유형 　• 두려움 소구 　• 감정적/이성적 소구	성별 퍼스낼리티 욕구와 관심 태도와 신념

표 15-1

커뮤니케이션 효율성에 영향을 미치는 요인

3.1 송신자 특성

커뮤니케이션 효율성에 영향을 미치는 가장 중요한 요소는 대변인(모델)을 포함하여 송신자의 특성이다. 이러한 송신자의 특성에 기인하는 영향을 원천효과(source effect)라고 부르며 대체로 송신자의 신뢰성(source credibility)으로부터 기인하는데, 송신자의 신뢰성은 다음과 같은 경우에 높다.

진실성
송신자가 커뮤니케이션에서 사심(私心)을 갖지 않고 정직한 메시지를 제공한다고 믿는 수신자의 지각

전문성
송신자가 커뮤니케이션 주제에 관해 적절한 학습경험, 정보, 지식을 갖고 있다고 믿는 수신자의 지각

사회적 지위
나이, 교육수준, 소득, 재산, 외모 등의 측면에서 송신자의 사회적 지위가 수신자 자신보다 높다는 지각

일치성
송신자 특성에 대한 지각과 메시지 내용에 대한 지각이 일치하는 정도

애호성
메시지의 내용과 관계없이 수신자가 송신자에 대해 긍정적인 태도를 갖는 정도

① 진실성(trustworthiness): 송신자가 **커뮤니케이션에서 사심(私心)을 갖지 않고 정직한 메시지를 제공한다고 지각**될 때 송신자 신뢰성이 높고 원천효과 때문에 설득력이 큰 경향이 있다. 따라서 소비자에게 직접 메시지를 말하는 것보다 간혹 소비자가 그러한 메시지를 엿듣는 모습이 더욱 설득적이다.

② 전문성(expertise): 송신자가 **커뮤니케이션 주제에 관해 적절한 학습경험, 정보, 지식을 갖고 있다고 지각**될수록 커뮤니케이션이 설득적인 경향이 있다. 따라서 어떤 메시지를 전달하고자 할 때 흔히 그 분야의 전문가에게 의존하는 편이 바람직하다.

③ 사회적 지위(social status): 송신자의 나이, 교육수준, 소득, 재산, 외모 등의 측면에서 **사회적 지위가 수신자 자신보다 높다고 지각**될수록 커뮤니케이션이 설득적인 경향이 있다.

④ 일치성(source congruity): **송신자 특성에 대한 지각과 메시지 내용에 대한 지각이 일치할수록**(product-model fit) 커뮤니케이션이 설득적인 경향이 있다. 예를 들어, 다이어트에 관한 커뮤니케이션에서는 날씬한 모델이 효과적이며, 환경보호 캠페인에는 환경보호를 몸소 실천한 증인이 송신자로 나서야 설득적이다.

⑤ 애호성(likability): **메시지의 내용과 관계없이 수신자가 송신자에 대해 긍정적인 태도를 가질수록** 커뮤니케이션이 설득적인 경향이 있다. 예를 들어, 사람들은 자신이 좋아하는 연예인이나 유명인사 등의 의견에 동감하고 행동을 모방하려는 경향을 보이기 때문에 청소년에게 우상인 연예인이 청소년을 대상으로 벌이는 금연 또는 마약퇴치 캠페인은 더욱 설득적이다.

3.2 메시지 특성

메시지란 송신자가 추상적인 아이디어를 전달가능한 형태(상징적 표현 symbolic expression)로 전환시킨 것인데, 커뮤니케이션의 효율성과 관련하여 메시지는 다음과 같은 측면에서 검토될 수 있다.

(1) 메시지의 양면성

메시지의 양면성(sidedness)이란 커뮤니케이션에서 송신자에게 유리한 주장만 제시할 것인지(장점 논의) 또는 그 반대의 측면도 포함할 것인지(장단점 논의)의 문제이다. 즉 수신자들이 이미 송신자와 일치하는 의견과 태도를 갖고 있다면 긍정적인 측면만을 제시하여 수신자의 기존태도를 강화시키며, 그렇지 않은 경우라면 긍정적인 측면과 부정적이 측면을 모두 제시하여 진실성이라도 높이는 편이 효과적이다.

또한 경쟁자의 역광고(counter propaganda, 진실논란)에 노출될 가능성이 있다면 애초에

부정적인 측면을 고백함으로써 나중에 역광고가 일으킬 반발심을 줄일 수 있다.

한편 수신자의 교육수준이 낮은 경우라면 단순히 긍정적인 측면만을 제시하는 편이 혼돈을 일으키지 않을 것이지만, 교육수준이 높을 경우에는 진실성을 높이기 위해 차라리 부정적인 측면도 함께 제시하는 편이 효과적이다.

(2) 주장제시의 순서

메시지가 여러 단계의 주장으로 구성되어 있는 경우에 현재 수신자들의 관심도가 낮다면 강한 소구를 앞에 내세워 우선 그들의 관심을 끌어야 하며(점강소구, 두괄식), 처음부터 관심도가 높다면 점차로 강한 소구를 뒤에 둠으로써 이미 그들이 갖고 있는 관심을 열망으로 전환시켜 가는 편(점증소구, 미괄식)이 바람직하다.

또한 메시지의 내용구성에 있어서 욕구를 우선 환기시킨 후, 욕구의 충족과 관련된 정보를 제시하는 배열은 그 반대의 경우보다 효과적이다. 이러한 점은 잠시 후에 설명할 반응계층과 일치하는 순서(AIDA)가 효과적임을 지적하는 것이다.

(3) 결론도출

수신자의 의견이나 행동을 바람직한 방향으로 변화시키기 위해서는 메시지가 그러한 변화를 촉구하는 결론을 내려주는 편이 효과적이다. 그러나 송신자의 진실성이 의심받거나 결론도출이 수신자를 무시하는 처사로 지각된다면 오히려 역효과를 거둘 수 있다.

또한 수신자의 지적 수준이 높은 경우 또는 메시지의 주제가 매우 개인적이거나 단순할 때에는 결론도출의 효과를 기대할 수 없다.

더욱이 일방적인 결론도출은 간혹 표적시장을 너무 협소하게 규정하거나 상품효익의 일부만 강조함으로써 수신자들의 관심을 제한할 가능성도 있다. 예를 들어, 베이비로션과 같은 상품은 표적시장을 굳이 몇 세 이하의 어린이로 규정하고 강조할 필요 없이 청소년이나 아기의 엄마도 함께 사용하도록 허용하는 편이 바람직하다.

(4) 메시지 소구의 유형

메시지 소구의 유형이란 메시지 내용을 수신자들이 잘 받아들이도록 하기 위해 이용되는 소구의 유형으로서 감성적 소구, 이성적 소구, 두려움 소구로 구분된다.

메시지 소구의 유형은 감성적 구매동기를 근거로 하는 감성적 소구와 이성적 구매동기를 근거로 하는 이성적 소구로 구분할 수 있다. 감성적 소구는 **소비자에게 대단히 함축적인 의미를 갖는 단어나 시각적 또는 비언어적 자극을 구사하여 감성을 자극**하는데 반해, 이성적 소구는 **상품효익에 관한 객관적인 증거를 명백하게 제시**해야 한다.

한편 두려움 소구(fear appeals)란 상품을 구매하지 않음으로써 겪을 수 있는 불행한

두려움 소구
상품을 구매하지 않음으로써 겪을 수 있는 불행한 상태를 지적하고 위협하여 그러한 상태를 회피하려는 동기에서 상품을 구매하도록 촉구하는 소구

상태를 지적하고 위협하여 그러한 상태를 회피하려는 동기에서 상품을 구매하도록 촉구하는 소구이다. 예를 들어, 소화기, 각종 보험, 방향제나 가그린, 선행학습 등의 마케터는 흔히 이러한 두려움 소구에 의존하는데, 이러한 관행을 공포 마케팅이라고 부른다.

그러나 두려움 소구에서 위협이 무시할 정도로 심각한 것이 아니라면 소비자들의 관심조차 끌지 못할 것이며, 위협이 지나치게 강하면 소비자들이 메시지 자체를 회피하거나 어떻게 행동해도 도움이 되지 않을 것이라고 자포자기할 것이다. 따라서 두려움 소구는 대체로 위협의 정도가 너무 크거나 작을 때 비효과적이다.

3.3 수신자 특성

커뮤니케이션의 효율성에 영향을 미치는 마지막 요소는 다음과 같은 수신자의 특성이다.

① 성별: 일반적으로 남성보다는 여성이 커뮤니케이션에 수용적인 경향을 보인다. 이는 주로 여성이 사회화 과정에서 수동적인 태도를 취하거나 자녀를 포함하여 다른 사람들을 배려하도록 학습된 결과에 기인하는 것이므로,사회 여건이 변함에 따라 크게 달라지고 있다.

② 퍼스낼리티: 자존심이 강한 사람, 권위지향적인 사람, 폐쇄적인 사람, 사회적으로 무관심한 사람, 공격적인 사람, 조바심이 많은 사람 등은 커뮤니케이션에 대해 덜 수용적이기 때문에 설득하기가 어렵다.

그러나 권위지향적인 사람은 메시지의 내용보다는 송신자가 누구인지에 더 많은 관심을 가지며, 그에 따라 메시지의 수용 여부를 결정하는 경향이 있기 때문에 커뮤니케이션 자체가 불가능한 것은 아니다.

③ 욕구와 관심: 수신자들은 자신의 욕구와 관심에 소구하는 메시지에 대해 더욱 수용적이므로(지각적 경계 perceptual vigilance) 대체로 비차별적으로 모든 사람을 대상으로 제공되는 메시지보다 자신의 독특한 열망이나 관심에 초점을 두고, 개별적으로 수행되는 차별적 커뮤니케이션에 의해 쉽게 설득된다.

④ 태도와 신념: 수신자는 외부환경으로부터 주어지는 자극과 정보를 받아들이는 과정에서 현재 자신이 갖고 있는 태도나 신념과 일치하지 않는 것들은 거부하는 경향이 있으므로(지각적 방어 perceptual defense) 설득적 커뮤니케이션은 우선 그들의 이러한 선택적 지각과정(selective perceptual process)을 통과해야 한다. 물론 운동하기 싫어하는 사람이 과도한 운동은 오히려 해독이 되며 노화를 촉진한다는 정보를 기쁘게 수용하듯이, 자신의 태도나 신념을 강화해 줄 수 있는 자극과 정보에는 지각적 경계를 보인다.

지각적 경계

자신의 욕구와 관심에 소구하거나 기존 신념과 태도를 강화해 주는 메시지에 대해 더욱 수용적인 심리적 반응

지각적 방어

자신의 욕구와 관심에 관계가 없거나 기존 신념과 태도의 변화를 요구하는 메시지에 대해 기피하려는 심리적 반응

4. 커뮤니케이션의 효과계층

마케터는 커뮤니케이션 목표를 효과적으로 달성하기 위해 수신자들이 커뮤니케이션에 노출되기 시작하여 구매에 이르는 일련의 단계를 고려해서 적절한 반응을 순차적으로 유도해야 한다.

즉 수신자들은 우선 첫 번째 인지적(cognitive) 단계에서 메시지를 받아들여 해석하며, 두 번째 감정적(affective) 단계에서는 인지적 단계에서의 해석결과들을 종합하여 그 대상에 대한 태도(이미지)를 형성한다. 또한 마지막 행동적(behavioral) 단계에서는 구매나 추천과 같은 행동의도를 형성한다.

따라서 마케터는 표적시장으로부터 인지적 반응, 감정적 반응, 행동적 반응을 순차적으로 얻어낼 수 있으며 커뮤니케이션의 목표도 어떤 정보를 소비자에게 알리거나 소비자의 태도를 변화시키거나 또는 소비자로 하여금 특정한 행동을 취하도록 촉구하는 것이 될 수 있다.

물론 각 단계가 구체적으로 어떠한 반응들로 구성되는지에 관해서는 여러 가지 모델이 있으나, 대체로 〈표 15-2〉와 같으며 이들은 모두 커뮤니케이션에 대한 수신자의 반응계층모델(response hierarchy model)이라고 한다.

반응계층모델
수신자들이 커뮤니케이션에 노출되기 시작하여 구매에 이르는 일련의 단계를 제안하는 모델들

단계	인지적 단계 (Cognitive stage)	감정적 단계 (Affective stage)	행동적 단계 (Behavioral stage)
혁신수용모델 (Innovation adoption model)	인지(Awareness)	→ 관심(Interest) → 평가(Evaluation)	→ 시용(Trial) → 수용(Adoption)
AIDA 모델	주의(Attention)	→ 관심(Interest) → 욕망(Desire)	→ 행동(Action)
효과의 계층모델 (Hierarchy of effects model)	인지(Awareness) → 지식(Knowledge)	→ 좋아함(Liking) → 선호(Preference)	→ 확신(Conviction) → 구매(Purchase)

표 15-2
커뮤니케이션에 대한 수신자의 반응계층모델

예를 들어, AIDA모델에 따르면 마케터는 우선 자기소개나 굵은 표제문, 특이한 광고물 등을 통해 잠재고객의 주위를 끌고난 후, 상품효익을 훌륭하게 제시함으로써 상품에 대한 관심과 구매하려는 열망을 창출해야 한다. 그 다음 구매행위를 촉구하기 위해 할부판매나 배달 등의 서비스를 제안함으로써 잠재고객들을 효과적으로 설득할 수 있다.

2 절 촉진의 본질

앞에서 언급한 바와 같이 광의의 촉진이란 마케팅 커뮤니케이션을 의미하며 마케팅 믹스의 모든 요소를 도구로 포괄하지만, 협의의 촉진이란 본질적으로 잠재고객에게 정보를 제공하고 설득하는 기능을 수행하는 광고, 영업, 홍보, 판매촉진 등의 촉진도구만을 포괄하며 마케팅 믹스의 한 가지 구성요소를 말한다.

1. 촉진의 기능적 목적

촉진이라는 용어는 '앞으로 나아가다(to move forward)'라는 뜻을 가진 라틴어 'promovere'로부터 유래되었는데, 오늘날에는 **다른 사람에게 사고나 아이디어를 전달하고 그것을 수용하도록 설득하기 위한 활동**을 일컫게 되었다. 이러한 촉진활동이 기업 내에서 수행하는 기능적 목적은 다음과 같은 세 가지이다.

1.1 정보제공(정보제공적 촉진)

마케팅 조직의 촉진활동은 광고, 영업, 홍보, 판매촉진 등 어느 것에 의존하든 간에 정보의 제공을 중요한 목적으로 한다. 특히 상품수명주기 상의 도입기에서는 — **상품의 존재, 효익, 가격, 가용성** 등 — 기업의 마케팅 믹스에 관해 잠재고객들에게 알리기 위한 정보제공적 촉진활동이 널리 실시되는데, 이는 신상품에 대한 본원적 수요를 증대시키기 위해서는 정보제공적 촉진이 가장 필요하기 때문이다.

1.2 설득(설득적 촉진)

촉진활동은 또한 소비자들의 태도와 행동을 수정하거나 강화하는 기능을 수행한다. 예를 들어, '아사히'가 아니라 '칭따오'를 마시도록 설득하거나 이미 '농심라면'을 먹고 있는 사람에게 앞으로도 계속 '농심라면'을 먹도록 기존의 태도와 행동을 강화할 수 있다.

이와 같은 설득적 촉진은 많은 소비자 운동가들로부터 비난받기도 하지만, 마케팅 조직이 주도하는 대부분 촉진활동은 소비자를 설득하려는 것이며, 구매를 자극하기 위해 실시된다. 설득은 대체로 상품이 수명주기 상의 성장기에 들어갈 때 강조된다.

1.3 회상(회상적 촉진)

회상적 촉진은 자신의 상표를 **소비자들의 마음 속에 새겨진 상태로 유지**하기 위해 사용되며 수명주기 상의 성숙기 동안 널리 실시된다. 이러한 형태의 촉진은 이미 소비자들이 상품효익에 관해 설득되었다고 가정하고 단순히 기억만을 강화하는 기능을 수행한다.

2. 촉진도구의 유형

협의의 촉진은 전체 마케팅 믹스에서 정보제공과 설득을 담당하는데, 촉진목표를 달성하기 위해 마케터가 구사할 수 있는 도구는 광고, 홍보, 영업, 판매촉진으로 구분된다.

2.1 마케팅 믹스 내 촉진의 지위

촉진이란 마케팅 믹스의 기본적인 구성요소 중의 하나이며, 다른 요소들은 상품, 가격, 경로이다. 즉 마케팅 믹스란 **마케터가 환경**(통제불가능한 외부 요인)**에 적응하면서 소비자의 욕구와 필요를 충족시켜 기업의 목표를 달성하기 위해, 특정시점에서 통제가능한 요소들**(4P's)**을 조합한 것이다.**

따라서 마케팅 믹스의 네 가지 요소들은 서로 관련성을 가지면서 고객만족을 창출하도록 상호작용한다. 그러나 기업이 통제할 수 있는 상품, 가격, 경로, 촉진 등의 네 가지 의사결정분야는 〈표 15-3〉에서와 같이 각기 여러 가지 하위의사결정들로 구성되므로 그 자체를 믹스로 볼 수 있다.

상품(믹스)	경로(믹스)	가격(믹스)	촉진(믹스)
상품특징	경로구조	가격수준	홍보활동
규격	시장포괄	할인	판매원관리
색채	수송	공제	광고목표
포장	보관	지역가격	매체의 선정
부대 서비스	재고관리	심리적 가격	메시지 개발

표 15-3

마케팅믹스의 하위믹스

즉 마케팅 믹스의 각 구성요소는 다시 상품믹스, 가격믹스, 경로믹스, 촉진믹스의 개념으로 파악될 수 있으며, 이들은 전체 마케팅 믹스에 대해 하위믹스(submixes)인 셈이다. 최적의 마케팅 믹스를 구성하기 위해서는 이들 하위믹스들이 적절히 결합되어야 하므로 촉진믹스에 관한 의사결정은 마케팅 믹스의 다른 요소들에게 영향을 미치며 그 반대도 성립한다.

2.2 촉진도구

촉진활동을 위해 마케터가 구사할 수 있는 촉진믹스의 구성요소는 대체로 광고, 홍보, 영업, 판매촉진의 네 가지로 나눌 수 있는데, 이들을 통상 촉진도구(promotools= promotion＋tools)라고 한다. 이러한 촉진도구들은 각각 장점과 단점을 모두 갖고 있으므로 마케터는 한 가지 도구에만 의존하기보다 그들을 조합함으로써 각 도구의 약점을 다른 도구들의 장점으로 보완해 최적의 촉진믹스를 구성할 수 있다.

(1) 광 고

광고(advertising)란 **특정한 후원자**(sponsor)**에 의해 비용이 지불되는 모든 형태의 비인적 판매제시**(non-personal sales presentation)를 포괄한다. 물론 판매제시는 상품이나 서비스, 아이디어에 관한 것이며 마케터는 TV, 라디오, 신문, 잡지, 직접우편과 같은 매체를 통해 자신의 메시지를 소비자에게 전달할 수 있다.

(2) 홍 보

홍보(publicity)란 **특정 기업이나 상품에 대해 실시되는 대중매체의 뉴스취급**(news coverage)으로서 메시지를 제시하는 데 필요한 지면이나 시간에 대해 돈을 지불하는 후원자(광고주) 없다는 점에서 무료이다. 따라서 메시지의 내용과 전달시간 등은 매체가 통제할 수 있다.

홍보 메시지는 대체로 신문, 잡지, TV, 라디오와 같은 대중매체를 통해 뉴스나 공지사항으로 제시되며 특정한 기업이나 상품이 구체적으로 명시되지 않을 수도 있다.

(3) 영업(인적 판매)

영업이란 흔히 마케팅 교과서에서 인적 판매(personal selling)라고 부르는 활동으로서, **판매원이 잠재고객을 대면접촉**(face-to-face contact)**하여 상품이나 서비스, 아이디어를 제시하고 바람직한 행동을 설득하는 활동**이다.

그러나 영업은 전화판매뿐 아니라 모든 유형의 판매원 활동을 지칭하며 산업고객, 중간상인, 최종소비자에 대한 접촉까지를 포괄한다.

(4) 판매촉진

판매촉진(sales promotion)이란 이상과 같은 세 범주에 포함되지 않는 모든 촉진활동을 포괄하는데, 대체로 다른 촉진도구의 기능을 보완하기 위해 단기적인 프로그램으로 설계된다. 판매촉진은 자사의 판매원이나 중간상인, 소비자에 대해 실시되며 대표적인 형태는 판매교본, 판매경연, 무료상품, 공장견학, 전시회, 견본제공, 프리미엄, 경품 등이다.

3 절 촉진활동의 관리

기업의 촉진활동을 관리하는 과정은 계획수립과 실행, 통제의 단계를 포괄하는데 〈표 15-4〉와 같이 세분된다. 그러나 〈표 15-4〉는 한 가지 예시에 불과하며 여러 가지 대안과 변형이 있을 수 있다.

표 15-4
전략적 촉진계획의 내용

I. 상황분석
1) 수요
  (1) 소비자 의사결정 과정
  (2) 사회적·문화적 영향요인
  (3) 인구통계적·개인심리적 영향요인
2) 경쟁
3) 법적인 환경
4) 기업 내부적 변수의 평가

II. 목표의 설정
1) 표적시장의 정의
2) 매출액 또는 커뮤니케이션 목표

III. 예산의 결정

IV. 촉진 프로그램 구성요소의 관리 (촉진믹스)
1) 촉진믹스의 개발
  (1) 광고
  (2) 영업
  (3) 홍보 및 판매촉진
  (4) 재판매업자의 촉진지원
2) 촉진 프로그램 구성요소 간의 균형
3) 일정계획

V. 촉진성과의 측정

VI. 평가 및 사후조치

---

1. 전략적 촉진계획의 수립

1.1 상황분석

전략적 촉진계획을 수립하기 위한 출발점은 수요의 추세가 호의적인가? 상품이나 서비스가 경쟁자의 것과 분명히 차별화될 수 있는가? 상품의 숨겨진 효익이 소비자에게 중요한 가치를 갖는가? 강력한 감성적 구매동기가 소비자의 구매행동과 관련되는가? 촉진활동을 위해 지출할 자금이 충분한가? 등의 질문을 통해 목표달성을 효과적으로 개선할 가능성, 즉 촉진기회를 발견하는 일이다.

사실 **촉진기회를 발견하기 위한 상황분석**(SWOT 분석)은 마케팅 시스템의 외부적 환경과 내부적 변수 모두에 대한 평가를 포함하는데, 그중 가장 기본적인 사항은 상품수요에 대한 분석이다. 여기서는 물론 구매 의사결정 과정과 수요에 영향을 미치는 사회적 및 문화적 요인, 소비자들의 태도 및 개인적 특성차이를 검토해야 하는데, 이는 표적시장을 정의하고 촉진목표를 결정하기 위한 투입자료로 활용할 수 있다.

또한 경쟁자의 수와 성격을 분석하고 마케팅 활동에 관련되는 법령들을 검토해야 한다. 끝으로 기업 내부의 변수로서 인적 자원, 자금능력, 기업의 정책 등도 고려해야 한다.

1.2 목표의 설정

목표의 설정은 표적시장을 정의하는 과업과 그러한 표적시장을 대상으로 촉진활동을 통해 달성하고자 하는 미래상태를 결정하는 과업으로 나눌 수 있다.

(1) 촉진표적의 선정

마케터는 촉진활동으로부터 최대의 성과를 도출하기 위해 시장 세분화의 개념을 적용하여 표적시장(표적 수신자 target audience)을 선정하고 그들에게 촉진노력과 자원을 집중해야 한다. 즉 마케터는 일반적인 전체시장이 아니라 특정한 표적시장에게 촉진노력을 집중함으로써 다음과 같은 이점을 누릴 수 있다.

- 표적시장에게 최대의 소구력을 갖는 메시지를 개발할 수 있다.
- 표적시장에게 가장 효과적으로 도달하기 위한 매체를 선정할 수 있다.
- 촉진노력과 자원의 낭비를 방지하여 최소의 예산으로 최대의 성과를 얻을 수 있다.
- 촉진목표를 달성하기 위한 전략과 그것을 수행하기 위한 실행계획을 구체화할 수 있다.

(2) 촉진목표의 설정

촉진활동을 효과적으로 관리하기 위한 기준은 합리적인 촉진목표인데, 이러한 목표는 촉진성과를 평가하기 위한 근거가 된다. 촉진목표는 크게 두 가지 유형으로 나눌 수 있는데, 매출액 목표(sales goals)란 일정한 미래시점에서 기대되는 결과를 **커뮤니케이션의 효과계층에서 마지막 단계**(통상 구매)**의 실적**으로 나타낸 것이다. 이에 비해 커뮤니케이션 목표(communication goals)란 **인지, 관심, 열망 등 중간적인 단계의 실적**으로 나타낸다.

물론 이들 양자의 유용성은 상품의 특성과 촉진여건에 따라 달라지며, 촉진활동의 결과가 즉각적인 구매로 연결되지 않는 경우라면 매출액 목표가 부적절하여 커뮤니케이션 목표를 설정하는 편이 바람직할 것인데, 흔히 다음과 같은 것들이 사용된다.

- 상표 인지율이나 상표 시용률
- 미래 판매를 위한 호의적인 관계의 형성 정도
- 정보제공과 소비자교육의 성과

1.3 촉진예산의 결정

촉진예산의 규모를 결정하기 위한 이론적 방법은 한계분석(marginal analysis)을 근거로 하여 촉진예산의 추가단위가 산출하는 한계이익이 예산증분의 크기를 초과하는 한 계속 증액하는 것이다. 그러나 이와 같은 한계분석은 실무적으로 적용하기가 곤란하기 때문에 마케터는 대체로 다음과 같은 방법으로 촉진예산을 결정한다.

① 임의할당법: 신중한 분석을 통하지 않고 전체예산으로부터 단지 **임의적으로 적절하다고 생각되는 금액을 촉진예산으로 할당**하는 것이다. 이러한 방법은 단순하지만, 주관이 많이 개입되며 예산이 구체적인 촉진과업과 무관하게 편성되어 장기적인 시장개척을 곤란하게 만들 수 있다. 간혹 가용자금법이라고도 한다.

② 매출액 비율법: **지난 해 매출액 또는 다음 해 매출액 예측치의 몇 %를 촉진예산으로 결정**하는 방법으로 지난 해 매출액을 근거로 하면 과거 매출액 비율법이라고 하며 다음 해 매출액 예측치를 근거로 하면 미래 매출액 비율법이라고 한다.

이때 몇 %에 해당하는 비율은 대체로 동종산업 내의 다른 기업들이 지출하는 매출액 대비 촉진예산의 비율이나 지난 수년간 자신이 지출해 온 촉진예산의 평균비율을 기준으로 조정한다.

③ 경쟁대응법: 단순히 **경쟁자의 촉진예산 규모에 따라 자신의 촉진예산을 결정**하는 방법이다. 물론 자금의 여유가 전제되어야 하지만, 이러한 경쟁대응법은 경쟁자를 명확

하게 인식하고 대응할 뿐 아니라 시장 내의 경쟁관계를 안정시키고 파멸적인 촉진경쟁을 억제하는 효과가 있다.

④ **목표과업법**: 우선 촉진목표를 설정하고 그것을 달성하기 위해 수행되어야 할 구체적인 과업들을 분석한 후, **각 과업에 소요되는 추정비용을 합산하여 촉진예산을 결정**하는 방법이다.

예를 들어, 촉진목표가 잠재고객들 사이에서 신제품에 대한 인지율을 15% 개선하는 것이라면 우선 그러한 목표를 달성하기 위해 필요한 과업들을 분석한다. 만일 그러한 과업들이 OO방송광고 3회, OO신문광고 2회, 견본배포 5회로 구성된다면 각 과업에 소요되는 비용을 합산하여 촉진예산으로 결정하는 방식이다.

1.4 촉진믹스의 개발

촉진믹스
촉진도구의 특정한 조합과 각각에 지출되는 촉진예산의 상대적 크기

마케터는 상품에 관해 고객 및 잠재고객에게 알리고, 설득하고, 회상시키는 등의 촉진목표를 효과적으로 달성하기 위해 촉진도구들을 자유로이 조합하여 구사할 수 있다. 촉진믹스(promotional mix)란 이때 사용되는 **촉진도구의 특정한 조합과 각각에 지출되는 촉진예산의 상대적 크기**를 의미한다.

즉 촉진믹스는 하나의 촉진도구를 강조하면서 다른 도구에는 적은 역할만을 할당할 수 있는데, 특정한 촉진믹스에 모든 도구들이 사용되어야 하는 것은 아니다. 그러나 대부분 마케팅 조직들은 한 촉진도구의 약점을 보완하기 위해 다른 촉진도구의 장점을 촉진 프로그램 속에 짜넣기 때문에 통상 하나의 촉진도구로써 전체 촉진믹스를 구성하는 경우는 거의 없다.

어떠한 촉진도구도 그 자체로서는 다른 것보다 유용하다고 말할 수 없으며, 특정한 촉진믹스에서 각 촉진도구가 차지하는 비중은 다음과 같은 경향이 있다.

- 가용자금이 충분하다면 광고를 효과적으로 활용할 수 있으며, 가용자금이 부족한 기업은 소규모의 영업이나 거래점 진열, 협동광고 등에 의존한다.
- 소비용품의 경우에는 광고가 강조되는 반면에 산업용품에는 영업이 강조된다.
- 고객들이 지역적으로 집중되어 있거나 그 수가 적은 산업고객 또는 중간상인인 경우에는 영업을 강조한다.
- 편의품이나 동질적 선매품의 경우에는 광고를 강조한다.
- 미탐색품의 경우에는 영업을 강조한다.
- 상품수명주기의 전반부에서는 광고와 홍보를 강조하며 후반부에서는 판매촉진을 강조한다.

- 혁신층에게는 광고와 홍보를 강조한다.
- 중간상인에 대해서는 대체로 영업과 판매촉진을 강조한다.
- 후원전략에서는 영업을 강조하고 견인전략에서는 광고를 강조한다.
- 커뮤니케이션 효과계층의 전반부에서는 광고를 강조하고 후반부에서는 영업을 강조한다.

2. 전략적 촉진계획의 실행 및 통제

이상과 같은 절차에 따라 전략적 촉진계획을 수립하고 나면 필요한 수준까지 구체화된 실행계획으로 전환시켜 실행에 들어간다. 이미 8장에서 설명한 바와 같이 계획의 실행에는 많은 장애요인이 작용할 수 있다. 또한 계획실행의 성과를 평가하고 다음번의 계획에 반영하기 위해 통제가 필요한데, 통제란 대체로 **성과의 측정과 평가 및 사후조치**를 포함한다.

2.1 촉진성과의 측정

마케터가 촉진활동의 성과를 측정하는 일은 특정한 촉진목표를 달성하기 위해 필요한 최적의 예산규모를 결정하고 다음 기간의 촉진전략을 수립하는 데 유용하다.

물론 매출액 목표든 커뮤니케이션 목표든 일정한 촉진목표를 달성하는 데에는 경쟁, 상품의 수명주기, 기술, 경제여건 등 외부적 요인들이 촉진활동 자체보다 많은 영향을 미치며 촉진의 영향이 장기간에 걸쳐 나타날 수 있으므로 그 성과를 정확하게 측정하는 일은 대단히 어렵다.

따라서 촉진성과를 측정하기 위한 방법들은 대체로 광고효과를 측정하는 일을 중심으로 널리 연구되어 왔으며, 촉진목표가 매출액과 커뮤니케이션의 측면에서 설정될 수 있듯이 촉진의 성과 역시 두 가지로 측정될 수 있다.

① **매출액 성과 측정방법**: 촉진성과를 측정하기 위해 매출액을 측정하는 방법은 소비자 구매조사와 점포 재고조사가 있다. 소비자 구매조사는 대체로 촉진활동을 실시하기 전후에 걸쳐 소비자 패널(consumer panel)의 구매행동을 조사하여 그것들이 어떻게 변했는지 검토하는 방법이다.

이에 비해 점포 재고조사는 우선 표본점포들을 선정한 다음, 역시 촉진활동을 실시하기 전후에 걸쳐 자사 및 경쟁사의 상품재고가 어떻게 변했는지 조사하여 비교하는 방법이다.

② 커뮤니케이션 성과 측정방법: 모든 촉진활동이 반드시 즉각적인 매출증대로 이어지지는 않는다. 예를 들어, 목돈을 필요로 하는 내구재나 기능이 복잡한 상품의 경우에는 소비자가 촉진활동에 노출되자마자 바로 구매하지는 않을 것이다. 따라서 이러한 상품의 경우에는 매출액으로 촉진활동의 성과를 측정하기보다 커뮤니케이션 성과를 측정하는 편이 타당하다.

커뮤니케이션 성과를 측정하기 위한 방법은 대체로 광고물에 대한 서열순위조사, 생리적 반응에 대한 관찰조사, 문의시험, 재인시험, 상기시험 등이 널리 이용된다.

광고물에 대한 서열순위조사는 여러 광고대안에 대해 소비자들의 선호순위를 측정함으로써 우월한 광고물을 선정하기 위한 조사이며, 생리적 반응의 관찰조사는 광고물에 노출될 때 소비자가 보여주는 생리적 반응을 기계적 장치(동공측정기, 시선 추적장치 등)로 포착하여 광고물의 효과를 추정하는 방법이다.

또한 문의시험이란 광고가 소비자들에게 유발시킨 상품문의의 횟수를 근거로 하여 광고효과를 추정하는 방법이며, 재인시험(recognition test)과 상기시험(recall test)은 이미 제시되었던 광고물에 대한 기억정도로 광고효과를 추정하는 방법이다.

2.2 평가 및 사후조치

마케터는 촉진활동을 관리하기 위한 마지막 단계에서 차기 계획수립에 이용할 수 있도록 이번 기간의 촉진활동이 나타낸 성과를 목표에 대비하여 평가하고 차이의 원인을 규명해야 한다(차이분석).

촉진의사결정과 마케팅 전략

제16장 촉진의사결정과 마케팅 전략

마케팅 믹스의 마지막 구성요소로서 촉진은 마케팅 목표로부터 할당된 촉진분야의 목표를 효과적으로 달성하기 위해 조합되는 촉진도구들에 대한 의사결정이다. 결국 이러한 **촉진의사결정들은 기업수준의 전반적인 목표 및 마케팅 목표와 조화를 이루어야 할 뿐 아니라 당면한 촉진과업과 각 촉진도구의 특성을 고려**해야 한다.

따라서 본장에서는 각 촉진도구의 특성을 우선 검토하고 그에 관련된 의사결정들을 살펴본다.

1 절　광고의 특성과 광고관리

광고(advertising)란 **상품, 서비스 또는 아이디어에 관해 비인적, 시각적 및 청각적, 공개적으로 후원되는 메시지를 표적시장에게 제시하는 데 포함되는 모든 활동**이다. 그러나 우리말로 광고라고 할 때에는 간혹 그러한 활동을 위해 만들어진 광고물(advertisement)을 지칭하기도 하므로 유의해야 한다. 아무튼 광고는 다른 촉진도구와 마찬가지로 강점과 약점을 가짐으로써 적용하기에 적합한 상황이 있으며 또한 효율적인 광고활동을 위해 광고관리가 필요하다.

광고
비인적, 시각적 및 청각적, 공개적으로 후원되는 메시지를 표적시장에게 제시하는 데 포함되는 모든 활동

1. 광고의 특성

광고는 목적, 표적수신자, 광고주, 수요형태에 따라 분류할 수 있는데, 우선 광고의 장점과 단점을 살펴보면 다음과 같다.

1.1 광고의 장단점

촉진도구로서 광고는 장점과 단점을 모두 갖고 있으며, 장점을 활용하고 단점을 극복하기 위해 대체로 다른 촉진도구(홍보, 영업, 판매촉진)들과 함께 사용된다.

우선 광고의 장점은 매체와 메시지에 대한 통제, 비용, 이미지 형성, 포괄성과 신속성과 관련하여 다음과 같다.

① 마케터는 광고물이 실릴 지면이나 시간에 대해 비용을 지불하므로, 어떠한 매체라도 불법이 아닌 한, **원하는 지면이나 시간에 자신의 메시지를 제시**할 수 있다.

② 광고는 수신자당 매우 낮은 비용으로 일시에 많은 사람에게 메시지를 노출시킬 수 있다. 즉 대중매체 광고를 1회 실시하기 위한 비용이 매우 많이 소요될지라도 동시에 수많은 수신자들에게 전달되므로 오히려 수신자 1,000명당 비용(CPM, cost-per-thousand method)이 저렴하다.

CPM
대중매체를 이용한 광고에서 1,000회의 노출당 비용을 계산한 값으로 Cost Per Mille Mille(thousand의 라틴어)의 약자이다

③ 광고는 구매에 중요한 사람을 직접 만나기 어렵거나 그러한 사람이 누구인지 알수 없는 경우에도 그러한 사람에게 노출되는 매체를 통해 메시지를 전달해준다. 왜냐하면 그러한 사람들도 신문이나 잡지, 방송 등을 통해 다른 정보들을 얻는 과정에서 광고

에 노출될 수 있기 때문이다.

④ 광고는 표적시장에게 상품을 지속적으로 반복 노출시킴으로써 상품 이미지를 독특하게 형성하거나 바람직한 방향으로 개선하여 판매에 도움을 준다.

⑤ 광고는 광범위한 지역의 잠재고객들에게 신상품의 도입광고(론칭광고)를 신속히 노출시켜 단시간 내에 신상품을 인지시킨다. 즉 광고는 짧은 시간 내에 넓은 지역을 포괄할 수 있으므로 특히 정보제공적 촉진에 매우 효과적이다.

그러나 광고는 정보의 일방적 흐름, 반복의 필요성, 신뢰성 등과 관련된 단점도 갖고 있다.

① 광고는 대체로 고객특성을 구별하지 않고 모든 고객들에게 정형화된 한 가지의 메시지를 전달하는데, 세분시장별로 고객이 '원하는 바'나 행동특성을 고려하지 않는 광고는 효과를 거두기 어렵다.

② 광고의 효과가 구매행동으로 나타나기 위해서는 광고를 여러 차례 반복해야 하는데, 이러한 반복은 비용이 많이 들고 다른 촉진활동에 사용될 수 있는 자원을 잠식한다.

③ 소비자들은 대체로 대중매체의 뉴스에는 신뢰성을 보이지만, 많은 허위광고나 과장광고 등으로 인해 대체로 광고가 제시하는 내용들을 신뢰하지 않는다.

④ 일부 매체는 특정한 상품의 광고를 받아들이지 않으며, 마케터가 원하는 시간이나 지면이 이미 다른 광고주에 의해 점유되어 있다면 매체와 메시지의 자유로운 선택이 제한받을 수 있다.

1.2 광고의 유형

광고의 유형은 크게 상품광고와 기관광고(3절에서 설명)로 대별되는데, 상품광고의 유형은 광고목적, 표적수신자, 광고주, 수요형태에 따라 〈표 16-1〉과 같이 분류된다.

(1) 광고목적에 따른 분류

- 정보제공형 광고: **상품의 존재, 효익, 가용성, 가격 등에 관한 정보를 시장에 제공**하기 위한 광고로서 대체로 신상품에 대한 전체 파이를 의미하는 본원적 수요(primary demand)를 창출하거나 증대하기 위해 상품수명주기의 도입기에 널리 실시된다.
- 설득형 광고: **경쟁사와 차별화된 특성을 강조**함으로써 자신의 몫인 선택적 수요(selective demand)를 창출 또는 증대하기 위해 상품수명주기의 성장기에 널리 실시된다. 상품의 차별화가 충분하지 않다면 가격이 중요한 소구점으로 이용된다.

광고목적	표적수신자	광고주	수요형태
정보제공형 광고 설득형 광고 회상형 광고 비교광고 수요저지광고 협동광고	소비자광고 거래점광고 산업광고	전국광고 (생산자 광고) 지역광고 (중간상인 광고)	본원적 수요광고 선택적 수요광고

표 16-1

상품광고의 유형

- 회상형 광고: 단지 **상표와 그 효익을 소비자들의 기억 속에 생생하게 유지시키기 위해 반복**되는 광고로서 상품수명주기의 성숙기에 널리 실시된다.
- 비교광고: 소비자가 상품을 비교할 때 기준으로 사용하는 **결정적 속성들 상에서 경쟁상표와 자사상표를 구체적으로 대비**함으로써 자사상표의 포지션을 명확하게 형성하려는 경쟁적 포지셔닝 광고이다. No.2 기업이 시장선도자와 차이가 별로 없거나 오히려 우월하다고 주장하기 위해서도 자주 사용하는데, 간혹 경쟁자로부터 소송의 위협을 받기도 하므로 유의해야 한다.
- 수요저지광고: 수요가 공급능력을 초과하는 여건(초과수요의 상태)에서 수요를 바람직한 수준으로 줄이려는 디 마케팅의 일환으로 실시되며, 대체로 촉진목표를 효율적인 상품활용 방법의 교육이나 고객관계의 개선 등으로 바꾸어 실시한다. 예를 들어, 여름철 전기 성수기에 한국전력은 절전과 전기의 안전사용 등의 내용을 설득한다.

▲ 산업통상자원부와 에너지관리공단의 수요저지 광고

- 협동광고: 도매상이나 소매상과 같은 재판매업자가 지역매체를 이용하여 상품광고를 실시했을 때 광고비용의 일부를 생산자가 부담해주는 형태가 가장 보편적인 협동광고이다. 이는 상품유통과 촉진활동에 있어서 재판매업자들의 촉진지원을 얻어내기 위한 판매촉진의 일환이며, 간혹 생산자가 실시하는 광고에 재판매업자들의 목록을 제시하기도 한다.

(2) 표적수신자에 따른 분류

- 소비자광고: 상표의 이름을 소비자의 기억 속에 유지하거나 상표충성을 개발하기 위해서 또는 신상품에 대한 본원적 수요를 확대하기 위해 **가계나 최종소비자를 대상**으로 실시하는 형태이다.
- 거래점광고: **도매상과 소매상 등 재판매업자를 대상**으로 실시하는 광고로서, 주로 그들이 자신의 상품을 취급하고 판매해 주도록 권유하기 위해 상품을 취급할 때 기대할 수 있는 수익성이나 생산자의 마케팅 활동을 설명한다.
- 산업광고: **자신의 고유업무를 수행하거나 생산활동을 위해 상품을 구매하는 산업**

고객을 대상으로 실시하는 광고로서, 자신의 상품이 산업고객의 생산효율성 향상, 원가절감, 완성품의 성능 개선 등에 어떻게 기여할 수 있는지를 설득한다.

(3) 광고주에 따른 분류

• 전국광고(national advertising): 전통적으로 전국적으로 광고를 실시하는 사람들은 생산자였기 때문에 생산자가 실시하는 광고를 전국광고라고 불러왔다. 물론 오늘날에는 전국적으로 광고를 실시하는 중간상인들이 있지만, 전국광고란 생산자가 광고주인 광고를 의미하며, 소규모의 생산자가 지역적으로 실시하는 광고도 전국광고라고 한다.

• 지역광고(local advertising): 전통적으로 중간상인들이 지역적으로 광고를 실시해 왔기 때문에 중간상인이 광고주인 광고를 지역광고라고 한다. 따라서 전국적으로 실시하는 중간상인(백화점이나 대형마트)의 광고도 지역광고인데, 이는 전국광고와 지역광고의 구분이 광고의 포괄범위가 아니라 광고주가 생산자인지 중간상인인지에 따른 것이기 때문이다.

(4) 수요형태에 따른 분류

• 본원적 수요광고: 본원적 수요란 상품범주에 대한 수요를 의미한다. 즉 새롭게 시장에 도입되는 상품에 대해서는 경쟁자들이 없을 것이므로 자신의 상표에 대한 수요를 증대하는 것이 아니라 자신의 상품이 속하는 **상품범주의 수요**(전체 파이)**를 확대**할 것인데, 본원적 수요를 확대하기 위한 광고를 본원적 수요광고라고 한다.

　예를 들어, 이동전화를 처음으로 개발하여 출시한 마케터는 우선 이동전화가 유선전화에 비해 어떤 효익들이 있는지를 알려서 잠재고객들사이에 이동전화라는 상품범주에 대한 수요를 확대해야 할 것이다.

▲ '한우' 전체에 대한 본원적 수요광고

• 선택적 수요광고: 하나의 상품범주 속에서 여러 상표가 경쟁하고 있는 여건이라면 마케터는 전체 상품범주의 수요를 확대하기 위해 약간의 노력은 할애할 수도 있지만, 주로 촉진활동의 목표를 **자사상표의 수요증대**에 둘 것이다.

　이와 같이 상품범주가 아니라 특정한 상표에 대한 수요를 선택적 수요라고 하는데, 상품수명 주기의 성장기 이후 경쟁자들이 시장에 출현하기 시작함에 따라 마케터들은 선택적 수요를 증대하는 데 관심을 높여간다. 예를 들어, 오늘날 이동전화의 마케터들이 자사상표를 선택하도록 경쟁적으로 실시하는 광고들이 모두 선택적 수요광고이다.

1.3 상품의 광고성

광고비 지출에 대한 매출액의 민감도(판매 유발효과)는 상품에 따라 다를 것인데, 이를 상품의 광고성(advertisability)이라고 한다. 즉 상품이 성공적으로 광고될 수 있는 가능성은 다음과 같은 일곱 가지 항목과 관련되는데, 이러한 요건들이 충족되지 않는다면 광고효과를 기대하기 어렵다.

상품의 광고성
광고비 지출에 대한 매출액의 민감도로서 광고의 판매유발효과가 큰 정도

① 상품범주에 대한 본원적 수요가 증가추세를 보이는가?

상품범주에 대한 본원적 수요가 증가추세를 보인다면 광고를 통해 자사상품의 수요를 더욱 증대시킬 수 있지만, 본원적 수요가 감소추세를 보이는 경우에는 광고에 의존하여 매출액을 증대시키기 어렵다.

예를 들어, 디지털 카메라에 대한 광고는 광고주의 매출액을 증대시키겠지만, 연탄광고는 판매 유발효과가 별로 없을 것이다.

② 심각한 상품차별화의 기회가 있는가?

상품범주 내의 다른 상품들과 심각하게 차별화될 수 있다면 광고주는 그러한 차이를 소구점으로 활용하여 설득력 있는 광고를 실시함으로써 매출을 증대시킬 수 있다. 예를 들어, 스포츠 의류의 마케터들은 경쟁자에 대비하여 상품들을 차별화하고 그러한 차이를 광고함으로써 자사상품의 매출을 증대할 수 있다. 그러나 차별화의 가능성이 적은 경우에는 독특한 소구점을 개발하기 어렵기 때문에 자사상품의 선택적 수요를 확대하기가 어렵다.

③ 숨겨진 상품효익이 잠재고객에게 중요한가?

만일 자사상품이 소비자에게 매우 유익하며 독특한 효익을 갖고 있지만, 소비자들이 아직 그러한 효익의 가치를 제대로 지각하고 있지 않다면(무수요의 상태) 광고를 통해 그러한 가치를 인식시킴으로써 자사상품에 대한 수요를 자극할 수 있다.

예를 들어, 우리는 각종 약초나 수산물이 건강과 질병치료에 효과적이라고 설득하는 광고들을 흔히 볼 수 있는데, 실제 매출효과도 크다. 또한 베이비 로션이나 바디 클렌저의 향기가 잠이 잘 들도록 하는 효과가 있다면, 이러한 효익을 소비자들에게 인식시키는 광고가 그러한 상품의 매출액을 증대할 수 있다.

▲ 농촌진흥청은 김치에 들어있는 고춧가루가 주요 유산균 중 하나인 '바이셀라 사이바리아' 생성을 활성화시키는 것으로 확인됐다고 밝혔다. 바이셀라 사이바리아는 사람 몸속에서 항암, 항염, 항균 기능을 하는 물질인 인터루킨의 농도를 높인다.

④ 강력한 감성적 소구를 이용할 수 있는가?

소비용품의 구매는 대체로 감성적 소구로부터 많은 영향을 받기 때문에 상품효익이 감성적 구매동기와 효과적으로 연관될 수 있다면 광고의 판매 유발효과가 크게 나타난다.

예를 들어, 개방적이고 활동적인 이미지를 갖는 패션품목들은 그러한 이미지를 강조하는 광고를 통해 더욱 잘 팔릴 수 있다.

⑤ 광고를 위해 지출할 자금이 충분한가?

일과성의 광고만으로는 새로운 시장을 개척하거나 호의적인 이미지를 형성할 수 없을 뿐 아니라, 기존고객들의 마음속에 상표를 기억시키기에도 미흡하다. 즉 광고의 효과는 반복을 통해서 나타나고 증폭되므로 충분한 자금은 광고성패에 영향을 미치는 중요한 요소이다.

⑥ 신상품을 사용함에 있어서 지각된 위험이 적은가?

상품구매와 관련하여 지각된 위험(perceived risk)이 상품사용으로부터 기대되는 효익보다 크다면 광고의 효과가 적고 소비자도 구매하지 않을 것이다. 그러나 모든 신상품의 구매행동은 어느 정도의 위험을 수반하므로 소비자가 지각하는 위험을 줄이기 위해 품질보장 · 반품보장 · 시용 등을 제안해야 한다.

⑦ 상품효익이 광고매체를 통해 효과적으로 제시될 수 있는가?

상품효익은 소비자들이 그 가치를 인정할 때 비로소 매출로 이어질 것인데, 좋은 색상은 시각매체를 통해서나 효과적으로 제시될 수 있고 훌륭한 음질은 청각매체를 통해서나 제대로 제시될 수 있다. 따라서 상품효익을 효과적으로 제시할 광고매체의 가용성이 광고의 판매 유발효과에 영향을 미친다.

2. 광고관리

광고관리에 있어서 중요한 의사결정은 광고목표의 설정, 광고예산의 결정, 매체의 선정, 메시지의 개발, 광고효과의 측정 등으로 구분할 수 있다.

2.1 광고목표와 광고예산의 결정

효과적인 광고관리의 첫 번째 단계는 목표의 설정인데, 이러한 목표는 광고노력을 계획하고 성과를 평가하기 위한 근거가 된다. 촉진목표와 마찬가지로 광고목표에도 매출액으로 표시되는 매출액 목표와 반응계층 상의 중간적 반응으로 표시되는 커뮤니케이션 목표가 있다.

한편 광고예산을 결정하기 위한 기본적인 접근방법은 촉진예산을 결정하는 경우와 유사하다(15장 참고).

2.2 광고매체의 선정

메시지를 수신자에게 전달하기 위해 매체를 선정하는 일은 매체결정과 구체적인 매체수단의 결정이라는 두 단계를 거치는데, 각 단계의 의사결정 유형과 영향요인은 대체로 유사하다. 여기서 매체(media)란 신문, 잡지, 라디오, TV와 같이 **메시지 전달경로의 일반적인 범주**를 말하는데 반해 구체적인 매체수단(media vehicle)이란 **특정한 신문**(한국경제), **잡지**(여성조선), **TV방송**(SBS) 등을 말한다.

따라서 마케터는 우선 매체를 선정한 후, 다시 그러한 일반적인 매체범주로부터 구체적인 매체수단을 선정해야 하는데 이때의 고려사항은 다음과 같다.

① 광고목표: 매체선정은 특정한 광고목표는 물론이고 전반적인 캠페인 목표로부터도 영향을 받는다. 예를 들어, 하루 이틀 내에 구매행동을 요구하는 광고물을 전달하려면 신속성과 전파성이 뛰어난 신문이나 라디오 등 대중매체가 적합할 것이다.

② 표적수신자: 각 매체는 대체로 독특한 특성을 갖고 있는 소비자에게 노출된다. 예를 들어, TV와 라디오는 시간대에 따라 상이한 특성을 갖는 소비자들에 의해 수신되며 신문이나 잡지도 그 성격에 따라 상이한 독자층에 의해 구독되고 있다. 따라서 마케터는 표적수신자의 매체노출패턴(media exposure pattern, 매체습관 media habit)과 매체별 고객의 특성을 대응시킴으로써 광고예산의 낭비 없이 표적수신자를 효율적으로 포괄하는 매체를 선정할 수 있다.

③ 상품특성: 매체는 또한 상품특성에 기인하는 메시지의 성격을 고려해서 선정해야 한다. 예를 들어, 요리나 의류 등은 색상을 나타낼 수 있는 매체가 적절하며 오디오 시스템은 음질을 나타낼 수 있는 매체가 적합하다.

④ 경쟁자가 사용하는 매체: 매체를 선정하는 데 있어서 마케터는 경쟁자가 사용하는 매체를 무조건 따를 수는 없다. 그러나 시장에서 이미 경쟁자들이 활동하고 있다면 표적수신자가 그러한 매체를 참조하도록 학습되어 있을 것이므로 최소한 신중히 고려할 필요는 있다.

⑤ 기타: 이밖에도 매체를 선정하는 데 있어서 고려해야 할 사항은 각 매체별 고유의 특성과 그러한 매체를 제공하는 매체기업의 방침 등이다.

2.3 광고 메시지의 개발

훌륭한 메시지는 광고예산의 규모보다도 훨씬 더 중요하며, 마케터는 다음과 같은 세 가지 과업을 통해 메시지를 개발한다.

① 메시지의 창출: 메시지의 창출이란 상품을 위한 메시지 대안들을 창의적으로 개발하는 활동이다. 메시지는 광고목표, 상품 이미지, 목표 포지션 등을 고려하여 개발되어야 하며, 마케팅 환경이 변화함에 따라 기본적인 주제도 달라져야 한다.

② 메시지의 평가 및 선정: 이미 개발된 다수의 메시지로부터 가장 훌륭한 대안을 선정하기 위해서는 공식적인 마케팅 조사가 필요하다. 각 메시지 대안의 커뮤니케이션 능력을 평가하기 위한 기준은 대체로 호감·전문성·신뢰성 등이며 이러한 기준들 사이의 관계는 승법적이기 때문에 하나의 기준에서만 낮게 평가되어도 전체 메시지의 커뮤니케이션 능력이 낮아진다는 점에 유의해야 한다.

따라서 훌륭한 메시지는 우선 표적수신자에게 긍정적인 인상을 주어야 하며, 경쟁자의 메시지와 쉽게 구별되어야 한다. 메시지는 또한 잠재고객들로부터 신뢰받을 수 있어야 하는데, 과장된 주장은 결국 촉진자금만 낭비할 뿐이다.

③ 메시지의 제작: 메시지의 제작이란 카피(copy)와 일러스트레이션(illustrations)을 구성하여 광고물을 만드는 일이다. 여기서 카피란 글 또는 말로써 표현되는 메시지의 구성요소이며, 일러스트레이션은 카피를 보완하거나 강화하기 위해 사용되는 그림이나 사진 등이다.

2 절 공중관계 도구의 특성과 공중관계 관리

(정적) 공중관계
스스로 형성하든 기업의 유도에 따라 형성하든 공중이 기업에 대해 갖고 있는 현재의 의견과 태도

(동적) 공중관계
기업의 정책과 관행을 공중의 이익과 동일화시키고 공중의 이해와 수용을 얻기 위한 활동

기업과 이해관계를 갖는 사람들을 집합적으로 그 기업의 공중(publics)이라고 하는데, 공중관계(PR, public relations)의 의미는 두 가지 관점에서 파악된다.

즉 첫째는 공중들이 스스로 형성하든 기업의 유도에 따라 형성하든 그들이 기업에 대해 갖고 있는 '의견과 태도의 현재 모습'을 지칭하는 정적인 견해(static viewpoint)이며, 둘째는 공중의 의견과 태도를 평가하여 기업의 정책과 관행을 공중의 이익과 동일화시키고 공중의 이해와 수용을 얻기 위한 활동을 지칭하는 동적인 견해(dynamic viewpoint)이다.

따라서 동적인 견해에 따를 때 공중관계는 공중관계에 관련되는 커뮤니케이션 활동을 의미하는데, 본서에서는 이러한 동적인 견해를 따른다.

1. 공중관계 도구의 특성

마케터가 표적공중(target public)을 선정한 후, 그들과 호의적인 공중관계를 개발하고 유지하기 위해서 흔히 홍보와 기관광고를 이용하지만 이밖에도 지역사회 활동, 기부금 제공, 공장견학 등을 활용하기도 한다.

1.1 홍 보

홍보(publicity)란 **상품 또는 서비스, 아이디어에 관해 대중매체가 제공하는 뉴스취급**(news coverage)**으로서 비용이 지불되지 않는 형태의 촉진**을 말하는데, 다음과 같은 특성과 유용성을 갖는다.

즉 홍보는 공중관계의 도구로서 세 가지 특성을 갖고 있다.

① 홍보항목(publicity item, 또는 뉴스거리)에 대해서는 매체의 편집자가 통제하므로 반드시 기업이 원하는 내용이 원하는 시간에 뉴스로 취급되는것은 아니다. 또한 매체의 편집자는 기업이 제공한 보도자료(news release)를 전부 또는 일부만 사용할 수 있으며, 또한 수정할 수도 있다.

② 홍보는 기사를 게재한 매체의 권위와 명성으로부터 후광효과(halo effect)를 얻을 수 있으며, 기업이 비용을 지불하는 광고에 비해 대중매체의 뉴스취급이 갖는 특성으로 인해 독자들로부터 많은 신뢰를 받는다.

그러나 요즘에는 신문이나 방송들이 광고를 유치하기 위해 광고주의 상품을 과대보도하는 기획기사를 많이 다루기 때문에 신문기사나 방송 프로그램에 대한 신뢰성조차 크게 위협받고 있다.

③ 홍보는 여타의 촉진도구로 접근하기 어려운 사람에게도 도달하고 영향을 미칠 수 있다. 예를 들어, 판매원이 직접 만나기가 곤란한 사람들일지라도 신문과 방송의 뉴스를 통해서는 접근될 수 있을 것이다.

한편 신상품의 촉진에 있어서는 홍보가 특히 유용하다. 즉 매체의 편집자들은 항상 그들의 독자에게 유용한 정보를 제공하기 위해 신상품이나 새로운 공정에 관한 뉴스거리를 찾기 때문에 신상품을 촉진하는 데에는 홍보를 효과적으로 이용할 수 있다.

따라서 마케팅 조직의 홍보관리자는 항상 유용한 홍보기회를 주의 깊게 찾아내야 하는데, 홍보가치가 큰 분야는 기업정책·신상품·새로운 공정·촉진활동·각종 행사·스포츠 팀 등과 기업인사들의 동정이다.

홍보

상품 또는 서비스, 아이디어에 관해 대중매체가 제공하는 뉴스취급(news coverage)으로서 비용이 지불되지 않는 형태의 촉진

더욱이 홍보기회를 최대한 활용하기 위해서는 홍보가치가 있는 사건에 앞서 보도자료를 준비해야 하며, 이를 위해 홍보달력(publicity calendar)을 작성하고 홍보항목의 일자와 내용을 기록해 두어야 한다. 물론 홍보를 위해 활용할 수 있는 자료는 기업이 작성한 보도자료 이외에도 사내 인사들의 기고문, 토론회 참석 등을 포괄한다.

1.2 기관광고

기관광고(institutional advertising 또는 기업광고 corporate advertising)란 '상품이나 서비스 그 자체를 구매하도록 잠재고객을 직접적으로 설득하는 것'이 아니라, **상품 또는 서비스를 제공하는 기업에 대해 호의적인 이미지를 형성하기 위한 광고**이며 다음과 같은 기능과 유형을 갖는다.

우선 기관광고는 공중관계의 도구로서 네 가지 기능을 수행한다.

① 기업의 정책, 목표 및 표준에 관해 공중에게 알린다.

② 기업의 경영능력, 기술적 노하우, 제조기술상의 혁신 및 상품개선, 사회발전과 공중복지에 대한 기여를 강조함으로써 기업에 대한 호의적 이미지를 형성하는 한편 부정적인 여론이나 태도를 무마한다.

③ 기업의 재무구조를 개선하기 위해 기업의 투자가치를 형성한다.

④ 취업예정자나 외부의 기술인력에 대해 기업이 일하기 좋은 곳으로 인식시킨다.

▲ 애고광고–신속한 배달

▲ 공중관계광고

한편 기업이 공중관계 목표를 달성하기 위해 사용할 수 있는 기관광고에는 다음과 같은 기본적인 유형이 있으며, 각각의 초점은 기업의 직접적인 이익과 사회적 이익 사이의 연속체를 구성한다.

• 애고광고: 고객들이 상품이나 서비스를 구매하는 데 있어서 특정한 기업이나 점포를 애고해야 하는 이유를 설득하는 형태이다. 애고 구매동기를 근거로 하며, 그 기업이나 점포가 거래하기 좋은 곳이라는 이미지를 형성한다.

• 공중관계광고: 기업과 공중 사이의 이해관계에서 기업이 자신의 역할을 충실하게 수행하고 있음을 공중들에게 설득함으로써 그들과 우호적인 관계를 개발하고 유지하기 위한 형태이다.

• 공익광고: 산림녹화, 공해방지, 자원절약, 장학사업 등과 같이 공중이 일반적으로 관심을 보이고 있는 주제를 확산시키려는 형태로서, 기업이 사회적인 책

임의식을 갖고 있다는 이미지를 형성해준다.

2. 공중관계의 관리과정

기업의 공중들은 스스로 형성하든 기업의 유도에 따라 형성하든 기업에 대한 자신의 의견과 태도를 가질 것인데(정적인 견해의 공중관계), 공중관계 관리자는 그러한 공중의 의견이나 태도가 자생적으로 형성되도록 방관하기보다는 공중관계의 목표에 따라 공중관계 프로그램을 체계적으로 개발하고 장기적인 마케팅 목표 달성에 기여하도록 공중관계를 관리해야 한다.

즉 공중관계의 관리란 **공중들이 현재 갖고 있는 의견 및 태도를 결정하고 기업의 정책과 공중의 이익을 동일화시키며, 그들의 이해와 호의를 얻기 위한 프로그램을 계획하고 실행·통제**하는 경영관리의 기능인데, 표적공중별 공중관계의 활동을 요약하면 〈표 16-2〉와 같다.

표 16-2

표적공중별 공중관계의 활동

고객
- 상품의 생산과 유통에 관한 정보를 배포한다.
- 신상품 또는 기존상품의 원재료나 생산방법에 관한 정보를 배포한다.

공급자
- 신상품 계획에 유용한 정보를 제공한다.
- 장기적인 관계를 형성하기 위해 기업의 방침과 전망에 대한 정보를 배포한다.

주주
- 기업의 전망, 과거 및 현재의 수익성, 미래계획, 경영진, 자금소요 등에 관한 정보를 배포한다.

지역사회
- 기업과 지역사회 사이에 일체감을 조성하기 위해 기업이 지역사회 발전에 기여하는 측면에 관한 정보를 배포한다.

종업원(내부 공중)
- 공중과 효과적으로 접촉할 수 있도록 훈련 프로그램을 실시한다.
- 기업과 상품에 대한 자부심을 키워준다.

2.1 공중의 의견과 태도 평가

공중관계를 효과적으로 관리하기 위해 공중관계의 관리자는 우선 표적공중을 선정하고 그들이 기업에 대해 현재 갖고 있는 의견과 태도를 결정해야 하는데, 이러한 과업을 공중관계 감사(public relations audit)라고 한다. 즉 공중관계 감사는 **표적공중에 의해**

공중관계 감사

표적공중을 선정하고 그들이 기업에 대해 현재 갖고 있는 의견과 태도를 결정하는 일

기업이 어떻게 지각되고 있는지를 파악하기 위한 의견조사이며, 매년 그 결과를 비교할 수 있도록 양식을 표준화하는 것이 바람직하다.

2.2 공중관계의 목표 설정

공중관계의 목표는 일차적으로 기업의 명성이나 이미지에 영향을 미치는 분야들에서 결함을 시정하는 데 있다. 즉 공중관계 관리자는 공중관계 감사를 통해 발견된 결함들은 즉시 시정해야 하는데 예를 들어, 상품의 결함·불충분한 서비스·고객에 대해 불공정한 정책·불합리한 기업관행 등이 우선 시정되어야한다.

그 다음 공중관계의 이차적 목표는 공중들이 기업에 대해 갖기를 바라는 의견과 태도의 이상적인 상태로서 대체로 다음과 같은 형태를 취할 수 있다.

- 2,000억 원의 기업확장 자금을 융자받기 위해 금융단체로부터 신뢰를 얻는다.
- 125명의 정보기술 인력을 새로 확보하기 위해 기업 이미지를 개선한다.

2.3 공중관계 프로그램의 계획·실행·통제

일단 공중관계의 목표가 설정되고 나면 공중관계 관리자는 그러한 목표를 달성하기 위해 필요한 제반 조치들을 조화롭게 계획한 공중관계 프로그램(PR programs)을 개발해야 하며, 홍보나 기관광고를 비롯하여 각종 인쇄물, 구두(口頭), 시청각 자료 등을 이용하여 그러한 프로그램을 실행한다.

또한 공중관계 관리자는 그러한 프로그램의 실행 전후에 있어서 공중의 의견과 태도를 비교함으로써 그러한 프로그램의 효과를 측정하고 피드백해야 한다.

3 절 영업의 특성과 판매관리

오늘날의 기업들은 소비자가 필요로 하는 상품을 대량으로 생산할 수 있으며, 기업의 생산활동을 제한하는 요소는 단지 생산할 수 있는 모든 상품을 적정한 가격으로 판매할 수 없다는 점이다.

따라서 기업에서는 새로운 발명, 새로운 공정, 생산문제에 대한 새로운 해결책에 덧붙여 생산한 상품을 소비자들에게 판매할 수 있도록 잘 훈련된 판매원이 필요하게 되었고 영업은 촉진믹스의 필수불가결한 요소가 되었다.

1. 영업의 특성

영업은 마케팅 교재에서 일반적으로 인적 판매(personal selling)로 지칭하는 활동으로 여기서는 촉진도구로서 영업의 장단점을 검토하고 영업의 단계와 판매관리의 주요 내용을 간략하게 살펴본다.

1.1 영업의 장단점

많은 기업들은 그들의 상품을 유통시키려는 과정에서 판매원을 이용하는데, 이러한 영업은 **산업고객**(industrial customer)**에 대한 영업, 재판매업자**(reseller)**에 대한 영업, 최종소비자**(ultimate consumer)**에 대한 영업** 등 다양한 형태를 취한다.

영업의 가장 기본적인 특성은 고객과의 직접적인 대면접촉을 통해 그들의 반응을 즉시 피드백함으로써 쌍방적인 커뮤니케이션(two-way communication, interactive communica tion)이 가능하다는 점이다.

이러한 영업의 장점은 세 가지로 요약할 수 있다.

① 판매원은 잠재고객을 대면으로 접촉하기 때문에 판매제시 중 잠재고객의 반응에 따라 즉석에서 자신의 메시지를 조정할 수 있다. 즉 개별적인 잠재고객에게 맞추어 메시지를 포함한 전체적인 판매제시(sales presentation)를 고객화하여 설득력을 높일 수 있다.

② 판매원은 현장에서 고객들의 질문에 응답하고 상품을 시범해 보이면서 즉각적으로 그들의 이의(objection)를 해소할 수 있다. 여기서 이의란 **판매제시 중 잠재고객이 제기하는 상품수정 요구, 가격이나 배달 등 거래조건의 변경**을 의미한다.

③ 잠재고객을 설득하는 과정에서 최종적으로 판매를 종결짓는 데에는 영업이 가장 효과적이다. 그러나 영업은 잠재고객에 대한 접촉당 비용이 크다는 단점이 있다.

1.2 현대 판매원의 역할

산업혁명이 시작될 무렵까지는 대체로 생산자가 직접 상품의 교환과정에 참여하는

영업(인적 판매)
고객을 접촉하여 주문 또는 재주문을 받아내거나 고객의 문제를 상담하고 지원하기 위해 기업내 인적 자원을 활용하는 촉진

생산유통자의 역할을 수행하였으나, 그 후 이러한 판매기능은 생산과 분리되어 점차 전문화의 길을 걸어왔다.

즉 생산에는 직접 참여하지 않으면서 상품판매를 전문으로 하는 직업으로서 판매원이 등장하였는데, 물론 초기의 판매원들은 오늘날의 전문직 판매원과 매우 다르며, 그들이 사용했던 비도덕적인 관행과 수법은 자신의 직업과 기업에 대해 나쁜 이미지를 형성했다.

그러나 소비자의 의식수준이 높아지고 상품이 다양화·복잡화되는 최근 추세는 판매원으로 하여금 보다 고객지향적이 되도록 요구하며 새롭고 다양하게 지칭되고 있다 (client manager, relationship manager, business solution consultant).

즉 마케팅 콘셉트 하에서 판매원의 기능은 단순한 판매기능으로부터 벗어나 커뮤니케이션을 담당하여 공중관계를 개선하거나 고객을 설득하고 시장정보를 수집하며, 소비자 문제를 발굴·해결해주고, 그들을 교육시키는 것으로 확대되었다.

이러한 판매원의 기능 확대는 〈표 16-3〉과 같은 여러 가지 유형의 판매원을 등장시켰다.

표 16-3
기능별 판매원의 유형

유형	명칭	업무내용
판로개척형	order-getting salesman	잠재고객들로 하여금 신규로 상품을 구매하도록 한다.
정규수주형	order-taking salesman	동일한 고객을 반복적으로 방문하면서 주문을 받는다.
지원형	missionary salesman	거래처의 판매원을 훈련하기도 하며 호의와 수요를 자극한다.
	technical specialist	상품의 기술적인 설명이나 구매와 연관된 기술지도를 제공한다.

2. 영업의 단계

잠재고객을 발굴하는 일로부터 사후관리에 이르는 영업활동은 연속적인 과정이지만 여기서는 〈표 16-4〉와 같이 일곱 단계로 구분하여 살펴보자. 물론 이러한 단계는 실제 판매에 있어서 다양하게 변형되어 적용되지만 근본적인 형태는 유사하다.

우선 영업에 관한 두 가지 오해를 살펴보면 첫째는 **훌륭한 판매원이 타고 난다**는 오해이다. 과거에는 훌륭한 판매원들이 주로 신체적 특징을 중심으로 묘사되었으며, 일부 사람들이 판매원의 소질을 갖고 태어난다고 여겨져 왔다. 그러나 훌륭한 판매원은 다소 선천적인 특성이 있지만 교육을 통해 개발될 가능성이 훨씬 크며, 오늘날 상품은 다양하고 복잡하기 때문에 교육이 더욱 중요하다. 두 번째 오해는 **에스키모인들에게 냉장고를 파는 판매원이 가장 훌륭한 판매원**이라는 믿음이다. 오늘날 기업들은 기존고객을 유지함으로써 신규고객 유치비용의 절감과 반복거래를 통해 생존과 성장의 동력을 얻고 있는데, 고객의 문제를 해결함으로써 고객을 만족시키지 않고 자신의 상품을 처분하는 일을 우선시한다면 단 한 번 거래는 가능할지 몰라도 결국 파멸에 이를 것이다. 따라서 판매원도 고객지향적인 태도를 견지할 때 성공할 수 있다.

1. 잠재고객의 발굴
2. 사전준비
3. 접근
4. 판매제시(AIDA 모델)
5. 이의해소
6. 판매종결
7. 사후관리

표 16-4
영업의 단계

2.1 잠재고객의 발굴과 사전준비

판매를 위한 첫 번째 단계로서 판매원은 그가 취급하는 상품에 대한 열망과 그것을 구매할 능력을 갖춘 잠재고객을 찾아내야 한다. 즉 잠재고객의 발굴이란 **판매를 위해 접촉할 잠재고객의 명단을 작성하는 일**인데, 판매원은 ① 다른 사람으로부터 소개를 받거나, ② 스스로 관찰을 통해 잠재고객을 찾아낼 수 있으며, ③ 잠재고객의 명단을 작성해줄 사람을 별도로 고용하기도 한다.

한편 잠재고객을 확인하여 명단을 작성하고 나면 판매원은 판매제시를 위해 잠재고객별로 어떻게 접근할 것인가 하는 문제에 당면한다. 따라서 사전준비를 위해 판매원은 각 잠재고객의 인구통계적 특성(나이, 소득, 교육수준, 가족수, 직업 등)과 그로 하여금 상품을 구매하도록 유도하는 지배적인 구매동기, 과거의 구매행동, 경쟁자가 제공하는 대체품 등에 관해 가능한 한 많은 정보를 수집하여 분석해야 한다.

이러한 사전준비가 충분할수록 판매원은 해당 잠재고객에게 쉽게 접근하고 판매제시를 효과적으로 개발하여 수행할 가능성이 높아진다.

잠재고객의 발굴
판매를 위해 접촉할 잠재고객의 명단을 작성하는 활동

2.2 접 근

접근이라는 단계는 판매원이 **잠재고객을 처음 만나서부터 판매제시를 시작할 때까지를 의미**하는데, 불행하게도 대부분의 판매과정은 잠재고객의 발굴이나 사전준비를 무시하고 바로 고객을 만나려고 드는 잘못을 범하고 있다. 즉 판매원은 영업활동이 '접

접근
판매원이 잠재고객을 처음 만나서부터 판매제시를 시작할 때까지의 활동

근'으로 시작되는 것이 아니라 '잠재고객의 발굴'로부터 시작함을 명심해야 한다. 이러한 접근단계의 주요한 목적은 **판매제시에 주목하도록 잠재고객의 주의와 관심을 끌기 위한 것**이며, 일단 이러한 목표가 달성되면 접근은 끝난다. 판매원들은 효과적인 접근을 위해 ① 잠재고객에게 명함을 내주거나, ② 고객이 갖고 있는 문제를 지적하든가, ③ 무엇인가를 제공하겠다고 제안할 수 있다.

2.3 판매제시와 이의해소

판매제시란 **판매원이 상품에 대한 잠재고객의 열망**(desire)**을 창출하려고 노력하는 단계**인데, 이러한 목적을 달성하기 위해서 판매제시는 다음과 같은 특성을 갖춰야 한다.

① 완전성: 판매제시가 완전하기 위해서는 상품이 잠재고객의 문제를 어떻게 해결하여 만족한 상태에 이르게 할 수 있는지에 관한 모든 정보를 누락하지 않고 포괄해야 한다.

② 명료성: 판매제시는 잠재고객이 마케팅 믹스의 효익과 가격 등의 정보를 오해하지 않고 정확하게 이해하도록 명료해야 하는데, 시각 자료를 사용하거나 비유법을 적절히 구사해야 한다.

③ 잠재고객의 신뢰획득: 잠재고객이 판매제시의 내용을 신뢰하지 않는다면 판매가 불가능할 것이다. 따라서 판매원은 판매제시에서 과장이나 거짓말을 피하고 직접 상품의 품질을 검토해보도록 허용함으로써 잠재고객의 신뢰를 얻어야 한다.

한편 잠재고객은 판매제시를 이해하지 못하였거나, 동의하지 않거나, 흥미를 갖지 못할 때 수시로 이의(objections)를 제기할 것이다. 그러나 현명한 판매원은 이러한 이의를 구매하지 않겠다는 변명으로 받아들이지 않고 더 많은 정보에 대한 요구나 질문으로 취급함으로써 효과적으로 대처할 수 있다.

즉 판매원은 경청하는 자세로 잠재고객이 그의 이의를 충분히 말하도록 하고, 이의에 흥미를 보이면서 가능한 대응방법을 함께 찾아내려고 노력해야 한다.

2.4 판매의 종결과 사후관리

훌륭한 판매원은 훌륭한 종결자라야 한다. 판매를 종결짓지 못하는 사람은 능숙한 대화자이지 결코 훌륭한 판매원은 아닌 것이다. 즉 판매원은 잠재고객이 지엽적인 의사결정(하위 의사결정)마다 결론에 이르렀다고 여겨지면 언제라도 그러한 사항마다 부분종결을 시도해야 한다. 결국 주문계약에 서명을 받고 전체적인 판매과정을 종결짓는 일은 부분종결들의 합계임을 기억해야 한다.

한편 판매가 끝난 후 고객이 구매로부터 만족하고 있는지 확인하는 일은 판매원의 중요한 과업인데, 고객을 직접 방문하거나 전화(happy call) 또는 우편 등을 통해 고객의 만족여부를 확인해야 한다. 이러한 사후관리는 장기적인 고객관계를 개발하고 유지하는 데 커다란 도움이 된다.

3. 영업관리(판매관리)

판매원은 기업의 중요한 인적 자원이며 그들에 대한 효과적인 관리는 판매관리자의 중요한 책임이다. 따라서 판매관리자는 판매목표를 달성하기 위해 필요한 판매원을 유형별로 확보해야 하며, 그들의 활동을 지휘해야 하는데 대체로 다음과 같은 과업을 수행한다.

3.1 판매목표의 설정

판매관리자는 대체로 매출액목표 · 이익목표 · 비용목표 · 활동목표 등의 목표를 설정해야 하는데, 이러한 목표들은 대체로 일정기간에 대한 수요예측을 실시하여 그 결과를 근거로 설정된다.

수요예측은 간혹 매출액예측이나 판매예측이라고도 하는데, 시장 잠재력과 매출 잠재력을 고려하게 된다. 여기서 시장 잠재력(market potentials)이란 **특정한 지역에서 일정한 조건 아래 상품범주의 모든 생산자들이 실현할 수 있는 전체 매출액**을 말하며, 매출 잠재력(sales potentials)이란 위와 동일한 지역과 조건 아래서 **특정한 기업이 달성할 수 있는 매출액**을 말한다.

3.2 판매원의 관리

판매원의 관리는 대체로 판매원의 모집 · 선발 · 훈련으로 구성된다.

(1) 모집

모집이란 **가능한 한 많은 수의 유능하고 적합한 사람들의 지원**을 받아내는 일인데, 판매관리자는 모집을 위해 우선 판매원들이 수행해야 할 판매과업의 성격과 내용을 신중히 검토해야 한다. 따라서 판매관리자는 판매조직 내의 모든 직무에 대해 직무기술서와 직무명세서를 작성한다.

- 직무기술서(job description): 직무기술서란 각 판매직무를 분석하여 그 직무의 내용, 성격, 수행방법 등에 관한 중요한 사실과 정보를 일정한 양식에 기록한 문서로서 직무의 명칭과 목적을 우선 서술하고 관련 활동사항 등을 밝힌다.
- 직무명세서(job specification): 직무명세서란 직무기술서와 많은 점에서 유사하지만, 직무요건(특히 인적 요건)을 중심적으로 다루면서 특정한 판매직무 수행자의 개인적 요건이라 할 수 있는 인구통계적 특성, 경험, 특기 등을 상세히 기록한 것이다.

(2) 선발

판매원의 선발과정은 **판매직무에 대한 최적의 후보자를 선정**하기 위한 것으로 지원서의 검토 · 개인면접 · 인성시험(psychological tests) · 추천인 면담 · 신용조사 · 신체검사 등을 이용한다. 물론 특정한 직무에 적합한 지원자를 판별해내기 위해 계량적 기법을 사용할 수도 있다.

(3) 훈련

훌륭한 판매원은 타고 나는 것이 아니라 잘 계획된 훈련 프로그램에 의해 만들어지는 것이며, 판매원 훈련은 크게 세 가지로 나눌 수 있다.

- 지식훈련: 판매원에게 필요한 기본적인 지식은 ① 기업에 관한 지식으로서 기업의 성장 과정, 조직, 주요 인사, 정책, 생산 및 서비스 설비에 관한 지식, ② 상품지식으로서 상품의 특성(상품특징), 그것이 고객에게 제공하는 효익(고객만족), 고객이 구매해야 하는 이유(구매동기)에 관한 지식, ③ 경쟁에 관한 지식으로서 경쟁자와 경쟁상품에 관한 지식을 포함한다.
- 태도훈련: 태도훈련이란 판매원이 기업과 상품, 영업활동에 대해 갖고 있는 긍정적인 태도를 강화하고 부정적인 태도를 개선하기 위해 실시하는 훈련으로서 판매관리자와의 면담 · 자기개발 프로그램 · 시청적 교재 · 통신문 등이 이용된다.
- 판매기술훈련: 판매기술(salesmanship)이란 판매제시를 수행하고, 이의를 해소하며, 판매를 종결하는 등 판매의 각 단계에서 판매원이 구사하는 기술을 의미하는데, 이러한 판매기술은 강의를 통해서 또는 구매자와 직접 접촉하는 동안 감독자로부터 학습될 수 있다.

3.3 판매성과의 관리

판매성과의 관리는 과업할당, 판매원의 보상과 동기부여, 순회경로 및 일정의 계획, 판매노력의 평가와 통제로 구성된다.

(1) 과업할당

과업할당이란 이미 설정된 목표를 판매원별·지역별·상품별·고객별로 배분하는 일인데, 대체로 다음과 같은 유형이 있다.

- 매출액할당: 기업의 매출 잠재력을 단순히 개별적인 판매원이나 판매지역별로 배분하는 형태로서 가장 보편적이다.
- 이익할당: 매출액할당이 판매원으로 하여금 이익을 희생시키면서까지 매출액을 강조하도록 촉구할 가능성이 있기 때문에 이익할당은 판매하기는 다소 어렵지만 마진이 큰 품목이나 수익성이 높은 고객에게 판매노력을 집중하도록 유도하기 위한 형태이다.
- 비용할당: 주로 판매비용을 통제하기 위한 형태로서 매출액의 일정비율 범위 내에서만 판매에 수반되는 직접 판매비용으로 처리해주는 방법이다.
- 활동할당: 마케팅 목표를 달성하는 데 도움이 되는 여러 가지 활동들을 판매원이 의무적으로 수행하도록 촉구하기 위한 형태로서 대체로 잠재고객에 대한 방문횟수·시범횟수·판매제시의 횟수·서비스 방문횟수·대금회수를 위한 방문횟수 등으로 나타낸다.

(2) 판매원의 보상과 동기부여

판매원을 최초로 고용할 때부터 유지하는 데 있어서 보상은 그들의 태도와 행동에 많은 영향을 미친다. 따라서 판매원에 대한 적절한 보상계획은 판매관리에서 매우 중요한데, 그들에 대한 보상이 기업 입장에서는 비용이므로 판매관리자는 기업의 욕구와 판매원의 욕구를 모두 만족시켜야 하는 어려움에 당면한다.

판매원에 대한 보상계획은 다음과 같은 네 가지의 기본적인 유형으로 구성된다.

- 고정급제도: 판매원 보상의 가장 단순한 형태로서 판매원은 업적에 관계없이 정기적으로 일정한 금액을 지불 받는다. 기업은 고정급을 제공하는 이상 판매원에 대한 통제가 용이하지만, 판매원의 성과를 촉구하는 기능이 미흡하며 경기침체기에는 인건비 부담이 크다는 단점이 있다.

- 성과급제도: 판매원의 개별적인 성과를 근거로 하여 보상하는 형태로서 간혹 수수료제도라고도 하며 화폐적 유인을 제공하는 가장 직접적인 방법이다. 이러한 보상제도에서 판매원은 판매량·판매금액·총이익 등의 일정비율을 수수료로 지급받는데, 인건비가 매출액에 따라 변화하므로 경기침체기에도 인건비 부담이 없으며 판매원에게 판매노력을 촉구할 수 있는 이점이 있다.

  그러나 판매원에 대한 통제가 어렵고, 안정적인 소득을 보장하지 않기 때문에 판매원들이 불안감을 가질 수 있다.
- 상여금제도: 상여금이란 본래 지역별 또는 판매원별로 할당된 목표(quota)를 달성했을 때 특별히 지급하는 보상이지만, 오늘날 많은 기업에서는 일상적으로 제공하는 보수의 한 형태이다.
- 병용제도: 많은 기업은 각 제도의 장점을 취하고 단점을 보완하기 위해 이상의 기본적인 보상계획을 조합하여 사용하는데, 대체로 고정급제도와 성과급제도를 병용하는 경우가 보편적이다.

한편 이와 같이 화폐적 유인만을 포함하는 보상계획은 판매원으로 하여금 최대한 노력하도록 동기부여하기에는 충분치 않다. 즉 판매원들은 승진·직무안정·사회적 수용·경영 등에도 관심을 갖고 있으므로 이러한 것들이 비화폐적 유인으로 활용될 수 있다. 이밖에도 판매원과 관리자 사이의 개인적 면담·관리자로부터의 칭찬·회의·판매원을 위한 정기간행물·핸드북·판매원 경연 등은 모두 동기부여의 방법이 된다.

(3) 순회경로 및 일정의 계획

판매관리자는 개별 판매원과 커뮤니케이션을 유지하며, 판매지역을 효율적으로 포괄하고, 판매시간과 노력의 낭비를 최소화하기 위해 각 판매원의 순회경로와 일정에 관해 계획을 세우고 판매원들의 영업활동을 조직화해야 한다.

(4) 판매노력의 평가와 통제

판매노력에 대한 평가와 통제는 판매활동에 투여된 기업자원이 효율적으로 사용되고 있는지를 확인하기 위한 것이다. 즉 단기적으로는 사전에 설정된 목표가 일정계획에 따라 달성되고 있는지를 확인하여 판매노력의 방향을 조정하기 위한 것이며, 장기적으로는 판매원의 수·고용요건 및 훈련내용·판매예산의 편성 등에 관한 의사결정을 효과적으로 개선하기 위한 것이다.

<table>
<tr><td>

4 절   판매촉진의 특성과 유형

</td><td>

</td></tr>
</table>

판매촉진이란 진열, 전시, 시범 등 통상적이거나 반복적이지 않은 판매노력과 같이, 소비자의 구매를 자극하고 판매점의 성과(dealer effectiveness)를 자극하는 마케팅 활동 중 영업이나 광고 또는 홍보가 아닌 모든 마케팅 활동이다. 따라서 어떠한 촉진활동이 광고, 홍보, 영업으로 분류되지 않는다면 판매촉진의 범주에 들어가며, 그 결과 판매촉진은 잡동사니(catch-all)의 성격을 보인다.

판매촉진
소비자의 구매를 자극하고 판매점의 성과를 자극하는 마케팅 활동 중 영업이나 광고 또는 홍보가 아닌 모든 마케팅 활동

1. 판매촉진의 특성

1.1 판매촉진의 장단점

판매촉진은 그 유형이 다양한 만큼 기능과 목표가 광범위하지만, 대체로 다음과 같은 세 가지 장점을 갖는다.

① 판매촉진은 직접적인 유인으로서 **즉각적인 반응을 얻어내는 데 효과적이다.**
② 판매촉진은 소비자와 재판매업자에게 무료로 어떤 것을 얻는다는 느낌을 줌으로써 추가적인 만족을 제공하며, 자신을 경쟁자와 차별화하기 위한 수단으로 이용될 수 있다.
③ 판매촉진은 사업의 다양한 규모뿐 아니라 상품수명주기의 모든 단계에서 사용될 수 있으므로 융통성이 크다.

그러나 마케터는 판매촉진의 사용과 그 유용성을 제한하는 단점들에 유의해야 한다.

① 판매촉진은 즉시 바람직한 반응을 유도하기 위한 직접적인 유인이므로 단기적으로만 사용되어야 하는데, 그 결과 판매촉진만으로 상표충성을 확립하기는 곤란하다. 만일 판매촉진이 항상 실시된다면 유인책으로서의 효과를 잃을 것이다.
② 판매촉진은 본질상 여타의 촉진도구를 대체하는 것이 아니라, 보완하는 것이므로 하나 이상의 다른 촉진도구와 함께 사용될 때 효과적이다.

▲ 한시적 할인형태의 판매촉진

③ 판매촉진은 대체로 비반복적이므로 효과적인 판매촉진을 개발하는 데 소요되는 창의적 재능(판촉 아이디어), 시간, 자금은 대체로 1회 사용으로 제한된다.

④ 판매촉진이 장기간 지속되거나 지나치게 자주 반복된다면 결국 **상품 자체의 이미지를 손상시킬 수 있다.** 따라서 판매촉진의 대상이 되는 상품은 인기 없는 품목이거나 재고가 많이 쌓여 있다거나 싸구려 상품이다 등과 같이 좋지 못한 이미지를 얻을 수 있다.

1.2 판매촉진의 기능과 목표

판매촉진은 ① 기업의 판매원으로 하여금 판매노력을 경주하도록 격려하고 지원하며, ② 상품을 마케팅하는데 재판매업자의 수용과 적극적인 촉진지원을 획득하고, ③ 소비자에게 상품의 구매를 설득하는 등 세 가지 기능을 갖는다.

따라서 최선의 판매촉진이란 판매원으로 하여금 시범과 같은 매출액 증대활동을 수행하게 하며, 재판매업자의 협력을 얻어내고, 소비자로 하여금 구매하도록 하는 등 세 가지 수준에서 모두 작용할 수 있는 것이다.

한편 기업은 판매촉진의 목표를 가능한 한 구체적이며 계량적으로 언급함으로써 실제의 성과를 평가할 수 있어야 하는데, 판매촉진은 대체로 다른 촉진도구를 대체하기보다는 보완하는 것이므로 판매촉진의 효과를 분리해서 측정하기가 곤란하다. 그럼에도 불구하고 기업의 판매촉진 활동을 지침하고 통합하기 위해서는 목표가 필요한데, 널리 사용되고 있는 판매촉진의 목표를 예시하면 다음과 같다.

- 소매점 내에서 상품이 진열되고 있는 공간을 10% 증대시킨다.
- 재판매업자들이 보유하고 있는 상품재고를 20% 증대시킨다.
- 포장을 변경하기 앞서 재고의 95%를 처분한다.
- 2만명의 잠재고객에게 상품의 견본을 배포한다.
- 잠재고객들 사이에서 신상품의 시용률을 15% 증대시킨다.

2. 판매촉진의 유형

판매촉진의 유형은 마케터의 창의력에 따라 다양한 형태를 취하지만 대체로 그 기능에 따라 세 가지 범주로 나눌 수 있는데, 각 범주별로 전형적인 예를 소개하면 다음과 같다.

2.1 기업판매원에 대한 판매촉진(對 영업사원 판촉)

① 판매원 회의: 전국 또는 지역의 수준에서 판매원들을 모아 신상품·전반적인 마케팅 프로그램·장단기 사업경영계획 등에 관해 알리고 판매노력을 독려하기 위한 판매원들의 모임이다.

② 판매원 교본: 판매과정에서 판매원이 참조할 수 있도록 기업의 정책과 모든 상품의 특성·가격·재질·제조과정·판매기법 등에 관한 정보를 수록한 책자로서 판매원은 필요에 따라 이를 참조할 수 있다.

③ 사내보: 신상품·인사이동·회의·경조사 등 사내인사들이 관심을 갖는 정보를 포함하며, 기업 외부인에게는 배포하지 않는 것이 원칙이다.

④ 판매도구: 고객에 대한 접근을 용이하게 해주는 전단이나 명함 등과 효과적인 판매제시를 도와주는 팜플렛·카탈로그·동영상 클립·차트·녹음기·모형 등이 있다. 또한 판매종결과 사후관리를 위해 주문서·가격표·감사문·고객카드 등도 제공할 수 있다.

2.2 재판매업자에 대한 촉진(對 재판매업자 판촉)

① 리베이트(할려금): 일정 기간 동안 거래한 총매출액을 기준으로 하여 특별사례금의 형식으로 대금을 공제하거나 되돌려주는 판매촉진이다.

② 경로조성금: 후원전략(push strategy)에서 중간상인이 특정한 상품계열이나 상표를 후원해주도록 격려하기 위해 생산자가 제공하는 금전적 유인이다.

③ 사보: 기업의 이념이나 방침, 생산 및 기술능력 등에 관한 정보와 고객을 위한 상품지식, 오락적인 기사 등을 포함하는 것으로 간혹 소비자에게 배포하기도 한다.

구매시점 촉진

상품을 구매하는 현장(주로 점포 내)에서 소비자에게 호의적인 영향을 미치려는 의도에서 제시되는 포스터, 특별 진열대, 할인 가격표, 선물 등

④ 판매점 경연: 특정한 목표를 달성하기 위해 판매점이나 그들의 판매원들을 경쟁시키고 우수한 결과에 대해서 상품이나 금전 등을 제공하는 것이다.

⑤ 각종 초대회: 신상품 발표회·전시회·사은송년회·공장견학·시찰여행 등으로 리베이트와 함께 재판매업자에 대한 중요한 판매촉진 형태이다.

⑥ 경영지도: 판매점의 설계를 지도하든가, 경영문제(재고관리, 회계제도, 구매관리 등)에 관한 지도 또는 조언을 제공한다.

⑦ 촉진활동의 지원: 포스터·만국기·가격표·진열대·시렁 등의 구매시점 촉진물(POP, point-of-purchase materials)을 제공하거나 지역광고 비용의

일부를 생산자가 분담해주는 협동광고를 볼 수 있다. 간혹 진열용 상품을 무료 또는 염가로 제공하기도 한다.

⑧ 판매원 훈련: 재판매업자의 판매원을 대상으로 경영합리화나 판매기술을 향상시키기 위한 교육과 훈련을 실시해준다.

⑨ 판매점 회의: 생산자와 판매점 또는 판매점들 간의 커뮤니케이션을 원활하게 함으로써 연대의식을 도모하고 판매활동의 여러 가지 장애를 공동으로 극복하기 위한 회의이다.

2.3 소비자에 대한 판매촉진(對 소비자 판촉)

① 구매시점 촉진: 점포내 구매시점에서 특정한 상품에 대한 소비자의 구매욕구를 자극하고 구매를 유도하기 위해 포스터나 할인가격표를 사용한다.

② 포장: 포장은 상품의사결정에 속하지만, 고객의 주의와 관심을 끌고 구매욕구를 자극한다.

▲ 트레이딩 스탬프

③ 점포 내 시범: 상품의 효익이나 그것이 사용되는 과정을 보임으로써 소비자들의 구매욕구를 자극하고 구매를 설득한다.

④ 프리미엄: 프리미엄(premium)은 **특정한 상품을 구매한 고객에게 감사의 뜻으로 무료 또는 염가로 제공하는 사은품 또는 서비스**인데, 현금을 제공할 경우에는 리베이트(할려금)라고 한다. 이와 유사하게, 구매와 관계없이 잠재고객들에게 제공하는 선물을 노벨티(novelty)라고 한다.

⑤ 트레이딩 스탬프: 고객들이 트레이딩 스탬프 회수센터로부터 현금이나 상품으로교환할 수 있도록 구매액의 일정비율에 해당하는 금액을 표시한 사은권이다. 예를 들어, 초등학교 앞에서 영업하는 문구점들은 대체로 어린이들의 반복구매를 유도하기 위해 1,000원당 100원짜리 스티커를 제공하고 일정량의 스티커를 모아오면 선물을 선택하여 가질 수 있게 한다.

▲ 쿠폰

⑥ 쿠폰(coupon): 신문, 잡지, 우편물을 통해 소비자에게 배포되며 쿠폰의 소지자에게는 무료 또는 염가로 상품을을 제공한다.

⑦ 견본: 잠재고객들에게 무료로 배포되는 시용품이다. 특히 신상품을 처음으로 접하는 잠재고객들에게는 지각된 위험이 초회구매(first purchase)를 방해하므로 그러한 위험을 줄이기 위한 방법으로 견본을 제공하는데, 내구재의 경우에는 며칠간 대여해주는 형식을 취한다.

저자 약력

유 동 근(yoodk@sejong.ac.kr)

유동근 교수는 81년부터 세종대학교 경영학과에 재직하면서 우리 사회의 다양한 분야에 마케팅 복음을 전파하기 위해 연구 및 저술 활동 이외에도 산업체에 출강하며, 1996년부터 최초의 사이버 학습사이트인 마케팅스쿨(www.marketingschool.com)을 운영 중이다.

〈연구 및 교육 관심 분야〉
　고객 서비스, 고객만족
　서비스 마케팅의 이론 및 사례연구
　마케팅 조사의 교육 및 조사 컨설팅
　유통대학 및 산업대학의 프로그램 개발
　CRM과 고객관리 도입전략
　인터넷 마케팅의 수익모델 개발

〈주요 저술 활동〉
　마케팅 조사-원리와 적용, 마케팅 계량분석,
　마케팅 조사실무, SPSS/MDS/CONJOINT, 마케팅 수요예측,
　산업마케팅, 서비스 품질관리, 소비자 행동, 촉진전략론,
　관계지향적 영업관리, 판매촉진의 이론과 실제 사례,
　이벤트/전시회, VOC 벤치마킹, 네! 해드리겠습니다 등 32권

서 승 원(베링거인겔하임 동물약품 사장)

세종대 경영학과에서 박사학위를 취득하였고 글로벌 다국적기업인 베링거인겔하임 계열사인 한국 베링거인겔하임 동물약품(주) 등에서 10여 년 동안 CEO를 맡고 있다.
세종대 경영학과 겸임교수를 역임했고, 수의/의료 경영의 현장 경험과 이론을 바탕으로 수의 및 의료/바이오 산업분야에서 다수의 연구실적을 갖고 있으며, 서울대 수의과학대학에서 수년간 겸임교수로 강의하고 있다.

〈저서〉
　관계지향적 영업관리(공저), 산업마케팅(공저)

통합마케팅

2017년 1월 6일 초판 인쇄
2017년 1월 15일 초판 1쇄 발행

저 자　유 동 근 · 서 승 원

발행인　배　　효　　선

발행처　도서출판　法文社

주 소　10881　경기도 파주시 회동길 37-29
등 록　1957년 12월 12일 / 제2-76호(윤)
TEL　(031) 955-6500~6 FAX (031) 955-6525
e-mail (영업) bms@bobmunsa.co.kr
　　　 (편집) edit66@bobmunsa.co.kr
홈페이지　http://www.bobmunsa.co.kr

조 판　(주) 성 지 이 디 피

정가 28,000원　　　ISBN 978-89-18-12288-5